路徑

20世紀晚期的旅行與翻譯

ROUTES

ROUTES

Travel and Translation in the Late Twentieth Century

詹姆士・克里弗德

林徐達、梁永安 譯

James Clifford

目錄

I

旅行
Travels

II

接觸
Contacts

IIII 諸多未來 Futures

推薦
在思考的移轉中定居

李時雍

二〇二三年十一月，一則快訊，自社群流洩的動態牆跳出，標題一句「台灣原民遺骨返還」，點擊進入是接續幾天的新聞：英國時間三日上午，排灣族巫師偕族人們於愛丁堡大學解剖學博物館（Anatomical Museum）施以傳統儀式，爲迎接四位收藏於此的先人遺骨歸返。根據報導，博物館藏的這四具頭骨標注有源自「牡丹戰場」的記錄；至近年二〇一七才爲台灣學界發現。

戰事所指，即牡丹社事件。十九世紀下半葉，小島福爾摩沙亦被襲捲於帝國航海擴張的接觸衝突歷史。一八七四年，日本藉故問罪「琉球漂流民殺害事件」名義而出兵台灣；原來，導因於三年前一起暴風海難，漂流登岸的宮古島船員與八瑤灣原住民因慣習差異，遭致殺害；衍生爲日本、清政府間的外交紛爭，後起而野心勃勃的日本帝國藉口出兵台灣南端牡丹社一帶。

從八瑤灣又有稱琉球漂流民事件，到牡丹社事件，不僅表徵著所謂「文明」最初的進駐，與其陰翳之覆蓋，也直接影響了日後日本帝國殖民台灣的開端；然而相對殖民敘事，歷史不曾銘記是，遇難的漂流漁民、更包括目睹外邦異族到來的原住民族人後來的經歷。牡丹戰場的征伐中，日軍曾將被馘下的逾十名原住民頭顱作戰利品，其中四具，輾轉流徙，竟至半個地球外，最終深藏於愛丁堡大學內，成爲一個世紀後漫長「返還」的故事。

隨全球性的文化復振運動氛圍，含括愛丁堡大學爲例的西方博物館機構，始遭遇並亟思來自前殖民地諸如物品「歸還」等訴求。相關聯的問題猶有，博物館保存，所立論的線性目的論式「搶救式收藏」設想？文物與傳統的當代展示、展演策略與隱含之意識形態？涉及的文物旅行或離散歷史，即追溯其根源與路徑（roots and routes）？其中，何謂中心、何爲邊緣，爲何移動、移轉與觸及邊界？諸如此類實務工作的難題，總圍繞更深層概念的疑問，傳統性與現代性之對峙？本眞性或失眞？居先性與所有權等？「回歸」的訴求，不僅對收藏物，或也指向傳統領域被侵奪後的「還我土地運動」，又如離散族群之回歸祖居地，乃至台灣在地經驗「還我姓名」的姓名權等爭議。

接觸區

歸返牡丹社的先人遺骨故事，呈現出歷史學與文化人類學者詹姆士．克里弗德於《路徑：20世紀晚期的旅行與翻譯》即已勾勒展開的複雜思緒。克里弗德生於一九四五年，成長於紐約等東岸世界文化中心，後遷居加州北部聖塔克魯茲（Santa Cruz），一個多元文化的接壤地帶；其研究廣泛涉及太平洋島嶼、原住民研究、博物館展示，旅行與跨文化翻譯等，自一九八八年出版《文化的困境》、一九九七年《路徑》，及至二〇一三年的《復返：21世紀成爲原住民》，被學界視之爲「反思民族誌」系列三部曲。

在一篇一篇並置有理論化思考、知識散文、旅行書寫、博物館論述、日誌等風格殊異的行文間，揭示有作者對以全貌觀（holism）書寫文化生活的反身性置疑，如本書所述，轉而聚焦於「民族誌再現的過程」，「我用來撬開文化觀念的槓桿是關於**書寫**（writing）與**拼貼**（collage）的延伸概念」（〈序：未竟之業〉），朝向開放、互動、過程性、異質性的寫作活動，以此在二十世紀下半葉經歷解殖民的當代語境下，重新看待民族誌實踐的歷史性脈絡，嶄新的可能。

博物館是爲《路徑》的討論主軸之一，並呈現爲一個複雜的接觸區（contact zone）。在第二部名爲「接觸」的系列四章中，克里弗德先藉由一九八八年訪學溫哥華所造訪加拿大西北岸四座博物館，持續思及「藝術－文化體系」如何主宰了歐洲和北美洲的藝術與文化工藝品收藏，與流動、分類及鑑定標準，提出諸如「爲什麼某些非西方文物的歸宿是美術館，而另一些則成爲人類學的收藏呢？是什麼價值體系規範了這些多樣的收藏品的流動？」進而縷析於展示空間的分界、觀賞路徑所導引的時間敘事、解說資料、文件檔案、歷史照片如黑白或彩色，紀錄片等部署構成的問題。

如卑詩大學人類學博物館大部分的標示牌包含著插圖，以還原物件所歸屬之原初環境，又或在展示海達族（Haida）傳統會所的古老工藝品間，並置當代藝術家新刻的圖騰柱，由此呈現了非「搶救式的收藏」、反而是一種不斷創新的部落時間觀念：「部落藝術作品是持續、動態的傳統的一部分。」原住民物品的回歸運動，卻總非歸返部落家族，反而進入在地博物館，克里弗德舉出立基的西方體制可被移轉的弔詭的同時，更觀察到源自原住民族人日常實踐的可能性，他複述了比利・阿蘇酋長（Billy Assu）在瓜基烏圖博物館開幕儀式中，一個迷人的時刻，祝禱的話語令機構挪用爲儀式的會所、復返的家屋：「然後他把靈回擲，跨過海灘，穿過博物館大門。靈於是進入了儀式會所（博物館）。」

博物館重被理解以「接觸區」，contact zone，援引對話自普拉特《帝國之眼：旅行與文化轉移》核心概念詞，接觸，一個殖民與權力關係遭逢的空間。博物館的收藏、組織與流動，往往隱含過往習用的邊境（frontier）所帶有的歐洲擴張主義的觀視點，以自身爲聚集中心，克里弗德闡述，「邊陲是一個供發現的地區。博物館（通常位於大都會）是它疼愛地和充滿權威地搶救、照顧和詮釋的文化產品的歷史目的地。」

《路徑》一作，重要的是改以呈顯爲一處處接觸空間的層疊，既是再顯的場所，如博物館接觸區，同時指向物品所遺失、移轉的原初環境。線性目的論式的收藏與消逝論述，假設了本眞性與稀有性，此刻應該重被檢視；而克里弗德以接觸思考代之：「給予邊緣的、『居間的』地點一種策略性的中心性，最終會動搖『中心』的概念本身。所有收藏的場域都會開始像是遭逢的地點和通道。」物品一如旅行者，甚而在離散的路徑上通過、抑或定居。

不再淨空的空間

回想「原民遺骨返還」新聞有其近似、又獨屬它複雜的意涵，相近克里弗德曾寫的伊許（Ishi）故事，各別又有所不同，其中牽涉不僅是博物館收藏、展示藝術品、文物等問題，更涉及巴特勒所指出生命根本的危脆與可被哀傷、亦即肯認的特質。

歷史與文學或許眞有其永劫回歸的一面，或說結構性反覆：日本殖民台灣時期於世界博覽會展示原住民人種引發爭議；霧社事件的莫那．魯道遺骨被收藏於曾經的台北帝國大學土俗人種學研究室，將近半世紀後一九七三年才被發現返還部落；曾任日本兵的阿美族史尼育唔（漢名李光輝），終戰後，遲至一九七四年被人發現於印尼摩羅泰島叢林，歸返後，卻曾於花蓮阿美文化村擔任展示工作。又或是一九九〇年代，台灣原住民族「重返原鄉」的行動，重習文化傳統，重新以文字書寫、質疑歷史所遺留下的殖民者檔案與敘事。

博物館爲一例，克里弗德貫穿《路徑》一書的核心主題乃在於「空間」，尤其在二十世紀晚期全球化語境下，因應頻繁的旅行、移動、翻譯與越界下，邊界愈益模糊的空間。文物旅行揭露了空間不均衡的權力關係。此外影響所及，更包括奠基人類學研究方法的田野，過去視之爲位處遠地，淨空而一覽無遺的田野空間，在晚近有了複雜新貌。

曾經「進入田野」，隱含標誌清楚界線的場域，之於旅遊，相對以定居形式展開的空間實踐經歷，就像「馬凌諾斯基的帳篷」印象揭示，前去一遙遠獨特之異地，並生產地方知識；如今已轉爲速度、移動有如「每個人都是旅行者」，不僅研究者，同時包括離心的當地人。本書〈在文化間旅行〉到〈空間實踐〉等章，克里弗德展開細緻的學科反思，田野作爲「一個淨空的空間」概念，有其歷史性的成因，然而至今「社群內與社群外的分別、本國與國外的分別、田野與大都會的分別，愈來愈受到後異國情調（postexotic）趨勢和解殖民趨勢的挑戰」。

當空間的界線愈趨模糊，又或者，克里弗德借用文化理論家德・塞杜的思路，空間就不再被視爲本體論的既存實體，而應被視爲一種經由論述與物質實踐之所成形。然而更多問題，將隨之不斷提出：「隨著人類學民族誌的根源與路徑、它的不同依屬關係與移轉模式在廿世紀晚期的脈絡中被重新打造。那麼**田野工作**還剩下什麼？」

✵

從《路徑》的田野、博物館到離散空間，到以當代「原民現身」批判反思西方主導的現代性進步史觀的《復返》，詹姆士．克里弗德持續地思索，對我來說，不無回應著他曾引用的文學理論家巴赫金所論特定時空（chronotope）架構，《路徑》展現於「空間化的時間結構」，而後書《復返》論及是「時間的空間化關係」，所謂的歷史，是一種螺旋，一種實踐與銜接的網絡；延伸爲論述中反覆的關鍵詞，包括旅行、移轉、復返、日常實踐、另類歷史等；又在一次次與傳統與現代的解銜接、再銜接（rearticulation）關係思考中，找尋根源，也探尋未來的複數路徑……

當下的原民事件，傳遞著返還抵達的消息，然而這才是提問的起始之處。像《路徑》援引的一句，dwelling-in-displacement，閱讀詹姆士．克里弗德所揭示的思考，亦彷彿一次次移轉，在持續移動中，折返，越界，暫時地定居。

推薦

如果克里弗德聽嘻哈，他一定能聽出其中的離散與路徑

林浩立

二〇二三年八月十一日是嘻哈文化歡慶五十週年的重大日子。

五十年前，一九七三年的這一天，在紐約市布朗克斯區賽吉維克大道（Sedgwick Avenue）一五二〇號的一棟公寓中，一位江湖人稱「酷海克」（Kool Herc）的DJ在交誼廳爲自己的妹妹舉辦了一場返校派對。在這場派對上，他將進行一場革命性的音樂實驗，奠定嘻哈的聲響美學基礎。酷海克十三歲那年從牙買加移民到美國，跟多數加勒比海移民家庭一樣，他的媽媽是護士、爸爸則是技工，但他們帶了一個已融入體內的東西前來：牙買加豐富的流行音樂傳統，這包括廣大的唱片收藏、音響系統的知識技藝，以及從小流連於雷鬼舞廳的樂舞經驗。這套獨到的音樂感知驅使他七〇年代初在布朗克斯區就開始年輕的DJ生涯，並建立了自己鮮明的風格。他播放的唱片多爲有著快而強烈節奏的放克、靈魂、節奏藍調和

搖滾樂，有些甚至是他在唱片行挖掘到的鮮爲人知之作，與當時流行於夜店舞廳和在廣播節目上播放的音樂大異其趣。最重要的是，他留意到舞會群衆在聽到歌曲中沒有歌詞的純節奏段落時，反應最爲熱烈，他於是將這個段落稱爲「間奏」（break）。然而問題是間奏往往一閃而逝，該如何才能延長這短暫但火熱的美好時光呢？答案就是以混音器來回切換兩張一模一樣的唱片間奏，使得被切割出來的片段得以無限延長。他將這個技法稱爲「旋轉木馬」，並在八月十一日首次展現。嘻哈的「起源神話」就這樣誕生了。

五十年後，嘻哈已經從紐約市的街頭角落擴散成爲了全球的音樂事業。二〇二三年夏天，爲了慶祝嘻哈五十週年，整個紐約市變身成一場盛大的嘻哈饗宴。從七月底開始，在紐約市政府和不同團體組織的嘻哈工作者的策畫下，一場場的表演、工作坊、研討會、講座、展覽、派對，在紐約五大行政區四處冒生，大至藝文活動最高殿堂的林肯表演藝術中心，小至重返賽吉維克大道的街頭派對。其中最具有標誌性的，莫過於八月十一日嘻哈生日當天，在紐約市洋基棒球場舉辦的大型紀念演唱會，現下當紅與具有歷史地位的饒舌歌手輪番上陣，從下午五點一路歡唱到隔天凌晨一點。酷海克也在空檔上台接受美國唱片業協會「文化貢獻獎」的表揚，認可他「嘻哈之父」的地位。這個頒獎的儀式性劇碼邀請到了知名泛非洲社會運動領袖、有在美非裔離散國度「皇母」頭銜的布萊克利女士（Delois Blakely）致詞。我當時在現場，聽到令我印象深刻的一句話：

今日，身為皇母，我將加冕他，而這只須一個片刻即可達成。在將麥克風交給五千五百萬個跨大西洋奴隸交易的離散後裔子孫的同時，我在此，加冕他，成為「嘻哈之王」。

在這個當下，嘻哈突然由其布朗克斯區起源地被拉抬成一個更廣大的「離散」音樂，串連起橫跨非洲、加勒比海、紐約的「黑色」社群。我相信，如果克里弗德有在聽嘻哈的話，一定能夠深切感受到這樣的趣味，特別是他也是一個紐約客。

來自紐約的克里弗德

長期在加州大學聖塔克魯茲分校意識史學系任教的克里弗德，其學術生涯和學思路徑看似都是以美洲西岸和太平洋爲向度。然而在《復返》（2024[2013]）的序言中，他自陳一九四五出生並成長於紐約，深受作爲世界中心的紐約市中多樣文化的影響。他的父母是來自中西部印第安納的「盎格魯薩克遜新教白人」，往後他的移動路徑也依循著這個軌跡，在佛蒙特州、費城、波士頓、倫敦和巴黎之間跨越北大西洋往返。在哈佛大學拿到歷史學博士後，他於一九七八年離開東岸到北加州定居，開始體驗到「一個流落邊陲（西岸）的紐約客」的感受（Clifford 2024[2013]）。但由此「去中心」的位置，他也逐漸看到了一個更加開闊的動態世界。

這不表示他在作爲世界中心的紐約市中成長的生命經驗缺乏多重位置的敏銳度。克里弗德的父親是哥倫比亞大學的英國文學教授，從小就給予他高度的自由與思想上的啟迪，以及文學、歌劇這些精緻藝術的養分。然而，他最享受的事情還是自己搭乘地鐵四處探訪，見證了格林威治村和華盛頓廣場上的民謠復興運動（並開始愛上藍草〔Bluegrass〕和鄉村音樂，這或許是來自中西部父母的潛移默化）、還有百老匯之外的荒誕派戲劇（Theatre of the absurd）表演。在這樣的移動過程中，他也體認到這是個種族化的空間，有些地方是他身爲一個白人孩子可以去的、有些則很危險。這種在「高低」文化、種族空間中遊走躲避的經驗，使他很早就注意到主流邊緣的錯綜關係，也培養出一種不願輕易妥協的心態。例如，一九六三年他選擇前往費城郊區一間小學院（而非像父親任教的哥倫比亞這種長春藤名校）念書，就是一種對虛榮勢力的有意識抵抗（Clifford and Vanderscoff 2013: 8）。不過，他在大三那年還是前往倫敦政經學院交換，之後又到哈佛攻讀博士，越來越遠離紐約市，也錯過了嘻哈文化於七〇年代在此的萌芽。

知道克里弗德這樣的出身與成長，才能明瞭《路徑》中〈白種族群〉這一章想談論的主題。這篇自傳式實驗性文體從第三人稱出發，由一一六街哥倫比亞大學的地鐵站上車，往十四街的格林威治村駛去，這應該就是克里弗德最常搭乘的路線。在村中，主角見識到了豐沛的民謠、前衛、老派鄉村音樂場景，把他帶往南方肯塔基的鄉村，此時美國探險家鮑威爾的《科羅拉多河及其峽谷探勘》中的冒險敘事與他的視角交錯，分不清是在紐約市還是在西部荒野。但這樣的旅行是有種族性的。主角在搭乘地鐵回家的路上意識到位處哈林區的哥倫比亞大學其實有很多「危險禁區」，是他身爲白人男性不敢涉足的，而黑人女性主義作家羅德《詹米：一個我新拼寫的名字》書中段落在此的插入，也銳利地揭露了這個複雜的種族性別離散空間（在〈離散〉這章的注23中，克里弗德對此有進一步的解釋），擾動了白人英雄式的獨立探險旅程。往後，主角將留意到城市中拉丁、加勒比海、非裔黑人包括聲響在內的感官線索：「在城市裡，他被黑人音樂、藍調、福音詩歌、靈魂樂、加勒比海音樂和搖滾樂包圍。上大學之後，他學會跟隨這些音樂的節拍起舞」（本書頁一九一）。他也開始思考「黑色」（blackness）到底是什麼？是膚色？是幫派分子的黑皮夾克？是貓王的黑色頭髮？他逐漸明瞭，即使看似純粹的白人音樂例如藍草，也和黑臉走唱秀（black minstrelsy）有關聯。「環繞著他的紐約一直在改變，是個盤根錯節之地。搖滾樂——白人、黑人和拉丁裔的搖滾樂——到處開花。環繞著他，這個城市被『加勒比海化』。但他幾乎無法區分海地或巴貝多（Barbados）與牙買加之間的差異。」（頁一九七）他熟悉的是一張紐約市地鐵路線圖，但那就是全世界。

來自黑色大西洋的葛洛義

如果克里弗德能在紐約市待得更久、願意搭乘地鐵到更上方的布朗克斯區一七〇街站，他會看到在同樣的離散空間中生長出來的嘻哈文化，以及其中的多重路徑、多樣的「黑色」。而這個任務，是由他在〈離散〉這章中以重點案例討論的英國歷史學家葛洛義來完成。

葛洛義的母親貝瑞兒・葛洛義頂著一頭髒辮，是蓋亞那作家與教育家，父親則是英國科學家，從這樣的出身可以看出其從加勒比海到歐洲的跨大西洋連結。葛洛義一九九三年的文化研究經典著作《黑色大西洋：現代性與雙重意識》是最早以嚴謹的學思論證來探討嘻哈文化的學術作品之一，而他也在書中導論向克里弗德致敬。他特別提到《路徑》第一章〈在文化間旅行〉的重要性，是如何幫助他理解時常被本質化或國族框架限制的歐洲和美國黑人政治文化歷史（Gilroy 1993: 17）。〈在文化間旅行〉一文首度發表於一九九〇年在美國伊利諾大學香檳校區舉辦的大型國際研討會「文化研究：現在與未來」，同時與會的葛洛義則貢獻了一篇〈文化研究與族群絕對主義〉。這兩篇文章都被收錄在於一九九二年出版、將近八百頁的研討會成果論文集《文化研究》，這是文化研究作爲一門學科在九〇年代發展的重要作品，強調透過旅行、路徑、離散、翻譯的行動和隱喻，我們得以重新看待看似根基一地、裹足不前、邊界分明的事物，例如人類學的田野工作、文化相對主義、博物館，以及族群歷史和身分。

《黑色大西洋》特別關注美國歷史上著名的黑人行動者，分析他們種族意識鮮明的觀點與作品是如何在跨大西洋的來回移動和歷史記憶中產生。因此，我們必須重視政治家道格拉斯與英國、蘇格蘭激進主義的關係；廢奴小說家布朗以逃奴的身分在歐洲生活五年的經驗；牧師克拉梅爾在劍橋念書的歷程；黑人民族主義者德蘭尼在賴比瑞亞、奈及利亞、加拿大和英國的旅遊探險；以及社會學家杜博依斯所受到的德國政治思想啟發。〈在文化間旅行〉中，克里弗德也以類似的策略提醒我們，與培里一同登陸北極的是一位美國黑人探險家漢森，但他總是很難與他的白人探險夥伴相提並論。

但葛洛義的《黑色大西洋》計畫企圖心更大。他指出現代性是從跨大西洋奴隸交易中興起，並認爲在這趟「中間航道」上來回、作爲一種微觀政治文化體系的船隻，是理解現代性的重要意象。所謂「黑人」不是來自一地（例如非洲「原鄉」），而是在這個動態的大西洋世界中誕生，並且一開始就與現代性、工業化以及資本主義，有著密切而曖昧的關聯。因此，他們帶有反抗意識的表現形式是一種現代性的反文化（counterculture），而非與現代性的截然對立。然而，往後回應種族主義的黑人論述往往會掉入一種本質化、理所當然的民族國族主義（例如非洲中心主義），或是將「黑人」解構成包括不同階級、性、性別、世代、族群、政治經濟意識，缺乏任何一致性的開放符號。這兩種極端都忽略了「黑色大西洋」離散社群能夠迂迴改道建立新連結的多重路徑與親密性。

葛洛義接著認爲「黑人音樂」是最能反映黑色大西洋複雜性的表現形式。事實上，他指出在當代黑色大西洋世界中，唱片或許是比船隻更適切的比喻（Gilroy 1993: 13）。仔細想想確實如此：唱片是一個現代科技產物、是一種商品，能夠高度流通、也能夠不斷混音再製。由此再回頭來看酷海克如何憑藉著來自牙買加的聲響感知力，觀察到社群中非裔、拉丁裔舞者的肢體反應，在美國放克、節奏藍調的唱片上玩出新的間奏創意，這根本就是黑色大西洋的完美案例（Gilroy 1993: 103）。我在此還可以再拉出更遙遠的路徑：酷海克使用的唱盤是日本Technics公司製作銷售的SL-1100，台下舞者的舞步很多是模擬香港邵氏武俠片中的動作，亞洲的路徑因此也可以說是嘻哈不可或缺的一環，時常被封閉地視爲專屬非裔美國黑人的嘻哈文化（「這是黑人的東西，我們永遠學不了」），其實早有多元的根莖。

黑人音樂的旅行

在〈離散〉這章中，克里弗德區分了離散經驗和旅行經驗的不同：「離散不同於旅行（儘管它也需要透過旅行的實踐來達成），因爲它不是暫時性的。它包含了住居，維持社群，擁有集體的家外之家」（本書頁四一七）。包括嘻哈在內的黑人音樂可以被理解爲離散音樂，是因爲像酷海克這樣的音樂人在移動之後已經在布朗克斯區定居生根，賽吉維克大道一五二〇號的地址就是一個顯著的標記，匯集了各種離散生命。然而旅行在此依然重要，許多被賦予草根在地、原眞性與既定族群身分的音樂人其實也是旅行者，就算沒有眞正實體上移動，其作品總是能跨境流轉，不斷被轉譯。

在葛洛義的《黑色大西洋》中，他以一間美國南方黑人大學，費斯克大學的無伴奏合唱團（Fisk Jubilee Singers）爲例，闡述他們如何超越國族與種族框架，跨越大西洋被聆聽理解。費斯克合唱團成立於一八七一年，是首支將描述奴隸生命經驗的黑人靈歌在公開舞台上演出的團體。同樣就讀於費斯克大學的杜博依斯在《黑人的靈魂》中對他們的作品有仔細的探究，認爲「它們是一個憂愁民族的音樂，是失望的產物；它們訴說著死亡、苦難以及對一更眞實世界的默默渴望，也訴說著迷濛的流浪和隱密的途徑」（2018[1903]: 319）。他對費斯克合唱團走紅後被爭相模仿的現象感到遺憾，認爲這使典雅的傳統黑人音樂變得低俗不堪。但葛洛義就是要企圖超越這種本質性的論述，並著重於費斯克合唱團一八七〇年代在歐洲巡迴的故事。他們在那裡獲得極大的成功，不僅受到維多利亞女王的青睞，更大受英國城市中勞工階級的歡迎。他們甚至還出版歌本，到十九世紀末總共賣出多達六萬套，與他們的表演一同爲學校募集到高額的款項。黑人女性作家和人類學家賀斯頓對費斯克合唱團的成功則採取比較挖苦的態度，認爲他們以流行化的演唱方式迎合，甚至欺騙不懂黑人靈歌精髓的大衆。多年後，同樣跨越大西洋來到英國的傳奇黑人吉他手罕醉克斯（Jimi Hendrix）也面對了類似「不夠黑」的批評。但葛洛義的重點在於，從黑色大西洋的框架來看，本來就沒有本質原眞的「黑人音樂」。聲響因爲離散起頭，又因旅行而流轉。

費斯克合唱團的曲目中有一首叫作〈輕搖，可愛的馬車〉（Swing Low, Sweet Chariot），是經典的黑人靈歌作品，杜博依斯稱之爲「死亡搖籃曲」，因爲裡面帶有伴隨天使、回到故鄉的意象，但又洋溢著正向平靜之情，深刻地反映了黑奴的生命處境。到了二十世紀初，在費斯克合唱團的表演與唱片錄製下，這首歌已經廣受黑白聽衆的喜愛。在更之後，隨著黑色大西洋音樂技術與傳播的浪潮，它又獲得了新的生命。在英國，這首歌是英國橄欖球國家隊的隊歌，起源於一九八七年的一場賽事，英國觀衆突然唱起這首歌爲綽號「馬車」的球員奧菲亞（Martin Offiah）加油，此後逐漸成爲英國橄欖球國家隊比賽時的傳統。在美國，這首歌有一個類似名字（Swing Down, Sweet Chariot）的變體，歌詞大致一樣，但節奏更快，曾被貓王翻唱，之後又被西岸放克團體「國會樂團」（Parliament）取樣並加入非洲未來主義元素，收錄於一九七五年經典專輯《母艦連結》（*Mothership Connection*）中。這個版本接著又在一九九二年被鬼才嘻哈製作人德瑞博士（Dr. Dre）取樣，創作出經典幫派饒舌歌曲〈一同上車〉（Let Me Ride）。

就這樣繞了一圈，十九世紀的黑人靈歌成爲了二十世紀的饒舌歌曲。我很難想像喜愛美國民謠和鄉村音樂的克里弗德會聽嘻哈，但如果他有，他一定能聽出其中的離散與路徑，還有旅行的意義。

參考書目

Clifford, James. 1989. "Notes on Travel and Theory", *Inscriptions* 5: 177-188.

Clifford, James. 1997. *Routes: Travel and Translation in the Late Twentieth Century*. Cambridge: Harvard University Press.（中譯版：林徐達、梁永安譯，路徑：20世紀晚期的旅行與翻譯，二〇二四，新北：左岸文化。）

Clifford, James. 2013. *Returns: Becoming Indigenous in the Twenty-First Century*. Cambridge: Harvard University Press.（中譯版：林徐達、梁永安譯，復返：21世紀成為原住民，二〇二四，新北：左岸文化。）

Clifford, James, and Cameron Vanderscoff. 2013. *James Clifford: Tradition and Transformation at UC Santa Cruz*. Regional History Project, UCSC Library.

Du Bois, W.E.B. 1903. *The Souls of Black Folk*. Chicago: A. C. McClurg & Co.（中譯版：何文敬譯，黑人的靈魂，二〇一八，新北：聯經出版。）

Gilroy, Paul. 1993. *The Black Atlantic: Modernity and Double Consciousness*. London: Verso.

關於《文化的困境》、《路徑》、《復返》三部曲譯注計畫

林徐達（東華大學族群關係與文化學系教授）

《文化的困境》、《路徑》、《復返》三部曲譯注計畫承蒙科技部（二〇二二年更名爲「國科會」）人文社會經典譯注計畫補助出版。本計畫於二〇一五年八月向科技部提出「譯注計畫構想表」，經第一階段審查通過後，於該年末正式提出本項譯注計畫並獲得兩年期補助（科技部專題研究計畫編號 MOST 105-2410-H-259-034-MY2）。本項譯注計畫之內容和出版程序均符合科技部「人文社會經典譯注計畫」之作業要點。同時，原著頁碼列於文本下方，以斜體數字標示。

三部曲中《文化的困境》多年前由王宏仁教授（現任職於成功大學政治學系）接受桂冠圖書公司之委託並完成翻譯初稿，而由計畫主持人林徐達教授（現任職於東華大學族群關係與文化學系）進行審訂、潤稿、增加譯注，以及確認譯稿等程序。《路徑》和《復返》早先由桂冠圖書公司洽購版權後陸續出版——《復返》由林徐達和梁永安主責翻譯（二〇

一七）；《路徑》在Kolas Yotaka女士的初譯稿基礎上，交由張濼之、林徐達審譯後出版（二○一九）。二○二二年桂冠圖書公司因故結束營業，承蒙左岸文化協助三部曲出版，接續處理相關版權、修潤譯稿和最終的編輯排版，其中《路徑》委由林徐達和梁永安重新翻譯，《復返》全書檢視並修潤原先的譯本，以助於統整作者在三部曲中持續的論述立場和相關觀點。

本計畫在此向科技部（國科會）和三本譯著的審查委員表達感謝之意，同時感念已故的桂冠圖書公司賴阿勝先生的提攜，並向左岸文化黃秀如總編輯、孫德齡編輯協助這三部曲完整發行表示敬意。此三部曲譯著由計畫主持人全權負責譯文品質，並接受學術社群的監督批評。

*

本三部曲譯注計畫原著作者詹姆士·克里弗德出生於一九四五年，一九六七年大學畢業於美國賓州哈弗福德學院（其中一九六五年在英國倫敦政經學院就讀），一九六八年取得史丹佛大學碩士學位，並自一九七七年取得哈佛大學歷史學博士學位後，任教於美國加州大學聖塔克魯茲分校意識史學系。克里弗德曾在多所大學擔任客座教授，包括耶魯大學

（一九九〇）、倫敦大學學院（一九九四）、巴黎社會科學高等研究院（二〇〇三）、柏林自由大學（二〇一二）、史丹佛大學（二〇一三）。他於二〇一一年獲選爲美國藝術與科學院院士。

克里弗德是當代人類學論述和文化反思最具重要性學者之一，過去三十年來每年平均超過十場全球性受邀演講；二〇一六年他曾應三部曲譯注計畫主持人的邀請，並以「民族誌–歷史學的現實主義時刻：原民性、博物館與藝術」爲題訪問台灣並發表數場演講。克里弗德過去曾擔任*American Ethnologist*、*Cultural Anthropology*、*Museum Anthropology*、*Cultural Studies*、*Material Culture*、*Collaborative Anthropology* 等重要人類學期刊之編輯委員。其研究觀點包含人類學發展史、民族誌田野工作、原住民研究、原民藝術、博物館收藏與歷史。主要著作包括：

《個人與神話：美拉尼西亞世界裡的莫里斯・林哈特》（*Person and Myth: Maurice Leenhardt in the Melanesian World*）。一九八二年加州大學出版社發行；一九九二年杜克大學出版社發行。

《書寫文化：民族誌的詩學與政治》（*Writing Culture: _e Poetics and Politics of Ethnography*），詹姆士・克里弗德與喬治・馬庫斯合編。一九八六年加州大學出版社發行。

《文化的困境：20世紀的民族誌、文學與藝術》（*The Predicament of Culture: Twentieth-Century*

Ethnography, Literature, and Art)。一九八八年哈佛大學出版社發行。

《路徑：20世紀晚期的旅行與翻譯》(*Routes: Travel and Translation in the Late Twentieth Century*)。一九九七年哈佛大學出版社發行。

《人類學邊緣》(*On the Edges of Anthropology*)，二〇〇三年芝加哥刺範出版社發行。

《復返：21世紀成爲原住民》(*Returns: Becoming Indigenous in the Twenty First Century*)。二〇一三年哈佛大學出版社發行。

獻給茱蒂斯

致謝

書寫這些論文過程中，我受到許多朋友和同事的協助，其中有同意也有不同意我的觀點。

對於「旅行」議題所獲得的刺激，特別來自以下四位的作品：丹尼爾・德菲、瑪麗・露易絲・普拉特、李・德瑞蒙以及凱瑞・開普藍。我同時對於一九九〇年秋季耶魯大學路斯教授講座（Luce Faculty Seminar）的參與者表示感激，讓我得以在一個友善且嚴謹的氛圍下協助發展初期的想法。謝謝惠妮人文中心（Whitney Humanities Center）彼德・布魯克的接待並提供如此具生產力的環境。

第三章承蒙詹姆斯・弗格森、阿克希爾・古塔、蘇珊・哈丁、米雪兒・基斯利克、安・金斯沃弗、威廉・拉多索，以及大衛・史奈德等人相當有幫助且具批判性的回饋。

第五章感激麥可・艾姆斯、艾拉・傑克尼斯、阿朶那・喬奈提斯、南西・米契爾、丹・門羅、戴拉・史佩克，以及葛羅莉亞・韋伯斯特等人的協助。

歐漢龍提供了第六章慷慨的對話，此外尚有丹尼爾・米勒、羅薩琳・蕭，以及查爾斯・

史都華等人的回饋。

第七章部分來自與克里斯・海利、吉米・梅森、喬安娜・米茲蓋拉、丹・門羅、露絲・菲利普、克里斯・平尼、瑪麗・露易絲・普拉特、奈莉・理查、雷納多・羅薩爾多，以及艾尼德・席克拉特等人的交換看法。

第十章的想法來自加州大學聖塔克魯茲分校文化研究中心所組成的「離散」讀書會的內容。感謝以下參與成員：戈登・畢格羅、蘇珊・哈丁、蓋倫・喬瑟夫、凱特・史都華、安清，特別感謝愛伏塔・布菈。同時也從凱薩琳・比迪克、強納森・柏雅林、伊恩・張伯斯、保羅・葛洛義、芭芭拉・科申布拉特－吉姆利特、維傑・米西拉，以及大衛・史奈德等人那兒獲得有用且具批判性的回饋。

倫敦書籍作品出版社（Book Works）的蘇珊・席勒和珍・羅洛親切地提供了第十一章的許多資料。

所有曾經協助第十二章的研究在該文章最後一併致謝。初稿承蒙諾曼・布朗、克里斯・康納利、唐娜・哈洛威、克里斯・海利、海登・懷特等人重要的回饋。

近年來我從《硫磺》文藝半年刊雜誌獲益良多，感謝編輯克萊頓・艾希爾曼對於我的實驗作品的歡待（其中有些發表於此），以及艾略特・溫伯格的鼓勵。

哈佛大學出版社的霖塞・沃特斯持續給予支持與建議。瑪麗亞・愛施爾則是提供了編輯建議上的幫助。

本書草稿的時期多得力於我的研究助理艾尼肯・霍爾–尼爾森以及加州大學聖塔克魯茲分校文書中心的謝麗爾・凡德維。

在這些文章的生產過程中，我任職於聖塔克魯茲文化研究中心擔任所長，並且成爲一位父親。這兩份吸引人的工作讓我愉快地轉圜其中，並且深信這讓此書擁有某種並列風格。感謝研究中心所有的參訪者、職員、參與者期間所給予的刺激。同樣感謝班，以及妻子茱蒂斯・艾森持續的愛與眞誠的回饋。

圖片說明

（頁〇六五）木製航海圖。承蒙哈佛大學畢巴底考古學與民族學博物館惠允提供使用，型錄編號：00-8-70/55587。

（頁二〇五）紐約市一九九三年版地鐵詳圖。承蒙紐約市捷運局惠允提供使用。

（頁二一〇）資深雕刻家保羅在維多利亞市皇家卑詩博物館的開放式棚屋中製作圖騰柱。照片承蒙皇家卑詩博物館惠允提供使用。

（頁二一五）酋長家屋內部，位於維多利亞市皇家卑詩博物館。照片承蒙皇家卑詩博物館惠允提供使用。

（頁二一七）卑詩大學人類學博物館的「大廳」。麥雷南拍攝。照片承蒙卑詩大學人類學博物館惠允提供使用。

（頁二二〇）《熊》，當代雕刻，由比爾·瑞德創作。溫哥華卑詩大學人類學博物館的收藏。麥雷南拍攝。照片承蒙卑詩大學人類學博物館惠允提供使用。

（頁二二一）比爾·瑞德與道格·克藍馬在一九六二年製作的海達族傳統家屋與圖騰柱。

作者拍攝。

（頁二二三）欽西安族藝術家雅樂賽在一八八六年爲基督教衛理會的受洗池所雕刻的天使。卑詩大學人類學博物館。作者拍攝。

（頁二三一）瓜基烏圖博物館暨文化中心（位於曼吉角村）的主展廳。作者拍攝。

（頁二三七）瓜基烏圖博物館暨文化中心的商品區販售的兩張明信片。照片承蒙瓜基烏圖博物館暨文化中心惠允提供使用。

（頁二三九）「爲身爲瑪斯昆人而自豪」展覽一景，一九八八年八月，卑詩大學人類學博物館。作者拍攝。

（頁二四四）沿著會所展廳展示的誇富宴文物。作者攝於愛勒特灣烏米司塔文化中心。

（頁二四六）附有歷史背景說明的誇富宴面具。作者攝於愛勒特灣烏米司塔文化中心。

（頁二五一）附有歷史背景說明的誇富宴面具。作者攝於愛勒特灣烏米司塔文化中心。

（頁二六三）波薩，一九七九年拍攝於賽卡卡族豬祭現場。照片來自歐漢龍。

（頁二六八）「天堂展覽」的咖啡豆磨豆機和雜貨店。照片承蒙大英博物館惠允提供使用。

（頁二七〇）「天堂展覽」中展出的當代女性的大提袋。照片承蒙大英博物館惠允提供使用。

（頁二七四）「天堂展覽」中的雜貨店。照片承蒙大英博物館惠允提供使用。

（頁二七七）「天堂展覽」中的波林屋和聘禮牌匾。照片承蒙大英博物館惠允提供使用。

（頁二八四）「天堂展覽」的木頭與金屬盾牌。照片承蒙大英博物館惠允提供使用。

（頁二九三）「天堂展覽」的收藏品拆箱。照片來自歐漢龍。

（頁二九八）凱布卡和他的盾牌。照片來自歐漢龍。

（頁三〇四）戴著儀式用假髮的庫卡・可恩。照片來自歐漢龍。

（頁三〇七）庫泊爾和他的厄格文化中心，金頓站在左邊。照片來自歐漢龍。

（頁三一〇）瓦拉展示她的聘禮。照片來自歐漢龍。

（頁三一三）當代大提袋。照片來自歐漢龍。

（頁三一六）雷克來司與維克在作者的歡送會上計算豬肉的分配。照片來自歐漢龍。

（頁三六八）「碑銘神殿」。作者拍攝。

（頁三七七）帕倫克的恰穆拉攤販。作者拍攝。

（頁三八四）新落成的遺址博物館。作者拍攝。

（頁三九〇）餐廳區的工藝品展示。作者拍攝。

（頁三九七）氣象衛星照片：北太平洋區域。照片承蒙朱利安・布里克惠允提供使用。

（頁四五八）乳牛女郎（COWGIRL / Kou'gurl）。附有標籤的訂製紙板盒（13.2"×10"×2.5"）；不法之徒珍妮・麥特卡夫的複製照片；兩個母牛形狀的奶油瓷壺。

（頁四六一）母親（NAMA-MA / Mother）。附有標籤的訂製紙板盒（10"×13.25"×2.5"）；複

製在圖紙上的烏魯魯（Uluru）山洞壁畫；裝在化妝品容器裡的泥土，收集自帕潘亞。

（頁四六五）水巫術（VIRGULA DIVINA / Water-Witching）。附有標籤的訂製紙板盒（13.2”×10”×2.5”）；藝術家做的尋水術筆記的影本；藝術家手工製作的占卜杖；兩個擺錘，其中一個是手工製作。

（頁四七四）研討會（SÉANCE / Seminar）。附有標籤的訂製紙板盒（10”×13.25”×2.5”）；基爾學的一六七一年版畫《光線與陰影之極高藝術》的影本；知名的雕刻作品「光與影」；迷你的液晶電視正在播放藝術家稱之爲《明亮的陰影》節目。

（頁四七八）苦澀（MOROR / Bitter）。附有標籤的訂製紙板盒（10”×13.25”×2.5”）：一本書的插圖影本；兩本被藝術家修改過的書籍，一本是邁爾卡的《論梅拉人的傳統民族誌》，另一本是哥定的《猶太人與阿拉伯人》。

（頁四八一）烈酒（EAUX-DE-VIE / Spirits）。附有標籤的訂製紙板盒（13.2”×10”×2.5”）；格雷夫斯文章的影本；取自遺忘河與記憶河的水，裝在軟木塞塞住和綁上標籤古董瓶子裡。

（頁四八八）家常（HEIMUCH / Homely）。附有標籤的訂製紙板盒（13.25”×10”×2.5”）；不列塔尼死亡天使的影本；強尼雷唱著「天使望鄉」的四十五轉唱片。

（頁四九一）阿留申海上獵人的帽子，源出烏拿拉斯加。一八二九年由奧斯古德船長贈予美國麻省塞勒姆市的皮博迪博物館。馬克・塞克斯頓拍攝。感謝皮博迪博物館惠允提供使用。

序　未竟之業*

高緒的自傳式寓言〈伊瑪目與印度人〉是我想要在這本書處理的許多問題之一。這故事講述一位民族誌田野工作者在一個埃及村落裡與若干困窘村民的互動情形。

當我初到尼羅河三角洲的那個寧靜角落時，原預期會在一塊最古老並且最早有人居住的土地上遇見一群定居在此且閒適度日的人。大錯特錯。全村的人都像是在過境休息室裡等待轉機的繁忙旅客。他們之中有許多人到過波斯灣各國工作與旅遊，另一些人則是去過利比亞、約旦和敘利亞。也有到葉門去當兵和到沙烏地阿拉伯去朝聖的。少數人到過歐洲旅行——有些人的護照厚厚一疊，打開活像沾滿墨水漬的手風琴。

1

* 譯注：原標題爲「Prologue: In Medias Res」。「In Medias Res」爲拉丁語，原意爲「在事情的中間」。該用語指涉一種獨特的敍事方法，帶領觀衆直接置身於故事情節的中間，而先前的事件或背景則透過倒敍逐漸揭露。此種敍事手法通常呈現在文學、電影和其他藝術表現。此處作者意指本書的研究主題仍在進行且變化之中，是待續的作品（見原文頁十二），因此意譯爲「未竟之業」。

這個傳統的村莊宛如過境休息室。很難想像還有一幅更佳的後現代性（postmodernity）圖像——一幅以移動性和無根歷史爲軸心的新世界秩序圖像。不過且慢……

> 但這並不是新穎現象：他們的祖父母、祖先與親戚以前也曾旅行，情況與我在印度次大陸的祖父母、祖先與親戚多有相似之處——或者是為了躲避戰爭，或者是為了賺錢或工作，又或者只是對老住在同一個地方感到厭膩了。你可以在村民的姓氏中窺見這種靜不下來的歷史：這些姓氏有源自黎凡特的城市，有源自土耳其，也有源自努比亞的偏遠鄉鎮。情況就像這裡的人是從中東的各個角落漂來的。村莊創建者的旅行熱情已經深植在村莊的土壤之中：有時我覺得村裡的每個人都是旅行者。（Ghosh 1986:135）

高緒是土生土長印度人，在一所「古老的英國大學」受教育，在埃及從事人類學田野工作——這情形喚起一種我們愈來愈熟悉的境況。這位民族誌研究者不再是一位造訪在地住民的世俗旅行者，不再是從核心都會區前往邊陲的農村從事研究。相反地，他那「古老且定居」的田野地點開啟了複雜的住居和旅行史（histories of dwelling and traveling），開啟了國際化經驗。自馬凌諾斯基與米德的世代以來，專業的民族誌研究奠基在對劃定界限的「田野」、進行密集（儘管只是暫時性）的住居。然而對高緒而言，田野工作不再侷限於在地化住居，更多的是一連串的旅途遭逢（travel encounters）。人人都在移動，幾世紀以來皆是如此：每個人都寓居於旅行之中（dwelling-in-travel）。

《路徑》一書以此假設作爲起點，強調旅行（travels）與接觸（contacts）是一種未完成的現代性關鍵場域。它的總題旨（假定這可稱爲題旨的話）極爲巨大：人類的座落（location）除了是由靜止所構成，也是由移轉（displacement）所構成。* 結集在本書的文章企圖了解人們的移動。在這些來來去去的移動中，我們可以發現哪些世俗的生存與互動技巧？有哪些資源可供一個多樣性的未來所使用？這些文章是一點點開端，試圖追溯人們旅行的新、舊地圖和歷史，而其中被賦予了不同程度的權力或受迫。本書關切在移轉中所銜接的人類差異性，關切在愈來愈連結但非同質的世界中，糾纏的文化經驗、結構與可能性。

《路徑》持續論證我對文化概念的主張。我早期的作品，特別是在《文化的困境》（一九八八）裡，我對人們傾向於採取全貌觀（holism）和美學形式來看待文化的概念，以及

---

* 譯注：本書中「location」一詞根據上下文脈絡，當指涉具體的地理空間或地方時，翻譯爲「座落」或「位置」；有時則翻譯爲「定位」，意指特定的狀態或地位。

傾向於用共同「生活」的概念來強調文化中的價值、社會階層與歷史連續性的態度，感到憂心忡忡。我主張這些傾向會忽略掉（有時甚至是積極地壓抑）許多不純粹的、難梳理的集體創造與求生的過程。與此同時，若我們希望承認並支持人類的意義與差異系統，那麼複數的文化概念看來是必要的。無論如何，在受到族群絕對論撕裂的當代世界，對身分一致性的聲稱是無可避免的。文化看來是禍福參半的事物。我企圖鬆動對文化的常識性看法，聚焦在民族誌再現（ethnographic representation）的過程。我用來撬開文化觀念的槓桿是關於**書寫**（writing）與**拼貼**（collage）的延伸概念，前者被視爲互動性、開放性和過程性的，而後者則是要爲異質性提供空間，不僅是爲美學並置，更是爲歷史並置和政治並置提供空間。我是在歐美殖民擴張以及一九四五年以來以「解殖民」（decolonization）爲名之未竟論戰的歷史脈絡下，討論締造和拆解文化意義的民族誌實踐。

在研究的過程中，**旅行**浮現爲一種範圍愈來愈複雜的經驗：跨越與互動實踐（practices of crossing and interaction）使得許多對文化常見假設中的「在地主義」變得問題重重。根據這些假設，純正的社會乃是（或者應該是）像花園那般被劃定界限之處（「花園」就是歐洲語言中「文化」一詞的詞源）。住居被理解爲集體生活的在地基礎，旅行則是一種補充：「根源」（roots）永遠先於「路徑」（routes）。然而我要詢問的是，如果解開對旅行的束縛，視其爲一個複雜和普遍的人類經驗光譜，會發生什麼事？那樣的話，移轉的實踐也許會成爲文化意義的**構成要素**，而不再僅僅是文化意義的轉移或延伸。例如歐洲擴張的文化效應將不再能簡單地視爲文明、工業、科學或資本的向外擴散而被歌頌或責備。這是因爲被稱爲「歐洲」的這個地區其實一直受到其邊界之外的力量的重塑和貫穿（Blaut 1993; Menocal 1987）。這個互動過程在不同程度上難道不是與任何在地的、族群的或區域的領域相關的嗎？我們幾乎不管望向何處，人們移動和遭逢（encounter）的過程都是存在已久並且複雜的。文化的中心與各自地區和領域並不是先於接觸的存在，反而是透過接觸得以維持，透過接觸挪用和規矩化了人與物的不停移動。

當我開始思考「旅行」的多樣性形態時，此一詞彙成爲了穿越異質現代性路徑的圖像。在《文化的困境》一書中，我談到了麻省鱈魚角（Cape Cod）的梅斯皮（Mashpee）印地安人，指出他們設法在法庭上證明他們的「部落」身分。我論稱，他們的主張遭受扎根性（rootedness）和在地連續性（local continuity）的假設所削弱，而「本眞性」（authenticity）的概念也否定了他們在互動且持續的殖民史中的複雜能動性。梅斯皮人的巫醫在夏威夷待過好些年；許多部落成員住在傳統城鎮之外的地區；許多人在兩地間來來去去；一八三三年率領梅斯皮人爭論權利而起義的艾普斯（William Apess）是衛理公會的巡迴牧師，父母是佩科特人（Pequot）。我開始發現這類移動對「部落」生活來說並不邊緣。我想到了《白鯨記》裡的捕鯨者：歡愉角（Gay Head）印地安人塔斯德戈（Tashtego）、南太平洋島民奎奎格（Queequeg）

和非洲人達古（Daggoo）。這些文學人物代表了眞實的歷史經驗。這一類的旅行顯然不僅是對歐洲擴張的反應。與以實瑪利（Ishmael）同床共眠的奎奎格難道不是兩人中更爲世界主義的一個嗎？*

高緒寫道：「村裡的每個人都是旅行者。」接著又說：「我說的每個人不包括『老鼠』克彌司（Khamees the Rat）。不過，我發現就連他的姓也是『來自蘇丹』的意思。」克彌司不同尋常，因爲他沒有旅行的渴望（他聲稱自己連最近的大城亞歷山卓都不曾去過），並且幾乎對所有人事物都抱持嘲笑的態度，包括宗教、家人和耆老，特別是來訪的人類學家。然而，在故事的結尾，在他與敍事者就火葬與聖牛崇拜等「野蠻」的印度教風俗有過一連串叫人難受又引人發噱的交鋒之後，兩人成爲了朋友。儘管他是個頑強的宅居者，現在卻可以半開玩笑半認眞地表示他考慮去印度旅行。他八成不會動身。然而我們卻可以意識到，這位宅居者的世界觀並未劃地自限。字面意義上的旅行不是諷刺或批判的前提，也不是拉開與自己家鄉文化距離的前提。克彌司是個複雜的「在地者」（native）。

高緒將村子裡每個人都稱爲旅行者，將讀者的注意力吸引到特定的、主要是男性的世界性（worldliness）經驗——一種交織著根源（roots）與路徑（routes）的經驗。然而，在他這個廿世紀晚期的故事中，早已有之的移轉與在地化是發生在一個日益強大的力場裡，即發生在「西方」裡。故事的高潮發生在研究者與傳統的伊瑪目（一位他希望訪問的療癒師）之間的劇烈交鋒。† 這位來訪的學者被對於印度教火葬與聖牛崇拜的種種嘲諷所激怒，不知不覺與伊瑪目發生爭吵。在愈來愈多人圍觀的情況下，這兩位男子互不相讓，高聲爭論誰的國家更好、更「進步」。最終雙方都聲稱自己國家所擁有的槍枝、坦克與炸彈，在精良程度上僅次於「西方」。突然間，敘事者意識到「儘管我們之間存在著巨大鴻溝，我們卻完全能了解彼此。我和他都在旅行中：我們都正在西方旅行」。

這故事尖銳地批判了對純粹傳統和壁壘分明文化差異的古典追求——異國情調式、人類學式和東方主義式的追求。跨文化的連結一直被視爲一種規範（norm）。而這些連結正是由強大的全球力量所引導。民族誌研究者與在地者——印度人與伊瑪目——同樣「正在西

5

* 譯注：以實瑪利是《白鯨記》中的主要角色之一，而《白鯨記》故事幾乎是透過以實瑪利第一人稱回憶的方式描述這段歷險。在《白鯨記》裡，奎奎格則是來自南太平洋科科伏柯島的食人族王子，他與以實瑪利一同獲得裴廓德號船長亞哈（Ahab）的聘雇，出海追捕大白鯨「莫比・迪克」（Moby Dick）。以實瑪利曾經說過：「寧願與一位清醒的食人族同床，也不要與一個酗酒的基督徒交往。」見《維基百科》。

† 譯注：即上文提到的克彌司。

方旅行」。此一發現讓反殖民的人類學家高緒感到沮喪。在包含上述故事的那本書（Ghosh 1992），高緒致力在印度與埃及較古老的連結中——在一些超越並且部分繞過了西方／東方、帝國／殖民、發展／落後的世界二分法的貿易關係和旅行關係中——定位自己民族誌研究的航程繪製。然而，當他發現自己與伊瑪目的唯一共同點是「西方」時，這個希望破滅了。但「老鼠」克彌司透過他的批判性在地主義、幽默，以及他對一位來自印度的訪客（他說印度是個「一切都上下顛倒」的國度）友善地寬容，來對抗這種蒼涼的目的論。即便他只是半認眞地對敘事者說自己考慮到印度旅行，這依然暗示著「到東方旅行」有其可能性。這種不同的世界主義軌跡在非洲人巴圖塔（Ibn Battouta）的一席話中得到了預見：他在十四世紀到過印度次大陸旅行。隨著印度洋、非洲與西亞之間的舊有連結模式在西方現代化的二元性之外慢慢恢復，是否可能出現一種不一樣的移動？高緒提出這個批判性問題，但並未給出定論。

在高緒的敘述中，因爲旅行成爲了一種常態，住居反而需要說明。人們爲什麼選擇留在家裡，他們在多大程度上是自發的？在地根源（local roots）之類的尋常概念解釋不了「老鼠」克彌司這般人物。事實上，在受到西方機構以及誘人的權力象徵所驅使的不安境遇中，他刻意選擇**不**去旅行，或許更多是一種抵抗的形式，而不是一種劃地自限，是一種特定的世界性而不是狹隘的在地主義。那些沒有被隱含在「村裡的每個男人都是旅行者」一語中的人又是如何呢？*在這個故事中，我們極少聽見女性的聲音，有的話也只是一些驚嘆，並且通常是輕率的驚嘆。高緒的故事明顯是關於**男性**之間的關係，不是關於文化類型之間、村民之間或在地者之間的關係。他的敍述偏重恰好引出了一些有關男性與女性的重要普遍議題——他們特定的、以文化爲中介的住居與旅行經驗的問題。

女性有著自己的勞動遷移史、朝聖史、移民史、探險史、觀光史，甚至是軍事旅行史——這些歷史與男性的歷史時有連結，時而沒有。例如，開車的日常實踐（這在歐美女性大眾是相對普遍的旅行技術）對沙烏地阿拉伯的女性來說是被禁止的。這在一九九一年波灣戰爭時美國女兵的旅行經驗中是項重要的事實。女性在眾目睽睽下駕駛吉普車是一個強有力的象徵符號，是一項受到非議的經驗。另一個來自該地區的例子則是，想想數以千計從南亞、菲律賓和馬來西亞前往中東從事打掃、煮飯、看顧幼兒等家務幫傭的女性那種非常不同的「旅行」史（「旅行」一詞的意義在這裡開始瓦解了）。她們的移轉與契約通常包括強迫的性行爲。這些簡短的例子提醒我們，沿著性別的界線來表明移動所包含的自由與危險的特定歷史，是有多麼需要。

6

* 譯注：原文爲「every man in [the village] was a traveller.」與前文高緒的紀錄內容相同，但此處作者更聚焦於性別上的差異。

在高緒那個猶如過境休息室的村落裡，女性會去旅行嗎？如果不會，為什麼不會？在男性與女性的不同移動中，自發與被迫的比例各是多少？造成這種分別的因素除了性別以外，階級、種族、族群或宗教的因素重要嗎？注重旅行是不是無可避免是一種獨厚男性的經驗？在不同環境中，對男性和女性來說，怎樣的出行算是「旅行」？朝聖？造訪親人？到一個城鎮市集擺攤？在女性留在家裡而男性出遠門的那些（常見但並不普遍的）情況中，住居「自家」（home）在與旅行實踐的**關係**中是如何被設想並且生活其中？在這一類情況中，住居（女性的住居）和「旅行」（男性的旅行）在政治與文化上有銜接嗎？兩者的關係是互補的嗎？是敵對的嗎？還是兼而有之？高緒的故事並未探索這些議題。然而，因為它描繪了複雜的住居和旅行經驗，描繪了構成小村的所有根源與路徑，這些議題遂變得無可避免。「每個人都是旅行者」這句話引出了許多問題——有經驗性和理論性的問題，也有歷史性和政治性的問題。

＊

本書探索了其中一些問題。它追蹤了那些同時限制和賦權了跨疆界與跨文化移動的世界性、歷史性路徑。本書也探討各種不同的跨越實踐（practices of crossing）、翻譯策略和雙重或多重的依繫（attachment）經驗。這些跨越的例子反映出複雜的區域史與跨區域史，而自一九〇〇年起，這些歷史便受到三股相互連結的全球性力量的強大屈折，它們是帝國的持續遺產、史無前例的兩次世界大戰的效應、工業資本主義的擾亂與重建活動的全球性結果。在廿世紀，文化與身分得要同時應付在地勢力和跨國勢力，其程度是前所未見。事實上，文化與身分作爲演出（performative acts）的流行可回溯至它們與家園的銜接（articulation）——家園是一個安全的空間，在那裡，跨越邊界的交通可以受到控制。這種控制行爲可以維持內部（insides）與外部（outsides）的差別，並且總是戰術性的。文化行動——多重身分的創造與再創造——發生在接觸區（contact zone），即發生在國族和人群之間既受管制又可闖越的跨文化前沿上。在其中，靜止與純潔性被創意地和暴力地主張，以**對抗**移動與汙染的歷史力量。

當邊界獲得了弔詭的中心性（centrality），邊緣與往來的界線會浮現爲複雜的地圖與歷史。在此，我藉助一個不同於全球性文化或普同文化的新興概念，來解釋這些結構：跨地方（translocal）文化。例如，在人類學中，新的理論典範明確地以關係性、非目的論的方式銜接在地過程和全球過程。像是「涵化」（acculturation）（帶有其過度線性的軌跡：從A文化到B文化）或是「融合」（syncretism）（帶有兩種鮮明的體系重疊在一起的意象），這類較早期的術語被複雜化。新的典範從歷史性接觸開始，從地區、國家和跨國層次的交錯糾結開始。接觸方式所預設的不是隨後被帶入關係中的社會文化整體（sociocultural wholes），而是一些業已被關係地構成（constituted relationally）的體系，因著歷史移轉的過程而進入新的關係。近年來的一些發展包括德瑞蒙把加勒比海地區社會看成一種克里奧化（creolizing）的「交互體系」（intersystem）（Drummond 1981）；安賽爾主張傳統上持世界主義態度的西非有著「原初的揉合主義」（originary syncretism）（Amselle 1989）；阿帕度萊追蹤了五種非同源的「地景」——族群地景、媒體地景、科技地景、金融地景與意識地景——之間的文化流動（Appadurai 1990）；坎立尼把提華納（Tijuana）的「雜揉文化」（hybrid cultures）形容爲一種「進入與走出現代性的策略」（Canclini, 1990）；安清「偏僻之處」（an out-of-the-way place）的概念（Tsing 1993）和史都華的「路旁空間」（space on the side of the road）民族誌（Stewart 1996）都對既有的邊緣／中心觀念和發展地圖提出了質疑。這些只是這個時代的幾個指標，而且僅限於學界的人類學。更多跡象會在後續章節中出現。

本書開始於一場題爲「在文化間旅行」的演講，與之相隨的是它在一九九〇年一個文化研究會議中激起的討論。演講介紹了我的學術實踐，將其定位在面臨危機的人類學與新興的跨國文化研究的接壤處。它呈現的主題不那麼具有明確範圍，更多是從早前研究的轉換：一個翻譯、重新開始和繼續的過程。後面幾章延伸並且移轉了《文化的困境》中持續的關注，在兩個主要領域尤其明顯：對民族誌實踐的關注，以及對博物館的藝術與文化展

8

示的關注。這些問題集中在本書的前兩部分。

身爲人類學史的批評者，我主要聚焦在民族誌田野工作——它是一組學科實踐，用以再現文化世界。在本書的第一部分，在「田野」進行的研究被描繪爲悠久且現在備受爭議的西方旅行史一部分。在專業人類學樹立其邊界之處，我描繪了一個接壤地帶，一個接觸區（contact zone）——它既被封鎖又允許出入，既被管制又是可以闖越的。將田野工作視爲一項旅行實踐，突顯了在被歷史地、政治地定義的地點中進行的具身活動（embodied activity）。* 這種世俗的強調有助於開拓當前的可能性，擴展和複雜化民族誌研究的路徑。正如同人類學的旅行者和研究場域會因應地緣政治變化而改變，此一學科也必須改變。

本書的第二部分繼續發展我早期對於非西方、少數族群與部落文物的展示策略的興趣。在這個部分，我特別聚焦在博物館作爲不同文化願景和不同社群利益的協商地點。其中幾篇文章探討了全球博物館激增的現況——包括新幾內亞高地的博物館、加拿大原住民地區博物館，以及都會離散社群的博物館。它們不單純是一種西方機構的延伸。與本書的總進路一致的是，我並不認爲博物館與其他文化表演的場域是中心或歸宿，它們是人與物穿梭的接觸區。這既是一種描述，也是一項期盼，是在論證愈來愈大的「博物館世界」中將會

* 譯注：本文中「embodied」翻譯爲「具身」，意指身體實踐意義上的面對面互動。

有更多樣性的參與。

我對博物館的研究進路——以及我對所有文化表演和展示場所的研究進路——質疑了全球性、跨國性或後現代文化的觀點，此一觀點假設有一個單一且均質化的過程。這裡所說的「質疑」暗示著它維持一種純正的不確定性、一種模稜兩可。我們不可能避開西方機構與資本主義市場和國家菁英計畫結盟後所擁有的全球影響力。還有什麼比博物館的激增更能體現這種全球霸權呢？還有什麼比博物館更布爾喬亞、更保守而且也更歐洲的機構呢？還有誰比博物館是更持續不歇的「文化」收藏者以及將「文化」商品化的人呢？在認識到這些遺產的持續力量的同時，我對當前博物館世界提出的解釋認爲，全球性的決定作用除了要對抗地方差異，也要克服地方差異。文化的表演涉及一些無法完全圍堵的認同與敵對過程，它們會溢出國家的和跨國的結構。

本書第三部分「諸多未來」（Futures）深化了我對於在全球決定作用之內進行抵抗與創新的可能性關注。在其中，我考察了「離散」（diaspora）的當代銜接（我視之爲對國籍的潛在顛覆），考察了如何在與多個地方保持聯繫之際，又能同時履踐非絕對主義的公民身分形式。各式各樣的離散史被重構爲一種「後殖民主義的史前史」，一個頗無保障的未來。在進一步反省交錯的路徑時，我談到了蘇珊·席勒最近在佛洛伊德的倫敦寓所（也就是佛洛伊德博物館）舉辦的展覽——藉由此一展覽，她重新打開了一個聚攏的人生及其擁有物。本部分以一篇我寫於我目前在北加州居住地的沉思作結（也可以說是重新開始）：它討論了跨太平洋的接觸，同時與俄國位於美洲最遙遠前哨羅斯堡（Fort Ross）的不同歷史觀點做一並置。在這幾章中，跨國旅行和接觸——人、物和媒體的旅行和接觸——並不指向單一的歷史方向。

例如，世界的秩序（或失序）並沒有清晰預示一個後國族（postnational）的世界。當代資本主義以具有彈性且不均衡的方式運作，既強化、也鬆動了國家霸權。正如霍爾提醒我們的，全球性政治經濟在矛盾的地勢中推進，時而增強，時而消除文化、地區與宗教的差異性，以及性別與族群之間的分別（Hall 1991）。移民、傳播、科技與商品的流通也產生了類似的不平均效果。因此，一再宣稱民族國家在自由貿易或跨國文化的美麗新世界中已經過時這種說法，顯然爲時過早。但與此同時，從印度到奈及利亞到墨西哥到加拿大到新興的歐盟，國家單位的穩定性仍遠遠沒有保障。「國家」這種想像的共同體需要不斷透過方法——經常是暴力方法——加以維持。再者，在充滿外來移民與衛星電視的世界裡，對國界與集體本質的監管從來無法絕對，或無法絕對太久。國族主義者選擇性地將他們所宣稱的同質性時空，與新的跨國移動與文化形式（無論是主流或次級的）做一銜接。這些移動而產生離散與雜揉（hybrid）身分既具有限制性，又具有解放性。他們以具強制性又充滿創造性的方式，將語言、傳統與地方縫合在一起，銜接了受困的家園、記憶的力量和越界風格，與國家和跨國結構形成了模糊關係。我們很難去評估，甚至很難去感知這些新興實踐的範圍。

在一九九六年的今日，我們對國族主義的有毒瀰漫已無比熟悉。因而，如果我在本書的文章中強調複雜、交錯與跨越國界的文化過程，我並不是暗示這些過程置身於國家性與跨國性（主要是資本主義跨國性）的支配秩序之外。又如果我們可以在從屬（subaltern）和非西方的跨文化經驗中找到謹愼樂觀的理由（哪怕它們只是作爲前往「西方」單向旅行的替代選項），我們並沒有理由假定這些跨界實踐總是解放性，或假定一種自主身分或國族文化的銜接總是反動的。雜揉的政治是接合性的（conjunctural），無法從理論原則中推導出來。在大多數情境中，政治上重要的問題是誰在運用國家性或跨國性、本眞性或雜揉性來對付誰，他又是以何種相對的權力和能力來維持霸權。

這些文章是在一種充滿憂慮又不放棄希望的矛盾狀態下所寫就。它們一再發現，好消息與壞消息總是相互預設。「現代化」不斷地擴張市場、軍隊、科技與媒體，但倘若沒有這種激烈的擾亂，我們也無法想像跨國性的可能。在這種嚴峻的背景下有可能出現任何改進或替代方案。此外，我與馬克思不同，他認爲社會主義的可能之善在歷史上仰賴於資本主義的必然之惡，我卻看不到這種緊張關係的未來解決方案——不會有革命或是對辯證的否定之否定。* 相較之下，葛蘭西漸進且不斷變化的「陣地戰」（war of position），講述一種局部連結與結盟的政治，反而更有道理。本書的文章延續了班雅明的文化批判論傳統，追蹤了新興的新差異秩序。人們如何形塑網絡和世界的複雜性，而這些網絡和世界既預設了文化和國家，又超越了文化和國家？何種業已存在的跨國主義形式有利於民主和社會正義？又有哪些生存技巧、溝通技巧和寬容技巧，可以在今日的世界主義經驗中被使用？人們如何應對普世主義和分離主義的壓迫性選擇？在肯定是「西方」最後一個千禧年的結束之際提出這些問題，並不能說爲時過晚。黑格爾的「米娜娃之梟」（Owl of Minerva）在暮色中飛行。[†] 旋轉的地球要轉向何方？我們在破曉時可以知道什麼？又是透過誰知道？

11

* 譯注：在馬克思主義和黑格爾哲學中，辯證法是一種哲學思考方法，它試圖透過對立和矛盾的統一來理解和解釋事物的發展和變化。辯證法的核心包括三項基本法則：對立統一、量變質變和否定之否定。其中，「否定之否定」是一項過程，透過這個過程，一個事物或觀念經歷了一個否定階段（即被反對或破壞），然後交由另一種形式的否定（即對原始否定的否定），達到一種新的、更高級的形態或秩序。在此，作者認爲不會有傳統意義上的革命，也不會有透過辯證法過程自然演進的解決方案，來徹底解決或超越當前的社會矛盾和衝突。

† 譯注：黑格爾的「米娜娃之梟」是黑格爾哲學中有關「後見之明」的概念：智慧女神米娜娃的梟鳥只在夜幕降臨才起身飛翔，暗示對歷史事件的眞正理解和覺察只能在事件發生之後。此一說法同時見《文化的困境》二〇二三年台灣版序。

以歷史的角度思考是一種將自己定位（locate）在時空中的過程。從本書的觀點來看，一個「座落」（location）乃是一段旅行的行程，而不是一個有界限的場域——它是一系列的遭逢與翻譯。本書文章企圖爲它們自己的路徑、場域與生產的時間做出說明。當然，充分的說明就像「自我認知」（self-knowledge）的夢一樣飄忽不定。* 我設想的情境分析更多是依情況而定的，本質上是部分的（partial）。它假定所有寬廣意義的概念——諸如「旅行」——都是一種翻譯，是由不完美的等值所建立。以情境化的方式使用比較性概念，意味著意識到（總是姍姍來遲地意識到）限制、沉積的意義和塗抹差異的傾向。翻譯用詞使用的比較性概念是一個近似值，它賦予「原初」崇高地位，是爲特定的聽眾而設。因此，詞語的寬廣意義使得我所從事這類的研究計畫，在實現其所成就範圍的結果中都必然歸於失敗。† 這種成功與失敗的混合，是那些嘗試充分地全球性思考、而不志在得出全面性結論的人，常見的困境。「旅行」一詞的意義在我的用法裡涵蓋甚廣，最後散碎在一些不等值但部分重疊的經驗中，而這些經驗可以用不同的翻譯用語加以表達：「離散」、「邊境」、「移民」、「遷徙」、「觀光」、「朝聖」、「流亡」等。我並沒有涵蓋這個範圍內的所有經驗。事實上，有鑑於翻譯的歷史偶然性，不可能存在可以產生充分比較性說明的單一位置。

本書收錄的文章是多條小徑，而非一張地圖。因此，它們遵循特定的思想和制度地景前行，我試圖透過並置不同場合所發表的文本來召喚這片地域，而不是統一自己的書寫風格和形式。本書包含了頗長的學術論文，它們以傳統的方式支持或論證我的觀點。書中也收入了一篇講稿、一篇書評和幾篇對特定文化展示脈絡（博物館和文化遺產場域）的即時回應，它們有時十足主觀。正式論文之間穿插著旅行書寫與詩性拼貼的實驗。透過接合不同的文類，我記錄了（以及開始歷史化）本書的構成，即記錄了它的不同讀者與發表機緣。 12
我的重點不是要繞過學術的嚴謹性。書中分析性的書寫風格仍將受到當前批判標準的檢視。但學術論述是一套不斷發展中的慣習，我尊重這些慣習的限制，它濃縮了可能以多種形式進行實驗的思考和感受過程。本書的混雜風格喚起了這些多重和不平均的研究實踐，讓學術作品的邊界清晰可見。

我的拼貼不是爲了模糊掉不同的召喚和分析方式，而是爲了並置它們。拼貼這種方法以一個有意義的組合宣示出異質元素之間的關係——將各個部分結合在一起，同時維持它們之間的張力。這樣的組合是一種挑戰，要求讀者以不同方式參與其中的各個部分，同時允許這些部分在更大的干擾和互補模式中相互作用。這種策略不僅僅是形式上或美學上的。

* 譯注：此處原文爲「self-knowledge」，指的是「認識你自己」的古典西方要求。

† 譯注：此處作者暗示任何試圖全面涵蓋廣泛概念的努力，都不可避免地會遇到限制。這些廣泛的詞語意義在應用到具體情境時，可能因爲無法完全捕捉到所有個別情況的獨特性和複雜性而「失敗」。

整本著作貫穿著一種標示且跨越邊界的方法（在此，「邊界」是指學術表達上的邊界）。論述場域（discursive domains）——如同文化被顯示出來——總是在管制和闖越的邊界上構成。例如，第三章描繪了「客觀」的人類學研究是如何在與「主觀」的旅行與旅行書寫的對話和衝突中被創造及再創造。學術性文類是關係性的、經過協商的，並且處於不斷發展的過程之中。

未竟之業，本書明顯是尚未完成的。零散分布全書各處的個人探索並非自傳式的披露，而是對諸多小徑其中若干的一瞥。我收入它們，是因爲相信某種程度的自我定位是有可能和有價值的，特別是當它指向個人之外而直指持續存在的關係網絡時。因此，奮力看出我的觀點的某些界限並不是目的本身，而是對專注、翻譯與結盟做出努力的先決條件。我並不認爲任何人會永遠被他的「身分」固定住，但也沒有人可以擺脫他的種族與文化、階級與種姓、性別與性向、環境與歷史等的特定結構。我理解這些以及其他交叉影響的決定因素，不是作爲選擇或被迫接受的家園，而是作爲世界旅行的場域，是困難的遭逢與對話的機緣。由此而來的推論是，任何關於一致性或普世性價值的新舊觀點，都沒有辦法解開文化政治的難題。只有更多的翻譯。[13]

本書的集結正是應對此一困境。當歷史現實被理解爲一連串未竟的遭逢時，我們是否可能歷史地定位自己去講述一則連貫的全球故事？什麼樣的圓滑態度、感受性和自我諷刺可以有助於非化約性的理解？在相互連結但非同質的現代性中，不同路徑之間進行嚴肅翻譯的條件是什麼？我們能否找到「到西方旅行」之外的可行替代選項——不管是舊還是新的道路？面對諸如此類的問題，《路徑》努力抱持某種程度的希望，以及一種清晰的不確定性。

第一部分　旅行

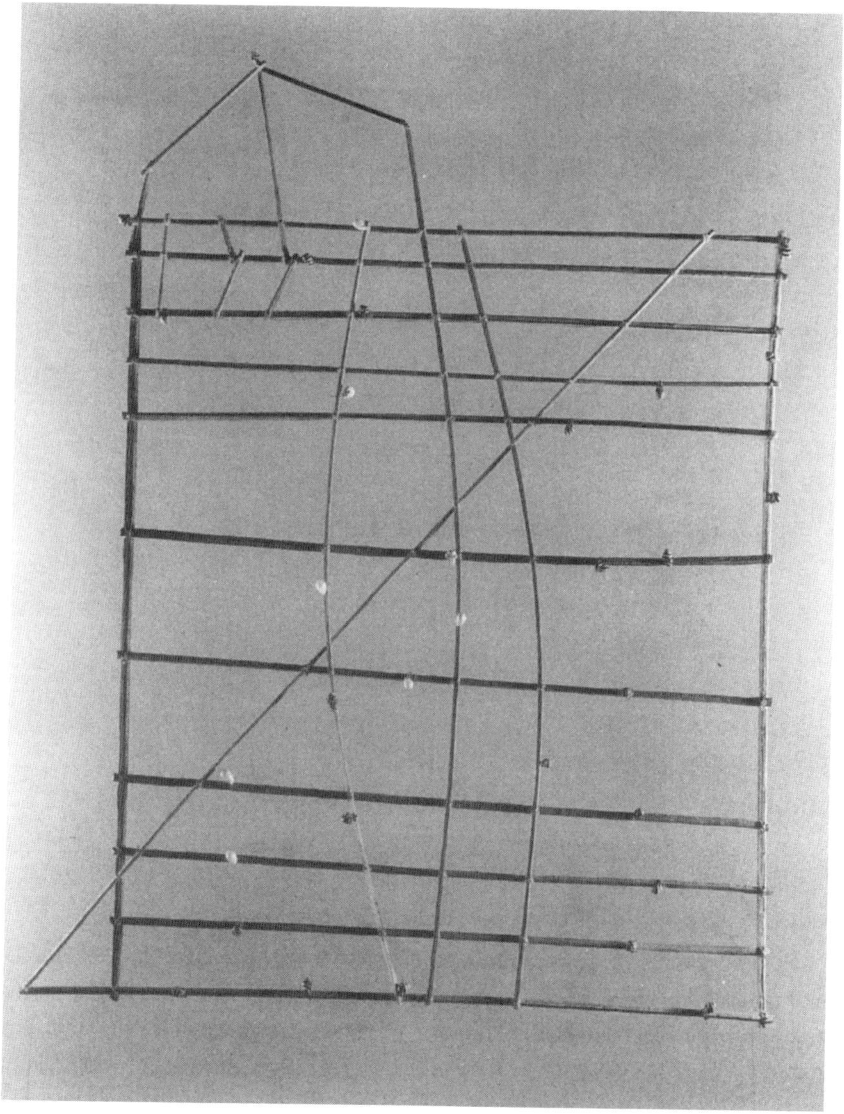

木製航海圖：以木頭、纖維、貝殼、珊瑚製作而成，大約是1890年的作品。這是馬歇爾群島的居民長距離航行時使用的航海圖。他們會標注島嶼的位置，並依據大陸與洋流交會的效應，推估海浪推進的模式。

第一章　在文化間旅行*

我想引用詹姆士在《跨越邊界》裡的一段話作爲開場：「時間會流逝，舊帝國會衰落，新帝國會興起，在階級關係必須改變後，我發現物品與公共設施的品質並不重要，關鍵的是移動。你是誰、擁有什麼不重要，重要的是你從哪裡來，要往哪裡去，以及行進間的速度。」

或者也可以從旅館談起。康拉德在小說《勝利》的一開始說：「我們在這個時代紮營停留，就像迷路的旅人在一座華麗卻令人不安的旅館裡。」† 李維史陀在《憂鬱的熱帶》一書提到，一九三七年，在巴西新城市哥亞尼亞（Goiania）的市中心，放著一個巨大得不成比例的水泥方塊。在他看來，這方塊象徵著文明的野蠻性（barbarity），象徵著「這是一個過境處，而非居所」。旅館就像車站、機場、醫院，是一個你經過的地方，所有遭逢都是短暫而

* 本論文發表於一九九〇年四月六日在美國伊利諾大學香檳校區舉辦的「文化研究：現在與未來」研討會。
† 譯注：康拉德的這句話同樣爲作者在先前《文化的困境》裡所引用；見《文化的困境》第三章。

17

偶然的。

它近期的化身則是那家位在洛杉磯新「市中心」作爲後現代象徵的飯店，即詹明信在他那篇大有影響力的〈後現代主義，或晚期資本主義的文化邏輯〉中提到的波拿丘飯店（Bonaventure Hotel）。波拿丘飯店的玻璃峭壁拒絕互動，將周遭的事物反射回去；它不對外開敞，沒有主要的入口。走進飯店就像走進令人困惑的迷宮，它阻撓連續性，阻礙了一位現代的漫遊者（*flâneur*）在其中漫步觀察。

我也可以從瓊．佐登待在名爲「喜來登英國殖民飯店」（Sheraton British Colonial Hotel）的那篇〈巴哈馬報告〉談起。她是一位從美國前來渡假的黑人女性……她直面自己的特權與財富，飯店裡鋪床和上菜的人讓她感到不自在……她反思了人與人的關係，反思了打破階級、種族、性別與國籍藩籬而結盟的可能性。

還可以從倫敦一間寄宿公寓談起。那是奈波爾的小說《模擬者》的故事現場，是另一個非本眞、流放、轉瞬卽逝的無根的所在。

不然就從巴黎的飯店談起，它們是超現實主義者的家外之家，是奇怪又神奇的都市漫遊的起點，《納狄亞》和《巴黎的農夫》皆屬此類。它們是收藏、並置和熱情邂逅之地，像是萬國大飯店（l'Hôtel des Grands Hommes）這般所在。

再來還可以從康奈爾塾在他魔術盒子裡的飯店信紙和餐廳菜單談起（這些盒子裡還鋪

墊著星圖）。* 無題的：米提飯店（Hôtel du Midi）、南方飯店（Hôtel du Sud）、星辰廣場飯店（Hôtel de l'Etoile）、英國飯店（English Hotel）、寰宇大飯店（Grand Hôtel de l'Univers）。盒子裡放滿了美麗的偶然邂逅：羽毛、滾珠軸承、洛琳．白考兒。飯店／**祭台**（*autel*）會讓人聯想到拉丁美洲民間宗教爲了放置搜集品而搭建的奇妙又眞實的祭壇，或是當代墨西哥裔藝術家製作的那種供奉當代物品的家庭「祭壇」（*offrendas*）；但又與它們**不同**。「在地的」和「全球的」之間的一條斷層線出現在康奈爾家的地下室——這裡擺滿了來自巴黎的紀念品，但康奈爾並不曾去過巴黎。巴黎、宇宙、美國紐約皇后區烏托邦公園大道三七〇八號的一間平凡無奇的房屋的地下室。

✵

這本書是一部——正如人們常說的——「施工中作品」（work in progress），它旨在**進入**比較文化研究的廣大領域：廿世紀晚期的旅行與移轉的歷史——多樣且互相關聯的諸多歷史。此一進入受到了之前研究——包括我自己和其他人的——的加持和束縛。因此，我會

* 譯注：康奈爾是美國超現實主義攝影師和集合主義雕塑家，這裡提到的「魔術盒子」是他的藝術作品。

利用我對廿世紀異國情調式、人類學式的民族誌實踐的歷史研究來加以進行。但我**即將著手**的調查取徑與其說是建立在我之前的研究上，不如說是要爲之前的研究定位和移位。

我大約可以從一個旅行的接合點談起，至少在我看來，這個接合點慢慢有了典範的地位。我們可以稱之爲「史廣多效應」(Squanto effect)。史廣多是那位在一六二〇年麻省普利茅斯歡迎抵達的清教徒的印地安人，他說著一口流利的英語，並且幫助他們度過了一個艱難的冬天。要想像這個相遇中會遇到的所有衝擊，我們必須回想一六二〇年代的「新大陸」究竟是什麼模樣：你在離海岸五十英里遠的海上便可以聞到松樹味。試想，你來到一個諸如這般的新地方，碰到一位剛剛才從歐洲回來的帕圖西特人(Patuxet)，會是多麼不可思議的經驗。*

在天涯海角與一位混種的「在地者」相遇會讓人不安，因爲他既奇怪地讓人感到熟悉，又讓人覺得不同(他的不同正出於他那些沒有加工處理過的讓人熟悉成分)。† 我們愈來愈常在旅行書寫中見到像是「讓人不安的混種在地者」這樣的比喻，在伊耶的《加德滿都的影像之夜》之類的「後現代」報告中，它形同組織原則。它讓我想到自己在歷史研究中幾次特定的人類學遭逢，常會讓我碰見一個難以處置的角色：「報導人」(informant)。這些對話者中的多數，這些例行性地爲「文化」知識代言的複雜個體，往往有著自身的「民族誌」偏好與有趣的旅行史。這些優秀的翻譯者與闡釋者足跡遍及各處，他們是內部者－外部者。

人類學家研究的對象很少是宅居者。其中一些人至少曾經是旅行者：工人、朝聖者、探險家、宗教改信者或其他傳統的「遠距專才」（long-distance specialists）（Helms 1988）。在廿世紀的人類學史中，「報導人」先是以在地者的身分上場，然後是以旅行者的樣貌現身。事實上，正如我將主張的，他們是這兩者的特定比例混合體。

廿世紀的民族誌是一種演變中的現代旅行實踐，在建構與呈現「文化」時所採取的某些在地化策略顯得愈趨謹慎。我將在本書第一部分討論這些在地化策略的其中一些，但必須即刻聲明的是，我在這裡談的是一種廿世紀中期學院人類學的理想類型。它們會有例外，而且這些規範性的策略經常受到質疑。我批判這些若干被過度簡化的實踐的用意，主要不是要指出它們是錯的、不忠實的或政治上不正確的。每一個聚焦必定會有所排除：沒有任何跨文化詮釋的方法可以號稱是政治上超然的。如果要呈現生活方式上的重要差異，某些在地化策略變得不可避免。但是，所謂的「在地」是從誰的觀點來看？如何在政治上闡明和挑戰重大差異？是誰得以決定一個社群要在哪裡（以及在何時）劃出一條區分內部者和外部者的界線？這些都是意義深遠的問題。基本上，我的目的是要揭示文化分析如何在空

* 譯注：史廣多是帕圖西特族印地安人，曾被擄到歐洲爲奴。

† 譯注：此處，混種的「在地者」（hybrid “native”）意指史廣多兼具印地安血統和歐洲經驗。

間上並透過特定的空間實踐研究構成其對象——社會、傳統、社群和身分。[1]

讓我們先來看看馬凌諾斯基放在《西太平洋的航海者》開頭的兩張照片（此書可說是樹立了現代參與觀察方法的典範）。他的田野工作拒絕了某種和白人住在一起、將「報導人」叫到營地或陽台上談論文化，以及匆匆趕去「要做研究的村落」的研究風格。馬凌諾斯基戲劇化的田野工作要求研究者全程駐紮在村落裡，學習他們的語言，成爲一位認真涉入的參與觀察者。《西太平洋的航海者》開頭兩張照片呈現的是錯身在初步蘭島屋舍間的「民族誌工作者的帳篷」。其中一張可以看見一個蓋在海灘上的小住處，這是爲了方便馬凌諾斯基記錄初步蘭島民的航海活動，即庫拉（Kula）的貿易。另一張照片呈現了歐馬拉卡納村（Omarakana）中的頭目住家，以及研究者搭在旁邊的帳篷。在文本中，馬凌諾斯基力主這種住居／研究形式，是一種（相對）較不干擾研究對象並能共享其生活情況的方式。「事實上，他們知道我對任何事情都會感到好奇，會想闖入一位有禮貌的當地人絕不會擅自闖入的領域，但最終他們把我視爲自己生活中的一部分，是一種必要之惡或是麻煩。他們對我的不滿也因菸草的捐贈而得以緩和。」馬凌諾斯基還倡導一種「全景敞視主義」（panopticism），指出我們無須費心在初步蘭島民的生活、儀式、衝突、醫療、咒語或死亡中尋找重要的事件。「它們就發生在我的眼前，可以說就是發生在我門前」（Malinowski 1922:8）。（討論他的研究**帳篷**的意象／技術是件有趣的事：帳篷具有移動性；薄薄的帳篷門片提供了一個

「內部」空間，筆記本、特殊食物和打字機得以存放其中；它作爲一個運作基地的功能，與「行動」只有極小程度的差別。）[2]

如今，當我們看著這些村落中帳篷的照片，可能會提出不同問題：究竟是誰被觀察？當民族誌工作者的帳篷被允許搭建在村落的中心時，究竟是誰被在地化了？作爲文化觀察者的人類學家經常像是玻璃魚缸裡的魚一般被監視著（例如部落裡的小孩總是無所不在地尾隨著他們）。其中涉及什麼樣的政治性位置（political location）？馬凌諾斯基的帳篷設在一個頭目住家的旁邊並不是沒有深意的。是哪一位頭目？雙方的權力關係如何？存在著何種反向的挪用作用？這些問題都是「後殖民」的，而我們有理由假設，一九二一年的那張照片並沒有想要問這些問題。當時，照片中的影像代表了一種強有力的在地化策略：將**文化**聚焦在特定的地方，也就是「村落」，並聚焦在特定的住居／研究的空間實踐。而後者又依賴於一個補充性的在地化，即**田野**的在地化。

在地者居住的村落有著清楚的界線，是最適合人類學家密集造訪的場域。長期以來，它們一直是社群（也因此是文化的）居住以及可被地圖繪製的中心。在馬凌諾斯基之後，在地方居民間進行田野工作往往被解釋爲共居（co-residence）而不是旅行，甚至不是造訪。對人類學家來說，還有哪個地方比一起住在他們的村落裡更自然呢？（我想補充的是，村莊在地化是可移動的：在聖路易、巴黎、芝加哥和舊金山舉行的萬國博覽會裡展出的在地村落，就有著活生生的居住者。）村落是一個可進行管理的單位，它提供了一個集中研究實踐的管道，同時它也充當借喻（synecdoche），讓部分可以代表文化整體。[3]

簡單的村落／文化借喻法在當代人類學基本上已經過時了。正如葛茲所說的，人類學家不是研究村落，而是在村落**之中**研究。他們甚至愈來愈不在村落中進行調查，而是在醫院、實驗室、都市街區、觀光飯店或蓋提中心（Getty Center）從事研究。這個趨勢挑戰了把研究對象視為浪漫、純潔、受到威脅、古老和簡單的「原始」對象的現代主義配置與都市配置。可是，儘管已經遷出了實際的村莊，田野工作作為一種特殊種類的在地化**住居**的觀念依舊繼續維持著。

當然，無論**身在何處**，人類學家總是參與觀察者。但其所研究的地點是如何受時空的束縛呢？這個問題讓我們注意到一種更為堅持的在地化：「田野」。我擔心這些特定的學科實踐（空間與時間的限制）會容易與「文化」混為一談。複雜的、互動的、文化的接合點是如何在時間與空間上被框限？在鮑亞士的那個世代，田野被嚴肅地稱為「實驗室」，被認為是一個可以進行控制性觀察與實驗的地方。這在現在聽起來具有粗糙實證主義的味道。並且矛盾的是，從鮑亞士的時代開始，田野也被視為一種「成年禮」（rite of passage），一個讓人接受個人與專業的初始經驗、學習、成長和經歷磨難的所在。這讓人對於田野經驗／田野實驗的預先形塑給予強烈又模稜兩可的印象（法語的**「經驗」**一詞在這裡更加合適）。同時，我們不禁想知道，究竟是哪些特定的旅行和住居方式（在哪裡？多長時間？），以及互動方式（與誰？使用什麼語言？），使得某些範圍的經驗被算作**田野工作**？自馬凌諾斯基之後，學科的判準已經發生了變化，並且仍在變化中。

如果我們將「田野」視爲方法論理想和專業活動的具體**地點**，可能會有幫助。人類學家的田野被定義爲一個移位性住居和生產性工作的場域，一種自一九二〇年代起便被視爲一種迷你移民（mini-immigration）的參與觀察的實踐。田野工作者致力於「被接納」，致力於「學習」在地的文化和語言。田野是一個家外之家（a home away from home），是一種讓人可以工作與成長的住居經驗，讓人可以同時發展個人的能力與「文化」的能力（見第三章）。* 典型的民族誌研究者就是個旅行者，他們喜歡暫住並深入挖掘。與其他喜歡前往一連串地點的旅人不同，人類學家往往是住在外地的宅居者。作爲空間實踐的田野因此是一種特定的住居風格、住居品質與住居時間。[4]

22

田野同時是一組話語實踐。住居意味著必須具備眞正的溝通能力：不再依賴翻譯者，

* 譯注：在此，「home」以字面意義翻譯爲「家」，以符合本章有關「旅行」、「移動」、「住居」等議題的討論。在本書其他各處（如第三章），「home」也指涉了一位人類學家研究「自家社會」的趨勢，以突顯「前往他處」進行田野工作的爭議性討論。在這類涉及田野工作場域的討論中，則翻譯爲「自家」。「home society」則翻譯爲「自家社會」。

聽與說都得靠自己。在馬凌諾斯基世代之後，人類學便要求研究者要「學習語言」，或至少要能「以當地的語言做研究」。這種要求引出了一連串頗爲麻煩的問題。我們能否使用單數的**語言**（the language）一詞，就好像當地只有一種語言一般？學習或使用一門語言意味著什麼？花費幾年時間學習一種語言可以學到多好？該如何看待「陌生交談」（stranger talk）這種與外部者說話時特定的語言使用方式？許多人類學家繼續依賴翻譯者和闡釋者來解讀複雜事件、慣用語和文本的情形又該如何看待？這個主題值得深入探討，但目前我尚無法做到。然而，值得指出的是，「一個文化等於一種語言」的論調是一項謬誤。這條等式（隱含在國族主義的文化概念中）已經被巴赫金徹底拆毀。對他而言，語言是一組發散的、爭逐的和對話的話語，不是任何一位「在地者」——遑論是造訪者——所可以控制的。因此民族誌工作者僅會研究或學習**部分**「語言」，而這還尚未觸及多語言／跨文化情境的問題。[5]

我一直力主，在廿世紀人類學的規範性實踐中，民族誌研究偏愛住居關係多於旅行關係。我不認爲有需要在此探討田野實踐對於「深入」理解所帶來的優勢。密集式參與觀察或許是人類學家對人文研究最持久的貢獻，我認爲，即使是那些和我一樣，發現過去的參與觀察有著嚴重問題且亟需改革的人，也會對其給予充分讚賞。然而，我依然擔心將民族誌研究理解爲**田野工作**有其危險。

用「田野」一詞在地化人類學家的研究對象，往往易於邊緣化或擦拭掉許多邊界模糊的區域，讓歷史現實（historical reality）從民族誌的框架中消失。以下是部分例子。（一）大量抹去像是船、多用途越野車與小型飛機這類交通運輸工具，這些科技意味著先前系統性並且持續與外部地點／力量的接觸和貿易，不是田野／研究對象的一部分。民族誌話語（「置身彼處」〔being there〕）和旅行話語（「前往彼處」〔getting there〕）被區分開來了。（二）抹去了首都，即抹去了國家的脈絡。這是孔多米納斯所說的「前地域」（*préterrain*）：所有你必須經過且與之相關的地點都變成了只是爲了供你去到你的村落，或是你稱之爲「你的田野」的研究地點。（三）同樣被抹除了的尚有研究者在大學的處所；特別是因爲你現在可以較輕鬆地前往哪怕是最偏遠的地點，以及如今「第一世界」中的任何地點都可以是田野（包括了教堂、實驗室、辦公室、學校、購物中心等），在地者和人類學家都可以相當頻繁地進出田野。（四）**翻譯**的場域與關係被極大地降低。當田野成爲一個住處，是家外之家時，又當你說著當地語言並且具備這種在地語言能力時，那些世界主義的中間人，還有涉及其中的複雜且往往是政治性的協商，便很容易消失了。我們只剩下參與觀察——一種在社會情境內外循環的詮釋學自由。

總的來說，被隱藏起來的是更大的全球性跨文化的進出口世界，而民族誌遭逢（ethnographic encounter）總是糾纏於其中。但如我們即將看到的，情況正在發生變化。甚至，在對人類學的各種批評中——其中部分是對反殖民騷動的回應——我們發現報導人變

23

身成爲複雜的、歷史的主體，而不再是一個文化**類型**或是一個獨特的**個體**。在衆多的例子中只舉一例：我在自己的研究中曾質疑隱藏在「報導人」一詞背後的「口語轉文字敘事」（oral-to-literate narrative）（Clifford 1986）。根據這種敘事，在地者敘說而人類學家書寫。這讓人類學家的原民合作者的書寫／銘刻實踐遭到抹除。我試圖在「書寫文化」中增加參與者與話語的多樣化，其目的不是爲了主張一種天真的多重作者的民主，而是至少在某種程度上鬆開書寫執行者／人類學家的獨白控制，在充斥著權力和不平等的情境中，打開討論民族誌層級和話語協商的空間。

如果將所謂的報導人視爲書寫者／銘刻者能夠稍微顛覆原先的情況，那麼將他或她視爲**旅行者**也有一樣後果。阿帕度萊挑戰了將非西方人本土化爲「在地者」的人類學策略（Appadurai 1988a, 1988b）。他指出，經由一種他稱爲「轉喻式凍結」（metonymic freezing）的本質主義化過程，報導人遭到了「限制」，甚至是被「囚禁」。在這個過程中，人們生活的一個部分或面向被視爲他們整體的縮影，構成了他們在人類學分類法中的理論性棲位（theoretical niche）。於是，印度等於階級制度，美拉尼西亞等同交換（exchange），諸如此類。「被限制在他們所屬之地的在地者，未因與廣大世界接觸而被汙染的群體，可能從未存在過」（Appadurai 1988a:39）。[6]

許多傳統的民族誌將實際上區域性／全國性／全球性的網絡予以本土化，將「文化」

的外部關係和移轉邊緣化。這種做法已經愈來愈受到質疑。丹寧對馬克薩斯群島（Marquesas）的傑出研究，書名頗具代表性：《島嶼與海灘》。海灘——旅行時互動的場域——是整個故事的一半。在本土／全球的文化辯證中，沃爾夫的《歐洲與沒有歷史的人》雖然也許過於傾向「外部的」（全球的）決定因素，但因爲不像很多民族誌那般把文化視爲獨立和完整，該書仍是跨出了具影響力的一大步。沃爾夫寫道：「與其將社會隊列看成是自我決定，我們應該從一開始就認定它們有著多重的外部連結」（Wolf 1982:387）。或者，在另一個當代人類學的脈絡，我們也可以看看波恩在其「交錯複雜」的民族誌作品《親近與極端》開始的一句話：「那種被稱爲峇里島文化的文化是一種多重作者的創造，一種歷史的形成，一項演繹，一種政治建構，是一種轉變中的弔詭，一種持續進行的翻譯，是一種象徵，一個商標，是一個對比身分（contrastive identity）的無共識協商等」（Boon 1990:ix）。人類學的「文化」已經不是往昔的樣子。一旦再現的挑戰被視爲呈現以及了解本土／全球的歷史遭逢、共同生產、支配與抵抗，那麼我們除了需要聚焦在扎根的、在地的經驗，也需要聚焦在混雜的、世界主義的經驗。在我當前的問題意識裡，目標並不是以跨文化的人物「旅行者」來**取代**文化的人物「在地者」。我的目標毋寧是在歷史張力與關係的具體個案中，關注這兩者的具體調解（concrete mediations）。在不同程度上，兩者都構成了文化經驗的內容。我不是建議將邊緣視爲新的中心（「我們」都是旅行者），而是主張以比較的方法來了解住居／旅行的特定動態關係。

如果將平衡點傾向旅行的一端（這是我正在做的），則文化的「特定時空」（chronotope）——一種將時間和空間加以組織成可呈現整體形式的背景或場景——將不只類似於一個居住的場域，還類似於一個旅行遭逢（travel encounters）的場域。它不再那麼像是部落中的帳篷或是可控制的實驗室，而更像是飯店大廳、城市裡的咖啡館、船隻或巴士。如果我們從旅行的角度重新思考文化及其科學（也就是人類學），那麼「文化」一詞所帶有的有機的、自然化偏見——以爲文化像是有根的身體，會成長、生活和死亡——將會受到質疑。我們將更清楚地看到建構和爭議的**歷史性**，更清楚地看到移轉、干涉和互動的場域。[7]

25

必須要追問的是：何不在關注任何文化所能旅行的最遠範圍的**同時**，也關注其中心、其村莊和其密集的田野場域？群體是如何在外部關係中彼此協商，文化是如何能成爲供他者旅行的場域？空間是如何由外部穿越？一個群體的中心在何種程度上是其他群體的邊緣？如果我們以這種方式看待事情，就不會讓一長串行動者有落入邊緣之虞，他們包括了傳教士、改信者、識字或受過教育的報導人、混血兒、翻譯者、政府官員、警察、商人、探險家、探勘者、觀光客、旅行者、民族誌研究者、朝聖者、幫傭、娛樂演藝人員、移工和新移民。我們需要新的再現策略，而新的再現策略也在壓力下逐漸浮現。讓我很快地舉幾個例子，以便從旅行關係的角度來看待文化（以及傳統和身分）。

離開中心（Ex-centric）的在地者。在旅行中創造「原住民」文化的最極端例子，是我從布勞斯曼所說的故事中聽到的。布勞斯曼是名音樂家，也是非學院的音樂史家，多年來一直將夏威夷音樂帶進美國大陸。鮑伯和毛依家族（Moe）的關係非常密切，毛依家族是資深的表演者，擅彈夏威夷吉他和唱歌跳舞，他們的音樂具有最純正的廿世紀早期夏威夷吉他演奏與演唱風格。但透過毛依家族接近「傳統」的夏威夷音樂卻帶來意料之外的結果，因爲他們的經驗就是來自幾乎不停的旅行。由於各種原因，毛依家族五十六年來都在旅行，幾乎不曾回到夏威夷。他們到過遠東、南亞、中東、北非、東歐、西歐與美國，爲當地人帶來「異國風情」的夏威夷音樂。他們也會在各大飯店巡迴表演流行音樂。現在已經八十幾歲的毛依夫妻在像布勞斯曼這類文化復興主義者的鼓勵下，終於回到夏威夷，演奏他們十幾二十歲時的「純正」夏威夷音樂。

布勞斯曼正在製作一部有關毛依家族的電影，這部電影有望引起轟動，部分是因爲塔爾・毛依（Tal Moe）四處旅行時，去到哪裡都會拍攝自己的家庭影片。因此，這部電影可以呈現出一個旅行中夏威夷人對世界的看法，同時也帶出了毛依家族如何在加爾各答、伊斯坦堡、亞歷山卓、布加勒斯特、柏林、巴黎、香港等地保持身分認同的問題。他們如何在與不同的文化、音樂與舞蹈傳統不停互動時，區分出自己的夏威夷人特質，又是如何視需要將這些傳統融入他們的表演之中？五十六年來，在短暫停留和混雜的環境裡，他們是如何保存和創造一種夏威夷「家鄉味」？如今，他們的音樂是如何被回收到不斷創造出來的夏威夷本眞性中？這個在旅行中住居（dwelling-in-travel）的故事無疑是個極端的案例。然而，毛依家族的經驗卻奇怪地具有共鳴。（順帶一提，我從布勞斯曼的研究中得知，一九二〇和三〇年代在美國大受歡迎的「民族金屬吉他」（National Steel Guitar）——也常被稱爲「夏威夷吉他」——其實是由住在加州的捷克移民所發明的。）

康納利與安德森拍攝的《喬．利希的鄰居們》也是一個以文化作爲旅行關係（culture-as-travel-relations）的新興民族誌案例。（其更廣爲人知的前身《第一次接觸》是以廿世紀初期的新幾內亞爲背景。）喬．利希（Joe Leahy）是混血的殖民結果，也是成功的企業家——他的小孩在澳洲學校就讀，他新幾內亞高地的住家後方裝有衛星天線。康納利和安德森記錄了利希到首都莫爾斯比港和到澳洲的旅行，同時聚焦在他和高地當地人（即他的親戚）的雙重關係。這位企業家看來在剝削他的「鄰居」，而他的鄰居則憎恨他的富有。有時他表現得像一位不受控制的個人主義者，對他們的要求無動於衷；有時卻又分送禮物，扮演傳統經濟制度中「大人物」（big man）的角色。利希看似可以在美拉尼西亞文化中進出自如。這種研究焦點完全不可能爲馬凌諾斯基所接受。因爲在這裡，利希這位「在地者」不僅是世界體系中的旅行者，研究焦點更放在他是一名非典型人物，和居住地格格不入但又不完全格格不入，是一個**在歷史中**的人。利希是那種會在旅遊書而不是傳統民族誌中出現的人物。然而，他又不純然是個我行我素或受到涵化的人。觀看康納利和安德森的電影，我們仍然不確定利希究竟是一個美拉尼西亞人資本家（Melanesian capitalist），還是一位具有資本的美拉尼西亞人（capitalist Melanesian），即一種**新**形態的「大人物」，仍然以複雜的方式與嫉妒他也更傳統的鄰居綁在一起。他既屬於又不屬於當地文化。

在民族誌電影的領域中，我認爲尚．胡許可能是一位先驅。例如，他的電影《美洲豹》就是個背景設在一九五〇年代初期西非的精彩（也是眞實的）旅行故事。胡許跟隨三名年輕人的腳步，從西非的馬利（Mali）徒步走到黃金海岸的幾個重要城市——他們想要追求冒險、樂趣、名聲與聘禮。在一種眞實民族誌（*ethnographie vérité*）的手法下，三人在攝影機前扮演自己，而他們對旅程／旅行故事／神話的評論被錄製下來，最終成了電影的旁白。*有關《美洲豹》的特殊魅力，以及它充滿問題的對話式寫實主義，有許多可以探討之處。可以說，這部電影的文化「展演」是旅行者——包括胡許在內——彼此間的一次遭逢。這些演出者在攝影機前「扮演」他們自己，是個人化**且**具有寓意的類型。

---

* 譯注：此處「眞實民族誌」轉借自一九五〇年代「眞實電影」（*Cinémavérité*）一詞，此一紀錄片拍攝風格由尚．胡許作爲代表人物，強調攝影機的即興創作，企圖揭露眞相或突顯隱藏於現實背後的主題。這種直接拍攝記錄的創作，既呈現又同時反思影像中的「現實」（reality）與眞實（truth）。

陶席格的著作《薩滿教、殖民主義與野人》中非常複雜的本土化則是另一個例子。陶席格的「田野」包含了哥倫比亞與亞馬遜雨林的普圖馬約地區（Putumayo）、安地斯高地、移民的印地安薩滿、旅行中尋求治療的麥士蒂索混血兒（mestizos）、一位漫遊的人類學家，還有一八九〇年代橡膠開墾潮下商業的大舉入侵，以及當今世界銀行的發展政策。陶席格那龐大的民族誌（有著近乎梅爾維爾的雄心）刻畫出一個與旅行有歷史關係的區域圖像，包括了土地征服、醫病治療、商業，以及相互的意識形態挪用。就像馬庫斯與費雪曾經強調的，唯有創新的多點（multi-locale）民族誌，才能妥善呈現穿越與構成在地世界和區域世界的跨國性政治、經濟與文化力量（Marcus and Fischer 1986:94-95）。人口遷移、移居海外和勞工遷移的歷史，也要求用新的方法來再現「離散文化」。費雪與阿貝迪的多中心民族誌文化評論集《辯論的穆斯林》是個有力的例證。從書名的副標題「後現代與傳統的文化對話」來看，該書將伊朗的伊斯蘭文化定位（也可以說是去定位）於國家與跨國關係的歷史中；其中一章卽以德州休斯頓爲背景。

在文化間旅行。我們可以引用更多的例子來開啟一個錯綜的比較性田野。到目前爲止，我持續討論著人們離家和返家的方式，討論他們如何在不同的中心世界和互相連結的世界主義中扮演角色。對此，我應該補充的是被穿越的場域——被遊客、輸油管、西方商品、收音機與電視訊號所穿越的場域。例如，布洛迪的民族誌《地圖與夢》聚焦在阿薩巴斯卡

28

人（Athpascan）與企圖在他們土地上鋪設油管的石油公司之間的空間實踐的衝突——這些實踐包括占領的方式、移動的方式、使用空間的方式與製作地圖的方式。不過，在這裡，「旅行」一詞所具有的某種規範性概念與歷史開始變得沉重了。（我是否可以並且不猶豫地將阿薩巴斯卡人的狩獵稱爲旅行呢？這樣做有多少暴力成分，又會讓他們的狩獵失去多少特殊性？）

人類學家唐納曾經針對這一點提出質疑。史廣多是一種新興的規範嗎？民族誌研究中的報導人可以稱爲旅行者？但是報導人並非全部都是旅行者，也未必是在地者。許多人選擇限制自己的移動性，許多人則是被迫「留在自己的位置」上。唐納的民族誌研究對象是日本的女性工廠工人，就任何標準看，她們都不曾「旅行」過。她們看電視；她們的確具有地方／全球的觀念；她們抵觸了人類學家的類型化；她們不僅僅是演繹（enact）一種文化。然而，她告訴我，堅持字面意義上的「旅行」是一種謬誤。不過，這樣一來會引發太多問題，對研究主體如何被文化「定位」這個重要議題也有太多限制。比較好的做法是強調內外連結的不同形式，記起旅行或移轉也可能**透過**諸如電視、收音機、觀光客、商品與軍隊等的力量來達成。[8]

唐納的論點引出我的最後一個民族誌例子：拉維的《軍事占領的詩學》。這部貝都因人（Bedouins）的民族誌背景設在西奈半島南部——這塊長條形土地有著各色人等穿梭往來，近年來先後受到以色列和埃及的軍事占領。《軍事占領的詩學》描述貝都因人在帳篷裡說故事、開玩笑、取笑觀光客、抱怨軍事統治、禱告，並從事各式各樣的「傳統」活動……但是開著收音機，人們正在收聽BBC國際新聞服務網的阿拉伯語廣播。在拉維的民族誌中，你可以聽得見收音機的劈啪作響。

> 「史葛泰夫，倒點茶來喝可以嗎？」加立德漫不經心地這般要求當地的「愚者」。史葛泰夫走進帳篷，不知第幾次為我們倒上熱騰騰的甜茶。
>
> 「新聞都在說些什麼？」加立德問耳朵緊貼電晶體收音機的那位男子，但不等到對方回答就用一種半逗笑半認真的口氣說：「我告訴你，沒有人可以解決美俄間的問題。只有中國人才能想出辦法解決。當他們征服西奈半島時，就是事情結束的時候。」
>
> 這是一句很妙的雙關語，因為在阿拉伯語中，「西奈半島」作Sina，而「中國人」作Sini。我們都笑開了。然而史葛泰夫像是洩漏出他有多蠢似的，睜大了眼茫然地瞪著我們。
>
> 加立德繼續說著：「希臘人到過這裡，留下了修道院（聖塔卡塔林那修道院）；土耳其人到過這裡，留下了城堡（在紐威塔拉賓）；英國人把這裡畫成地圖；埃及人帶來了俄國軍隊（和幾個油井）；以色列人把美國人帶來，美國人將山脈拍入電影；
>
> *29*

法國人和日本人來這裡觀光；瑞典人和澳洲人來這裡潛水。我的老天，我們這些米澤納人（Mzeina）什麼都不是，只不過是這些人手中的棋子。我們就像卵石和動物糞便。」

再一次，除史葛泰夫自己以外，每個人都放聲大笑。協調員用修長的食指指著我，用命令的口氣說：「你這個『來寫我們故事的人』（*Di Illi Tuktubna*），把剛才的話寫下來！」（『來寫我們故事的人』是我在米澤納獲得的兩個外號之一。）（Lavie 1990:291）

在進入本文的第二部分之前，我應該指出我是刻意將舉例限定在異國情調式民族誌／人類學的案例中。「民族誌」實踐的領域當然更廣闊也更多樣。人類學近年回歸至大都會，並且出現更多行話所說的「向上研究」（即研究菁英機構），這些與其他發展已經熔鑄且重新熔鑄了許多連結——包括與社會學式民族誌、社會文化史、傳播學，以及與文化批判的連結。如今，人類學家有更有利的位置可以貢獻於一種真正比較性與非目的論的文化研究，一個不再被限制在「先進的」、「後資本主義」社會的研究範圍。多樣的民族誌／歷史學方法需要一起合作，研究後殖民與新殖民情境中文化本土化的複雜性，研究遷徙、移民和離散，以及研究通往「現代性」的不同途徑（見第三章）。這些都是一種重構過的人類學民族誌可以參與的一些領域，讓人類學固有的雙焦距研究取徑（bifocal approach）*、密集式研究方法、獨特與多變的旅行形式與發言方式可以派上用場。[9]

30

✵

讓我再從本章一開始提及的那些飯店談起。寫它之時，我回頭看了從前寫的一篇關於一九二〇與三〇年代的超現實主義與巴黎的文章。我非常驚訝有那麼多超現實主義者會住在飯店或那些很像飯店的暫時性寓所，並且經常搬進搬出巴黎。我開始注意到，這種移動未必只**集中**在巴黎，或只集中在歐洲。（巴黎曾經是班雅明口中「十九世紀的首都」——但是到了廿世紀依舊還是嗎？）這一切都有賴一個人如何看見（以及在何處看見）現代主義時刻的歷史**結果**。

重新閱讀我早期的〈民族誌的超現實主義〉一文（收錄至《文化的困境》），我帶著些許尷尬看到一個以一語帶過方式收尾的注腳：「以及擔任期刊《文獻》合編者的卡彭鐵爾。」這個鬆散的線頭一時之間似乎變得重要起來。我可以改寫我對巴黎的敘述，抽出和重新編織那根線以及許多類似的線嗎？我開始想像自己把二〇和三〇年代的巴黎改寫爲一個旅行遭逢之地（包含了透過舊世界繞道而出的新世界）、一個啟程、抵達和過境之地（Clifford

1990b）。我們可以將那些偉大的都會中心理解爲特定的、強大的居住／旅行場域。

當時我發現自己探討的是交錯的歷史——錯落的繞道和復返。**漫遊**（détour）與**再遊**（retour）是克里頌在《漫談安德列斯》一書中提出來的概念，後來在戴熙武有關「後殖民慣習」的理論中得到進一步發展（Dhareshwar 1989a, 1989b）。巴黎作爲一個文化創造的場域包含了像卡彭鐵爾這一類人的繞道和復返。卡彭鐵爾從古巴搬到巴黎，然後又回到加勒比海和南美洲，提出「魔幻寫實主義」（*Lo real maravilloso*）——那是超現實主義的一種，但又有所不同。超現實主義四處旅行，在旅行中被翻譯。巴黎同時還包含了桑戈爾、塞澤爾和索司的繞道和復返，他們在大路易中學（Lycée Louis le Grand）聚會，然後各自帶著文化政治「黑性」（Négritude）回返至不同的地方。智利詩人烏伊多布羅亦是在巴黎挑戰現代主義的族譜，宣稱「現代詩是自我而始」。三〇年代期間，布紐爾在巴黎蒙帕納斯區（Montparnasse）的超現實主義者聚會、內戰中的西班牙、墨西哥與好萊塢之間移動。巴黎也是衆多文藝沙龍所在地，包括馬丁尼克女子那賀朵和姊妹們的沙龍；那賀朵創辦的《世界黑人評論》就成爲了

* 譯注：「雙焦距研究取徑」指的是費雪在《書寫文化》（一九八六）的〈族群及其後現代記憶藝術〉一文中，強調「民族誌作者像是透過一面『雙焦距』鏡子般進行跨文化比較——以別人的角度觀看自身，同時也以自己的背景觀察別人」。此處作者的「雙焦距研究」更多強調的是移動研究，其中涉及旅行實踐、遷徙、移民、離散等有關文化與身分的界線。

哈林區文藝復興與「黑性」作家之間的接觸場所。

在我對不同飯店的呈現中，文化遭逢和想像的場域開始從巴黎這種大都會滑出。同時，在飯店這個特定時空中出現了不同程度的矛盾。首先，我把自己的任務視爲替旅行的負面和正面觀點尋找一個框架：旅行，負面來說是稍縱卽逝、膚淺、觀光化、流亡和無根的（李維史陀所呈現的戈亞尼亞的醜陋結構和奈波爾所呈現的倫敦寄宿公寓皆屬此類）；若從正面看待，旅行則是一種探索、研究、逃脫，以及有轉化作用的遭逢（像是布勒東的萬國大飯店和佐登的觀光靈光乍現）。這種努力也指向那個讓我到達此處的更大目的：重新思考文化，將其視爲一個住居**以及**旅行的場域，並且認眞看待旅行知識。因此，飯店的矛盾環境顯示出它是對田野（帳篷與部落）的補充。至少，它框架住了以不同程度離家在外的人們之間的遭逢。

然而，這種組織性意象——卽特定時空——幾乎馬上就瓦解了。我發現自己正在從事這個研究計畫中的任何濃縮摘要或勘察地點都是受質疑的。我所設法達成的比較範圍並不是一種概觀。相反地，我正在探索一個透過**旅行計畫**產出的比較知識概念，它總是烙印著「入口」（way in）的標記，是一部座落史與和一個諸歷史的座落——用瑪麗．約翰的話來說就是「部分與組合的旅行理論」（John 1989, 1996）。對我而言，旅行的隱喻一直是一個無需「離地」（off earth）便可繪製地圖的嚴肅夢想。

正如本文一再提及的，飯店成爲進入廿世紀晚期旅行文化複雜歷史的一種具體方式的縮影。就像我說過的，這已經成爲嚴肅的問題，在許多重要方面都涉及了階級、性別、種族、文化／歷史定位，還有特權。飯店的意象表達出一種較舊的紳士式西方旅行，在這種旅行中，國內與國外、城市與鄉村、東方與西方、大都會與對蹠之地有較清楚的劃分。事實上，性別、階級、種族與文化在「旅行」上的烙印是非常清晰的。

「好的旅行」（也就是英雄式的、教育性的、探險的、貴族式的）是男性（應該）從事的。反之，女性則被禁止參與嚴肅的旅行。有些女性會去到遠方，但大部分則是伴隨男人或作爲「例外」——瑪麗・金斯利、弗蕾亞・史塔克或佛蘿拉・崔斯坦皆屬此類。現在，她們被取了像是《厚裙子的祝福》（Russell 1986）或《維多利亞時代的仕女旅行者》（Middleton 1982）這類書名的著作重新發現。「仕女」旅行者（布爾喬亞階級，白人）是很罕見的，在過去由男性支配的論述與實踐中，她們被標示爲特殊的存在。雖然近期部分研究指出，她們比我們之前所認知的更常旅行，女性旅行者仍被迫在一套規範性的男性定義與經驗中，謹慎地服從、僞裝或反抗。[10] 這讓人想到喬治桑那著名的說法，她打扮成男人，爲了在城市中來去自如，體驗「漫遊者」的性別化自由。我們也會想到蒙塔古夫人羨慕伊斯坦堡的女性因爲蒙面而得以匿名移動。有哪些和女性生活緊密相關的移動形式不被算作眞正意義上的「旅行」呢？參訪？朝聖？對於不同傳統和不同歷史的女性在過去和現在是如何旅行的，很多還有待我們了解。這是一個非常大的比較研究主題，彌爾斯（Mills 1990, 1991）、開普藍（Kaplan 1986, 1996）與普拉特（Pratt 1992 Chs.5 and 7）等人目前才剛要開始研究。西方旅行的論述性／想像性地貌如今被揭露其系統性的性別化——從科學研究（Haraway 1989a）到跨國觀光（Enloe 1990），自我與他人的象徵性表現都受到強大的制度化。雖然一定有例外（在朝聖的地區尤其如此），但在西方，男性經驗對「旅行」慣例與論述的主宰顯而易見——西方以外的其他地區在不同程度上亦復如此。

然而，由於嚴肅的、**跨文化的**旅行研究尚未發展成熟，我們很難有極大的信心對此一概而論。我在這裡提出的是研究問題，而非結論。或許我可以順帶指出兩個不錯的來源：一是哈姆斯的《尤里西斯的航行》，此書是一個廣泛性比較研究，探索對於地理距離的文化使用，以及在旅行中獲得的權力／知識（聚焦在男性經驗）；另一是艾克爾曼與皮司卡托利合編的《穆斯林旅行者》，這是一本跨學科文集，展示出宗教／經濟空間實踐的多樣性與複雜性。

另外一個與飯店意象有關的問題是懷舊傾向。當代社會中，那些我們可以合理地稱爲後現代的**部分**（我並不**像是**詹明信那般認爲後現代已經是文化主流，哪怕是在「第一世界」），**汽車旅館**無疑是更佳的特定時空。汽車旅館沒有眞正的大廳，而且它和高速公路網綁在一起，比較像是一個中繼站或節點，而不是連貫文化主體之間的一個遭逢場域。莫利斯曾經有效地使用汽車旅館的特定時空組織她的論文〈亨利派克斯汽車旅館〉。此文對國籍、性別、空間與可能的敘事的討論非常富饒，我不可能盡述。我在此引用它作爲旅行的飯店特定時空的移轉，因爲正如莫利斯所說的：「汽車旅館不像飯店，它們會拆毀地方、場所和歷史的政體感。它們只會記住移動、速度與不斷的運行」（Morris 1988a:3）。

會讓飯店的特定時空——也因此是整個旅行的隱喻——變得有問題的，是對階級、種族與社會文化「定位」的考慮。我們該如何看待那些主要避開飯店或汽車旅館的旅行？從瓜地馬拉鄉下或墨西哥跨越國界來到美國的人有著非常不同的旅行遭逢，一位西非人可以不在飯店住上一晚便抵達巴黎郊區。什麼樣的環境才是對這些「旅行者」文化關係的寫實描述？隨著我放棄以布爾喬亞的飯店作爲旅行遭逢的環境和跨文化知識的場域，我設法（但從未完全成功）將「旅行」的概念從一部歐洲的、文學的、男性的、布爾喬亞的、科學的、英雄式的、娛樂的意義和實踐的歷史中解放出來（Wolff 1993）。

維多利亞時期的布爾喬亞旅行者，無論男性或女性，通常皆有僕人伴隨，其中很多是有色人種。這些人從來都沒有獲得「旅行者」的地位。他們的經驗、他們建立的跨文化連結，以及他們進入社會的不同方式——這些遭逢在旅行文學中極少得到嚴肅呈現。這當然與種族主義有很大的關係。在主流的旅行論述中，如果不是白人，就無法成爲英雄探險家、有美感的翻譯者或科學權威。美國黑人探險家漢森就是個最好的例子，他與培里一起抵達

33

北極，卻沒有得到和培里同等的對待——許多歷史學家、新聞作家、政治家、政府官員，還有像是《國家地理雜誌》等報刊，都將成功全部歸於培里（Counter 1988）。不用說，讓這趟探險得以成功的愛斯基摩人更是無一被提及！[11]許多幫傭、助手、嚮導和搬運工也一併被摒除在旅行者的角色之外，這是因爲他們的種族與階級，也是因爲相對於被認爲有獨立性的布爾喬亞航海家來說，他們看似處於一種依賴地位。從許多不同程度而言，所謂的獨立性都是一種迷思。當歐洲人穿越陌生的土地時，其實是一個由嚮導、助理、供應者、翻譯員與搬運工組成的完善下層建築，確保了他們的相對舒適與安全（Fabian 1986）。

那麼，這些人的勞動算不算一種「旅行」？顯然，一個比較文化研究的記述會想要納入他們及其獨特的世界觀。但是爲了這麼做，我們必須徹底轉化作爲一種論述與文類的旅行。顯然，許多不同類型的人都會旅行，並由此獲得複雜的知識、故事、政治理解與跨文化理解，但他們卻不生產「旅行書寫」。這些經驗的記述有時會有機會被翻譯成西方語言出版——十九世紀羅拉通加（Rarotongan）傳教士塔安嘉（Ta’unga）的旅行筆記或是十四世紀巴圖塔的紀錄（Crocombe and Crocombe 1968; Battouta 1972）皆屬此類。然而這些只是失落的冰山一角。

抱持著研究歷史的精神，我們或許可以透過書信、日記、口述歷史、音樂與表演傳統，了解這些多元的旅行經驗。瑞迪可在他談論十八世紀英裔美國航海商人（與海盜）歷史的作品《在惡魔與深藍海之間》中，爲我們重建工人階級的旅行文化。書中展現出一種世界主義的、激進的、政治性的文化，讓全書最後一章的章名——「水手作爲世界的工人」——顯得完全合理。瑞迪可與林鮑的持續研究讓我們更清楚地看到非洲勞工與旅行者在北大西洋航海資本主義世界中的角色（經常是造反性角色）（Linebaugh and Rediker 1990）。葛洛義近期針對非裔人口在大西洋的移動研究與此有著明顯的共鳴（Gilroy 1993a）。[12]

把瑞迪可與林鮑描述的海上工人稱爲「旅行者」，是賦予他們的經驗某種程度的自主性和世界主義性。然而，這樣做可能會低估他們的移動性受到強制的程度，低估其所受到的嚴格控制的程度。在當代的場域裡，把四海爲家的工人——尤其是移工——說成是在「旅行」，會引起一連串複雜的問題。他們有時是因爲政治壓力和經濟壓力而不得不爾，這種考量使我們對於**必須**離家討生活的窮人（通常是非白人）的移動性，不能抱持過於樂觀的想法。就定義而言，旅行者是擁有特權和安全保障，能以一種相對不受約束的方式移動的人。無論如何，這種說法是一種迷思。正如普拉特的研究所揭露的，大部分的布爾喬亞階級、科學家、商人、藝術家在旅行時的行進軌跡都是高度被決定的。不過，即便布爾喬亞旅行者可以被「定位」在由政治關係、經濟關係與跨文化的國際關係（通常是以殖民、後殖民與新殖民爲本質）所決定的行進路線上，這些限制與其他移民和移工所面對的仍大不相同。洪堡會登上奧里諾科海岸（Orinoco coast）的原因顯然與受雇的亞洲勞工不同。

35

雖然我們無由將兩種「旅行者」畫上等號，它們之間至少有一個可供比較和（有問題的）翻譯的基礎。洪堡後來成爲典型的旅行作家。他在美洲所生產的知識（主要是科學與美學方面的知識）有著巨大影響。亞洲勞工眼中的「新大陸」——一種因爲移轉而產生的新知識——與西方人眼中的斷然不同。我現在無法了解，或許也永遠無法獲得那種視角。但一種比較性的文化研究會對那樣的知識感興趣，感興趣之處在於它可能補充或批判洪堡的知識的方式。在許多社會中——無論是西方或非西方社會——旅行的經驗可以是權力與知識的來源（Helms 1988），所以比較與翻譯不同旅行文化的方案不必然是階級中心或種族中心性質的。甘道魯在其《巴黎與巴孔戈之間》中詳細描述了現代非洲的旅行文化，對於遷入巴黎的剛果移工有精彩的研究。甘道魯將他們的特定文化（重視「衣著講究」）與歐洲花花公子的傳統加以比較，也把他們與另一群遷入巴黎的黑人——「拉司特法理派教徒」（Rastas）——加以比較。

比較研究必須考慮到的一個明顯事實是，旅行者是受到強力的文化、政治與經濟驅策而移動的，有些旅行者在物質上享有特權，有些旅行者則受到壓迫。對旅行來說，特定的殖民、新殖民、後殖民的軌跡，以及不同的離散、國界、流放、繞道與復返，這些特定的條件都是重要的決定因素。從這個觀點看來，旅行代表了一系列會生產出知識、故事、傳統、風俗、音樂、書籍、日記，以及其他文化表現的物質和空間實踐。即使是最嚴峻的旅行條件、卽使是最剝削的政權，都無法徹底鎮壓反抗，也無法鎮壓離散文化和移民文化的興起。這裡只舉一個最暴力的例子。跨大西洋的奴役史是一種包含了放逐、失根、逃奴（marronnage）、移植和復興的經驗，帶來了一連串相互連結的黑人文化：非裔美國人的黑人文化、非裔加勒比海人的黑人文化、英國的黑人文化與南美洲的黑人文化。

我們必須對上述這些例子和愈來愈多的其他「離散文化」（Mercer 1988）保有更佳的比較意識。正如霍爾在一系列發人深省的文章中所描述的，離散的接合點鼓勵我們同時在理論與政治兩方面，重新概念化族群性與身分這兩個已然熟悉的觀念（Hall 1987b, 1988, 1990b）。連續性與斷裂性、本質與位置性、（貫穿「我們」和「他們」的）同質與差異——這些仍未解決的歷史對話是離散銜接的特徵（見第十章）。這種文化的移轉與移植，與特定的（通常是暴力的）經濟、政治、文化互動史不可分離——它們產生的後果也許可以稱爲**不一致的世界主義**（discrepant cosmopolitanisms）。在這種強調中，我們至少避免了特殊文化相對主義下的極端地方主義，也避免了一種資本主義或技術官僚單一文化的過度全球性視野。在這種觀點下，把某個階級歸類爲四海爲家者（旅行者），把另一群人歸類爲「在地者」（當地人），顯露出一種強勢旅行文化的意識形態。再說一次，我的重點不僅僅是扭轉文化在地化的策略，不是要締造「在地者」（這種締造是我從一開始便批判的）。這並非意味沒有在地人或家鄉，並非意味每個人都（或應該是）在旅行、四處漂流或去地域化，我並非主張游牧

36

主義。相反地，重點在於把比較文化研究的方法用於住居**與**旅行（「住居中旅行」和「旅行中住居」）的特定歷史、策略和日常實踐。

我將以一連串的敦促作結。

我們必須比較性地思考不同部落、地方行政區域、貧民區、移民社區各自的獨特路徑／根源（routes／roots）——也就是社群內的「內部者」與旅行中的「外部者」之間相抗衡的歷史。定義與捍衛一個家園需要的是什麼？宣稱有一個（或有時被貶低爲）「家園」有何政治風險？正如我說過的，我們需要了解那些被霸權力量保持小規模、本地化且無影響力的地方。金載德的《小地方》是一本針對安地瓜（Antiqua）的觀光與經濟依賴之精闢描述，批判了一段在若干方面與全球狀況有所共鳴的地方性新殖民史。（這是一篇在美國佛蒙特州〔Vermont〕寫出來的安地瓜評論！）國家的、族群的與社群的內外界線，究竟是如何被不同的歷史主體（他們帶有各自的目的，擁有不同程度的權力與自由）所維繫、守衛、破壞、跨越？

我們必須召喚新的在地化，例如「邊界」（border）的概念。作爲兼含混雜與掙扎、巡 37
邏與越界的特殊地點，美墨邊界最近拜墨西哥裔美國作家、激進者與學者之賜，獲得了「理論」地位，這批人包括了巴列德斯、羅薩爾多、麥肯納、薩爾蒂瓦、安札杜爾、葛梅茲-潘納、希克斯，以及聖地牙哥／提瓦納的邊界藝術計畫（Border Arts Project of San Diego/

Tiuana）。邊界經驗在此被用於創造出強有力的政治願景：顛覆二元主義，投射出一個相對於霸權性多元論的「多元文化公共領域」（Flores and Yudice 1990）。這個跨界的地點／隱喻有多大的可翻譯性？歷史的邊境（被控制的與顛覆性的旅行場域，自然與社會的地景）與離散地有多相似和不相似？

我們此刻想到可以同時在加勒比海與布魯克林區進行民族誌研究的「文化」，例如海地。[13] 我們經常需要考慮迴路而不是一個定點。桑賀茲精彩的短篇小說〈空中巴士〉（由維樂茲精準譯成英語）描述一次從聖胡安到紐約的例行夜間飛航中，因波多黎各「文化」而迸發的許多精彩的嘻笑與對話。機上每個人或多或少地總是不斷地飛來飛去……「你要從哪裡飛到哪裡？」這類問題出現的機會，比「你是哪裡人」多多了。波多黎各人無法忍受待在紐約。他們珍惜他們的回程機票。波多黎各人在「下面那裡」會悶死，在「上面這裡」會再次活起來。「他們永遠都在這裡與那裡之間來回，因此必須將飛行非正式化，雖然是搭飛機，但就好像坐公車一樣，大西洋就這樣被波多黎各人當作小溪般橫渡」（Sánchez 1984:43）。

如果我們在論及遷徙（migration）與移民（immigration）時特別關注性別和種族，會讓古典的理論變得複雜，在過度線性的同化模式中尤其如此。柏克萊大學的人類學家王愛華目前正在研究北加州的柬埔寨移民，她的研究針對在美國的不同（和不完整的）依繫方式，分析柬埔寨男女兩性在新的國族文化中調整自我認同的不同方式。葛斯穆克與佩薩研究多明尼加人跨國遷徙之作《兩島之間》的其中一個關懷，是兩性間對於定居、回返和職場掙扎的差異態度。瑪特哈麗與阿馬特則是相當敏銳地描繪了在美國的亞洲女性與亞裔美國女性在種族、性別與工作上的奮鬥與障礙（Matthaeli and Amott 1990）。

我已經提到政治經濟的推力與拉力對這一類人口移動的關鍵角色（在剛提及的柬埔寨人、多明尼加人與亞裔美國人中尤其明顯）。科亨在《新奴隸：國際勞動分工中的移民》中提出有關遷徙與資本主義勞力制度的關係全面性的理論，此書具有強烈的決定論色彩，但仍然爲政治反抗／文化反抗留下空間。〈新興的西大西洋系統〉一文集中分析單一地區，派特森聚焦在佛州邁阿密，追溯了一個「後國族」（postnational）環境的發展。他寫道：「目前三股強大的勢力正在瓦解國族邊界的完整性。」首先是美國對其邊界之外進行軍事、經濟、政治與文化干預的漫長歷史。其次是資本主義日益崛起的跨國特徵，這讓它有需要在區域層次上組織市場。「第三個侵蝕國界的現象便是遷徙行爲」：「經過一個半世紀在軍事、經濟、政治與文化上侵犯該地區的國界後，中心現在發現自己已經無力抵擋對其自己國界的侵犯。這樣做的成本在行政、政治上——最重要的是在經濟上——過於高昂。貿易與國際勞動力分工也一一跟進。但它們同樣也掀起把國界吹垮的風暴」（Patterson 1987:260）。派特森認爲，政治經濟「中心」內重要地區「拉丁化」的文化後果可能是前所未有的。它們斷然會不同於發生在歐洲人和亞洲人身上的那種較古典的移民模式，因爲後者並非建立在「地理的相近性與共同歷史的親近性」（1987:259）。我們看到的是新地圖的出現：居住著強大的、離散的族群的邊界文化地區，不均地被同化到具有支配性的民族國家之中。

如果，當代遷徙人口並未在政治經濟面向沉默消極，我們便需要聽聽各式各樣不同的「旅行故事」（而不是布爾喬亞調性的「旅行文學」）。我想到的其中一種是由紐約市波多黎各研究中心（Centro de Estudios Puertorriqueños）所收集和分析的女性移民口述歷史（Benmayor et al. 1987）。當然，我們也不可忽視全面的表現性文化，尤其是音樂，它是一部旅行中文化創造者和跨國影響力的豐富歷史（Gilroy 1987, 1992, 1993a）。

足夠了。太多了。我使用的「旅行」概念無法涵蓋我剛提過的各種不同的移轉與互動，然而此一「旅行」概念卻把我帶到了這些邊界地區。

我緊抓「旅行」作爲文化比較的詞彙，正是因爲它具有歷史的痕跡，正是因爲它與性別化的、種族化的身體，與階級特權、特定的運輸工具、熱門路線、能動者、邊界、文件等有所牽連。比起其他看似較爲中立、較「理論化」的詞彙，像是「移轉」，我更偏好使用「旅行」，因爲它讓人太容易在不同歷史經驗中找到等值體（例如後殖民／後現代的等式）。同時我也偏好「旅行」勝於「游牧主義」（nomadism）之類的詞彙，因爲後者常常概括而沒有看見非西方經驗的明顯抵抗。（游牧主義：一種後現代的原始主義？）「朝聖」在我看來是一個有趣的比較研究用語。它涵蓋了範圍廣泛的西方與非西方的經驗，比起「旅行」也較不具階級偏見與性別偏見。它甚至可以顛覆旅行者與觀光客這組當代對立。但是其「神聖」的意義往往占了主導地位——即使人們前去朝聖並非都是出於宗教性原因。最終，無論是什麼文化偏見使然，我發現要把「朝聖」擴大至包含「旅行」比反過來這麼做困難多了。（「遷徙」之類的其他概念也有相似的狀況。）無論如何，中性和未受汙染的詞語或概念並不存在。文化比較研究需要使用帶有妥協性和歷史包袱的工具進行自我批判。

到目前爲止，我不斷將「旅行」視爲一項翻譯詞彙。我所謂的「翻譯詞彙」是指一個基於策略和應急的方式而被廣泛應用在比較研究的詞語。「旅行」與階級、性別、種族和一定程度的文學性有著不可消除的連結。它提醒我們，所有用於全球性比較的詞語——例如「文化」、「藝術」、「社會」、「農民」、「生產方式」、「男性」、「女性」、「現代性」、「民族誌」——都會讓我們發生距離**和**瓦解。**翻譯即背叛**（*Tradittore, traduttore*）。* 最令我感興趣的翻譯就是一個人可以透過它了解人群、文化，以及那些與自己不同的歷史，可以讓我們開始知道自己錯過了什麼。

討論

夏普：我可以同意你所說的，人類學田野的建構編寫，排除了人類學家與文化兩者的移動。

但我仍然好奇，那樣的田野概念是否依舊存在於人類學中。我指的是，由於政治動盪，人類學家已經不能再如過去的那樣出田野。我同時也在思考，田野此一概念本身近年來的變化（例如在費城內城貧民區〔inner-city ghettos〕進行研究的人類學家，將這些貧民區視爲自「第三世界」國家移植過來的移民社區）。因此，我們不再有馬凌諾斯基和你提到的那些人口中的田野。

克里弗德：這些都是關乎當前重新定義人類學「田野」概念非常重要的政治議題。正如你所說的，愈來愈多的政治動盪讓人愈來愈難以進行馬凌諾斯基、米德和他們那個世代的田野工作。並且你也知道，事情不是突然「政治化」的，過去的研究也不是中性的。將民族誌視爲一種旅行形式的好處在於，有些議題你永遠都無法在旅行記事中避免，但它們卻不見得會在社會科學的論述裡出現。我提過其中一些，但還沒討論過人身安全的問題。在這方面，對於人在國外的旅行者而言，性別和種族事關重大。民族誌研究者在「田野中」當然是冒著風險的。有些人會死於疾病和意外，但

* 譯注：原文爲「*Tradittore, traduttore*」，爲義大利諺語，直譯成英文爲「Translator, traitor」。意指翻譯一個語言成另一個語言的過程可能會出現困難或背叛。這個說法的巧妙之處在於「traduttore」（翻譯者）和「traditore」（叛徒）在發音上的相似性。

就我所知，鮮少有人會被他們的「田野地主人」（hosts）所殺害。我舉一個明顯例子。爲什麼當伊凡普里查繼英國出兵後在努爾人的村子裡搭起帳篷，卻未被殺害或傷害呢？（在《努爾人》一書中，他清楚地指出當地人其實並不想要他待在那裡。）他以及其他許多人類學家、傳教士、旅行者得以全身而退的原因，是之前的暴力衝突史以致。全世界的「在地者」都得到過「教訓」，知道不要殺害白人，因爲你的族人可能面臨懲罰性報復的代價太高了。大部分人類學家，尤其是馬凌諾斯基時代的人類學家，幾乎都是在某種形式的暴力史**之後**前往他們的「田野場域」。當然，也有少數大膽的研究者去了尚未平靜的地區研究，讓自己變成了接觸過程和平定過程的一部分。但到了廿世紀，這種情形相對來說很少。我的重點是，田野之所以安全並作爲一個住居與工作的地點，可以讓人從事中性的、不具政治性的社會科學研究，這本身便是一種歷史與政治的產物。

你的問題預設了這一點，因爲近年來許多地方的田野工作者的不安全（至少是缺乏政治上的安全性），點出了一個事實：包含適居田野的歷史「世界」正在崩解。我想補充的是，這種崩解是不平均的，有許多地方性差異與可供協商的空間。其實世界上還有許多地點是人類學家可以前往研究而不會受傷害的。有些地方是他們可以進行研究但有時會受到限制；另一些地方則是禁區。我不認爲後殖民民族誌學者可以足不出戶地進行研究（不管那是**什麼樣**的研究！），我特別好奇的是民族誌研究如何從初始經驗（initiation）轉變爲協商（negotiation）的情境，其中的和諧關係（rapport）被結盟關係（alliance）所取代。當然，這只不過是讓本來便存在於民族誌式「住居」的社會關係當中業已存在的政治成分變得明顯罷了。（我在談論馬凌諾斯基把帳篷蓋在頭目家屋隔壁時，便會對這種反轉挪用有所觸及。）但如今我們有了新的脈絡，而在許多地方，權力的天平已經改變了。今日，如果民族誌學者想在美國印地安人社群中間進行研究，或是在拉丁美洲的許多地方進行研究，立即會被當地人問的問題是：「這對我們有什麼好處？」部落會要求研究者雇用或訓練當地的學生。研究者或許必須在土地聲索的訴訟案中出庭作證，或研究在地語言的文法以供教學，或是幫助當地的歷史計畫，又或是支持向博物館要求歸還祖物。當然，不是所有的社群都能提出這一類要求。另外，有一種危險性是，想要保持其政治中立性（還有其客觀性與職權）的人類學，將會乾脆避免這樣的研究地點，轉向那些田野工作比較不用「妥協」的地點，以舊的異國情調方式看待那裡的人。

圍繞新的「原始」（不再是所謂「第三世界」）重新構作人類學的實踐是非常具啟發性的想法。你提到移植到費城的第三世界移民社群。我不認爲回到一九五〇年代之前的「原始」有什麼問題，但是那個形象的一些方面如今在新的條件下被重新塑造。

例如，我提過我們必須非常謹慎處理「後現代原始主義」，它以肯定的模式發現了帶有混雜的、揉合的文化的非西方旅行者（「游牧民族」），而在這個過程中把一種同質經驗（歷史上的「前衛」）投射到他們不同的文化接觸史、遷徙史和不平等史之中。

我確實認爲「後現代主義」可作爲一個翻譯用語，以促使一些怪異的東西變得有能見度和正當性（就像現代主義曾幫助廿世紀的原始主義者發現非洲與大洋洲的「藝術」）。但是我想要重申**翻譯**（*tradittore*）中的關鍵**背叛**（*traduttore*），重申「等號」的缺乏，重申在理解、欣賞與描述的過程中，一定會有事情被錯過與被扭曲。我們會**同時**愈來愈接近**和**愈來愈遠離不同的文化／歷史困境的眞相。這反映出那個總是讓全球性在地化以使其大小合適的歷史過程。這個過程可以暫時用暴力壓制，但不可能使其終止。我認爲，新的政治主體將會繼續出現，要求承認他們原先受到排除的歷史。

我並不清楚在你所提到的費城社區裡，理解與爭論的政治辯證是如何無可避免地發生。你說那裡的第三世界新移民正在被客體化。這是無須旅行得太遠便可一嚐他者性（otherness）的味道嗎？在此，人類學似乎重返它被遺忘的根源之一：在資本主義的都會中心研究「原始」社群。我想到了梅修和布斯等人十九世紀先驅在「最黑暗的英國」所進行的研究。他們的作品清楚顯示野蠻性同時存在於「他們那裡」（out

42

there）與「我們中間」（in our midst），顯示去帝國旅行和到都市旅行是具有雷同性的。你建議我們或許可以在一個新的歷史性時刻重新銜接這種雷同性。我會想知道我們討論的民族誌學者是如何在移民社區中進行研究，想知道他們的「田野」是如何受到政治性協商。

霍米巴巴：我希望你能談談「缺乏移動性」和「固定性」在移動政治與旅行理論中的位置。難民與流亡者當然是移轉經濟與旅行經濟的一部分，然而一旦他們身處在某個特定的地點，那幾乎是出於生存的需要，他們必須選定某些特定的符號。混雜（hybridization）的過程通常就代表了一種移動的不可能性與生存技巧，這種技巧的特徵是緊緊抓住不允許流通和移動的東西。另一個尚未得到充分討論的場域便是所謂第三世界的無產階級與下層中產階層，例如那些在孟買街頭穿著伊利諾州阿爾巴納大學或哈佛大學T恤、戴著特定種類太陽眼鏡、收看特定種類電視節目或聆聽特定種類音樂的那一群人。旅行和固定性還有另一個問題，那就是當他們緊抓——法農意義上的緊抓——某些他方（elsewhere）或旅行的象徵，又以之爲中心建立起一種無關移動與移轉，而是盲目崇拜其他文化、他方或旅遊意象的文本。我希望你能討論的，是被困在一個移動經濟體中、卻處在非移動的狀態的那群人。

克里弗德：你的話非常有意思，而我得承認目前我在這方面沒有太多可以說明的。我想我

43

會一直避開「流亡」的概念，是因爲它在某種現代主義文化中享有特權：例如喬伊斯、貝克特、龐德、康拉德、奧爾巴哈，他們特殊的無根性、痛苦與權威。在我看來，康拉德就是你所說的「固定性」的首要例子：他蓄意設定的視界限制、他對他的「英國性」的費力虛構（正如薩依德曾指出的，他在「作者注釋」中爲自己營造「人人最喜愛的英國老作家」的形象），還有他固著於某些「英國性」的符號，都讓他的「固定性」無以復加。但弔詭的是，康拉德無與倫比的旅行經驗，一種無與倫比的世界主義經驗，只有在受到限制，被綁定於一種語言、一個地點與一群讀者時（無論這過程是如何暴力且任意），才得以被表達出來。但這大概就是當你把對流亡的渴望和對固定的需要突顯出來時會遇到的弔詭。因爲在你提出的問題中，住居似乎是一種人工的、達成了的、混雜的「前景」，是相對於旅行、移動、流通的「背景」。就我看來，這翻轉了靜止與移動的一般關係，並且預設了我透過對異國情調人類學及其文化觀念進行批評所進入的問題。對旅行的比較研究引出了住居的問題，它不被視爲背景或起點，而是被視爲一種人爲的、受限制的固定實踐。這是你想要表達的嗎？

在那種視界下，我們可以比較（例如）「流亡」與「離散」的經驗／實踐，也可以比較它和那些在孟買透過穿著伊利諾大學T恤來固定自己的人。但我想問的是：那些T恤表達出何種固定與移動、住居與旅行、地方與全球的辯證或中介（我不知如何理論化這種關係）？我記得，十多年前在太平洋地區到處都看得到UCLA的T恤。這意味著什麼？我不知道。我看到過新喀里多尼亞的卡納克人（Kanak）民兵穿著電影人物泰山T恤，最近也聽說黎巴嫩民兵穿有「藍波」字樣的T恤。這是如你所說的，是代表對其他文化或他方的盲目崇拜嗎？還是說是爲了行動的目的而將國際性符號在地化？我同樣不知道答案。這兩個過程都必然起著某種作用。（當然，幾乎任何地方的人都會爲了宣傳節慶、當地樂團、任何機構與產品而製作T恤。）我非常渴望對這些T恤、空白床單、神祕的便條紙等進行比較文化研究……

霍爾：我欣賞你的論文的一點是，你把旅行作爲一種隱喻推到極致，也讓我們看到它的極限。透過這種方式，你讓自己擺脫了「游牧主義」這個時髦的後現代主義觀念，即無限量地拆解一切。但如果你不想讓人誤以爲你僅僅主張「現在任何人可以前往任何地方」，你必須釐淸「住居」的意義。因此，T恤並不是一個好的例子，因爲T恤很能夠不脛而走。眞正的問題在於：卽便你是在旅行中，有什麼是依然不變的？你爲我們舉了幾個夏威夷音樂家的例子，說他們一生大部分都不待在家鄉，都是在世界各地旅行，但他們卻帶著一種夏威夷的東西在身上。那是什麼？

克里弗德：我非常同意你的話，以及霍米巴巴問題中一半的內容。一旦旅行被突出爲一種

44

文化實踐，那麼住居也一樣需要被重新構思，不再僅僅被視爲旅行出發和返回的基地。我還不足以在跨文化脈絡下討論住居的不同歷史、不同文化、不同限制與不同實踐。到目前爲止，我對住居中的旅行的探討多過對旅行中的住居的探討。你問道：即便你在旅行中，有什麼是依然不變的？有很多。但這些事情的重要性會因爲每個新的情況而有所不同。夏威夷的毛依家族是如何在五十六年中，保有他們的夏威夷性？（等他們回到家鄉，又是如何重構其「本眞性」？）我們是否該認爲，不管去到哪裡，他們都會帶著一個身分的內核？還是說那更像一種多重性（polythetic）的東西，更像一種慣習（habitus），是一組實踐和部署（disposition），一部分可以保存在記憶裡，然後在特定的脈絡表達出來？我傾向後一種看法，但我必須說我對毛依家族的了解不夠多，無法有十足把握。我才剛開始對他們有所認識。

顯然，在討論離散文化時，這是一個很重要的議題。從前一個地方帶來了什麼？它是如何被新環境維持和轉化？記憶對維持人格完整具有關鍵作用，但記憶總是建構性的。然而，我們不會想要完全照著「傳統都是創造出來的」那種論點走，它斷然不適用於所有的情況。口述傳統可以是非常精確的，是能夠跨越多個世代和具有相當連續性的文化實體。在有土地基礎可以組織記憶的情況下，這種情況特別爲眞（美國印地安人、美拉尼西亞人或澳洲原住民都是這個樣子）。但是非裔美國人、非

45

裔加勒比海人和其他離散經驗也顯示出不同程度的連續性，顯示出像是集體記憶的東西（那當然不是個人記憶的放大版）。你在這方面特別有研究，一定有可以教我之處！我只是想要確認你的問題的大方向，並用我自己的方式重申，對文化住居的討論無法脫離它與文化旅行的特定歷史關係，反之亦然。

岡烏利：我覺得你的雙焦距想法非常有意思。從某個角度來看，我覺得它與霍爾提出的熟悉陌生者的對比雙重觀點（contrastive double vision）有些雷同。當你延伸雙焦隱喻和呼籲（例如）對海地的海地人和布魯克林區的海地人進行比較研究時，你不正落入了阿帕度萊所批評的他者化他者（the othering of others）中？把海地人定位在海地與紐約之間的連續性空間中，或把印度人定位在印度和紐約之間的連續性空間中，你是否也重複了文化差異的意識形態？作爲一位印度移民的後代，我發現我很難認同這種文化差異的意識形態，尤其是當認同可能發生在另一個層次時。例如，我更願意被視爲費城人，而不是孟買的印度人。

克里弗德：這是一個意義深遠的問題，我可以談談一些看法。首先，我提出的這種比較觀點，希望能夠敏銳地理解紐約的印度人與紐約的海地人之間的差異，同時保留他們的可比較性。從接近性、移入與回鄉的模式、兩地間的政治經濟關係的重要性來說，討論海地人的跨文化軸線或許比談論印度人的更有用。我說不準。但是我不想在概括化戴熙武所說的「移民性」(immigritude)一事上有所猶豫。話雖如此，當我同時談到紐約和加勒比海的海地人時，我會承認我對「海地人」差異性的一種特殊在地化。我希望這不會重複一種絕對化文化差異的意識形態。我也想要繼續主張，有些地方是有文化差異（但不是處處皆有）。正如你所說的，這不是一條清楚的界線。海地人旅行和移居的路線爲什麼是海地－布魯克林，而不是海地－巴黎或其他地方？這可以往派特森的研究尋找答案。派特森認爲加勒比海是被糾纏在政治經濟的「邊陲二元性」(peripheral dualism)中，與美國「中心」緊密相連的一種破壞性聯繫。這種二元性可以說明爲什麼和北方的跨國關係會壓倒其他可能的歷史連結，比方說法國。或許這個說法可以讓沿著那條軸線對一個跨文化「海地」所做的在地化變得有理。我斷然不想將海地人的身分繫於一些本質特徵（例如巫毒教，雖然這也是很重要的元素），因而把他們在這個文化空間裡異國情調化。

但你提出的問題卻很好地打開了身分的整個問題，將其視爲一種政治而不是一種繼承——這兩者之間的緊張互動。當你談到可能選擇被視爲費城人而不是孟買的印度人時，我聽出來你反對一以概之的族群政治目的。我也完全同意你對那種自動把人定位爲離散「印度人」的文化銘刻或種族銘刻的質疑。（銘刻可以是友善的，也可能是有敵意的。）我想要補充說明的是（我肯定你會同意），「選擇」——不是唯意志論的（voluntarist）而是有歷史拘束的選擇——**既不是**二元的（如同化論者所說的「之前／之後」），**也不是**一組開放的替代方案。反之，文化／政治的身分是歷史賦予的元素（包括種族、文化、階級、性別與性）的編排過程，它們在不同的關鍵時刻會有不同的組合。這些元素在一些關鍵時刻可能會將彼此切斷，爲彼此帶來危機。哪些身分的元素是「深邃的」，哪些又是「表面」的？哪些是「中心的」，哪些又是「邊陲的」？哪些元素是有利於旅行，哪些又是有利於住居？什麼將會在「社群」中被銜接起來？所有的元素聯合起來會產生什麼影響？這些元素在歷史上是如何互動的？是彼此對立還是彼此對話？諸如此類的問題都不容易找到系統性或決定性的答案。它們是文化政治（cultural politics）之所在。

第二章 在美拉尼西亞人中的幽靈

巴納德・迪亞康是才華洋溢的年輕人類學家，一九二六年劍橋大學畢業後在新赫布里地斯群島（New Hebrides）的馬拉庫拉島（Malekula）——現稱萬那杜（Vanuatu）——進行嚴峻的田野工作。十四個月後，正要前往澳洲之際，他染上了一種致命的瘧疾——黑水熱（black water fever）。迪亞康死時才二十四歲。他原本在他的學科領域中肯定會留名，而且是偉大的名聲。如今，迪亞康以兩件事情知名。一是他在附近的安布里姆島（Ambrym）發現的「六階級」（six-class）婚姻系統（這個系統在深奧的親屬研究領域久負盛名），二是一部著作，《馬拉庫拉：新赫布里地斯文化中消失的民族》（一九三四）——此書是魏伍德費盡心力從迪亞康的田野筆記整理而成。

每個人都會同意迪亞康與眾不同。他令他的老師刮目相看。然而，他不僅僅是一位優秀的學生而已——他在自然科學、中古與現代語言學，以及人類學都得到一級榮譽的成績。他具有不尋常的語言天分，有著科學般嚴謹的思考，又有著哲學和詩性的氣質。《馬拉庫拉》這書就像整理它的人所知道的，不過是迪亞康所可能眞正寫出的書的九牛一毛而已。我們

47

可以在他的朋友賈丁娜爲他編輯的「回憶錄」《馬拉庫拉上的足跡》（一九八四）中，略窺那本未寫成的書的樣貌。

這本令人動容的小書，其文字描述恰如其分，賈丁娜從迪亞康在田野中寫給她自己的信中摘錄了幾段。圍繞著這些信件片段的，是賈丁娜對一些事情輕描淡寫的記述，包括二〇年代初劍橋大學的生活、她和迪亞康的第一次相遇、他的家庭背景（他的童年在他父親擔任領事職務的俄羅斯度過），以及他們的友誼如何奇異地變成戀人，最後許諾終身的轉變。（她本來要去澳洲和他會合，儘管他們只有過短短幾天的彼此相伴，並且尚未訂婚。）我們從一封封信裡感受到他的愛意微妙地日漸增強（這主題是回憶錄的主軸）。透過寫信，他似乎在愛河裡墜得更深；他渴望與寫信的對象相伴；接著他的訊息突然中斷。迪亞康最後一封信是在賈丁娜收到死訊電報的一個月後寄達。她只用了三言兩語交代那個時刻，幾乎沒有評論，留給我們的（也是她此後半世紀所感受到的）是一個敞開的傷口、空蕩蕩的沉默和無定論的可能性。（如果沒有瘧疾作祟，他們**本來**是可以快樂地共度此生的嗎？）回憶錄以賈丁娜在一九八三年造訪馬拉庫拉時的一個感想作結。五十五年後，迪亞康依然受到美拉尼西亞人的懷念和尊榮。（美拉尼西亞人和他們的文化在一九二六年時看似注定「消失」，但這種情形後來並未發生。）

48

巴納德的墓碑是一塊素樸的長方形厚石塊，上面刻著「A. B. 迪亞康，人類學家，一九〇三～一九二七」。如今，其上布滿了鮮花與花環——那是村民為這個特殊場合的感人致敬。我也獻上了鮮花，然後轉身，往下望向山丘的另一邊。穿過一片樹林，可以瞥見大海。突然間，出於某些無法言喻的原因，也儘管我相信人死了就不在了，我卻很高興知道巴納德被葬在一個看得見海的地方。

迪亞康對他的民族誌研究深深入迷。有時，他也會像其他田野工作者那樣感到孤單，苦於詮釋性工作帶給他的困境（美拉尼西亞人的習俗複雜無比）和島上的環境（馬拉庫拉島雖然非常美麗，卻有著致命且容易滋生瘧疾的氣候）。他寫信給遠方的同伴（賈丁娜在信中便是扮演遠方的同伴角色），信中融合了對愛情的渴求、清晰的自我意識，以及有時（字面上的）尋求某種視觀或想抓住虛幻的「整體」現實的狂熱心情。被摘引的信件保留著他的思維方式裡無法壓抑的古怪與原創性。他有著極高的才華，卻允許自己感到困惑。

迪亞康來到馬雷庫拉島，帶著劍橋人類學的所學，特別是深受里弗斯研究影響的部分。在他研究期間的中段，原本的解釋性論點開始崩解。在信中，他因爲他的老師們過於整齊的公式所遺漏的內容而感到不知所措，同時也發現早期關於新赫布里地斯的描述

49

與分析，與他自己的研究相互矛盾。他善於觀察，在田野工作某個階段的寫作中，明白即使自己已經學到足夠的知識，卻仍然存在著廣泛且先前未曾懷疑的無知層面。想要獲得綜合性的視觀是相當困難的；他缺少理論性概觀和看到更大模式所需要的距離。迪亞康忠實地直面這些經驗，沒有死抓住打開「文化」的未成熟鑰匙（即把文化當成單一物事）。他對田野工作的「和諧關係」（rapport）、推力與拉力、同理心與不耐煩、民族誌工作的曝光與孤立等有非常敏銳與發人深省的觀察。「這裡僅有的隱私，也是唯一的歐洲遺物，便是思考。」他與自己的文化觀察者角色角力，在筆記中寫道：「我對在地者的興趣太概括性了，事實上，我是把他們當成一整群人看待。除了極少數的例外情形，我並不會自發地以回應一個個個體的方式回應他們。只有當我意識到我有的思想感受對方也會有之際，才會猛然意識到眼前的人是個個體。否則我就會把他關聯於其他人來理解。抱歉，我真的很遲鈍……」

他絕不遲鈍。他反思深刻。然而，如果迪亞康在信中認眞質疑民族誌研究的人際關係和獲得一個涵蓋一切的人類學理論的可能性，又如果有時他會感覺有巨大的鴻溝把他和近在咫尺的複雜在地者隔開，我們並不能以此認爲這表示他在新赫布里地斯老是受到孤立。他在信中也會流露強烈的喜悅心情，流露與當地的人和土地的親密感。他的田野地主人們顯然很喜歡他。有時，他會對自己的處境有著美拉尼西亞人的清晰：「我必須和這裡的人討論對魂靈的祭獻，因爲我正是其中幽靈。」* 我們不應假定迪亞康對人類學態度與方法的質疑，會讓他放棄他的科學使命。他熱情信奉經驗研究與嚴謹解釋。他的信中有許多提案致力於讓民族誌描述與跨文化比較更具有系統化。他肯定曾經絞盡腦汁，企圖將他的文本與觀察融合成一個有關新赫布里地斯的文化與歷史的「理論」。但是，在閱讀這些深具反省性與詩性的書信時，我們不免會好奇這樣的理論會採取什麼立場。它是否可能避免迪亞康那一代的結構功能論所受到的僞科學化約和反歷史視觀？他的民族誌是否可以在它的分析架構中找到空間，給予我們在他的信件中所讀到的那種清晰的不確定性？

然而我們也應該謹慎，不要把太多的研究方法投射在這些漫談與使人浮想連翩的文本中。它們畢竟是情書，是本著一種對靈魂交流的渴望所寫。這些書信可以是用來取悅感官的，如以下這段對諾福克島（Norfolk Island）的描述：

> 山丘上的針葉松就像裝飾著天空的橫飾帶，而在陡直富饒的山谷間，檸檬果園藏匿在藍色的三色堇後，纏繞著九重葛，仿若熔岩留下般。鳳凰木上滿是鳳凰花，橡樹花開，甜甜地花香四溢（不是我們這種英國的橡樹）。橄欖樹長於石間，一種名叫山姆森頭髮（Samson's hair）的蔓生植物，還有愛索非拉司（Alsophilas）、熱帶樹蕨，它們穿越山谷的河床，就像海星朝著太陽伸展——它們熱鬧地、安靜地在四處成長茁壯。在屋子

50

後方，有木槿鮮紅色的花點，真是可愛的花兒：我在那裡吃著早餐，然後午餐或是晚餐，吃著我的烤甘藷和山芋，百香果和桃子。這裡有吃不完的桃子——你走路時可能會將它們給踩爛。

在這些信件中，迪亞康的筆觸在科學、情愛與精神上的語域來回遊走。他因著一種與眞理之間不可思議的**親密**而浸淫在一種「不可思議的愛」中。有時他會感到孤立，夾在想要與遠方同伴在一起和想要完成在馬拉庫拉研究的折磨之間。其他時候則是沒有衝突的。貫穿所有的書信，科學論述與情愛論述讓人意想不到且動人地交織在一起。茲舉一例。他回顧自己迄今爲止的民族誌研究時，察覺到「它是多麼令人遺憾地不足」的時刻：

在那些吉光片羽時刻，我曾驀然乍見事情的全貌，我能知覺到一切事物鮮活地脈動著，這是一種令人驚嘆的感受，強烈的喜悅讓我幾乎不能自己，但忽然間便會出現不

* 譯注：作者在此並未清楚說明何以迪亞康的死亡被賦予爲美拉尼西亞人的「幽靈」，但根據蒂瓦（Teresia K. Teaiwa）集結於《原住民離散與轉位》（*Indigenous and Diasporas and Dislocations*）的文章〈在地思維〉（Native Thoughts, 2017[2005]:28）表示：「美拉尼西亞原住民（的世界觀）相信歐洲人是他們的祖先和靈魂。」

斷重複且無法抵擋的憂鬱，讓我賴以在此生存的智思與意志不斷流失。在這個被遺忘的世界中，我的任何行動都稱不上完整，除了腦海中渴盼與妳身心合為一體的想望——然而我卻必須時常對此存疑。在這種不可思議的酷暑中，其實很容易對肉欲產生厭倦，很容易滿足於不完美與黑暗的事物，糟蹋內心深處靈魂的渴望。那渴望是什麼？真理的可能性？那是一種不可思議的愛。妳對我來說遠遠不僅是一種可能性，但又大概正是一種可能性。

賈丁娜在迪亞康的信件間少少地加入一些自己的評論。她把一九二六年時候的自己勾勒爲一個頗漫不經心和任性的年輕女子。但迪亞康的信件卻讓人對她有非常不同的觀感。她在劍橋念書的時候曾經寫道，「我理所當然地認爲，所有我將會認識的年輕男子都會愛上我。這種情況似乎是無可避免的，是一種自然之理。」然而賈丁娜與迪亞康的友誼卻是一種不同層次的東西，兩人之間存在著眞摯、深厚的忠誠，以及持久的思想分享。迪亞康的「回憶錄」是以圓熟、愛和溫和的幽默感編輯而成，揭露的不只是一位男人的人生，它也記錄了一段美麗而苦澀的關係。它讓一個悲劇故事（迪亞康的死縈繞著書中一字一句）充滿了許多的肯定。其中有一封驚人、英勇的最後信件是從「死者世界」寫來。其中也有一些快樂的照片：中學生時代的迪亞康、和父母一起野餐的迪亞康、拄著手杖和叼著香菸的英俊迪亞康、在馬拉庫拉沉思的迪亞康……還有賈丁娜在劍橋拍的照片，只見她頸上圍著圍巾，以愉快的姿勢揮舞著花束或葡萄藤。

第三章　空間實踐：田野工作、旅行與人類學訓練

一九九四年洛杉磯大地震後的第二天，我在電視上看到一位地球科學家接受採訪。他說當天早上他在「田野中」企圖尋找新的斷層線。大約過了一分鐘後我才恍然大悟，發現原來他一直是坐在直昇機裡，在天空盤旋。這稱得上是田野工作嗎？我對他的田野概念產生了好奇，也不知怎地不滿意他的說法。

52

我的字典對「田野」有一長串的定義，其中一個指出田野是一個開放的空間，另一個說法指出田野是一個淨空的空間（cleared space）。眼睛可以一覽無遺。在人類學中，格里奧爾是使用空中攝影術的先驅，這個方法後來不時被使用並沿用至今。但如果俯瞰——無論是眞實意義還是想像意義上的俯瞰——長久以來都是田野工作的一部分，那位地球科學家的空中「田野」恐怕仍然存在一種修辭上的矛盾。的確，對所有重視田野工作的科學來說，特別是對地質學來說，「在地上」做研究，觀察細微的獨特性，絕對是研究上的必要條件。「田野」（field）的法文同義詞「地域」（*terrain*）便是一個毫不含糊的概念。* 一位受過紳士教養的自然科學家被認爲應該穿著滿是泥濘的靴子。田野工作是在土地上進行的，與自然景

觀和社會景觀緊密相連。

然而情況並非總是如此。庫克里克提醒我們，許多學科（包括人類學）都是在一個特定歷史時刻轉向專業的田野研究，該歷史時刻便是十九世紀末期（Kuklick 1997）。一個偏好貼近的、經驗性和互動性專業研究的假設很快便被視爲理所當然。田野工作被認爲可以把理論付諸測試，讓詮釋**有根有據**。

在這個脈絡下，坐著直昇機飛來飛去看起來似乎顯得有些抽象。然而，經過反省，我必須同意那位地球科學家在沒有踏足地面的情況下「進入田野」。從一些重要的方面來說，他對「田野」一詞的用法是得當的。重要的不只是取得第一手的經驗資料，因爲一張衛星照片一樣可以提供那樣的資料。讓他的工作成爲田野工作的，是因爲他親身**走出去**，進入了一個**淨空的工作地點**。「走出去」預設了一個常駐基地和一個外部探索地點的空間差異。一個淨空的工作空間意味著你可以在其中不受干擾地專心工作。就定義來說，田野並不是雜草叢生的所在。如果是在一個大霧天，上述的地球科學家便無法進行他的直升機「田野工作」。一個遺址若是住了人或蓋了房子，考古學家便不可能進行恰如其分的挖掘工作。一位人類學家或許會覺得有必要清空（至少是在概念上清空）他的田野，即把觀光客、傳教

＊譯注：法文「*terrain*」帶有「地面」的涵義。

53

士或政府軍隊排除。走出去並進入一個淨空的工作地點預設了特定的移轉實踐和聚焦的、被規訓的注意力。

在本文中，我希望釐清一份關鍵且矛盾的人類學遺產：旅行、身體移轉，以及田野工作中在外暫居等的角色。我將分三大節討論田野工作與旅行。第一節將概述社會文化人類學近年來的發展，指出古典的研究方法正備受壓力。我試圖指出，田野工作何以仍是此一學科自我定義的核心特徵。第二節聚焦在作爲具身空間實踐（embodied spatial practice）的田野，指出在世紀之交以後，一個被規訓的專業群體，如何沿著文學旅行實踐與新聞旅行實踐不斷變動的界線而成形。人類學研究以生產深入的、**文化的**知識爲己任，而與這些被指爲膚淺、主觀與偏頗的知識形式形成對比。我主張界線是不穩定的，總是不斷地重新協商。第三節考察當前對長久以來架構了人類學研究實踐的規範性歐美旅行史的爭逐。社群內與社群外的分別、本國與國外的分別、田野與大都會的分別，愈來愈受到後異國情調（postexotic）趨勢和解殖民趨勢的挑戰。今日，怎樣才算是可接受的田野工作——也就是被人類學「淨空」的空間實踐的範圍——已經遠比從前不清楚了。

我借用德・塞杜在《日常生活的實踐》（一九八四）一書中的「空間實踐」一詞。在德・塞杜看來，「空間」從來不是一種本體論上的實在。它受到論述的標定成形並經由身體而被實踐。例如，一個城區固然是由都市計畫所畫定郊區，或許是根據街道規畫而成形，然而只有在有了人群活動進駐、人們進進出出之後，才可以說是一個空間。從這個角度來看，從來沒有一個原來便存在的「田野」。它需要透過互動旅行的具身實踐（embodied practices）所塑造，轉化成為一個獨自的社會空間。我將順道談論更多我所謂的「旅行」的擴大意義和極限，而我的焦點主要放在規範與理想類型。在一本談人類學的「田野」的重要論文集的導言中，古塔和弗格森主張，當前的研究潛在地仰賴範圍廣闊的民族誌活動，而其中有些按現代的標準來看是非正統的民族誌活動（Gupta and Ferguson 1996）。但他們也肯認，自一九二〇年代起，一種可辨識的規範主導了歐美的學術中樞。[1] 在這種規範中，人類學的田野工作被呈現為社會學方法與民族誌研究方法的一個特殊重疊的部分，一種特別深入的、長期的和互動性的研究。當然，那只是一種理想。事實上，就像實際的研究經驗一樣，田野工作對於「深入」的判準（待的時間長短、互動方式、重複拜訪的次數、對語言的掌握）有極大的差異。

這種實踐上的多樣性讓「田野工作」任何鮮明的、指涉性的意義變得模糊。當我們提及人類學的田野工作時，我們講的究竟是什麼？在進一步討論前，我必須先在這個定義的難題上逗留一會兒。基本語意學區分幾種意義獲得支撐的方式，概略言之便是透過指涉、透過概念與透過使用。我主要將會依賴後面兩者，它們通常被稱為「心靈主義」（mentalist）（Akmajian et al. 1993:198-201）。概念性定義會使用原型（prototype）——通常是視覺影像——來定義一個核心，而各種變體則是按照這個核心來評價。那張攝有馬凌諾斯基搭在初步蘭村落的帳篷的著名照片，長久以來被視爲人類學田野工作的強力心靈**影像**。（每個人都「有」這個影像，但有多少人能把它包含的事物描述出來？）還有其他的影像，例如米德把頭斜向一對峇里島母子的照片。再者，一如我提過的，「田野」一詞會讓人聯想起淨空的空間、開墾、工作和地面。當有人說他**在**田野**裡**工作或要**到**田野去時，便是藉助一個有內外之分的特定地方的心靈影像，並且這個地方可以透過身體的移動而抵達。

這種心靈影像會聚焦和侷限定義。例如，它會讓我們很難將人類學家在辦公室講電話說成是進行田野工作——即使他實際所做的事是有紀律地透過互動來收集民族誌資料。影像會具形爲概念，產生出一個「中心」清晰但「邊界」模糊的語義學場域。更抽象的概念也有著同樣的功能。許多現象都是圍繞在原型四周；我遵從孔恩（Kuhn 1970:187）的做法，稱這些原型爲**範例**（exemplar）。就像是知更鳥被認爲比企鵝更能被視爲鳥類的典型，因而有助於定義「鳥」的概念，因此某些範例性的田野工作也可以錨定住各式各樣的經驗。進行至少超過一年的「異國情調」田野工作在某個時候已經成爲規範，成爲評價其他實踐的標準。有這個範例在，跨文化研究的其他實踐看似比較不像「眞正的」田野工作（Weston 1997）。

但這個「眞正的」究竟是在誰的眼中而言？語句的意義最終都是由一個語言社群來決定。這種**使用**的判準開啟了意義歷史學與意義社會學的空間。不過在這種情況下，這種標準變得複雜：那些被承認爲人類學家的人（相關的社群）都是因爲他們做過接近於（至少是夠接近於）「眞正的田野工作」的工作。相關社群彼此之間的界定，一直以來（且近來日趨嚴重）對於「田野」一詞的意義範圍都有爭論。某種程度上，這種複雜性存在於所有意義的社群使用判準，特別是事情牽涉到「備受爭議的概念」時（Gallie 1964）。但在人類學家與「田野」的情況，這種互相構成的迴路異乎尋常的緊密。人類學社群不僅使用（定義）「田野工作」一詞，又反過來爲其所使用（定義）。範圍不同的意義會造就出不同的人類學家社群，反之亦然。這些定義中的社會政治元素（包含與排除的議題、中心與邊緣的議題）有需要保持顯豁。

學科界線

我們來看看凱倫．布朗對布魯克林區巫毒教女祭司的研究（她曾陪同女祭司造訪海地）。布朗以開車或搭地鐵的方式從她在曼哈頓的家前往田野，她的民族誌研究比較不是密集的住居實踐（「村落中的帳篷」），更多是反覆造訪和合作研究。又大概可以說，她的工作涉及羅薩爾多所說的「深度閒晃」（deep hanging out）——這是他在討論人類學民族誌何以獨特時談到的觀點。[2] 在與她的主要研究對象阿洛德斯（Alourdes）合作前，凱倫．布朗曾去過

56

一趟海地·然而當她第一次造訪阿洛德斯時，她感到一種新的移轉：

> 我們的鼻子中充滿木炭與烤肉香，耳裡傳來的是騷莎、雷鬼和海地人稱為「爵士」的重疊輕快單音。隨處可聽見生動的談話，交錯著海地人的法式克里奧語、西班牙語和不只一種歌詞式的英語方言。街道上是各種奇奇怪怪的商店：有「奇卡里卡」（Chicka-Licka），有「阿善提市集」（Ashanti Bazaar），有外觀如基督教堂的商店（店名奇特且長得不可思議），有一家海地餐廳。還有「寶塔尼亞珊高」（Botanica Shango）——新大陸非洲信仰的藥材行，販售立即帶來好運與讓人大發橫財的藥粉，「征服者約翰根」（High John the Conqueror root）和非洲七大精靈還願蠟燭。我不過離我下曼哈頓的家幾英里遠罷了，但我覺得好像轉錯路，滑入了不同世界間的一條縫隙，出來就到了熱帶城市的大街上。（Brown 1991:1）

請將這幅「抵達現場」（Pratt 1986）的畫面和馬凌諾斯基「想像自己定居在此（初步蘭島的海邊）」的著名說法（Malinowski 1961）比較一下。兩者都建構出一個截然不同的熱帶「地點」，爲接下來的鋪陳設定主題。然而布朗的當代版卻帶有某種程度的諷刺：她位於布魯克林的熱帶城市，是感官上眞實的**也是**想像出來的。她繼而稱它爲一種「幻象」，是一個民族誌旅行者在錯綜混雜的世界大都會所投射出來的。她的研究不是對一個城區（都市部落）的研究。如果說它有一個微觀的位置，那就是阿洛德斯那棟鄰近皇后區快速道路的三層連棟房屋——一個北美黑人社區中唯一的海地住所。在布朗的民族誌中，離散的「海地」出現在多重地點。這民族誌並不是交由一個具體地點（一個她偶爾進入和停留的田野）來加以定位，而是由一種在阿洛德斯的人際關係來定位的——這種關係融合了觀察、對話、師徒關係與友誼。以這種關係爲中心，一個由一些個人、一些地方、一些記憶和一些實踐的文化世界被召喚了起來。布朗在阿洛德斯家中（舉行儀式與社交活動之處）和其他地方頻繁造訪這個世界。她的「田野」就是她與阿洛德斯在一起的所在之處。然後，她會回到下曼哈頓的家，通常先是睡覺、然後是反思和撰寫田野筆記。

隨著田野工作實踐的確立，布朗的民族誌幾乎沒有關於曼哈頓日常生活的細節，這些細節穿插在她造訪布魯克林的過程中。她的田野依然是獨自的，是「在外頭」的（out there）。儘管研究下的關係／文化無法被清楚地空間化，她仍然密集地造訪一個不同的地點。身體性、人際性的互動，加上一個獨特和經常是異國情調的世界，帶來了初始經驗（initiation）。儘管我們沒有看見她有住居的空間實踐（即住到一個社群之中），這位民族誌研究者的「進」與「出」，她的來來去去，卻是很系統性的。我們感到好奇，這些接近性與距離是如何影響布朗對研究的設計和呈現。例如，當她需要書寫她的研究關係時，她是如何從這種關係抽身的？這種採取距離基本上被設想爲一種「離開」田野——離開一個明顯與家有隔的地方（Crapanzano 1977）。當「報導人」時常打電話來請求協助儀式的舉行、解救危機或是幫個小忙，這會有什麼差別？旅行的空間實踐和書寫的時間實踐對於定義和呈現一個**主題**一直具關鍵性，因爲它可以把持續發生中的經驗和交錯的關係，翻譯成某種有距離和足以呈現的東西（Clifford 1990）。布朗是如何在界線那麼流動的田野中協商這種翻譯呢？

愛德華茲在〈阿富汗、民族誌與新世界秩序〉一文中對「眞正的」田野的定義提出了一個類似卻更極端的挑戰。愛德華茲期望重返阿富汗「在某些山區社群從事傳統類型的村落研究」而進入人類學，他後來看見的卻是一個飽經戰火摧殘、支離破碎的「田野」：「從一九八二年起，我在許多地方從事田野工作，包括巴基斯坦的白沙瓦市（Peshawar）和西北方邊境省分中的多個難民營。有一年夏天，我在阿富汗境內旅行，觀察一群聖戰士（mujahadin）團體的運作。我也花了不少時間研究華府的阿富汗難民。最後，我一直留意觀察阿富汗的電腦新聞群組的活動」（Edwards 1994:343）。

我們愈來愈熟悉多點民族誌（multi-locale ethnography）（Marcus and Fischer 1986），然而，多點**田野工作**卻是一種矛盾說法。如果不犧牲對「深入」標準的要求，一個人能密集研究幾個場域？[3] 盧斯在兩個相關地點從事田野工作時仍然維持單一社群——儘管是移動性的——的概念（Rouse 1991）。布朗待在一個個人的「世界」裡。但愛德華茲的研究卻是分散式的。的確，當他開始要把四散的「阿富汗文化」串連起來的時候，便必須非常仰賴說服力單薄的主題共鳴（thematic resonances）和它們產生出來的「模稜兩可」共同感——至少對他而言是如此。無論愛德華茲的「多重折射」（multiply inflected）文化的客體（Harding 1994）的邊界何在，他用以接觸它的那些空間實踐是範例性的。他寫道他在城市與難民營「從事田野工作」，說他「旅行」以研究聖戰士，說他「花了相當多時間」（深度閒晃？）在華府的阿富汗人身上，說他一直「留意觀察」流亡群體形成的電腦新聞群組。最後這個民族誌研究活動對愛德華茲而言是最讓他不自在的（Edwards 1994:349）。在他書寫之時，他只有閱讀網站上的文章，而不會發表過自己的言論，因此到目前爲止他在網路上的研究還不能說是互動性的，然而此一研究卻非常豐碩。愛德華茲密集聆聽一群流亡阿富汗人的聲音，這群人皆是男性並且相對富裕，他們一起擔心政局、宗教實踐以及他們社群的性質和界限。

布朗和愛德華茲的經驗反映出，被視爲密集住居的空間實踐的人類學田野工作在當前備受壓力。社會文化人類學中的「田野」，本來一直都是由「特定歷史範圍的距離、界限和旅行模式」所構成（Clifford 1990:64）。這種情形正在改變，因爲距離和差異的地理學在後殖民／新殖民情境裡已經有所變化，因爲研究的權力關係已經被重塑，因爲已經有了新的交通與運輸技術，也是因爲「在地者」以他們特定的世俗經驗與定居及旅行史受到了承認（Appadurai 1988a; Clifford 1992; Teaiwa 1993; Narayan1993）。然而在這些新環境下，古典的人類學

58

實踐還剩下什麼呢？曾經定義田野和適切的田野工作的旅行、邊界、共居（co-residence）、互動、內外概念，在當代人類學中如何受到挑戰與改造？

✵

在試著回答這些問題前，我們需要清楚知道哪些主導性的「田野」實踐是備受爭議的，以及學科定義中的哪些問題左右了當前的爭論。田野工作通常指在空間上離開了「家」（不管這是如何定義），旅行去到截然**不同**的環境，在那裡進進出出。如今，這環境可以是新幾內亞高地，也可以是一個社區、一棟房子、一間辦公室、醫院、教會或實驗室。它可以被定義爲一個移動式社會，例如一輛跑長途的卡車，讓人可以一小時又一小時地在車廂裡談話（Agar 1985）。密集的、「深入的」互動是必要的，而這一點從在社區裡的拉長居住（雖然也是暫時居住）的空間實踐得到了保證。田野工作也可以是由重複的短暫造訪構成，就像我們可以在美國的保留地民族學傳統中見到的那樣。團隊研究與長期研究（Foster et al. 1979）也在不同的地方傳統與國家傳統中受到不同的實踐。然而這些實踐有一個共通點，那就是人類學的田野工作不可只是蜻蜓點水式。他必須比訪談、進行調查和撰寫報告做的更多。這種要求持續至今，具體化爲林林種種的活動：從共居到不同形式的合作與倡議都是如此。

傳承下來的密集田野工作界定了**人類學式**的研究風格，這種風格對學科的被認可（以及自我認可）至關重要。[4]

天生或固有的學科並不存在；所有的知識都是跨學科的。因此，學科會透過彼此互動和競爭去定義和重新定義自己。它們之所以能做到這一點，是創造傳統與準則，是將方法論規範與研究實踐加以神聖化，是挪用、翻譯、噤聲和阻截鄰近的觀點。**學科化**的活躍過程在不同的層次展開，以界定學科文化中「熱門」與「冷門」領域，界定快速改變的領域和相對不變的領域。它們以戰略性變動的方式來銜接一個面目可辨的學科和研究實踐的堅實核心，與其可商量的邊界。制度化雖能疏導和延緩學科重新定義的過程，卻無法阻絕這個過程——除非是不惜讓學科陷於僵化。

想想看，如果有人要爲研究生開一門社會文化人類學的入門課，他在設計課程時會面臨哪些選擇？[5] 有鑑於上課時間只有十幾週，學生眞的有必要閱讀芮克里夫-布朗或洛伊的作品嗎？換成福特斯或伯克會不會是更好的選擇？李維史陀當然要選，但爲什麼不也選西蒙波娃呢？鮑亞士當然要選，那法農呢？米德呢？馬克斯呢？湯普森呢？或是赫斯頓？傅柯呢？賀思科維茲大概要選，那杜博依斯呢？聖克萊兒．德雷克呢？要不要談論攝影和媒體的作品？親屬關係一度是人類學的核心之一，但現在已經被某些人類學系主動捨棄。語言學雖然仍被說成是人類學的正統「四大領域」之一，但對它的重視程度卻非常不平均。

在某些人類學系的課程裡，學生更有可能讀到文學理論、殖民史或認知科學……「人」（有文化的動物）這個綜合性概念一度是人類學整個學科的骨幹，但如今卻顯得陳舊過時或乖違。這門學科的核心可以維持不墜嗎？上述的入門課程最後一定會達成折衷，以一些公認的「人類學」作者爲核心，加入符合地方傳統與當前需求的課程。（有時，無論是不是必修課，「純正」的學科血統會在人類學史的課堂上被獨立〔cordoned off〕出來。*）人類學複製自己之餘會選擇性地從相關對話者取經——從社會史、文化研究、生物學、認知科學；從少數民族和女性主義的學術研究；從殖民論述批判、符號學和媒體研究、文學和論述分析，或是從社會學、心理學、語言學、生態學、政治經濟學等方面出發。

社會文化人類學長期以來都是流動的、相對開放的學科。它以有能力借用、豐富和綜合其他領域的研究而自豪。沃爾夫在一九六四年樂觀地將人類學視爲一門「學科之間的學科」（Wolf 1964:x）。然而這種開放性不斷爲自我定義帶來問題。部分由於其理論視界仍然非常廣泛並有著跨學科性質（儘管它曾反覆嘗試將之縮小），此一學科遂以它的研究方法作爲其定義和核心要素。田野工作因而一直扮演著——也繼續扮演著——核心的學科化功能。在當前，人類學可探討的主題和可應用的理論觀點數量龐大。在這些領域中，人類學是「熱的」、不斷變化的和混雜化的。在可接受的田野工作的「較冷」領域，也一樣出現變化，但速度較慢。在大部分的人類學環境中，「眞正」的田野工作仍受到積極的捍衛，以對抗其他

60

的民族誌研究風格。

異國情調的範例——離家並與在地人共居一段不短時間（「村落中的帳篷」）——保有相當程度的職權，但在實踐上已被去中心化。它所認可的空間實踐，還有評估「深入」與「密集」程度的判準，已經有所改變，並且繼續在改變之中。當代的政治、文化與經濟情況爲人類學帶來新的壓力與機遇。對民族誌研究而言，可能的研究場域擴張激烈，而且這個學科的潛在成員也愈來愈多樣。它的地理定位受到了挑戰（歐美不再是穩定的「中心」）。在這種變化與爭論的脈絡下，學院人類學掙扎於在新環境中重新創造其傳統。正如它所研究的變遷社會，這門學科透過混雜化與重新本眞化的策略、透過同化與排除的策略，維持著其模糊又受到嚴密警戒的界線。

在愛德華茲對阿富汗網路社群感到不自在的研究中，出現了一些具啟示性的界線問題。如果有人研究網路駭客的文化（這在許多人類學系都是可接受的研究計畫），而在這個過程中又從未與任何駭客有過「面對面」的互動，我們應該如何看待此項研究？這種在網上花好幾個月甚至好幾年時間的研究能算是田野工作嗎？這種研究很可能可以同時通過「居住時間長度」與「深入／有互動性」的判準。（我們知道有些奇怪但熱烈的談話是可以透過網

---

* 譯注：這裡指人類學學科爲了避免與其他學科或研究主題相混，刻意保持純淨或獨立來保護專業的純正性。

61

路進行的。）並且，這種電子化旅行畢竟是一種「脫離現實身處異地」（*dépaysement*）的經驗。它可能可以讓你在不用離家的前提下，進入不同的社群，進行密集的參與觀察。當我詢問人類學家這種研究算不算是一種田野工作，他們大多的回答是「也許」（只有一個人回答「當然算」）。但是當我繼續追問他們願不願意指導一個以這種虛擬研究爲基礎的博士論文計畫時，他們多半遲疑或者表示不願意，並且指出那不是當前能被接受的田野工作。基於人類學的傳統使然，一位研究生如果選擇這樣的研究路徑，會被認爲是不明智的。這裡我們碰到機構-歷史的拘束，它強制把田野工作和範圍更廣泛的民族誌活動區隔開來。人類學的田野工作沉積著一段學科史，而它仍然作爲一種成年禮和專業資格的標誌。

當前，一條讓社會文化人類學念茲在茲的界線，便是把它與被稱爲「文化研究」的林林種種學術實踐集合分隔開來。[6] 這條界線在一個新的脈絡裡重新協商了社會學與人類學一些確立已久的分歧和重疊。至少，質性社會學因爲有著自身的民族誌研究傳統，與後異國情調主義人類學變得愈來愈相關。[7] 但由於社會學的學科認同相當牢固（至少在美國是如此），它與人類學的界線相對於文化研究來說還算清楚。這個界線跨越與固守的新場域，有一部分是在重複它持續與「文本主義」或「文學批評」的緊張關係。這種「重新奪回」人類學的舉動，在某些圈子裡現在已經成了例行公事——這體現在《書寫文化》（一九八六）這部文集作品的批評當中，以及更近期的、經常是不連貫的、對「後現代人類學」的全面否定之中。但它與文化研究之間的界線可能較難劃清，因爲要跟沒有田野工作成分的學科——例如文學修辭理論和文本主義符號學——維持清楚距離比較容易，充其量只是文化現象的若干軼事趣聞的「民族誌」研究。在伯明罕傳統以及一些帶有社會學傾向的派別中，「文化研究」擁有更接近人類學田野工作的民族誌發展傳統。要維持「我們從事田野工作，他們在做論述分析」這種分別愈來愈困難，有些人類學家轉而向文化研究的民族誌尋求靈感（Lave et al. 1992），而確實，文化研究對階級、性別、種族與性別等愈來愈複雜的銜接有許多值得借鏡之處。再者，威利斯在研究工人階級的「小伙子」時所做的事（見《學做工》〔一九七七〕一書）——在學校隨著他們四處閒逛、和他們父母談話、跟著他們在店裡打工——也稱得上是好的田野工作。它的社會互動深度肯定超過（例如）伊凡普里查待在有敵意和不情願的努爾人中間那十個月所達成的。

很多當代的人類學研究都與文化研究的作品難以區別。例如，哈丁正在撰寫一本美國基督教基本教義派的民族誌。她在維吉尼亞州的林區堡（Lynchburg）和菲威爾牧師的教會進行了大量的參與觀察。菲威爾與其他類似人物的電視布道當然是她的一大關切——是她的「田野」。確實，她的主要興趣不在由空間界定的社群，而在於她所謂的新基本教義派的「論述」。[8] 她關切的是電視節目、布道內容、小說、各式各樣的媒體，還有談話和日常行爲。哈丁對參與觀察、文化批判和媒體及論述分析的混合使用是當前民族誌邊境區作品的特色。

62

它有多「人類學」呢？哈丁頻繁造訪林區堡福音教派教徒之舉和威利斯或邁可羅比對英國年輕人文化的研究，或者和芝加哥學派社會學者早期的研究，有什麼不同？絕對有不同，但它們沒有融合爲一種獨立的研究方法，並且有相當多重疊之處。

一個重要不同在於，哈丁堅持，和福音教派基督徒家庭「生活在一起」是她的民族誌研究中不可或缺的部分。事實上，她聲稱只有這種時候她才覺得自己眞正地「進入了田野」。之前她是住在汽車旅館。我們或許會認爲這就是一個古典的田野工作，只是在一個新的情境中展開。從某種角度來看確是如此。然而，這卻可能是激進的去中心化現象。因爲我們不能說在林區堡與當地人密集共居是研究的基礎或核心，看電視與閱讀相關資料則是輔助。在哈丁的研究中，「田野」是找出新基本教義派日常怎樣過生活的重要方法。而儘管這斷然有助於把她的混雜研究定義爲人類學式的研究，但這不是一個享有特權的深度互動或初始經驗的場域。

哈丁的研究是一種借鑑了文化研究、論述分析、性別及媒體研究，同時仍保有重要人類學特徵的案例。它標誌著人類學這門學科當前的一個方向，在這個方向中，田野工作依然必要但不再擁有特權。這是否意味著人類學、文化研究和相鄰傳統的界線是開放的？遠遠不是。更精確地說，正因爲跨界是如此常見、重疊是那般頻繁，重申身分的行動會在策略性的場域和時刻出現。這包括獲得畢業證書的初始過程，或者有人得不到一個職位、一筆研究資助或一種權威的時候。在訓練人類學家而非文化研究學者的日常過程中，界線不斷被重申。最公開的大概是，當研究生的「田野」計畫得到批准，這種界定人類學的特有空間實踐便傾向於被重申，而且通常是沒有協商餘地的。

田野的概念和與之相關的各種學科實踐，構成了人類學核心的、模稜兩可的遺產。田野工作會變成一個「問題」，是因爲它與實證主義和殖民主義的歷史淵源（這表現在田野是「實驗室」的觀念，表現在田野可供有特權的旅居者「發現」新知的觀念）。同時，隨著民族誌研究主題的激增，以及後現代、後殖民／新殖民處境所帶來時空壓縮（Harvey 1989），也使得它的界線難以劃定。人類學面對這種問題將有何解決之道？時間會見分曉。田野工作這種建立在深入互動與空間化差異下的研究經驗，正在被「修訂」（reworked，古塔和弗格森的用詞），因爲這是尚存的少數幾個相對清楚的學科指標之一。然而，獲得認可的實踐範圍可以有多廣？在田野工作成爲人類學和其他學科所採取的衆多民族誌與歷史方法的其中之一之前，田野工作可以「去中心化」（decentered，古塔和弗格森的用詞）到什麼程度？

人類學一直以來都不只是田野工作而已，但田野工作卻是人類學家「應該」至少做過一次的事情，做得夠不夠好則是另一回事了。[9] 這種現象會改變嗎？或許應該改變。或許田野工作會變成僅僅是一件研究工具，而非一個判別學科的基本部署和專業性指標。時間會見分曉。然而就目前，田野工作仍然非常重要，是一個學科化的過程和一份模稜兩可的

64

人類學遺產。

田野工作的慣習

我們可以把田野工作在十九世紀晚期與廿世紀初期的制度化放在更大的「旅行」史中來理解。（我所說的「旅行」是廣義下的旅行，後文再多解釋。）在前往海外旅行和住居的西方人中，人類學田野工作者是個後到者。在「實地參與」的人類學家以專業身分出現前，探險家、傳教士、殖民地官員、貿易商、殖民者與自然科學家便已確定了自己的形象。在鮑亞士、馬凌諾斯基、米德、弗思等人之前，人類學者通常是待在家裡，消化由剛剛所提的旅居者中的「現場人士」所提供的民族誌資料。住在大都會的學者如果出外探險，通常是爲了進行調查或者爲博物館搜集館藏。無論這種模式能產生何種例外，深入互動與共居在當時還不是專業上的要求。

當鮑亞士學派和馬凌諾斯基學派開始提倡密集式田野工作時，必須將這種方法所生產的知識與其他長期居住一地所產生的知識加以區隔。與在地人保持一定距離的「他者」至少有三種不同的訓練：傳教士、殖民地官員與旅遊作家（記者或追求異國風情的文學人）。人類學與這三個第二自我（alter egos）的糾結關係有許多可談論之處，他們對原住民生活的記述被認爲是業餘的、干涉性和主觀的，將會「被科學殺死」（馬凌諾斯基的說法）。[10] 此處我將聚焦在人類學家與旅行文學者和記者的界線。作爲一種方法學原則，我並不預設人類學的自我定義，無論是肯定性陳述（「我們對人類文化有著特別的研究實踐與理解」）或是否定性陳述（「我們**不是**傳教士、殖民地官員或旅遊作家」）。反之，我認爲這些定義必定是在不斷改變的歷史關係中被積極地生產、協商與再協商。通常而言，說明「我不是什麼」比說明「我是什麼」更加容易。在現代人類學的早期，雖然這學科仍然在建立自身獨特的研究傳統與權威性典範，但建立否定性定義還是非常重要。在身分不明確的時期（例如現在），定義自身更有效的方法不是將總是多元和混雜的**內部**整合爲一個穩定的統一體，而是勾勒出清楚的**外部**。在一個或多或少不間斷的學科化過程，糾結的接壤處，維持著一條可辨識的界線。

從事人類學研究的旅行者當然經常需要依賴傳教士（需要他們教授文法、提供交通工具和引見，有些情況下還需要他們對當地的語言與風俗進行較深度的翻譯，這種翻譯工作至少需要在當地居住一、兩年才能夠勝任）。但田野工作者必須強調他們在目的與態度上與傳教士有著根本的差異，哪怕他們與對方確實有著重疊之處，也有需要依賴對方之處。對於殖民政權（以及新殖民政權）亦復如此，民族誌研究者基本上都會強調，他們的研究目標是理解而非統治，是合作而非剝削。然而，他們是生活在支配性社會裡，經常享受著白

65

種人的特權，並且在田野中享有人身安全（這種安全是受到從前的懲罰性遠征史還有警察的保障）（Schneider 1995:139）。科學性的田野工作自稱是非政治性的（apolitical），以此將自己區別於殖民政體。這種區分目前受到質疑和再協商，因爲反殖民運動往往不承認人類學家聲稱他們自外於統治與特權。

旅遊作家的短居與文學方法雖然受到田野工作的學科化的嚴厲否定，但繼續誘惑並汙染著文化描述的科學實踐。基本上，人類學家是離開田野後才進行書寫的。從一個長期的歷史觀點來看，田野工作是旅行實踐的一個獨特叢群（從事者大部分是西方人但並非一律是西方人）。旅行與旅行論述不該被簡化爲相對近期出現的文學性旅行的傳統，後者是在十九世紀晚期與廿世紀初期才出現的狹隘概念。這樣的「旅行」概念一方面自別於新興的民族誌研究（以及其他形式的「科學性」田野研究），另一方面自別於觀光（一種被定義爲無法產生嚴肅知識的實踐）。這種空間與文本實踐現在也許可稱作「精緻旅遊」（sophisticated travel）——《紐約時報》副刊用來形容「獨立」旅行者的用詞[11]——它是一個菁英性和高度分化的觀光客範疇，可以用一句話來定義：「我們**不是**觀光客。」（烏爾邦在《旅行白癡》〔一九九一〕中已經徹底分析過這種論述的形成，另參見Buzard 1993，第八章。）「精緻旅遊」的文學傳統曾一度消失（這消失受到布林斯廷與福塞爾等批評家的悼念），但如今又在一長串當代作家的筆下復活，參與其事的包括了索魯、哈澤德、查特文、墨里斯與懷特等。[12]

在我的用法裡，「旅行」此一詞彙兼指各式各樣——或多或少是出於自願——離開「家裡」前往「他處」的行爲。這種移轉的目的是獲得，無論是物質上、精神上或科學上的獲得。它涉及獲得知識和／或獲得「經驗」——讓人興奮的、有教育性的、使人快樂的、讓人陌生的或擴大視野的經驗。漫長旅行史（包括「田野工作」這種空間實踐在內）基本上是由西方人所支配，又特別是由西方人之中的男性和上層中產階級所支配。優秀的批判性和歷史性作品現在出現在這個比較的領域，它們既關注政治、經濟與地區脈絡，也關注性別、階級、文化、種族與個人心理等各種決定因素與顚覆（Hulme 1986; Porter 1991; Mills 1991; Pratt 1992）。

在與那些現代田野工作相關的文類區隔開來之前，旅行與旅行書寫的範圍廣闊。十八世紀的歐洲，一本「旅行書」（*récit de voyage*）可能會把探索、冒險、自然科學、諜報活動、商業探勘、福音傳道、宇宙論、哲學與民族誌等共冶一爐。但到了一九二〇年代，人類學家的研究實踐與書面報告已經以淸楚得多的方式獨立出來。他們不再是科學的旅行者或科學的探險家，他們被定義爲田野工作者——而這個改變也被其他科學所分享（Kuklick 1996）。田野成爲學術研究實踐、傳統與再現規則的一個特定叢群。雖然其他起而競爭的實踐和修辭在這個過程中受到積極阻截，但新淨空的學科空間從來不是完全不受汙染的。它的界線將必須重建、搬移和再造。確實，一種理解當今民族誌書寫的「實驗主義」的方式，就是把它視爲一種與十九世紀末對於「旅行書寫」定義，重行協商邊界之舉。

「文學性」——它被人類學家放在一個保持距離的旅遊作家的角色上——已經重新回到民族誌，而這是基於一個強烈的主張：「資料」具有預表（prefiguration）和修辭溝通的性質。事實不會自我闡釋：它們是被編排的（emplotted），不是被搜集的；是在塵俗的關係中被生產出來，不是在受控制的環境中被觀察到的。[13] 這種對田野工作的詩性與政治偶然性的日益認識，是二戰後反殖民挑戰歐美中心主義所帶給人類學家的，進而反映在對民族誌研究者位置更加具體的文本意識中。先前被排除於民族誌（或是在它們的序言裡被邊緣化）的「文學」旅行敘事成分現在愈來愈顯著。這包含了研究者進入與穿越「田野」的路徑；待在首都城市了解周遭的國內脈絡／跨國脈絡的時間；運輸的科技（無論是到那裡或在那裡）；和具名的、獨特的個體互動，而不是和匿名的、具代表性的報導人互動。

在第一章裡，我透過一個橫切式隱喻，致力於去中心化而將田野視爲**住居**的歸化實踐：將田野工作視爲一種**旅行遭逢**（travel encounters）。去中心或擾亂作爲住居的田野並不是要否定或否證之。田野工作自始以來都是制度化的住居實踐與旅行實踐的混合。但是在人類學將「田野」理想化的情況下，移進、移出和穿越的空間實踐很容易被住居的實踐（和諧關係、初始經驗與熟悉度）所淹沒。這種情形正在改變。弔詭的是，雖然現在很多人類學的田野工作都是在離家不遠處進行（凱倫·布朗的研究是一個例子），但旅行的物質性——即進／出田野——變得更明顯，事實上還構成了研究的對象／場域。在城市中進行的田野工作必須將自己和其他跨階級、跨種族的旅行與欣賞區隔開來，標示出自己有別於都市社會工作和「進出貧民區」的既有傳統。做研究的旅行者的家和受研究者（用當代的說法就是「一起工作的人」）的家處於一種政治化的優先關係（prior relation）。後者本身有可能定期進出研究者的根據地，哪怕只是因爲受雇的關係。（一位幫傭或服務人員的「民族誌」式跨文化知識是很可觀的。）這些平行和有時交會的空間政治關係也出現在「異國情調」的人類學研究中——特別是當殖民或新殖民的軍隊、商品、勞動或教育的流動，在實質上連結田野工作旅遊的兩端時尤其如此。但是距離的意象（而非互相連結或接觸的意象）傾向於將田野視爲一個**地點**。當研究就在附近進行，或當空間受到飛機和電話的壓縮，我們會很難忽略那些構成田野**關係**的社會路徑。

田野工作因此是「發生」在塵俗的、偶然的旅行關係，不是在受控制的研究場域。這麼說並非要瓦解當代田野工作與旅行工作（或新聞工作）的界線。它們有著重要的文類和制度差異。密集居住、學習當地語言、生產一種「深入」的詮釋——這些要求便是田野工作帶來不同的獨特之處。然而，文學性旅行與學術性田野工作這兩個相對新近的傳統之間的界線，近來已經受到重新協商。確實，上述由愛德華茲的多點遭逢場域所提供的例子，讓田野工作接近於旅行（有些人可能覺得這種接近有其危險性）。這種親近關係在安清的創新民族誌《鑽石女王的國度》（一九九三）中有著不同的呈現。安清的田野工作是一個古典的「異國情調」場域：印尼南加里曼丹省的梅拉圖斯山脈（Meratus Mountains）。雖然符合與當地人密集互動的學科要求，但她的書寫卻系統性地跨越了民族誌分析與旅行敘事的界線。她的記述歷史化了她自己和研究對象的住居與旅行實踐，她的知識是從不同的世界主義和性別化的個人獲得，不是從文化類型所獲得。（這一點在書中的第二部分「旅行的科學」中尤其明顯。）對於她那個被她稱爲座落在「化外之地」的田野地點，她從不理所當然地視之爲一個自然或傳統的環境。它是被在地力量、國家力量與跨國力量（她的研究之旅是這跨國力量的一部分）生產出來的一個接觸空間。

愛德華茲和安清例示出改變中的學術實踐邊緣處的異國風情田野工作。在這兩個有著不同空間化的研究中，我們看到了常見於旅行與旅行書寫的實踐與主題變得愈來愈顯著。[14]這種情形可見於當前很多人類學的民族誌中，出現了各種不同版本的路徑（routed）／根源（rooted）研究者，即「被定位的主體」（positioned subject）（Rosaldo 1989:7）。時代的特徵包括在記述中採用第一人稱單數代名詞的趨勢，或是把記述呈現爲故事而不是觀察和詮釋。田野日記（私人的，比較接近旅行書寫的「主觀」記述）經常會滲漏到「客觀」的田野資料。我正在描述的，不是從搜集到敘事、從客觀到主觀、從非個人性到個人性的、從共居到旅行遭逢的線性移動。重點不在從民族誌漸變至旅行書寫，而是構成這兩種實踐與論述的關鍵**關係**的平衡改變與重新協商。

✵

當我們追蹤人類學與旅行之間的改變關係時，可能會發現如果我們將「田野」視爲一種慣習（habitus）而不是一個地點，也就是視之爲一個**具身**的部署與實踐的叢群，將會對我們有所幫助。女性主義學者在突顯民族誌研究者的社會身體一事上起著關鍵作用，他們同時也批判男性中心主義的「性別中立」作品的限制並開啟了值得了解的重要新領域。[15] 同樣地，反殖民主義的壓力、殖民論述分析與批判性的種族理論，業已將具主導地位的西方的、白人的、傳統的田野工作者予以去中心化。從這些批判角度來看，馬凌諾斯基世代的田野工作慣習顯得是特定化、被規訓的實踐。

此一規範性的「身體」並**不是**旅行者的身體。因爲它仰賴一個較早期的科學旅行傳統，它在仰賴的過程中加深了自己與浪漫的、「文學的」或主觀取向的對立。被現代田野工作認可的身體，並不是穿過廣闊空間和超越界線的感覺中樞，它不是在進行遠征或調查。反之，那是一個在劃定界限的空間中移動和工作——幾乎可以說是「通勤」——的身體。在地地圖

69

作爲身體定位的技術凌駕在旅行或漫遊之上。人在那裡會比去到那裡（和離開那裡）重要。田野工作者是住在海外的宅居者，不是四海爲家的訪客。當然，我在此討論的是學科規範與文本裡的人物，不是田野裡的人類學家的實際歷史經驗。這些實際經驗以不同程度離開規範卻又受其約束。

情緒——參與觀察的受控制同理心的一個必然組成部分——不能當作最主要的描述依據。它們不能是對受研究社群的公開判斷的主要來源，尤其不能用於負面評估。旅行作家的道德判斷和咒罵——除了是基於出於原則的批評還是基於社交挫折、身體的不舒適與偏見——通常被排除在外或輕描淡寫地帶過。人們普遍偏好一種善解人意的和諧與分寸拿捏得當的情感。過度熱情與愛的表達則受到限制。憤怒、挫折、對個人的論斷、渴望與矛盾心情都進了私人的日記中。過去曾經驚爆研究界的醜聞，馬凌諾斯基私密日記的出版（一九六七）會在某些角落引起軒然大波，是因爲它讓我們瞥見田野中一個較缺乏耐心、具有種族和性意識的主體／身體。公開踰越人類學專業慣習的早期例子包括雷里斯的作品（Leiris 1934，以田野筆記呈現）、鮑溫的作品（Bowen 1954，形式爲小說）和比格斯的作品（Briggs 1970，這大概是個人感情第一次在一部民族誌專著中扮演核心角色）。

如果情緒傾向於被邊緣化，那麼研究者對性別、種族與性的經驗也是如此。這同樣是被邊緣化的。性別偶爾會被提及（特別是在「明顯」的女性個案中），卻不被認爲會系統性地左右研究的過程。例如米德雖然有時會以「作爲一名女性」的身分來進行研究和書寫，跨越界線分明的兩性領域，但是她展露的專業形象是一個受到科學加持的文化觀察者，而這般的觀察者又是一個沒有標示性別並預設爲「男性」的人物。她那些較「主觀」、較「柔性」的個人色彩實驗和通俗作品並不會讓她在學術專業上贏得聲譽。因此，在這方面，米德是用一種較「客觀」、較「堅硬」的聲音說話。路肯賀斯爲兩性在歷史上的定位和米德變來變去的外表形象提供了一個背景說明（Lutkehaus 1995）。米德這世代的男性研究者不會在地方的男女定義中以「作爲一名男性」的身分從事研究。許多聲稱有全貌觀的「文化」記述，其實都是只透過與男性的密集互動所得到的。整體來說，研究者性別帶來的限制與可能性並不是田野慣習中的顯著特徵。

種族也是如此。社會文化人類學對種族主義的理論性和經驗性批判無疑影響了這個專業的慣習。「種族」不是當代批評種族理論家所說的社會／歷史建構（例如Omi and Winant 1986; Gilroy 1987），而是一種生物本質，其「自然」的決定因素被「文化」的情境決定因素所質疑。人類學家是肩負文化的學者，需要去中心化和跨越想像出來的本質性種族界線。他們對文化的互動性和深入理解，給予了他們有力的工具去對抗種族的化約。但他們在攻擊一個**自然**現象時，並沒有將種族視爲**歷史**形構，不知道這種形構政治地定位了他們的研究對象，也同時爲他們的研究帶來加持與拘束（Harrison 1991:3）。[16] 偶爾，這種定位化可以在

（例如）伊凡普里查的《努爾人》的引言瞥見，但它不是田野工作者專業慣習的明確部分。

反觀旅行作家通常會注意到膚色並從種族化的位置發言。當然，他們對於這種關係未必從批判的角度出發——事實上通常正好相反！我的重點不在於讚揚他們在旅行書寫中對種族（和性別）的意識提升，而是要以此對比民族誌研究者的慣習是如何淡化這些歷史決定因素。對一部民族誌而言，不管其中的性別、種族、種性或階級特權有多麼顯著，它爲了表達更深入的**文化**理解，都必須超越這一類的定位。這種銜接有賴至少以下的強有力技術：較長期的共居；系統性的觀察與資料記錄；至少能使用一種當地語言進行有效的交談；混合聯盟、共謀（complicity）*、尊重、強制、與諷刺的寬容等手段所帶來的「和諧關係」；對深邃或隱含的結構和意義的詮釋學關注。比起匆匆一瞥的旅行者觀察，這些技術是爲了帶來對地方生活方式較具脈絡且較不致化約的理解。（在我努力劃定界線的視域內也眞的常常有此效果。）

有些作家雖然在國外待了較長時間、會說當地語言，也對原住民生活（以及克里奧／殖民生活）有複雜的看法，但仍然只能被歸類爲旅行者。反觀有些作家在國外的時間相對較短，對當地語言掌握不佳，與當地人也缺乏密切互動，卻可以被歸類爲民族誌研究者。在田野工作與旅行兩端之間的社會關係、溝通技術與空間實踐的實際範圍是一個連續體（continuum），並沒有清楚的界線，而且有很大一部分是彼此重疊的。[17] 但儘管如此，或者說

71

正因如此，此一界線複合體的這條論述線／制度線必須劃清楚。這種需求持續給予壓力，並且隨著時間過去，這項壓力在接近兩端之處搜集實證性經驗。在這個過程中，人們會把旅行者和旅行作家的「膚淺」拿來與田野工作者的「深入」做對比。但我們也許可以挑釁地說，前者的「混雜性」（promiscuity）受到了規訓以迎合民族誌序言常常鼓吹的「家庭價值」：田野工作是一個與他人相處、互相接納、初始經驗、學習當地規範的過程，就像孩子的學習過程一樣。

現代田野工作的慣習——在旅行的對比下輪廓分明——禁止長久以來與旅行經驗相關的互動樣式。其中，最絕對的持續禁忌大概便是發生性關係了。田野工作者可能會愛上他們關注的「對象」，但不能產生欲望。在各種可能關係的光譜中，性方面的糾葛被視爲是危險的，因爲那太過於親近。參與觀察要求把距離與親密拿捏得恰到好處，不容許糾結的關係讓人有失客觀。性關係不可以是獲得研究知識所公開承認的管道。知識來源也不可以是進入恍神狀態或服用迷幻劑，只是這項禁忌沒那麼嚴格：有時候可以容許用參與觀察名義，

* 譯注：在此「complicity」翻譯爲「共謀」，相對於人類學家與報導人發展和諧一致的互信關係（rapport），「共謀」指涉更多複雜的權力、意識形態，以及田野政治關係（見Marcus 1998, 1999, 2001）。作者在第六章〈天堂〉指出歐漢龍購買工藝品這件事捲進「文化協商」的情境之中，使得共謀關係落入一種「結盟」的脈絡裡。

72

進行某種程度的「實驗」。然而，性的實驗眞的是太超過了。一個被規訓的參與觀察身體會有選擇性地「追隨」在地人的生活。

不過，從一開始，性方面禁忌的出現可能不那麼是爲了反對「入鄉隨俗」（going native）或反對失去批判距離，而是爲了反對「旅行化」（going traveling）、反對冒犯一種專業慣習。在旅行實踐與文本中，與在地人發生性關係（異性的和同性的），是稀鬆平常的。在某些旅行的路線中，例如十九世紀的「東方之旅」（*Voyage en Orient*），它甚至是半義務性的。[18] 洛蒂之類的通俗作家透過性接觸的故事來加強他的權威，藉以企及神祕與女性化的「他者」。然而，在田野工作的記述中，這類故事幾乎不存在。這個禁忌直到最近才被打破，但破例的情況仍相當罕見（Rabinow 1977; Cesara 1982）。和共享食物相比，爲什麼共享一張床是較不恰當的取得田野知識的方法？當然，會出現田野的性禁忌，可能有許多實際上的理由，一如某些圓滑的（依賴當地的）旅行者不會去碰觸某些地方與活動。然而他們不是在任何地方和任何時候都縮手的。實際上的拘束往往因時因地而差異巨大，因此這並不足以解釋人類學這門學科對田野工作的性禁忌。[19]

上述的討論大概已經足以讓我們突顯一個核心重點：學科的慣習是透過田野工作的具身活動（embodied activity）來維持的，而此一活動是一個去性別、去種族和性不活躍的研究者與對話者的熱烈互動（至少是在詮釋學／科學的層次上熱烈互動）。卽便田野中的實際經驗偏離規範，即便禁忌偶爾會被打破，又即便學科的慣習現在受到公開質疑，它的規範性力量依然維持不變。

✻

在一九〇〇年之前，受規訓的現代田野工作者的「身體」還有一項常常必須壓抑或疏導的旅行實踐，那就是變裝。這是個很大的主題，我只能初步討論。德菲饒富啟發性地討論過十九世紀前歐洲旅行者的合宜「衣著」的歷史（Defert 1984）。人們曾經認爲一個人的內在與外觀有著重要的連結——德菲是用「*habitus*」一詞來指涉「外觀」，採取的是這個字的前現代意義。[20] 在更深層的意義上，這相當於「衣服造就一個人」（L'habit fait le moine）。「*habitus*」的詮釋——不可和「*habits*」（衣著）的詮釋或後來的文化概念混淆——是旅行互動的必要部分。這包括對外表的溝通性操弄——用有點時代錯亂的說法來說就是文化變裝。根據德菲的研究，到了十九世紀，「*habitus*」已經化約爲「*habits*」，即被簡化爲表面的覆蓋與裝飾。「*costume*」（服裝）一詞也出現了，用以稀釋意義更豐富的「*coustume*」（這個字兼含服裝與習俗二義）。

衣著將會變成只是科學旅行者的眾多觀察項目之一，變成是一種新興的**文化**解釋的組

73

成要素。德菲在德格蘭朵一八〇〇年出版給旅行者和探險者的科學忠告中發現了這個轉變。德格蘭朵指出，探險者通常都只是描述原住民的服裝，但他們其實應該更進一步探問，原住民爲什麼不願意放棄傳統服飾而接受西方人的服飾，以及他們如何看待自己的起源（Defert 1984:39）。在這段話中，對「*habitus*」的詮釋已經被更深層的認同與差異的概念所取代（而且顯得膚淺）。長久以來，旅行關係都是被複雜與高度法典化的儀式、「表面」符號學與交易所組織起來的。對衣著、手勢與外觀的詮釋及操作是這些實踐中不可或缺的要素。將十九世紀變裝視爲這個傳統的結果，便能明白它的意義不單只是「打扮」而已。作爲對外表的一種嚴肅和溝通性的活動，以及作爲一個跨界的場域，變裝表達的是一種比起相對主義文化觀念所認定的，較不絕對或本質性的差異概念，因爲後者的在地性（nativeness）概念是銘刻在語言、傳統、地點、生態與（多少有這般暗示）種族中。不管是波頓或艾伯哈得假扮成「東方人」，還是福婁拜在埃及或洛蒂在岸上渡假時穿上喧鬧的戲服式服裝，都涉及到一個複雜的旅行實踐的傳統（而現代民族誌對此一傳統則是敬而遠之）。[21]

從田野工作的角度看（強調語言學習爲基礎的密集互動性工作），變裝可能會被視爲只是一種膚淺的打扮，一種觀光客的胡鬧。在這種視角下，庫辛之類的民族誌研究者的實踐——他穿著蘇尼人（Zuni）的服裝（有人說他甚至能製作「純正」的原住民工藝品）——便會令人感到難堪。他那種密集的互動式研究尚不能算是「現代田野工作」。今天，阿施奇的電影《一個叫作蜜蜂的男人》也讓許多觀衆有類似的難堪感受：此電影描繪夏農在亞諾馬米人（Yanomami）中進行的研究。我認爲特別讓人感到難堪的是開場鏡頭。只見鏡頭慢慢拉近，讓一位男子愈來愈淸晰。他衣著稀少而身體畫有彩繪，擺著戰鬥姿勢。接著，我們發現他原來正是人類學家夏農。無論這種開場想要表達什麼（是表達諷刺或別的什麼嗎？難說。），但他卻給人一種並非很「專業」的感覺。我們會覺得他過態，也會很容易把它說成一種自負。麗莎．道比的《藝妓》（一九八三）一書裡有一些她身爲人類學家化著濃妝、穿著藝妓裝扮的照片。這是比較能令人接受的，因爲採納一種藝妓的「*habitus*」（這是按照德菲的用法，指一種透過穿著、手勢與外表來展現的存在樣式），就是她參與觀察與民族誌書寫的核心議題。然而道比的照片看起來幾乎像是「眞的」藝妓這一點打破了民族誌的既有成規。

另一則是馬淩諾斯基在田野中的照片（見一九三五年的《珊瑚花園及其巫術》一書）。他一身白色打扮，在身體姿勢和態度上與圍著他的許多黑色身體形成尖銳對比。這絕不是一位想要「入鄉隨俗」的研究者。這種自我呈現就像那些歐洲殖民者一樣：即便天氣燠熱難耐，他們照樣仍穿著正式服裝吃著晚餐，好讓自己不會有「滑出了邊緣」的感覺。（康拉德《黑暗之心》一書裡那些漿得堅挺的領子正是殖民文學的典型例子。）但民族誌研究者通常不會如此正式，所以我認爲他們的田野裝束是處於較爲中間的位置，一方面不會強烈突出自己與在地生活的不同（即不會用穿軍服和戴太陽帽來展示不同或權威），另一方面仍然會因爲他們的白皮膚、使用照相機、筆記本和其他非原住民的裝備而顯得很不一樣。[22] 大部分專業的田野工作者並不會嘗試透過「膚淺」的僞裝旅遊實踐消失在田野中。他們的具身化差異（embodied distinction）預設了較深入的詮釋性層次，預設了透過語言、共居和**文化**知識得來的理解。

李維史陀的《憂鬱的熱帶》一書有不少具啟發性的例子，可以讓人一瞥人類學者與旅行者的「*habitus*」的異同。「一九五〇年九月，」他寫道：「我發現自己身在吉大港（Chittagong）山區的摩雅村（Mogh）。」幾天後，他登上一座當地寺廟，這座寺廟的銅鑼聲伴隨著他在當地的日子，並且聽見「小孩朗誦緬甸文字字母的聲音」。所有的一切都純眞而井然有序。「先前，我們脫下了鞋，爬上了小山丘，赤裸的腳底下感受著細緻溼軟的黏土。」在進入這間簡單和漂亮的寺廟時（廟就像村屋一樣架高離地），訪客們執行了「規定的洗禮」。這是因爲爬過山坡而滿腳泥濘之後，這種洗禮看似「非常自然，沒有任何宗教性含意」。

> 整個室內有乾草的味道，氣氛平和安詳，像穀倉一般。這個簡單、寬敞的房間很像是一個中空的草堆，兩位僧侶站在鋪著草席的床邊，舉止彬彬有禮，他們兩人把敬拜所需的物件擺放在一起，或者是製造敬拜用的物件時所表現出來的那份令人感念的誠

意——這一切使我覺得這間簡陋的寺廟比我經驗過的任何其他地方更接近一個真正禮敬神明的場所。「你不必跟著我做。」陪伴我的人對我說，同時跪倒在地，向神壇祭拜四次。我依循他的話，並沒有跟他一起跪拜。然而，我沒有跪拜的原因，並不是因為我自覺地不那樣做，而是出於謹慎！他知道我並沒有和他一樣的信仰，如果我跟著跪拜的話，可能會對他的宗教儀式構成侮辱，因為會讓他覺得我把他的崇拜儀式看作只不過是習俗罷了。但這一次，我本來可以跪拜而不會難為情的。在我自己和這種方式的宗教之間不會有任何產生誤解的機會。這並不是在偶像面前俯身跪拜，也不是敬拜一個假想中的超自然秩序，而只是向一位思想家所具決定性的智慧表示敬意，或者是向一則創造出那位思想家的故事傳說的社會致敬，這位思想家和這個社會在廿五個世紀前即已出現，而我自己所屬的文明對這位思想家及其社會所能做的唯一貢獻便是肯定其智慧與成就。（Lévi-Strauss 1973:410-411）

要讓李維史陀赤腳走路本來就不是一件容易的事，然而，赤腳走路到寺廟，還有進入廟前的淨化儀式，看起來卻再自然不過。每一件事都吸引著他的同理與參與，然而要他跪拜時，他卻劃清界線了。這種界線傳達出一種**謹慎**：他不想讓自己只是顯得遵守「習俗」，而是想要基於歷史知識和文化理解而表現出更深層次的尊重。這樣看來，這位人類學家對佛教的眞誠鞠躬是一種心靈上的鞠躬。

至少事後回想起來，李維史陀在山中寺廟中感到誘惑而覺得是否要跪拜。換成另一個人類學家說不定就這麼做了。我在這裡指出這條身體連結行爲與詮釋連結行爲之間的界線，重點不在於主張李維史陀是在一個對人類學家來說是典型的地方劃出了這條界線。我眞正要主張的是，有時一條相似的界線也將會被劃來用以維持專業的田野慣習。李維史陀顯然不是那些尋求靈性的西方旅行者之一，因爲後者會在佛寺短住、剃頭並穿上僧袍。在這方面，李維史陀代表了傳統的民族誌規範。我們當然可以想像一位佛教徒的人類學家在寺廟從事田野期間，在修行和外表上幾乎跟眞正的僧人無法區別。那將會是人類學這門學科的一個極限個案。這種個案將會被人以懷疑目光看待，因爲它缺乏專業性**謹愼**的清晰可見標誌（就詞源學來說，「謹愼」最初的意義是「分離」）。[23]

今日在許多地方，原住民、民族誌研究者和觀光客全都穿著T恤和短褲。在其他地方，衣著的差別可能更爲顯著。在瓜地馬拉高地，在公開場合穿著長裙或繡花襯衫來說可能是一種禮節的必要，以表達尊敬或團結。但這很難稱得上是一種變裝。人類學家可不可以，或者應不應該，纏上穆斯林長頭巾、戴上猶太圓形小帽、穿上印度的亞拉巴雅（jallabeyya）、中美原住民的蕙比爾（huipil）或是蒙上面紗呢？每個地區的成規都不一樣。然而無論我們採用什麼策略，都是因爲我們假定這是一種**文化**謹愼的表現。再者，隨著愈來愈多民族誌學者研究自己的社會，我一直在一個異國情調主義框架中討論的這些事情將會變得複雜，分隔的界線會變得不那麼的自明。「田野」中的各種具身的專業實踐——性別化的、種族化的、性化定位與跨界、自我呈現的形式，以及企及、離開、復返的受規範模式，都在進行重新協商。

改變田野路線

我試圖辨別出一些沉積的實踐，這些實踐在人類學中各種新而多樣的民族誌研究計畫賴以爭取認可時受到反對。隨著民族誌可探討的場域大量增加（這發生在它和「文化研究」的接壤處），以及隨著許多不同定位和關心政治的學者進入人類學（「後殖民人類學」的挑戰），既有的實踐備受壓力。尤其是後者發展對人類學的重新定義有著深遠的意涵。原本透過旅行與住居的空間實踐、透過守規矩和具身的參與觀察互動來定義的田野，如今被「原住民」學者、「後殖民」學者、「離散」學者、「邊界」學者、「少數族群」學者、「活躍分子」學者和「社群研究」學者改變了路線。這些詞語彼此重疊，標示出複雜的身分場域而不是各自獨立的身分。

娜拉楊質疑原民與非原民、在地人類學家與外來人類學家的對立（Narayan 1993）。她指

77

出，這種二元對立是源於現已摒棄的階層化殖民結構。透過自己對印度不同地區的民族誌研究（對這些地區她有不同程度的依屬與距離），娜拉楊顯示「原民」研究者相對於他們的田野地點和對話者，是如何複雜且多重定位。認同之間會交叉、互補和彼此擾亂。娜拉楊力主，就像所有人類學家一樣，「原民」人類學家「同時屬於多個不同社群（至少包括那些我們自出生便進入的社群和學術專業的社群）」（Narayan 1993:24）。一旦「本地」人類學家與「外來」人類學家之間結構性對立被移除，那麼，我們便必須重新省思文化內部／文化外部、在家／離家、相同／相異這些曾經組織田野空間實踐的關係。田野工作必須涉及某種「旅行」的這個學科要求——一種定義密集研究的場域或對象的物理移轉實踐——對娜拉楊和其他人打開的實踐範圍帶來了多少拘限呢？

在娜拉楊的分析中，田野工作起於移轉也終於移轉，而這些移轉是跨過構成性界限（一些讓人憂慮和愛戀的邊緣）而進行的。並沒有一個簡單、未分和「在地」的位置。然而，一旦我們承認這一點，她所擁抱的混雜性便必須再進一步說明：它有哪些移動的限制和條件？基於具決定性的歷史原因，一個人可以多一些或少一些混雜成分、在地成分或「離散的」（這個詞大概最能形容娜拉楊自己複雜的定位）成分。確實，「在地人類學家」或是「原住民人類學家」這些頭銜也許可以保留給那些從一個根據地出發和回返以進行研究旅行的人，其中的「旅行」被理解在大學或其他場域提供住居／研究地點所進行的繞道（detours），藉以提供分析或比較觀點。在這裡，國內與國外的一般空間化會被倒過來。此外，對許多的田野工作者而言，大學和田野都沒有爲他們提供一個穩定的基地；相反地，它們是在一個移動性的比較計畫中充當並置的場域。原民或在地學者的探索、繞道和回返，與離散學者和後殖民學者之間存在著一個連續體而不是一種對立。[24] 因此，人類學田野工作必須牽涉**某些**種類的旅行要求，不需要邊緣化那些之前被稱爲「在地者」的人。我們有需要對根源（roots）與路徑（routes）——即「旅行」的各種樣貌——做更廣泛的理解。

近年來，哈姆斯（Helms 1988）、史考特（Scott 1989）、高緒（Ghosh 1992）、浩鷗法（Hau'ofa et al. 1993）、蒂瓦（Teaiwa 1993）、菲尼（Finney 1994）、王愛華（Ong 1995）與其他學者的研究強化了對偏離主流的旅行路徑的意識：其中一些未必是由「西方」和不斷擴張的文化－經濟世界體系所主導的運動傳統與彼此連接傳統。這些路徑遵循著當代跨國和區域間的「傳統」和「現代」途徑。認知到這些途徑的存在爲旅行（與田野工作）拓展了許多空間，讓旅行不再是從歐美的大都會或它們的海外前哨站起始。如果某些旅行或移轉形式仍是專業田野工作的核心（很有可能是如此），那麼重新定義「田野」必然意味著大幅增加被接受的路徑與實踐的範圍。

78

注意到「旅行」的多樣性也有助於讓我們明白，科學工作的淨空空間在過去是如何建立在壓抑世界主義經驗之上，特別是建立在壓抑那些研究對象的世界主義經驗之上。一般而言，「在地者」的定位意味著密集的互動研究是發生在劃定界線的田野中，而不是發生在（例如）飯店或首都城市、船上、教會學校或大學、廚房或工廠、難民營、離散社區、朝聖巴士，或種種文化遭逢的場域。[25]作爲一種西方的旅行實踐，田野工作是扎根於史碧娃克稱之爲「世界化」（worlding）的歷史視角——根據這種歷史視角，世界某部分的人不斷移動和擴張，其他的人則是根深蒂固和靜止不動。原住民權威被化約爲在地報導人。研究者和受研究者的旅行實踐的邊緣化帶來了田野工作的**歸化**（domestication）——這是一個互動性住居的理想，無論住居的時間多麼短暫，也不能被認爲只是過客。人類學家的對話對象通常是用不同的眼光來看事情，但這個事實一直到最近才開始擾亂人類學的自我形象。[26]

替代性的旅行／田野工作形式，無論是原住民的或是離散的，都面臨許多與傳統研究相似的問題，例如遭逢中的陌生性（strangeness）、特權、誤解、刻板印象化和政治協商等。高緒對潛在的暴力誤解和刻板印象的批評特別嚴厲，因爲這正是他以印度教徒博士身分研究穆斯林時所遇到的。浩鷗法提及一個互相連接的「大洋洲」，但他是以一位住在斐濟的東加人的身分說話，而此一定位爲他的多樣性島民聽衆所熟知。同時，像高緒或浩鷗法這種民族誌研究者的路徑和遭逢，與那些傳統的田野工作短住者不同。他們的文化比較研究無須預設一個西方／大學的根據地作爲理論累積的「中心」場域。而儘管他們的研究遭逢（research encounters）可能牽涉階層關係，他們也不需預設「白種人」的特權。他們的研究未必依賴殖民或新殖民的資訊、管道與權力回路。例如，浩鷗法是在東加斐濟出版作品，並且企圖銜接一個舊／新的「大洋洲」。就此而言，他與高緒不同，因爲高緒是在西方出版他的作品（雖非完全是）。民族誌所使用的語言、所要訴求的對象、所展示的學術／媒體聲望，或許會和全球政治經濟的傳播結構脫節（雖然鮮少有毫不相連的狀況）。有一個例子是浩鷗法等人所著的《新大洋洲》一書（書是由專人送給我的）。[27] 此書在蘇瓦（Suva）印刷出版，基本上應該無法在我平日的閱讀網絡中出現。一本採用這種非主流通路的著作，是否能打入歐美的人類學研究脈絡？制度性的障礙何在？正如阿薩德經常提醒我們的，決定讀者、出版與翻譯的權力，分布是非常不平均的（Asad 1986）。

「原民人類學家」此一矛盾用語在後殖民主義與新殖民主義重新定位學科的過程一開始便已提出，但如今已無法貼切地形容在自家社會（home society）進行研究的多種多樣學者。這裡出現了一些棘手問題。「家」（home）到底要如何定義才是精確？如果眞是如我假定的那樣，「在地」民族誌與歷史不具有**固存的**權威性，那又是什麼讓它們有著**差別的**權威性？它們是如何補充和批判確立已久的觀點？在什麼狀況下，由在地者闡明的在地知識才會被稱爲「人類學知識」？需要什麼樣的移轉、比較或保持「距離」，才能讓家庭知識和民俗歷史被學科核心承認爲嚴肅的民族誌或文化理論？

人類學潛在地包括了衆多形形色色的住居者和旅行者，他們在「田野」中的移轉或旅行，不同於傳統的田野空間實踐。西方本身於是成爲一個各種不同距離和糾結定位的研究對象。「出去」田野現在有時意味著「回來」田野，民族誌變成了「回返原鄉的筆記本」。對於離散學者的情況來說，「回返」或許是回到一個他沒去過但又矛盾地、強烈地「依繫」之地。**回返**田野將不同於**出去**田野，其中涉及的是不同的主觀距離與依屬（affiliations）。

過去幾十年，歐美人類學界中出現了對這些差異愈來愈強烈的認識。在一個重要的討論中，史考特指出了一些限制人類學內新興的「後殖民性」（postcoloniality）的歷史定位。

> 阿薩德（Asad 1982）與阿帕度萊（Appadurai 1988b）使用不同的方式提出「地方」和非西方人類學家的問題，兩人都建議為了打破人類學的不對稱性，應該要有更多這類人類學家來研究西方社會。可以肯定的是，這是朝正確方向踏出的一步，因為它顛覆了過去認為非西方主體只能在自己的文化範疇裡發言此一普遍想法。再者，它在某種程度上容許研究者有可能在不同文化空間中來來去去。同時，它似乎可以修復和重複殖民地確立起的疆界（後殖民被鼓勵在其中移動）：中心／邊緣，並且這通常是新殖民政府的中心和根源的邊緣。歐美人類學家繼續去到那些他們想去的地方，但另一方面後殖民人類學家則待在自己的家裡，或是前往西方世界研究。你可能會好奇如果巴布亞新幾內亞的後殖民知識分子不去美國費城，而是去到孟買、金斯頓或阿卡拉的話，是

80

否會提出更引人入勝的問題。（Scott 1989:80）

一如史考特接著對高緒的討論所清楚顯示的，要逃離「西方」的極化歷史力場並非簡單之事。但他同時也力主，人類學家的跨文化「航行」不應只是淪爲在一個世界體系的中心和邊緣之間移動而已。當代的民族誌研究，包括史考特自己從牙買加經過紐約前往斯里蘭卡的民族誌研究，必然就是「在西方旅行」（史考特摘錄高緒的話，1989:82）。它也是一種在西方、以及穿越並遠離西方的旅行。

民族誌不再是一種外部者造訪／研究內部者的規範性實踐，而變成了是——用娜拉楊的話來說——「關心一位人類學家和他所設法呈現的人群與議題如何在他們的關係中轉換身分」（Narayan 1993:30）。因此，如何在特定的歷史脈絡中進行身分協商，成了建構民族誌主體與對象的過程。有愈來愈多的研究讓這些關係過程的複雜性變得明確。例如，艾布隆同時在西非和美國研究曼丁卡人（Mandinka）的說唱歌手（他們在美國找到欣賞他們的聽眾）（Ebron 1994, 1996）。正如她所清楚顯示的，她的民族誌是多重定位的，糾纏於世界音樂和觀光的文化旅行回路中。這個研究同時也抵抗了西方霸權對非洲歷史的想像（她引述穆迪姆的話〔Mudimbe 1988〕），以及抵抗美國黑人爲回應種族主義的歷史所作的若干浪漫化投射。艾布隆在這些互相交錯的脈絡中移動遊走。「非洲」不能被當作「在那兒」。這既是她自己美國黑人傳統的賦權且有問題的部分，同時也是轉換和回返的持續離散歷史的一個中繼（而非源頭）（請見第十章）。這段歷史影響了她的學術民族誌，因為此一研究的場域是在「差異中的主體」的關係協商——一位說唱歌手、觀光客和人類學家聲索和協商文化意義的空間。她的田野還包括了這些旅行者交會的機場。

「原民的」、「後殖民的」、「離散的」或「少數族群的」等附語在人類學「田野」協商方式中經常受到爭議。例如，羅薩爾多（Rosaldo 1989）、近藤（Kondo 1990）、貝哈（Behar 1993）和來蒙（Limón 1994）等學者——這裡只舉犖犖大者——都從定位政治、內部和外部的戰略性轉換、依屬關係與距離的角度，來定義他們田野工作的空間實踐。如此一來，人類學主張的「距離」受到挑戰，被模糊化和被關係性地重構。通常他們會透過具身的、敘事的，旅行中的學者／理論家在其中身影顯著的文本策略，來表達自己複雜的情境和知識。但是這種選擇應該被視為是對不具身的、中性的權威的抵制，而不是一個新興的規範。沒有一種敘事形式或書寫方式，可以固有適用於定位政治上。其他仍然居於由西方支配的人類學內部工作或反對它的人，或許會選擇一種較不個人化、較去神祕化和較客觀的修辭。史考特和阿薩德都是明顯例子。然而，他們的論述都公然顯示他們是政治立場明確的學者，不是中立的觀察者。被定位的學者－旅行家可以採用許多不同的修辭與敘事——個人性或非個人性、客觀或主觀、具身或不具身。正如哈洛威所說，唯一被排除的戰術是「上帝把戲」

（God Trick）（Haraway 1988）。

✵

前述人類學家大部分都做過**類似**傳統田野工作的研究：在「外」或往「下」進行研究。這讓他們得以在學術圈生存甚至成功地做出貢獻，即便是他們意在批評和開拓學界。從事「眞正」田野工作（密集和離開校園的）的資格證明功能仍然強大。確實，在**離散**依屬中進行的民族誌研究，可能會比那些以原住民或**在地者**爲連結（無論此項研究有多麼矛盾）的研究較容易被人接受。（但需要記住的是，這些位置是在一個重疊的連續體，而非二元對立的兩邊。）離散的定位（或轉位）內建著旅行和距離，但它們通常會被中心化。在地的定位（以及重新定位）（包括旅行）以某種使大都會和大學成爲邊陲的方式中心化。我先前提過，移轉（也就是史考特所說的在文化空間之間「航行」），仍是人類學田野工作的基礎元素。這種移轉能否延伸到旅行至或穿越大學呢？大學本身是否可以作爲田野研究的現場，即一個文化並置、疏離、成年禮、轉換與學習的場所？瑪麗．約翰在其對於「反向人類學」的先見討論中，爲後殖民的女性主義者開啟了這個可能性：一次既是被迫的又是渴望的「西方」旅行，以及人類學家與在地報導人不穩定的角色共存（John 1989）。穿越大學的旅行可以如何重新定位「原鄉」（在其中，人類學家維持著超越造訪——不管多密集的造訪——的住所、親屬或政治依屬上的連結）？安姬．張伯倫在她對美國墨西哥男性／女性極具挑釁性的「對立民族誌」研究中探索了這個重新定位的過程（Chanbram 1990）。在其中，「少數族群」與「在地者」的軌跡可能是重疊的：它們在「社群」（無論如何定義）中扎根，在學術圈走出路徑。

當民族誌主要的考量是社群的共同記憶與移動性，其次才是比較知識或科學時，它往往會被歸類為較不具威望的領域範疇，如「應用人類學」、「口述歷史」、「民俗學」、「政治新聞學」或「地方史」。然而，當田野工作持續如同我所關注那般，以不同的方式扎根和取徑時，許多學者或許會對應用研究、口述歷史與民俗學重新燃起興趣，這些研究現在都擺脫了它們有時會有的家長式傳統。紐約的「波多黎各研究中心」針對紐約西班牙裔移民社區進行的口述歷史與社區移動的研究，是常被引用的例子（Benmayor 1991; Gordon 1993）。史佩克的《判決錯誤》（一九八七）謹慎地融合了社群記憶、歷史研究和當前的政治倡議。埃絲特．紐頓身為一名忠誠的女同志參與觀察者，以及主要為男同志社群中的外部者／內部者，對邊緣的細緻銜接成為融合地方史與文化批判的範例（Newton 1993a）。浩鷗法在東加王國的研究是另一個好例子（這和他在千里達進行的異國情調式研究不同，也和他在巴布亞新幾內亞所進行的研究不同：在那些地方，他是個不同種類的「太平洋」外部者）。回到故鄉東加之後，浩鷗法使用多種語言和風格寫作，既分析並影響當地對西方化的反應。他強調他是用一種風格從事學術寫作，而使用另一種風格來撰寫政治性文章和諷刺小說（Hau'ofa 1982）。這些論述顯然和他的觀點有關，但是其他學者可能更傾向將界線模糊掉。

為了達到「專業」的人類學水準，一個人必須跟大學以及它們的出版和社交網絡維持良好關係。這些關係需要多親近呢？需要多接近核心呢？身處邊緣的人從什麼時候起會失去其學科身分？這些疑問是那些為政府、企業、活躍社會組織與地方社群工作的學者所面臨的。它們將會繼續困擾和規訓著我所討論的那些人類學家的研究定位。此外，大學本身也不是單一場域。雖然它可能有著西方的根源，但在非西方的環境裡，它卻被混雜化和文化匯流化（transcultured）。它與國家、與「發展」、與區域、與後殖民政治、與新殖民政治和與反殖民政治的關聯，可以讓它作為人類學一個大異其趣的基地——法新在他前瞻性的文集《非西方國家的原住民人類學》（一九八二）中清楚顯示過這一點。至少在原則上，大學是比較理論的場域，也是學者們溝通與辯論的場域。對非大學權威的民族誌式與民族歷史式（ethnohistorical）詮釋，極少會被承認為充分學術性的論述，而是傾向於被認為地方性和業餘的知識。在人類學裡，產生這一類知識的研究——不管有多密集和多高的互動性——仍不算是**田野工作**。

在地史學家（local historian）或許是最能縮影這個邊界議題的學科「他者」。這個被認定有偏袒性的社群紀錄編寫者和保存者，比起離散的後殖民學者、對立性的少數族群學者和甚至旅行中的在地者，更難被整合到傳統的田野工作之中。由於在地史學家被認定不移動、業餘和熱心從事宣傳工作等假設，他們就像激進活動家和文化工作者一樣，缺少專業「距離」。正如我們所見，這種距離已經在「田野」的空間實踐——一個進入和離開的特定地點——被視爲理所當然。進進出出的移動被認爲對詮釋過程、深度與審愼的管理、吸納的管理與「遙遠的凝視」（view from afar）是至關重要的（Lévi-Strauss 1985）。

原先將在地權威人士固定在報導人位置的學科界線上，如今正在重新協商中。界限會在哪裡被重劃、如何重劃——卽哪些空間實踐會被演化中的人類學田野工作傳統接納而哪些會被排除——依然有待觀察。然而，在這個脈絡中值得一問的是，田野作爲一種旅行的遺產是否有助於解釋美國人類學學會在近日討論多樣性會議上提出的一個議題——卽北美洲少數族群進入這一研究領域的人數相對較少這項事實。人類學很難將追求分析距離的目標和葛蘭西的「有機知識分子」（organic intellectuals）觀念調和在一起。這學科有充分正視過這些問題嗎：一個人如何在他**不想**離開的社群中從事被認可的、「眞正」的田野工作？離開自身社會去到遠方，長久以來都是田野工作空間實踐的關鍵元素。此一學科要如何爲重要的研究挪出空間，這些研究涉及回返、再地域化（reterritorialization）、依附感，而不僅僅是獲得和諧關係這類的研究策略？對這些議題，愛維茲提出過深具啟發性的討論，展示了不同的社群在參與研究時，其所受到的重視和低估是如何再生產白人霸權（Alvarez 1994）。

「自家」（home）的定義在此是關鍵。在移轉看似逐漸成爲規範的地方／全球處境中，集體住居要如何維持和重新創造（見Bammer 1992）？我們需要徹底質疑自家與國外、停留與移動的二元對立（Kaplan 1994）。這些對立關係是沿著性別界線（女性的家庭空間相對於男性的旅行經驗）、沿著階級界線（活躍和孤僻的布爾喬亞階級相對於不移動和熱情的窮困者）、沿著種族／文化界線（現代的、無根的西方人相對於傳統的、扎根的「在地者」）所展開。田野工作要求去到其他地方，這讓「自家」變成了源頭的場址，變成了同一性的場域。女性主義理論與男女同志研究大概最能清楚顯示，「自家」是一個充滿不平靜的差異的場域。再者，面對強制人們移轉與旅行的全球化力量，待在自家（或建立自己的家）可以是一項政治行爲，是一種抵抗的方式。無論如何，自家都不是一個不動如山的場域。這些簡單的示例還有許多需要討論，但應該已經足以令人質疑人類學說田野是一種旅行、是爲了研究**差異**而**外出**的假設了。在一定程度上，這種假設持續被應用在「遣返的」（repatriated）田野工作（Marcus and Fischer 1986）與「向上研究」（Nadar 1972）的田野工作上。在這些個案中，儘管田野是位於研究者自身語言脈絡或國籍脈絡中，它仍然是**在他處**。

卡蜜拉・懷司威斯華倫就人類學實踐對「自家」提出一個令人不安的討論（Visweswaran 1994）。她指出，作爲部分持續努力將人類學去殖民化的女性主義民族誌，有需要意識到，

85

在一個充滿權力的處境中進行跨文化翻譯，「失敗」是不可避免的。然而，恰恰是在「這些面臨自身計畫不可能性的時刻」（1994:98），民族誌可以爲其承擔奮鬥，對自身定位有所認識。懷司威斯華倫力主史碧娃克的說法——每一個文化主體／政治主體都有著「被認可的無知」（sanctioned ignorances）——懷司威斯華倫認爲，透過坦然地面對失敗，女性主義民族誌會同時發現自身的極限與潛力，而這種潛力便是一項重要的「回鄉」（homeward）運動。在標題爲「家庭工作（homework）不是田野工作（fieldwork）」的章節中，她發展出一項不基於「自家／田野」二分法的民族誌工作概念。「家庭工作」不是對立於異國情調主義的田野工作而言，它也不是按照字面理解的「待在自家」或研究自己的社群而已。在懷司威斯華倫看來，「自家」是一個人決定其論述與機構的所在，而它會超越種族、性別、階級、性和文化的所在。「家庭工作」是一項重要的挺身面對，是把我們形塑爲主體的（通常看不見的）學習過程（法文的「塑造」〔*formation*〕在此特別貼切）。在「家庭工作」這個詞的教育意義上，她主張我們除了應該把「家庭工作」視爲學習的訓練，也應視爲捨棄學習的訓練。「自家」是一個重要的努力所在，它會既賦予任何從事正式研究的人以力量，又會對他加以限制。透過解構自家和田野的對立關係，懷司威斯華倫爲民族誌工作的非正統路徑與扎根挪出了空間。

在一個相關但並非相同的脈絡中，古塔與弗格森力主人類學應該聚焦在「**轉變中的定**

位（shifting locations）而非**被框住的田野**（bounded fields）」（Gupta and Ferguson 1997）。這是一項改革，而不是解構。雖然他們拒絕限制空間的研究傳統，但也保留了一些長久以來與田野工作密切關聯的實踐。人類學依然是密集且互動地研究「他者」。兩位作者提醒我們，這學科畢竟是少數認眞關注陌生的、邊緣化的、非菁英人群的西方學術場域。他們所重視與希望保留下來的東西，全是田野工作傳統的要素：長期浸淫、對非正式知識和具身實踐感興趣，以及用心**聆聽**。此外，古塔與弗格森的**轉變中的定位**的概念意味著，即使當民族誌研究者被定位爲內部者，是其社群中的一位「在地者」，但保持距離和詮釋差異性仍是研究分析與書寫的一部分。沒有人可以在社群的所有面向上都是內部者。如何處理轉換中的定位，如何維持依屬、審愼與批判性角度，一直攸關（未來也將會攸關）正式的方法學和策略性的隨機應變。因此，任何被承認爲改革過的田野工作都會帶來如史考特所說的「在文化空間之間航行」，雖然這不必然或僅僅是沿著殖民或新殖民的中心／邊陲軸線航行。

再者，構成性的移轉未必會發生在「文化」空間之間，至少不是在傳統意義下——即空間意義下——的文化空間之間。聚焦在轉變**定位**的民族誌研究認爲，協商與跨越的邊界對於特定「接觸區」（contact zone）的共同建構方案來說是重要的（Pratt 1992）。這並不意味著我們所討論的邊界是被創造出來的或不眞實的，而是說它們不是絕對的，是有可能被潛在與方案相關的其他邊界或隸屬關係切穿。這些其他的構成性定位也許會在其他歷史與政治時刻，或是在一個焦點不同的方案中變得無比重要。我們無法「深度地」呈現所有顯著的差異性與相似性。例如，一位中產階級研究者在工人中間做研究時可能會發現階級是個關鍵定位，儘管他的研究題目明白地聚焦在別處——例如中學裡的性別關係。在這個案例中，種族或許是又或許不是一個關鍵差異性或親和性的場域。

一項研究計畫總會在某些軸線上「成功」而在另一些軸線上「失敗」（懷司威斯華倫意義下的「失敗」）。因此我們不應將**轉變中定位**這種多少帶有自覺的研究策略和民族誌遭逢中的**被定位**（being located）（通常是敵對地定位）混爲一談。對一位在埃及工作的印度教徒來說，宗教信仰可能會是一個主要的差異化性因素，因而在一項研究農業技術的研究中自動突顯出來，哪怕作者本來無此意願（Ghosh 1992）。此外，這個過程未必是敵對的。一位學生有可能在他的社群裡被牢固且充滿愛地定位爲「家人」，而這將會對什麼是可以被探測和揭露形成限制。一位男同志或女同志民族誌研究者或許會依政治脈絡的不同而不由自主去突顯或淡化性方面的定位。又或者當一位秘魯人類學者在墨西哥做研究時會發現自己爭論國界的問題，但他去了美國做研究時卻會爭論種族的問題。這類例子不勝枚舉。

沒有任何一種定位是可以選擇的。它們都是由歷史環境與政治環境所外加。由於定位是多重的、同時發生的與跨界的，因此無法保證會有共享的觀點、經驗或團結性。我在這裡的說法是奠基於一種對身分政治的非輕視性批判，該批判事先由佐登有力指出（Jordan

1985），再由其他人加以發展（例如Reagon 1983; Mohanty 1987）。在民族誌中，先前被理解爲**和諧關係**的東西（指研究者獲得的友誼、親屬關係和同理），如今看起來更像是一種**結盟關係**（alliance building）。相關的問題不太是「究竟什麼根本地統一或區隔了我們？」，而更多是「在當前時刻我們能爲彼此做些什麼？」從我們的相似性和差異性，有什麼是我可以融合、掛鉤和銜接的？（見Hall 1986:52-55; Haraway 1992:306-315）當認同變得過於密切，我們要如何在結盟的脈絡中管理議程的解銜接而不用訴諸客觀距離的聲稱和確定出發點的策略？（在女同志民族誌脈絡下對這些議題的敏銳分析，請見Lewin 1995。）

對轉變中定位和策略性依屬關係的強調，明白地承認了民族誌的政治面向——這個面向原本會被科學中立與人際和諧關係的推定隱藏起來。但那是什麼意義下的「政治」？保證或道德上無懈可擊的立場並不存在。在當前的脈絡中——從和諧關係轉變爲結盟，從再現轉爲銜接——嚴格的倡議處方有了興起的趨勢。較舊的中立性政治（其最終目標是超然）可能會直接被翻轉：一種二元論清楚見於安得海與謝普-休斯在一九九五年《當代人類學》論壇裡的兩篇立場對立的論文。一種懷疑主義與批判的政治（不可與冷靜或中立的政治混淆），一種介入的不忠誠，還有漢德勒追隨薩培爾所說的「解構分析」（destructive analysis）（Handler 1985），如今變得處境危殆。在一個政治化的處境中，結盟模式並沒有爲政治化處境挪出任何空間，也沒有因此取悅任何一方。我不是說這樣的研究更勝一籌或較爲客觀。

88

它一樣是部分並賦予定位的。但不應該把它排除在當前角逐「人類學」之名的處境化研究實踐的範圍之外。

✵

隨著人類學民族誌的根源與路徑、它的不同依屬關係與移轉模式在廿世紀晚期的脈絡中被重新打造，以上所述僅僅是其中一些兩難處境。那麼**田野工作**還剩下什麼？前去旅行、離開自家、「進入田野」、在一個（相對）不熟悉之處居住和密集互動——這類訓諭還剩下什麼？一種以「轉變中定位」爲中心的研究實踐，如果沒有了身體移轉的規定、面對面相逢延展，終究可能類似於文學批評家的研究，他們關注的是不同文本閱讀的政治和文化脈絡（這種作品今日很多）。又或者，一旦擺脫了「田野」作爲空間化的研究場域的觀念，人類學家能否研究自己生活中的轉變定位？「家庭工作」可以成爲自傳嗎？

我們在此跨過了人類學這個學科努力想界定自己的模糊界線。自傳當然是可以很「社會學」的：它可以系統性地在個人經驗與普遍關懷之間移動。一定程度的自傳現在被廣泛接受爲文化分析的自我批判項目的相關內容。然而，要有多少成分？兩者的界線位於何處？從什麼時候開始，自我分析被視爲「僅僅」是自傳？（有時在被描述爲孤注一擲或「自我沉迷」〔naval gazing〕的民族誌中，我們會聽到一些相對較爲謙遜的個人揭示。*）把自己的主觀空間當成一個複雜的社群，當成一個轉變中的定位場域，爲之寫出一部民族誌來，這種事可以算得上是對人類學研究的一個貢獻。但我想，它和到外地做**田野**相比，仍然不會廣泛被承認是一種全面的、典型的**人類學**研究。我們很難靠自傳性研究而在人類學系取得博士學位或是找到一份教職。人類學的田野傳統至少要求「第一手」研究，涉及了與一個社群的成員較長時間的面對面互動。移轉與遭逢的實踐仍然扮演著定義性角色。沒有了這些，我們正在討論的就不是新版本的田野工作，而是一系列截然不同的實踐。

在本文中，我試圖展示明確的空間實踐——住居與旅行的模式——是如何構成了人類學中的田野工作。我認爲田野工作及其場域、路徑、時間性以及具身實踐的學科化，對於社會文化人類學維持自身的身分至關重要。儘管目前田野工作有待爭論且需要重新協商，但它仍然是學科特殊性的標誌。傳統田野工作最引人爭論之處，或許是它要求研究者離家，以及它依賴殖民的、種族的、階級的與性別的，來定義中心或邊緣、全球或在地的旅行關係上的銘刻。與此相關的密集和互動要求不那麼具爭議性，但有關「深入」該如何衡量卻比

* 譯注：原文「naval gazing」指的是對自己的沉思或過度自我耽溺，通常涉及內省或自我沉迷，表達了對自己過分關注或自我中心的概念。

以往更引人爭論。爲什麼我們不乾脆去除人類學異國情調主義式的旅行傳統，而維持它的密集／互動研究風格呢？理想上，我們可以那樣主張，而事實上，事態似乎正朝著這個方向發展。狄波拉・艾米科－山謬的一篇文章（此文預見許多先前提到的批評）提出了一個激進的方針。她質疑傳統對「田野」的空間與方法論的定義，並嚴厲地做出「田野無處不在」這個結論（D'Amico-Samuel 1991:83）。然而，如果田野無處不在，便無處是田野了。如果制度性傳統和旨趣正在抗拒這種對田野的激進消解，我們也不會感到驚訝。因此，某些形式的旅行、某種學科形式的進出一己的「社群」(「社群」畢竟極少是單一地點)，十之八九可能仍是規範。而這種學科的「旅行」將至少需要在大學中進行一段嚴肅的逗留。我大膽使用未來時態做出以下結論。

旅行——重新定義和拓展的旅行——將繼續是田野工作的必要部分，至少在短期內會是如此。這對於制度性和物質性兩方面的理由是非常必要的。人類學不只需要保存自己的身分認同，同時也要維持它在科學機構和經費來源中的可信任度。由於我們與其他自然科學和社會科學的研究實踐有著相同的學術系譜，因此，田野有時會被稱爲人類學的「實驗室」也就一點都不令人意外了。在掌控著資源的學術與政府單位眼中，人類學是一個有著抽離觀點與客觀標準的學科。因此，社會文化人類學將繼續面臨壓力，透過它的互動方法來印證它的科學資歷。研究者將會被迫與他們研究的社群保持某種「距離」。當然，批判距離的維護並不需要訴諸科學客觀性的權威此一終極基礎。問題在於，距離要如何展現在研究實踐之中。在過去，身體上離開「田野」，前往人們認爲較有批判性和客觀性的大學環境撰寫研究結果，被認爲是學術獨立的重要保證。正如我們看到過的，這種對「內部」定位與「外部」定位的空間化不再享有它曾經享有的信譽。人類學會找到方法認眞看待新的「田野」研究法嗎（這些新研究法不再以大學爲中心，不再強調空間的不連續性和最終的互不相干）？

隨著人類學斷斷續續地朝向後異國情調主義、後殖民主義的方向移動，專業規範的分歧化開始出現。此一過程由於政治批判和思想批判而加速，並且受到物質限制的強化。在許多脈絡中，有鑑於經費資金的下降，社會文化的田野工作將會以愈來愈「節省」的方式進行。對研究生來說，相對昂貴的長期國外旅居可能是負擔不起的，而即使是在一個美國社群進行一年的全職研究也可能過於昂貴。雖然傳統田野工作肯定會繼續維持其威望，但這學科也許會愈來愈像許多歐洲國家與非西方國家的「國內」人類學：以短期的、重複的造訪爲常態，全年或幾年的資助鳳毛麟角。有必要記住的是，馬凌諾斯基時代那種專業的田野調查模式是有賴調動資金來支持一種新的「科學」實踐（Stocking 1984a）。像布朗的那種「地鐵民族誌」（見上文）將會愈來愈普及。但即便造訪與「深度閒晃」取代了較長期的共居與「部落裡的帳篷」的模式，異國情調主義的田野工作傳統仍會影響「田野」的專業慣習。

模式、專業的距離和來來去去。

「田野」現在比較不是被視爲是獨立、屬於他者的地方，而是一組具身的研究實踐、審愼的模式、專業的距離和來來去去。

我把田野工作放在漫長和愈來愈備受爭議的西方旅行實踐的傳統中。我也主張，其他旅行傳統與離散路線，有助於翻新移轉的方法論，帶來「田野」的變形。「旅行」意味著在或多或少自願的情況下，離開熟悉的土地以尋找差異性、智慧、力量、冒險與不同的觀點。這些經驗與渴望不可能是得天獨厚的西方男性所獨有，儘管這些菁英強勢地界定了爲現代人類學定向下的旅行詞彙的意義。我們需要在不同的傳統與歷史困境中重新思考旅行。再者，在批判特定的旅行傳統時，不能停留在不具批判性的在地主義——它是異國情調主義的顚倒。「旅行使人眼界大開」這句老生常談中藏有眞理。[28] 這種事當然無法打包票，但遠行常常會讓無法控制的、無法預期的事情發生（Tsing 1994）。我的人類學家朋友拉爾岡曾經懊惱又感激地說過：「田野工作給了我一些我認爲自己不配有的經驗。」我記得我曾經想，如果一個學科要求學科專業人員從事這些事情，必然是有些道理。是不是有可能在不涉及神祕化的、專業的「成年禮」的情況下，證實這一類移轉的經驗爲有效呢？

到某個地方旅居、學習一種新的語言、讓自己置身於一個奇怪的環境並試著了解周遭的一切——這很可能是一個學習新知識的好方法，既可以更了解自己，也可以更了解造訪那個地方的人和地。這一平凡道理長久以來鼓勵著人們與自己文化以外的文化互動。在旅行與民族誌的連結／區別傳統中，這似乎仍是最受珍惜的那些東西的基礎。密集的田野工作並不會產生得天獨厚的理解或完整理解。原住民權威人士（或稱爲「內部者」）的文化知識也一樣是如此。在靜空的知識「田野」裡，我們被不同地安置爲住居者與旅行者。這種定位的多重性是不是只是後現代碎片化的另一種症狀？它有可能被集體形塑爲較實質的東西嗎？人類學有可能被重塑爲一個不同路徑的田野的論壇，讓不同脈絡知識可以參與批判性對話和保持尊重的論戰嗎？人類學能否促進一種對文化支配的批判（這種支配延伸至自己的研究規則）？答案仍不清楚：強有力的、有新彈性的和中央集權化的力量依舊存在。「田野」遺產在這門學科裡依然強大和強烈的模稜兩可（大概是一種饒富潛力的模稜兩可）。我的討論至此都是聚焦在一些定義性的空間實踐，如果一種多中心的人類學想要出現，那麼必須將這些空間實踐用於新的目的。

第四章　白種族群*

進入猶他州的火焰峽谷（Flaming Gorge）後，我們在急流上快速穿越，去到一片小空地。在下方半英里處，河道急劇左轉，我們也轉入另一個切入山區的峽谷。我們進入了一條峽窄的通道。兩側是急速增高的峭壁。左側的懸崖先是五百英尺高接著是一千英尺然後是一千五百英尺高。*

92

他進入了西一一六街（哥倫比亞大學）的第七大道地鐵站，搭乘前往下城區的慢車。如果搭往上城區的方向，他會去到一二五街（哈林區）和上西城（Upper West Side）中一些不知名的地方。搭往下城區的第一站：一一〇街（可以下車，往上城或西邊走）；接下來是一〇三街（不能下車）；然後是九十六街（在此換快車）。開往布魯克林的班車來自哈林區。來自兩個地鐵站的旅客很快便混在了一起。快車在下城區會停的站：七十二街（月台和階梯都很窄），四十二街（班車在此轉換軌道發出刺耳的聲響，人潮擠在車門口）；三十四街的賓州車站（行李的上車和下車處）；十四街（在此下車或轉搭坐一站就到謝爾丹廣場的慢車）。他推開沉重的旋轉門，走入「村」裡。

我們跋涉上山坡，經過星塵酒吧、米其髮廊、冷熱印刷店、哈林波普酒吧、夢幻咖啡館、自由理髮店，還有奧堤摩雪茄店（這家店在這幾年看來妝點了每個重要街角）。還有梅雅特阿姨的店、莎地女／童裝店、林記中餐館。白色的塞羅浸信會教堂有彩色的櫥窗。唱片行外一個鏈著的大音箱爲晨間的溫暖人行道打著節拍。在第七大道的街角，我們手挽著手等待綠燈，聞到一股神祕的發酵味道從「午間沙龍」搖晃著的雙摺門後面傳出來。**

在格林威治村，他發現了民間音樂與「左派」。這裡有「格德斯民謠城」（Gerde's Folk City）和「村門」（Village Gate）之類的演出場地。有葛利、李德貝利與席格那種信手拈來的

---

* 譯注：作者在這章以第三人稱書寫方式，將自己在紐約的成長經驗並置於鮑威爾和羅德各自的著作之中，呈現一種兼含都市漫遊、文學性回憶與主觀經驗的實驗性文類。三者穿插並置成就了一種交織著地理空間、對不同膚色族群的想像與遭逢、對生命與時代洪流的不確定處境等的「特定時空」。

* 鮑威爾（John Wesley Powell）著，《科羅拉多河及其峽谷探勘》（*The Exploration of the Colorado River*, Chicago: University of Chicago Press, 1957; orig.pub.1875）。以下出自這本書的引用以單星號表示。

** 羅德（Audre Lorde）著，《詹米：一個我新拼寫的名字》（*Zami: A New Spelling of My Name*, Trumansburg, N.Y.: Crossing Press, 1992）。以下出自這本書的引用以雙星號表示。

民謠音樂，也有奧蒂塔和瓊．拜雅的前衛音樂。在第八街的書店中，有惹內、沙特、皮藍德婁、布萊希特和貝克特的書，還有阿爾比的「荒謬劇場」。每個星期天他都會在華盛頓廣場噴水池邊，取出他的長柄五弦琴，唱著〈我的小光〉、〈圓會破嗎？〉和〈不要再研究戰爭〉。他是個民謠歌手。先是金斯頓三重唱的歌，接著就唱瓊．拜雅和織夢者合唱團的歌。一系列席格思家族（Seegers）的歌——彼得、珮姬、珮尼與麥克的歌——讓他回到老派鄉村音樂，然後順理成章地唱起藍草音樂（bluegrass）。他走進一一六街的地鐵站繼續旅行，往南向一百條街之外的肯塔基街前進。

我們帶著看來夠吃十個月的口糧。因爲我們預期當冬天來臨和河面結冰時，我們會在某處待到春天來臨，所以我們也帶著大量的衣物同行。此外也帶著大量的彈藥和兩、三打的捕獸器。爲了建造小木屋、修船和因應一些緊急情況，我們也帶著斧頭、榔頭、鋸子、螺旋鑽與其他工具，還有許多釘子與螺絲。爲了要進行科學研究，我們帶了兩個六分儀、四個經線儀、一些氣壓計、溫度計、羅盤與其他儀器。*

我們商討離開紐約，到西部某處請領公地，建立家園——在那裡，一位黑人女性與一位白人女性可以平靜地生活在一起。慕瑞爾（Muriel）的夢想是住在農場中，而我也感覺這是美好生活。我從圖書館借來一些小冊子，我們又寫信給所有相關的政府單位，詢問美國大陸哪裡還有公地放領。**

從格林威治村（經常也是從學校）回家，他會在九十六街車站開往上城區的月台換車。第七大道的慢車與快車在此地分道。慢車繼續開往位於晨邊高地（Morningside Heights）的哥倫比亞大學站，而快車在此轉向。從市中心上車的旅客會聽到廣播提醒：如果搭錯車就會到「錯的一一六街站」。他總是對此感到困惑：爲什麼會有另一個同名的車站存在於晨曦公園（Morningside Park）——這公園位於他未去過的危險禁地哈林區？他記起（還是只是幻覺？）自己有一次忘記在九十六街下車，隨即置身在一個所有人事物都不熟悉的地方，就連刻在每一根柱子上的「一一六」字樣也是這樣，儘管這車站看起來和「我們的車站」一模一樣。他低頭快步走到對面月台，他的白皮膚暴露著，等待往回走的車班。其後，他在電影《異星兄弟》裡認出一處拍攝場景是在九十六街站。電影中，地鐵駛進車站，一個白人小伙子告訴黑皮膚的外星人他準備表演魔術。「我要把所有的白人變不見！」車門開了，所有的白人紛紛下車，魔術師本人也是。他在這班前往哈林區的快車車門關上時揮手道別。

當我的父母親來到這個國家時，美國的種族主義是一個新的且具壓迫性的事實，是他們必須在每日的生活中面對。他們將種族問題當作私人的悲劇來處理。我的父母親相信，他們只要不給美國的種族歧視事實賦予名字，也不要討論它，即可讓他們的孩子免於它的侵害。他們教我們絕對不要信任白人，但從來不解釋**理由**，也沒有說明他們這種戒心的性質。就像許多我在兒時得到其他重要資訊一樣，我被認爲應該明白箇中道理。**

當他已經夠大之後，在週間，他會搭乘地鐵或開往市中心的巴士，到阿姆斯特丹街上學。他很享受這種獨立感。在回家途中，他會和好友小鍾流連路上，在百老匯大道吃一片比薩。但是他總是在到學校前的兩條街——阿姆斯特丹街和九十四街——快步走過。在春天與秋天，人們出現在褐石屋打開的窗戶中，或是站在門廊上聊著、笑著、爭論著——並且打量他。空氣中傳來垃圾的味道，還有刺激性食物的味道。冬天，人行道上更是暗藏兇險。他必須小心會有人朝他丟雪球。有人用西班牙語說：「米拉！米拉！」（Mira! Mira!）（他聽到的是「滅達！滅達！」……不敢抬起頭。）他唯一的願望就是沒有人注意他，讓他能趕快走完這兩條街。他們有在對他說嗎？他聽到的是以後會變得非常有意思的加勒比海音樂嗎？其實他完全沒有聽到任何音樂，每天早上，學校門都會在他進門之後關上，裡面很安靜。他在黃銅花盆的盆栽之間的老桌子上閱讀。

我坐在地板上，背後靠著木頭製的櫃式收音機，腿上放著《藍色童話書》。我愛極了同時閱讀與聽收音機，感覺透過我背後傳來的聲音震動就像是生動的背景，襯托著童話故事在我腦中編織出的畫面。我抬起頭，如同我每次突然停止閱讀時那樣，短暫地感到困惑和迷失方向感。北歐巨魔是不是眞的攻擊過一個埋藏著金銀珠寶的港口？**

河非常深，峽谷非常窄，阻礙重重，所以溪流沒有穩定的流向。水流旋轉著、滾動著、沸騰著，我們幾乎無法決定船的方向。一時，船偏向右邊，也許靠近山壁；接著，它受到河水衝擊，被拉往另外一邊，陷入漩渦，旋轉著。我們既無法登陸也無法順著我們的意駛開。兩條船完全無法駕馭，先後秩序不復存在。一下這艘在前，一下那艘在前，每個船員都爲了保命使出渾身解數。*

作爲一個小男孩，他總是想要坐上第一節車箱，在那裡，他可以抵著前門的玻璃，將手貼在臉的兩旁擋住從車內反射的光線。這讓他可以看到與駕駛相同的視野（他聽得到從右方那道上鎖的門後傳來駕駛的腳步聲）。當地鐵在黑暗中快速行進時，一閃而過的一道道梯子與一條條通道讓人興奮。是誰會在那兒行走？偶爾會想起刺耳的氣笛聲與尖銳的車輪聲，這時，列車會經過貼在牆面或隨意倚著鶴嘴鋤的工作人員……幾乎就要碰到致命的帶電路軌。有時紅燈亮起，列車必須在黑暗中停留好幾分鐘。之後，電回來了，地鐵掠過一顆顆骯髒的燈泡，在軌道上喧囂地搖晃著。當車子接近某個車站時（這時明亮的光環會奔向他們），他有片刻擔心駕駛會忘了煞車，或駕駛已經在兩個站之間死了。他把身子緊貼著玻璃，心中混雜著刺激與恐懼情緒。

我們遇到了另一道急流。兩艘船毫無選擇地隨波逐流。其中一艘成功靠岸，但卻無法找到固定船隻的定點，旋卽又被迫回到溪水中。下一分鐘水在反作用力之下湧進洞開的船身。船身進水，無法控制。一波波的碎浪不斷打向船身，最終讓它傾側。船上的人被拋出船外，但他們死命抓住船身。船漂流了一段距離後向我們靠近，而我們抓住了它。*

我持續地搗著香料，在環繞著平滑的研磨棒不斷向下動作的手指肌肉與身體的熾熱核心（從我肚臍下嶄新成熟的飽足感散發出來）之間形成某種鮮活的連結。無形的線（它就像暴露的陰蒂一般緊繃而敏感）從我彎曲的手指延伸到飽滿的褐色手臂上，再延伸進胳肢窩潮濕之處。空氣中混雜著胳肢窩溫熱刺鼻的氣味、研缽傳來的大蒜熟透味與夏天的大汗淋漓汗味。**

他的地鐵通行證讓他擁有在城市中來去自如的自由，他可以隨意搭乘……有三條基本的路徑：一條是探索路徑，一條是日常焦慮的路徑，還有一條是禁忌路徑。第一條路徑（「市中心」路徑）是由第七大道地鐵線定義的（它有固定的停靠站：地鐵自由就是有可以在令人不快的地點底下通過的權力）。旅程的終點通常就是格林威治村。在週間，他會走第二條路徑去到位於一個「變動中城區」的學校。這條路線既安全又熟悉，只不過在哥倫比亞大道和百老匯大道間的兩條間會有點令人焦慮。（當時是一九五〇年代，第三波——也是最大的一波——波多黎各移民潮改變了城市的某些區域。）他的第三條路徑是以在九十六街地鐵往上城區方向月台表演的魔術把戲為標記：這是一班通往哈林區的快車，他從來都不會搭過。他的自由，他的城市。這是路徑（routes），也是根源（roots）。

但是哈林區沒有黑樺樹，紐約市也沒有黑橡樹的樹葉可以摘取。在格瑞那達的格瑞維爾的諾雅山，在一片可以眺望大海的樹林下面，她的女藥師祖母摩瑪麗亞（Ma-Mariah）曾很好教過她如何使用這兩種樹葉製藥。安妮阿姨（Aunt Anni）與摩利姿（Ma-Liz）——琳達的母親——傳承了這知識。但現在已經沒有人需要這些知識了，而她的丈夫布來龍（Byron）很不喜歡談到故鄉，因爲這會讓他感傷，也會削弱他在這塊新土地上建立家業的決心……她不知道她在《每日新聞》上讀到有關白奴販子的報導是不是眞的，但她禁止小孩進入任

97

何一家糖果店。我們甚至被禁止在地鐵的糖果機前面用零錢買那些色彩鮮豔的口香糖球。除了覺得浪費錢外，大人也說這些機器是角子機的一種，也因此是邪惡的，或至少懷疑它們與白奴奴隸制有關。（那是最要不得的一種奴隸制，她陰沉地說著。）**

他當過遊民的叔叔彈唱〈山露〉或是〈媽媽不讓彈吉他〉這一類的歌曲。他當英國文學教授的爸爸會唱感性的牛仔民謠。他從小聽威爾第、吉伯特與蘇利文的音樂。在週末到市中心逛逛時，他成了「織夢者合唱團」的歌迷。彼得・席格編織般的歌聲與撥弄的五弦琴聲尤其令他感到興奮。他學著像席格一般彈唱。「織夢者合唱團」演出組曲〈來自世界的歌聲〉。愛爾蘭的小提琴曲調、美國維吉尼亞的蘇格蘭雙人舞、非洲的詠唱、黑人的靈魂樂、以色列的猶太霍拉舞，還有一首有關廣島原子彈的日語歌。每一首歌和它們背後的傳統都讓人感到親切、高貴和進步。這些歌曲都是「民謠音樂」。

在墨西哥城的頭幾星期，我開始戒掉了一個跟著我一輩子的習慣——走在街上時不再總是看著自己的腳。在墨西哥城，有太多有趣的事情等著我去看，還有一張張開朗坦率的臉蛋等著我去解讀，於是我抬起頭往前走，感覺照在臉上的陽光溫熱舒服。無論我走到哪裡，都有不同色調的褐色臉龐與我的臉相遇。能看到我的膚色被那麼大量的反映在街上，在我來說是個全新和非常興奮的經驗。我以前從沒有感到自己有能見度，甚至不知道自己缺乏能見度。**

98

在城市裡，他被黑人音樂、藍調、福音詩歌、靈魂樂、加勒比海音樂和搖滾樂包圍。上大學之後，他學會跟隨這些音樂的節拍起舞。他進入哥倫比亞大學的地鐵站，向南前往一百多條街外的地球村。民謠音樂囊括了所有的人種與文化——只要它們尚未被「商品化」。(「我對世界上所有的人伸出手。我握他們的手。」) 在他的村中，沒有令人感到不舒服的對立。(「世界在他的雙手裡。」)，種族的存在意味著我們必須打破藩籬，階級的存在意味著我們必須永遠團結，性別的存在意味著無憂無慮的愛，性的存在意味著……意味著？他不樂見巴布．迪倫彈電吉他「出賣自己」。查克．貝瑞與小理查是異化了的身體。

裂隙很窄，我努力要往上爬大約四十英尺，到頂處的平台。我背上有個氣壓計，這讓我攀爬的時候不太方便。裂隙兩邊是光滑的石灰岩，沒有可供手腳抓踏之處。爲了支撐自己，我用背頂住一邊的岩壁，用膝蓋頂住另一邊，以這個姿勢每次將身體往上移動幾英寸。然後，到了大約二十五英尺處，裂隙變寬了一點點，我的膝蓋無法再爲身體提供足夠的支撐，於是我只好設法回到原處。這樣做的過程中，我無法不墜落。*

他反覆做著一個有關這個城市的惡夢。夢中，城市很暗，他在住家的街區被「一幫人」追趕，發足狂奔……他們手持彈簧刀，揮舞著帶有銳利扣環的寬版軍用皮帶。惡夢通常以他在住處門口瘋狂笨拙地摸索鑰匙結束。那幫人身著黑皮夾克。村中的「垮派」（beats）身穿黑衣。從夏爾丹廣場地鐵站走上來的長髮白人女孩穿著黑色的絲襪與高領毛衣。（他自己則是穿著藍色牛仔褲與花格子襯衫）。黑色代表了什麼？他希望自己擁有一頭黑髮，像個「真正的」紐約客（他說的是猶太人嗎？）他希望自己的黑髮能滑順地往後梳，並在褲子的後口袋裡放一把長梳。（他是想學貓王嗎？）搖滾樂是給那些穿黑色皮衣的人聽的。黑色對他來說究竟有何意義？他希望自己能彈得一手更好的藍調吉他。（但他始終沒有到處拜師。）

那年夏天，整個紐約——包括博物館、公園和各條大道——都是我們的後院……當我們決定要成爲工人，我們便穿上寬鬆長褲，把午餐盒裝得滿滿的，脖子上繫上紅色印花大手帕。我們搭乘老舊的開放式雙層巴士在第五大道來來回回，大聲吆喝和用盡吃奶之力高唱工會歌曲……當我們決定要成爲輕佻的女人時，我們會穿上緊身裙和痛死人的高跟鞋，尾隨那些走在第五大道與公園大道之間的律師型美男子，高聲對他們的身體提出連我們自己都覺得猥褻低俗的評論……當我們是非洲人的時候，我們給頭上纏上五彩繽紛的頭巾，

99

在前往格林威治村的地鐵中說著自己捏造的族語。當我們是墨西哥人時，我們會穿上長裙、村姑衫和藤編夾腳涼鞋，吃著麥道格街（MacDougal Street）上佛萊德來頓餐廳前小攤販賣的塔可餅。有一次，我們整天談話時都用「你媽的」（fucker）這個字來代替「媽媽」（mother），結果給被惹毛的五路公車司機轟下車。**

他雙親成長於印第安那州的埃文斯維爾（Evansville），在他三個月大的時候舉家遷至紐約。他的父親曾在亞歷桑那州度過好幾年的光陰，在專收男孩的牧場學校教書，他就是在那裡學會牛仔套繩的。他那頂有十加侖容量的大帽子滿是汗臭，而且非常沉重。據說，有一次在土桑市（Tucson）附近，他父親攀爬極度危險的夢幻高地（Enchanted Mesa），幾乎就懸在陡峭的岩壁上。他那住在埃文斯維爾的祖父母可以說是社區中的重要人物，是教會中的熱心人士，更是埃文斯維爾學院的創辦人。這個學院中有人是禁酒社團「粉紅波普」（Pink Poppers）的成員，他們會在週日下午到俄亥俄河（Ohio River）——梅森－迪克森線*到此之後沿著河走——的攔砂壩野餐。除非他們到長毛象榕洞（Mammoth Cave）郊遊，否則他們不常深入肯塔基州。他們的孫子則走進紐約一一六街的第七大道地鐵站，唱著從河的對岸傳來

* 譯注：梅森－迪克森線為美國賓夕法尼亞州與馬里蘭州、馬里蘭州與德拉瓦州之間的分界線。

的歌回家，這是一種他們每次在收音機聽到就會馬上關機的美國南方音樂。

有時，星期六下午，我的母親把家裡打掃乾淨後，我們會去找一個公園坐下，看看樹。有時我們會走到一四二街的哈林河畔看河水，有時則搭乘D線火車到海邊。無論何時，只要我們靠近水邊，我的母親就會變得沉默而溫柔，顯得心不在焉，接著她會開始向我們訴說自己的出生地開利亞谷（Carriacou）的故事，那裡充滿著萊姆的味道。她告訴我們哪些藥草可以治病，哪些植物會讓人抓狂，但這些東西對我們這些孩子來說全無意義，因爲它們是我們從來沒看過的東西。⁑

100

他的祖母八十歲以後住進他們紐約公寓的一個房間裡，當時他五歲。她是要到那裡度過餘生的。她白髮蒼蒼，眼睛快瞎，拄著柺杖走路。她每天散步途中過馬路時，他就是她的眼睛。她會把他當大人那樣和他談論著韓戰（她是和平主義者）、分享她環遊世界時的奇遇。她在二十歲的時候時陪同一位大學朋友（一位知名外交官的女兒）隨著一個半官方的使節團前往歐洲、埃及、印度與中國。祖母在紐約的房間和其他人的不同，裡頭擺設著她從印第安那州帶來的古董家具，房間內有一張四根大柱子的床，是她每天早上說故事給孫子聽的地方。還有一張東方地毯、一只斗大具有光澤的五斗櫃、一張有許多文件格的寫字桌、一個地球儀，還有一個大行李箱，裡面滿是文件與泛黃的大幅相片：有拍攝金字塔的，有拍攝恆河的，有拍攝泰姬陵的。他還在祖母的房裡看到喜馬拉雅山的照片。（祖母向他形容白雲是如何神奇地升起，露出山巔。）房內還有一塊中國長城的磚塊。

卡里亞庫島（Carriacou）並沒有被列在《古得學校地圖》或《青年美國世界報刊》的索引裡，也沒有出現在我找得到的任何地圖上。所以，當我在地理課堂或圖書館內企圖尋找這塊神奇之地時，我從來沒有找到過，後來只好相信母親的地理知識是幻想出來或瘋狂致之，或至少是太過時，即她所說的卡里亞庫島就是其他人口中的古拉索島（Curaçao）——一塊位於安地列斯群島另一邊的荷蘭屬地。但在這一切下面，就像我在成長過程所經驗到的，**家園**仍然是一個在別處的甜美地方，是人們尚無法捕捉到紙上的……✶✶

岩壁的高度此時已經超過一英里——一個難以想像的垂直距離。站在華府財政部大樓的南端階梯，順著賓州大道望向國會山莊，再用想像將這水平距離改爲垂直，便能了解超過一英里高的岩壁是怎麼個高法。或者，你也可以站在紐約的運河街（Canal Street），沿著百老匯大道望向恩典教堂，這樣你也可以對一英里高有個譜。另一個方法是站在芝加哥的湖街大橋（Lake Street Bridge）望向中央車站。✶

101

「卡特一家」*、福拉特與司格魯格斯，還有比爾・門羅，被他祖母的鄉親驅逐。這種來自俄亥俄河對岸的音樂類型被認爲是較低級，是「白色垃圾」（white-trash）。他覺得貓王也是如此。但是源自傳統鄉村音樂的藍草音樂卻令他感動。（後來他將發現藍草音樂並不是只是來自河對岸的「鄉村地區」。它在蓋瑞〔Gary〕或底特律之類的工業城市一樣是欣欣向榮，但不是透過五弦琴和曼陀林而是透過無線電波傳播到離鄉背井的無產階級中間。）他所成長的世界是鄉村－都會對立的場合：在紐約讀書，回佛蒙特州過暑假，玩伴是農場中那些鄉下小孩。理論上鄉村應和都市不同，你必須在夏天「逃離」紐約。（然而在佛蒙特州這些朋友卻是和他很類似的「夏天玩家」，大部分都是村落中的前共產黨員。）他在城市中的鄉村旅行，也在鄉村中的城市遊走。

科羅拉多河本來就不是一條清澈的河流，但是過去三至四天大部分時間都在下雨，大水氾濫，沖刷岩壁，帶進了大量淤泥，此刻格外汙濁。我們在這裡發現的小支流是一條清澈、美麗的溪澗，或者說清澈、美麗的河流——在這個溪流不多的西部鄉村地區，它應該可以被稱爲河流。爲紀念「壞天使」（Bad Angels）那位偉大的酋長，我們曾把上游一條溪流命名爲「壞天使」，而因爲現在這條溪流與它形成一種讓人愉快的對比，我們把它命名爲「明亮天使」（Bright Angel）。*

有一次，美國黑人女舞者珀爾・普利馬斯來到我的高中，她在課後談論非洲女性，說她們的頭髮就像捲向太陽的樣子，非常自然美麗。聽到這個，我（杭特中學十四名黑人女學生之一）心想：上帝的母親一定就是這個樣子，而我想要這個樣子，請上帝主幫助完成心願。在那段日子，我把這種髮型稱爲自然捲，而且當所有人都說那是一種瘋髮型時，我仍然稱之爲自然捲。那是一二五街一個搞家庭理髮的蘇菲派穆斯林手持辦公室剪刀剪出來的，相當參差不齊。我放學回到家之後，我媽從後面打我，我哭了一個禮拜。**

他身處黑人文化和拉丁美洲文化的圍繞之中，在格林威治村那裡發現了一種純粹白人的音樂（許久之後他才在閱讀中得知藍草音樂和黑人走唱的關聯）。環繞著他的紐約一直在改變，是個盤根錯節之地。搖滾樂——白人、黑人和拉丁裔的搖滾樂——到處開花。環繞著他，這個城市被「加勒比海化」。但他幾乎無法區分海地或巴貝多（Barbados）與牙買加之間的差異。而「波多黎各」只意味著《西城故事》中的犯罪青少年幫派分子。這些歷史，都是他之後才讀到的。

102

* 譯注：「卡特一家」（The Carter Family）是美國首支鄉村音樂明星聲樂組合。

我爬到非常高的地方，以致人們與小船都消失在下面黑色的深處中，滾滾的河流變成了一條涓涓小溪。儘管如此，在我上方的峽谷仍多過在我下方的。我身邊盡是各種有意思的地質紀錄，就像一本打開的書，我可以一面跑一面讀。我身邊盡是恢弘景觀，因爲白雲再次在峽谷中嬉戲。但不知怎地，我想到身上只帶著九天份的補給品，又想到險惡的河流、在岩石間險出差錯的經驗，以及宏偉景觀只看了一半。我往一個斜角努力爬向某個角度，希望從那裡可以看見地形，看看我們是否有機會很快走出這個高原，或者希望至少可以遇到地理上的變化，讓我們得以離開這個花崗岩地帶。但是，抵達後，我只看見迷宮般的深谷縱橫交錯。*

他躺在床上聽著院子傳來的各種吵鬧聲。他可以聽見母親在走廊的遠端講電話，而附近一個房間傳來艾弗斯的七十八轉唱片的歌聲。外面的院子是城市各種聲音的吸音器，就像他位於六樓的臥室外面有個巨大海螺。透過半敞的窗戶，他聽見片片段段的對談、甩門聲、警笛聲、飛機聲、爵士樂聲、汽車啟動聲、貝斯的音符、尖銳的噪音、笑聲、有東西摔破的聲音——這些聲音在下方遠處的人行道發出回響。他疲倦的耳朵收集了日夜從不曾停歇的複合嗡嗡聲所有獨立的部分。裡面有你認識的紐約，也有你不認識的紐約。

當我們後來從屋頂爬下來時，已經是西哈林區燠熱的夏天午夜，街上充滿了罐頭音樂，還傳來孩童因疲勞與過熱而發出的哀嚎。在這附近，許多爸爸媽媽坐在門廊階梯或牛奶板條箱或黑白相間的露營椅上，心不在焉地用扇子搧著風和聊著天，或想著明天會如常工作和睡眠不足……我們爬落到的不是非洲寡婦島（Whydah）的白色沙灘，也不是溫拿巴（Winneba）或安南瑪布（Annamabu）的海邊：這裡沒有搖曳生姿的可可棕櫚樹，沒有叫不停的蟋蟀，也沒有莫測的、美麗的和拍打著海岸的大海。在仲夏夜月光下約會過之後，我們爬落到的是一一三街，但當我們手牽著手往第八大道走去時，爸爸媽媽們向著我們微笑。

103

**

布蘭琪（Blanche）——他記得她頗爲黝黑的皮膚、她的眼鏡和她的聲音。當他還是五歲或六歲的時候，有好幾年她每星期會到他們公寓兩次，幫忙洗衣服和打掃房子。她冷淡深沉，有點讓人望而生畏。（很久之後，他認爲他在馬歇爾一篇文章中看到布蘭琪的身影，那篇文章是關於兩次世界大戰之間從巴貝多來到紐約的女性：這些女性在「這個屬於男人的國家」賣力工作卻又維持著一定程度的「孤傲」。）她的言談帶著濃濃的加勒比海英語腔調，讓他聽得辛苦。當時布蘭琪已經年事已高。他還記得她破舊但熨燙過的工作服、寬鬆的褐色長襪和（無框的？）眼鏡，還有她細瘦強壯的黑色手臂與手指。每次當她走進門，他們家的狗便會不斷的吠。她會趕快進入食品儲藏室屬於她的角落，將外套掛上，換上工作服。

我們身上的乾糧仍然不斷腐爛，培根也壞得一塌糊塗，讓我們非丟棄不可。因爲今天早上的一起意外，小蘇打掉落船外。我們現在只剩夠十天的發霉麵粉、一點點乾掉的蘋果，但咖啡還算充足。我們必須盡可能加快腳步。如果我們再遇到和在峽谷中遇到的一樣困難，可能就得被迫放棄這次探險，設法抵達北邊的摩門教屯墾區。我們只能希望最糟的地形已經走過了，但因氣壓計已然損壞到不能用的地步，我們也失去了計算高度的工具，無法判斷河流還要向下走多遠。*

她是從巴貝多取道加拿大來到美國的，一個人住在哈林區。後來他從他媽媽那裡知道了更多關於她的事。他媽媽非常佩服布蘭琪，後悔只給她微薄的基本工資和給她定期繳付社會保險金。（「她一輩子打掃別人的髒屋子。當她退休後回到巴貝多，她爲自己存夠錢辦葬禮而感到自豪。這一點對像她這樣的人來說很重要。」）布蘭琪協助他母親（她有一大家子人需要照顧），提供她許多家務事上的建議。布蘭琪與他祖母相處得很好，他們的年齡相近，有著相同的老式禮貌和基督徒的行爲舉止。他的祖母還住在埃文斯維爾時，總是有著

「有色人種」的幫傭。布蘭琪從這位滿是白髮的老婦人身上得到了她所想要的尊重。（大概她們在這棟紐約的公寓裡一樣感覺到自己是邊緣人，而且同樣是來自另一個時代和地點。）對孩子們來說，情況就不一樣了。他和姊姊有時會不尊重布蘭琪，甚至用惡劣的方式——就像那條不斷吠她的狗那般——對待她。布蘭琪知道這和她的種族有關。她會憤怒起來，對他們的惡劣行爲訓斥一番。

我還記得愛菲琪，她就像是從夢中走出來的人物，總是那麼賣力和真實。她從灌木叢中為我帶來了一些活生生的東西，也是因為她，我們的田園中開始種植芋頭和樹薯——這些神奇水果是凱蒂從沿著一四〇區林納斯大道設攤的西印度群島市集中買到，或是從中央鐵路系統下方、橫跨公園大道與一一六街那繁忙市集中的波多黎各酒店中買到。**

布蘭琪在公寓裡慢慢打掃，有時會自言自語。她只有一個特別的要求：一定要吃到熱騰騰的午餐，要有肉——漢堡、白魚、雞肉派之類的。他媽媽只有在看過她冰冷的房間後（裡面僅有一塊加熱板），才了解「恰當」的午餐對布蘭琪有多麼重要。她只去過哈林區一次，當時布蘭琪臥病在床。她是坐九十六街地鐵站的快車還是一二五街的跨城公車？除了街道骯髒、建築物骯髒和布蘭琪的住處乾淨狹小之外，他媽媽不太記得這次旅程的其他印象了。

峽谷的山壁高兩千五百或三千英尺，非常整齊，幾乎是垂直，但在某些地方有細長的台階。偶爾我們可以從平台上方看到遠處的山崖。*

第二部分　接觸

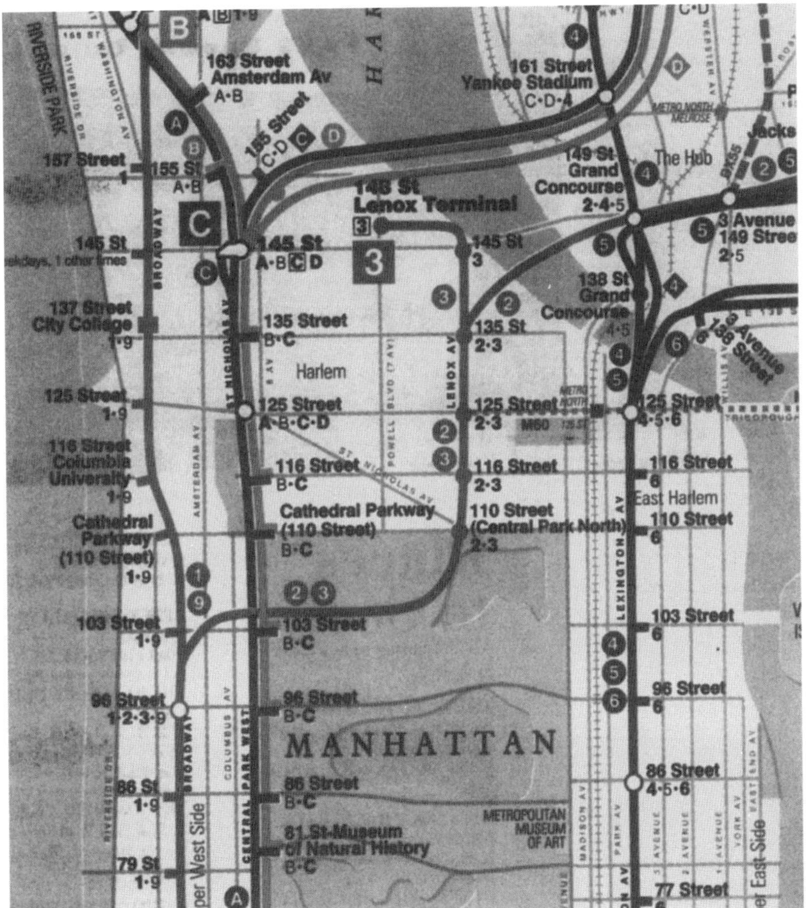
RIVERSIDE PARK
163 Street
Amsterdam Av
A·B
155 Street
C·D
161 Street
Yankee Stadium
C·D·4
157 Street
1
155 St
A·B
149 St
Grand
Concourse
2·4·5
The Hub
148 St
Lenox Terminal
3
145 St
145 St
A·B C D
145 St
3
3 Avenue
149 Street
2·5
137 Street
City College
1·9
135 Street
B·C
135 St
2·3
138 St
Grand
Concourse
4·5
3 Avenue
138 Street
Harlem
125 Street
1·9
125 Street
A·B·C·D
125 Street
2·3
M60
125 Street
4·5·6
116 Street
Columbia
University
1·9
116 Street
B·C
116 Street
2·3
116 Street
6
East Harlem
Cathedral
Parkway
(110 Street)
1·9
Cathedral Parkway
(110 Street)
B·C
110 Street
(Central Park North)
2·3
110 Street
6
103 Street
1·9
103 Street
B·C
103 Street
6
96 Street
1·2·3·9
96 Street
B·C
96 Street
6
MANHATTAN
86 St
1·9
86 Street
B·C
86 Street
4·5·6
METROPOLITAN
MUSEUM
OF ART
81 St-Museum
of Natural History
B·C
79 St
1·9
77 Street
6
Upper West Side
BROADWAY
AMSTERDAM AV
COLUMBUS AV
CENTRAL PARK WEST
ST NICHOLAS AV
LENOX AV
LEXINGTON AV
MADISON AV
PARK AV

紐約市1993年版地鐵詳圖。

第五章　西北岸的四間博物館：旅行反思

加拿大卑詩大學的人類學博物館本身便是一件知名文物。在愛瑞克森的設計下，這座西北岸印地安風格的玻璃－混凝土建築同時聳立與蹲伏在一座懸崖頂上，可以遠眺溫哥華島和落日。每當傍晚時分，反射的光線讓我們看到館內成群的舊圖騰柱和館外疏落分布的新圖騰柱，以及新舊圖騰之間那道由許多窗戶築起的高牆。

位於瓜達拉島（Quadra Island）上的瓜基烏圖博物館暨文化中心（Kwagiulth Museum and Cultural Centre），緊鄰著溫哥華島的東岸，呈海螺狀的螺旋外觀，象徵大海對美洲原住民捕漁村落的重要性。[1] 這座博物館佇立在曼吉角村（Cape Mudge Village）的小學和教堂邊，一排房舍面對著「發現水道」（Discovery Passage），夏季夜晚會有遊輪經過此水道慢慢航向阿拉斯加。博物館後方有一個圖騰柱的遺跡（外面包上一層金屬網），在草地上腐爛分解。

皇家卑詩博物館（Royal British Columbia Museum）是一座大型的白色建築，位於維多利亞市區。它與政府大樓、酒店，還有以英格蘭和蘇格蘭收藏品爲特色的旅遊商店共享市區空間。博物館的入口雄據著一間大型的紀念品店，專賣美洲印地安人飾品、手工藝品、書籍

107

和稀奇古怪的紀念品。外面搭著一間開放式棚屋，在那裡，西溫哥華島赫斯基特族／努查努阿特族（Hesquiaht/Nuu-Cha-Nulth）的藝術家保羅（Tim Paul）——他從一九七六年起便成爲博物館的資深雕刻家——正在製作用來替換溫哥華史丹利公園（Stanley Park）中一根舊圖騰柱的新作品。

烏米司塔文化中心（U'mista Cultural Centre）位於科墨藍島（Cormorant Island）的愛勒特灣（Alert Bay），靠近溫哥華島的北端，緊鄰一棟磚砌建築——該建築原是爲第一民族兒童而設的聖麥克寄宿學校（St. Michael's Residential School），現在則是寧普金社（Nimpkish）的行政辦公室。該文化中心向下延伸至海港，終點是一個大型傳統會所風格的展示空間。山坡上方，在一處更大的儀式會所旁邊，矗立著全世界最高的圖騰柱（收錄在《金氏世界紀錄》），它由牽索拉緊，就像一根巨大的收音機天線。

✵

一九八八年八月，我到溫哥華的一個夏季研修班授課，利用幾個長週末參觀了上述四間博物館。接下來各位所讀到的，是一個外部者——一位美國白人訪客——在參觀卑詩大學人類學博物館與烏米司塔文化中心時所做的反思。（這兩間博物館是我能去最多次的。）

雖然我會引用我與博物館策展人員和在地人的談話，也會引用一些書面資料，但以下的內容主要仍屬我對地點、建築物和展覽風格的個人印象。這四間博物館的複雜在地歷史、特定觀衆和內部爭論我只會略談一二。我的這些反思更接近於旅行書寫而不是民族誌或歷史研究。

我最初是在撰寫一篇談論西方博物館和人類學收藏品的文章時，開始對這四間博物館產生興趣（Clifford 1988）。我的文章分析「藝術－文化體系」——此一體系自十九世紀以來主導了歐洲和北美洲對於藝術與文化工藝品的分類與鑑賞標準。爲什麼某些非西方文物的歸宿是美術館，而另一些則成爲人類學的收藏呢？是什麼價值體系規範了這些多樣的收藏品的流動？文章的最後提出了復興在地群體對藝術－文化體系的若干質疑。（這些群體並沒有如預期的在現代性的同質化趨勢或在全國性的文化熔爐中消失。）他們目前的作品無法輕易被歸類至流行的藝術或文化的定義中。我認爲這些群體一直在參與和顛覆主流的藝術－文化遊戲。他們邁向現代性的途徑是不同的。（沒有任何一個人可逃離市場、技術與民族國家。）文物從國立博物館歸還至新成立的部落展示機構（如烏米司塔文化中心和瓜基烏圖博物館），似乎是一個引人矚目的例子，顯示如何將主流的收藏和展示實踐轉向了意想不到的方向。文化滅絕與文化搶救的大敘事是可以被民族振興、記憶和奮鬥的故事所取代的。

自十九世紀中葉以來，許多西北岸的社群都成功生存並抵抗了對它們的暴力侵害：毀

資深雕刻家保羅在維多利亞市皇家卑詩博物館的開放式棚屋中製作圖騰柱。

滅性疾病、商業與政治支配、對誇富宴（potlatch）的打壓，以及寄宿學校與傳教士所帶來的強迫教育等。[2]儘管原住民文化遭受巨大的傷害，並持續面臨經濟與政治的不公平，許多部落的群體與個人仍找出了獨立生活以及與現代國家談判的方法。在我常常造訪的人類學與博物館環境中，充滿著我在其他大都會環境（如紐約、芝加哥、華盛頓、巴黎與倫敦）裡從未感受到的政治氛圍。在今日的西北岸，原住民對土地所有權的爭取、對返還博物館收藏品的爭取和對限制科學研究的爭取愈來愈普遍。原住民藝術（雕刻、建築、繪畫、版畫、珠寶與毛毯設計等）——會同時參與市場

110

與博物館網絡、部落祭典及政治脈絡——是文化生命力的主要公共證據。關心古老與現代北美洲西北部原住民文化的博物館策展人員與人類學家都感受到反覆出現的壓力與批判，面臨著輕則公開的困窘、嚴重者甚至是法律介入的威脅。[3]

前往卑詩省時，我原預期聚焦在瓜基烏圖部落的兩間博物館，但後來我發現我不能忽略在卑詩大學與維多利亞市博物館的「重要」西北岸藝術品展覽，這兩者各以自己的方式回應演化中的脈絡。一九九〇年代沒有一間博物館（無論是在部落裡或是大都市的）可以聲稱自己能夠全面或本質上講述有關西北海岸印地安藝術或文化產品的整個故事，而這兩個展覽讓愛勒特灣和曼吉角村的創新形成對比，有助於清楚顯示出這一點。確實，這四間博物館展出的都是相同種類的文物：儀式用的面具、牛嘎器、袍子與雕刻品，還有那些因應古董市場與藝術品市場而生產的工藝品。在四個不同的脈絡下，這些文物訴說了各自不同的文化生命力和文化掙扎的故事。四間博物館都呈現了美學與民族誌脈絡中的歷史擾亂與政治擾亂，因此挑戰了在大多數部落或非西方作品的主要展覽中仍占主導地位的藝術－文化體系。它們以特定的、分層次的方式混合了藝術、文化、政治和歷史的論述。它們在應對不斷變化的歷史情境和文化經濟權力不平等的平衡中，相互競爭也彼此補充。

然而必須指出的是，我這種整體比較的方法往往限制了對這四間博物館的描述。我比較是將它們視為一個統一的再現場域（field of representations）裡的變體，而不是地方史、區域史或國家史的特定銜接。對於部落博物館與文化中心來說，這種簡化的做法尤其受到質疑，因爲這些機構的運作既遵循又跳脫了主導的主流文化。在比較博物館學（Comparative Museology）的脈絡中，這類機構是少數或對立性的方案，而這也是其存在的重要面向。[4] 但在其他的關鍵方面，它們根本不是博物館：它們是說故事、收藏和展示的原住民傳統的延續。我們稍後會談到一些瓜基烏圖的傳統。然而整體來說，我的比較方法傾向於強調糾結與關係，而不是獨立性或一種明顯在國家文化之外的經驗。再者，部落生活的後期面向並不是「少數」一詞（指的是相對於大多數權力而定義的位置）所足以形容的。我所遺漏的部落觀點應該由比我更適切和博學的作者深入補充。本章受到比較博物館學的脈絡影響，也受到此脈絡的強烈引導和限制。[5]

*

維多利亞市的皇家卑詩博物館以兩大層樓來呈現它的常設展品。參觀展覽的路線是線性的，有先後順序並帶有教育性質，大量使用書面與錄音解說、歷史照片與文件。展覽的前半（在上面那層樓）聚焦在與西方接觸前的西北岸原民生態與社會。它解釋當地人適應環境的方法、技術（編織、獨木舟、服飾、房屋、器皿）、面具與神話。細緻的傳統服飾穿在眞人大小的人體模型上。取自柯蒂斯*早期電影《在獵頭者的土地上》的一段默片，表現出戴面具的舞者在傳統獨木舟的船艄跳舞的畫面。（看到這些熟悉的面具與獨木舟動起來有一種不眞實感。）早期的印刷品和牆壁大小的照片讓人一瞥原住民世界與西方接觸初期的樣子。在黑暗的空間中，一張張面具依次被照亮，預先錄製的聲音講述每張面具背後的不同神話。

往下一層樓的行進途中（*in medias res*），迎面而來的是白人的文化、商業與權力入侵。†樓梯走到底是一些海達族（Haida）巫師的人像——這種人像最早雕刻於一八八〇和一八九〇年代，反映出傳統巫師權威的式微。而一尊特林吉特族（Tlingit）所刻的基督教傳教士人像則標誌著原住民將不得不與之協商的新力量。這種文化接觸初期是成功的，因爲它爲原住民的文化與藝術生產帶來了外部刺激，使之產生變化和多樣化，我們可以從展覽中對珍玩買賣興旺的介紹看見這一點。然而，這種非災難性的文化接觸，不久之後便因一八六〇年代爆發的流行性天花疫情而告終。參觀者繼而會通過一條走廊，兩旁盡是巨幅的、令人難忘的美洲原住民面孔（柯蒂斯所繪），錄製好的聲音詳細講述原住民經歷了人口急遽下

* 譯注：柯蒂斯是一名以拍攝美國西部和北美印地安人而著名的攝影師。
† 譯注：此處「*in medias res*」也是本書序的副標題。

降和文化危機，如何爲生存而苦苦掙扎。走過這條讓人痛苦的走廊，接著出現的是有關傳教士影響力的展示（有穿制服的學童的照片，有破損的面具，但未觸及改信宗教的複雜性 112 和它從一個印地安人的角度意味著什麼）。下一區是關於誇富宴，以照片和文件證據來呈現加拿大政府對誇富宴的打壓。這種西北岸原住民的重要儀式由於其激烈舞蹈和「過度」（excessive）的財富重新分配，被視爲一種「野蠻」習俗。這一區的展品包括報紙的詆毀評論和鮑亞士爲誇富宴所做的辯護。在這個歷史性的展示中，參觀者會大量閱讀書面解說，包括現代解釋和當代文件。

然後參觀路線通往最大的一個展廳，其中包括了一間重新搭建的酋長家屋和一大批圖騰，四周的展示櫃裡放滿了依照族別分類——欽西安族（Tsimshian）、貝拉庫拉族（Bella 113 Coola）與特林吉特族——的面具和其他儀式用品及藝術品。我們接著穿過一間光線幽暗的狹長會所，虛擬的火光和錄製播放的吟唱聲營造出一種氛圍，引人走入最後一個主題爲「土地：一七六三至一九七六」的展區。在這一區，大量的照片與文本喚起原住民爲了土地使用與所有權的長久抗爭，包括沿岸的賽利希族（Salish）曾有一個代表團在一九〇六年前往倫敦進行的土地聲索，以及近年來的其餘土地聲索事件（有一張阿薩巴斯卡族〔Athabakan〕印地安人在一九七五年封鎖一條鐵路線的巨幅照片）。

整體而言，皇家卑詩博物館在歷史處理方面，就複雜性而言是罕見的，尤其是它在展

酋長家屋（強納森・杭特的家屋）內部，位於維多利亞市皇家卑詩博物館。

覽相當早期的階段便有關於白人權力的引介。展覽並沒有單獨展示（或是到最後才加上）變遷，[6] 而作爲展覽高潮的酋長家屋和舊文物是被放在傳教士的影響力和誇富宴的打壓之後，接下來才是土地的抗爭。因此，最大的展廳展示的並不是一個單純的古老傳統空間，而是一個受到衝突與變遷包圍的文化本眞性（cultural authenticity）的有力場域。這個歷史順序告訴我們，這裡展示的傳統文物並不見得都是在白人權力出現之前製作的，而是在與其有關聯的環境中產出，甚至是出自違抗白人權力。[7] 皇家卑詩博物館整體的歷史方法是線性和綜合的。它從廣泛的區域角度，訴說一個有關原住民的文化適應、文化危機與文化衝突的故事。特定群體所經驗的歷史，以及神話傳統和地方政治議程對不同歷史敘事的貢獻，則被納入這個全面性的敘事。正如我們將會看見的，在烏米司塔文化中心，歷史有著不同的解讀。

*

卑詩大學人類學博物館展示文物的魅力，有時看似略遜於愛瑞克森所設計的展館和展館所處的懸崖環境——這種情形不會發生在維多利亞市的那個無窗大盒子上。在這四間博物館中，卑詩大學博物館是唯一開始公正對待西北岸雕刻和空間設計的紀念性面向的博物館。整棟建築有許多大大小小的空間，但具有主導性的是它的「大廳」(Great Hall)——這是一個高聳的展廳，巨大混凝土柱讓人聯想起傳統的會所。但與昏暗和火光搖曳不定的傳統會所不同，卑詩大學博物館的「大廳」沐浴在日光裡，因爲它有一面高聳的牆壁完全由玻璃構成。在這空間中，所有陳列的文物往往可以從多個角度獲得最大的能見度，而且往往從多個角度看去都是如此。導覽手冊開宗明義寫著：「人類學博物館展示西北岸原住民工藝品的方式是強調它們的視覺特性，視之爲藝術作品。」

卑詩大學人類學博物館的「大廳」。麥雷南拍攝。

進入博物館後有一條斜坡道，往下直接通往「大廳」。「大廳」的展品包含古老的圖騰柱、會所的柱子、盒子和宴會的餐盤。我們會發現其中有由當代海達族藝術家比爾・瑞德（Bill Reid）——他可以稱得上是博物館的靈魂人物——製作的兩座大型雕刻，一座是海狼與殺人鯨，另一座刻的是一頭蹲伏的熊。《熊》的標示牌上有如下說明文字：

文化族群　海達族
地點　卑詩省溫哥華市
時間　一九六三年
物件　當代雕刻
描述

A50045《熊》
比爾・瑞德雕刻
本作品容許參觀者輕觸

「大廳」中大部分標示牌（都是一樣的精簡）包含著小小的插圖，描繪每件物件在其原來環境的樣子。這些不張揚和有點理想化脈絡的設計用意，旨在不與文物的視覺衝擊力競爭。（瑞德的雕刻品旁沒有這種插圖，理由很明顯：它們原來的環境就是這間博物館。）

「大廳」中的所有文物都比生活中的更大，卻也觸手可及，這在某種程度上體現了這些雕刻的存在：既是有紀念意義的，又具有親密性。（在維多利亞市，最大也最古老的圖騰柱則是放在玻璃後面。）在它們原來的環境中，圖騰柱、柱子和門道往往是家中之物和排列在人行道上。人們會每日經過它們。「大廳」沒有用玻璃將參觀者與文物分隔開，參觀者可以繞著文物走動，附近還有供休息的座椅，藉此讓人感受這種親密的宏偉感。

室內與室外之間的某種模糊性也被創造了出來。「大廳」的設計讓我們可以看見在博物館後方新近建造的圖騰柱與傳統樣式房屋，這讓它們也成爲了「大廳」展示的一部分。兩間海達族房屋和幾根圖騰柱是海達族藝術家瑞德和寧普金社（瓜基烏圖族）藝術家克藍馬（Doug Cranmer）於一九五八至一九六二年間建造的。（他們的合作標誌著在當今的脈絡下，特別是在都會區博物館的脈絡下，西北岸藝術與西北岸文化的範疇常常優先於氏族、語言或村落。）代表不同傳統的其他當代藝術家的圖騰柱分布在博物館周圍。新作品與玻璃牆後方的古老文物放的很近，清楚傳達出博物館最重要的訊息：部落藝術作品是持續、動態的傳統的一部分。博物館將展示的藝術品視爲一個不斷創新的過程的一部分，而不是從消失的過去中搶救回來的寶物。

離開「大廳」，我們從巨大展品轉向了微型展品，這間名作「傑作藝廊」（Masterpiece Gallery）的展廳包含許多小型文物，它們都是因爲手工精良而入選，其中有木雕、骨雕、象牙雕刻、泥雕，有梳子、菸斗、樂器、首飾與珠寶。館方再一次用新舊雜陳的方式，展示傳統藝術正在演化中。例如，十九世紀末知名藝術家艾登蕭（Charles Edenshaw）製作的精雕

116

細琢手鐲（鍍上貿易貴金屬金和銀），被陳列在瑞德和戴維森這類的當代創新者的作品旁。「藝廊」內光線幽暗，精品店風格的燈光照著展品，一旁附有小小的標示牌——這些設計在在強調展品是精美的藝術珍品。

藝廊後面的劇場可用作小型展覽、演講、播放電影、說故事和展示北美洲原住民工藝品的製作過程。它緊鄰一個小型當代展示空間：將研究用的收藏品組織爲可見式的儲存（這是卑詩大學博物館最知名的博物館

《熊》，當代雕刻，由比爾．瑞德創作。溫哥華卑詩大學人類學博物館的收藏。麥雷南拍攝。

前景，由比爾．瑞德與道格．克藍馬在1962年製作的海達族傳統家屋與圖騰柱。畫面右側爲卑詩大學人類學博物館。作者拍攝。

學上的創新）。來自不同北美原住民文化的作品，還有日本、中國、美拉尼西亞、印尼、印度和非洲的作品，被放在公眾可以任意打開的玻璃盒子或抽屜中。冊子中可以找到每件作品的詳盡資料。此處的陳列方式與博物館其他地方普遍存在的美學化的方法相反。在此，大量的收藏物件並不像是藝術傑作。相反地，重點在於分類：一個大的容器櫃中擺放著來自世界各地各種形狀和大小的盒子和籃子。

不同於偉大藝術品的造作陳列，抽屜裡擺滿了小物件會讓人感覺到一種親密的發現感，像是在閣樓中尋寶一般。這個可見式的儲存區以大量的

117

物件和資訊彌補了常設展的選擇性與解說有限的狀況。被排除在上述兩種策略之外的——一個詳細的歷史敘事——表現在一件被邊緣化和被塞在遠離常設展一個角落的一件作品。那是一尊天使，由欽西安族藝術家雅樂賽（Freddy Alexei）於一八八六年爲一個衛理公會的受洗池所雕刻，它道出了在維多利亞市發生的文化接觸、傳教、殖民和抵抗的複雜故事。

118

*

皇家卑詩博物館的「黑箱」展覽創造出一種幽暗和完全室內的環境，其順序與觀點都是爲了滿足明確的教化目的而受到嚴格控制。卑詩大學的人類學博物館則提供一個大型的開放空間，它沐浴在陽光中，連接至數個小展廳，參觀者可以從不同的入口進入。儘管有大致固定的參觀路線，但這路線不是線性的，常設展的資訊也不完全仰賴參觀順序。重點是個別物品，而不是它們所置身的任何敘事。大體上，這個博物館沒有呈現一個經過建構的歷史脈絡。

歷史取向（有別於美學取向）的一個指標是系統性地採用照片，尤其是黑白或褐色的照片。（彩色照標誌著現代，黑白照標誌著過去。）歷史照片展示出使用中的展品（或這一類的物件），常常包含「不純淨的」或「不相關的」環境。世紀之交在西北岸印地安村落所拍的那些動人照片，展示了那些現在常常被我們認為是雕刻或藝術品的東西，原本是房屋的一部分，起著支撐房屋的作用。有時我們會看到照片中人穿著吊帶褲或高跟鈕扣鞋走在

欽西安族藝術家雅樂賽在1886年為基督教衛理會的受洗池所雕刻的天使。卑詩大學人類學博物館。作者拍攝。

木板路上。我所討論的四間博物館中有三間大量使用老照片，有時還會戲劇性地將照片放大，然而卑詩大學人類學博物館的常設展沒有展示任何照片。這透露出它採取獨樹一幟的策略。

雖然卑詩大學的博物館與維多利亞市的博物館都以多重方式將部落文物脈絡化，然而主導其常設展的取向卻是大異其趣而互補：一個展示歷史過程，另一個則展示美學過程。在卑詩大學博物館，美學取向的策略在可見式收藏區對面的圓形區最爲顯著，這個空間是專門用來放置瑞德的大型雕刻〈渡鴉與第一個人〉（取材自海達族一個創世神話）。影片記錄了這件作品的生產過程；此外，還有瑞德雕刻的圖騰柱在夏洛特皇后群島（Queen Charlotte Islands）被豎立起來的影片，以及尼斯迦族（Nishga）藝術家太特（Norman Tait）教導年輕原住民製作獨木舟的影片。

過去十年，卑詩大學人類學博物館與皇家卑詩博物館對美洲原住民藝術家和文化運動者開放其收藏品和教育課程。無論常設或期限性的西北岸展示品，都反映出部落的藝術、文化與政治現況。雖然它們的回應範圍受到限制，又雖然它們的展示及脈絡化樣式並未與傳統的博物館實踐明確決裂，這兩間博物館對它們所記錄的傳統的生命力和內部競逐，仍有著異乎尋常的敏感度。

皇家卑詩博物館鼓勵美洲原住民藝術家使用它的藏品作爲創作模型、雇用原住民藝術家爲博物館員工——並且已經這樣做了好一段時間。博物館也接受委託製作新的傳統作品，並出借這些作品供儀式使用。對外開放且運作中的工作坊在博物館入口迎接遊客*，而館中常設展的結尾爲當前的土地聲索運動提供了歷史深度（這運動持續了超過一世紀）。參觀路線的最後是一個擺放海達族泥雕的展廳。據館方的說明，泥雕這種藝術形式始於與白人貿易商的接觸，最近才又再度復興。在展示過這種非常高明的雕刻技術是如何被打壓及消失，還有它的構成原理之後，展覽用以下話語作結：「直到最近，這些工藝原理才被重新發現和駕馭。當代的海達藝術正經歷一場令人振奮的復興，但願這個展覽對海達藝術的重生有所貢獻。」

卑詩大學人類學博物館也爲廿世紀的著名藝術家瑞德和戴維森的作品提供展示空間。在博物館的劇場中，附近瑪斯昆社（Musqueam band）的婦女向參觀者展示其復興了的編織技術。館方正在與原住民藝術家共同規畫重要的展覽，而原住民身分的博物館職員過去也在展覽中占有舉足輕重的地位。[8]博物館中的白人職員談到了有必要從「殖民」的博物館學轉變爲「合作」的博物館學。無論我們認爲這種轉變會面臨多少阻礙（例如溫和父權主義的風險、難以處理的博物館監管權、不願意以批判的角度省視某些收藏物品的歷史等），但在

* 譯注：此處指的是有藝術家保羅在其中雕刻的棚屋。

北美的博物館專業人士中，能像他們一樣清楚表達這種願望的人簡直鳳毛麟角。[9]

維多利亞市與卑詩大學的展覽顯示出，如何把一種對文化過程與政治過程的意識引入至兩個展示部落作品的重要當代脈絡：歷史脈絡與美學脈絡。但在簡略地介紹這兩個博物館時，我主要聚焦在它們的常設展（兩者都是在一九七〇年代早期規畫出來），而不是在它們更多元的期限性展覽，或者它們的檔案性、研究性或外展性活動。在這些更具彈性的領域中，我們可以看到明確詮釋其策略的趨勢大量增加，而這是變遷中與角力中的政治脈絡的典型趨勢。例如，各大藝術和人類學博物館對美學表現／科學表現、形式主義表現／文化主義表現的相對價值的熟悉爭論，看來正讓位給戰略性的混合取向。我造訪過的四間博物館都存在某種程度的文化脈絡化。美學感知也是如此。事實上，在我的研究樣本中，對展品以最形式主義方式處理的是一間人類學博物館，但它卻讓人得到藝術是一個文化過程的印象。

將工藝品視爲藝術，是目前跨文化傳達品質、意義與重要性方面最有效的方式之一。[10]這並不需要將非西方的美學判準直接等同於西方的美學判準。上述四間博物館各有自己一套混合脈絡化和敘事的方式，爲展品留下了可能的美學感知空間。四間博物館也都爲藝術、文化、政治與歷史的詮釋範疇（或翻譯工具），同時喚起了地方性與全球性的意義。[11]

121

✱

我觀察的兩間部落博物館提供了另一條比較軸線。沿著這條軸線看，美學取向的卑詩大學博物館和歷史取向的維多利亞博物館同多於異，因爲兩者都有成爲大眾博物館（majority museum）的抱負，鎖定的是不分遠近的參觀者。反之，烏米司塔文化中心和卡瓦吉司博物館則是部落性機構，鎖定的是在地的參觀者，並深深植根於在地的意義、歷史與傳統中。

大體來說，大眾博物館銜接了世界主義文化、科學、藝術和人文主義——通常還帶有一點國家的本位主義。部落的博物館則表達在地文化、對立政治、親屬關係、族群與傳統。我認爲，大眾博物館的一般特徵是耳熟能詳的，因爲任何藝術收藏或民族誌收藏要被視爲是重要的，都少不了這些特徵：（一）尋找「最好」的藝術品或最「正宗」的文化形式；（二）對有例示性或代表性的物件感興趣；（三）自覺擁有的典藏是城市、國家和人類瑰寶；（四）傾向於將藝術品和文化品區分開來。鄧肯（Duncan 1991）對作爲國家博物館原型的羅浮宮的研究提供了一些相關的系譜（Horn 1984; Coombes 1988）。我們很熟悉大眾博物館對它們所認爲的地方博物館的「本土主義」（provincialism）和「有限」（limited）收藏的態度。而另一端的態度則可以從瓜基烏圖部落文化中心一名工作人員對卑詩大學人類學博物館的說法看見端

122

倪：「他們收藏了很多東西，但是他們對這些東西所知不多。」

部落性博物館有相當不同的企圖：（一）它的立場某種程度上是對抗性的，其展覽是要呈現被排除的經驗、殖民的歷史和當前的抗爭；（二）文化與藝術的界線通常無關緊要，或者是斷然被顛覆的；（三）統一觀點的或線性的歷史觀（無論是國家、人類或藝術發展的歷史）受到在地史或社群史的挑戰；（四）其收藏並不期望被納入遺產（國家遺產或偉大藝術遺產之類）中，而是志在被嵌入不同傳統與實踐，跳脫國家遺產或世界遺產身分的羈絆。

然而，部落性機構所面臨的對立困境卻比上述所說的更爲複雜，在這方面，部落的經驗反映著其他少數族群的經驗。部落或少數族群的博物館或藝術家，雖然以地方爲基地，但可能會渴望獲得更廣泛的認可，渴望某種程度的全國性或全球性參與。因此，持續地戰略性移動是必要的：從邊緣移至中心，再移回邊緣，在主流脈絡、市場與成功模式中進進出出。少數族群的機構與藝術家也參與藝術－文化體系，但以一種不同的方式參加。例如，烏米司塔文化中心創造並利用了熟悉的「博物館效應」（museum effects）（Alpers 1991）。然而，就像我們將會看到的那樣，它同時質疑這些效應會將觀看的位置歷史化和政治化。因此，一方面，少數族群機構並不可能也不想採取純地方或純對立的立場，另一方面，這些機構抗拒主流的狀態，受到地方的、傳統的與社群的依戀與抱負左右。結果就是一個複雜的、辯證的混雜體，一如伊巴拉弗勞斯托在研究許多當代墨西哥裔美國人的藝術與文化時所顯示的那樣（Ybarra-Frausto 1991）。地方性目標與全球性目標的混合程度，社群參與、全國性參與和國際性參與的混合程度，在不同的部落性機構會有所不同。而這一點在比較曼吉角村和愛勒特灣時將會變得很明顯。

✵

瓜基烏圖博物館暨文化中心在外觀上率由舊章。在接待區和紀念品專賣店之後，有一個半圓形的大型展廳，玻璃櫃中陳列著傳統工藝品，一旁則是雕刻的房屋柱子、一根圖騰柱和一艘懸掛起來的獨木舟。* 樓下的地下室則被用作視聽簡報的空間，或是供學校和社區舉行活動。博物館整體的美學風格是現代主義的：線條清晰、明亮、整齊。弧形的牆上掛滿有關該地區的放大老相片。博物館內的展示風格沒有任何異於尋常之處，不會立刻讓來自城市的參觀者大吃一驚。

然而，如果再看仔細一點，便會看出一些異樣。玻璃櫃中面具旁邊的一、兩句說明文

---

* 譯注：這艘獨木舟也出現在《文化的困境》裡，藉以形容紐約現代藝術博物館所典藏的現代文化物件，其中包括一架懸掛在博物館天花板上的綠色直升機。

字有時會包括這樣的資訊：「曾在某種儀式中使用。」當我沉思這間博物館在生氣勃勃的美洲原住民社群中扮演的角色時，句中動詞的時態變得意義曖昧。我想到了這些物件在當代文化或儀式中使用情況的問題，而這是一個我在參觀都會區博物館的部落文物時不會想到的問題。此外，博物館中每一展品都注明曾爲誰所「擁有」。所有的展示品都是出借給博物館的嗎？我的腦海中不禁浮現財產權的問題，而這也是以前從未出現過的。事實上，被提到的物主個個都是酋長，這些文物分別屬於特定的家族，因爲傳統上並沒有部落財產這回事。它們如今落腳在部落中的博物館是政治性安排的結果。

瓜基烏圖博物館與烏米司塔文化中心的展品，是加拿大政府在一九二二年強制徵收得來。事情發生在一場「非法」的大型誇富宴（該地區歷史上最大的一場）之後。這場誇富宴是愛勒特灣寧普金社的丹恩・克藍馬（Dan Cranmer）在一九二一年底偕妻子愛瑪（Emma Cranmer）和妻子娘家共同舉辦。（愛瑪的娘家是村莊島〔Village Island〕的馬瑪歷歷庫拉人〔Mamalillikulla〕，誇富宴正是在村莊島上舉行。）比利・阿蘇酋長（Billy Assu）——來自曼吉角村的賴克維多部落（Lekwiltok）——從旁協辦。宴會持續了六天，過程中克藍馬送了客人大批令人印象深刻的收藏品。因爲時值冬季，舉行誇富宴的地點也偏遠（村莊島當時已無人居住），即便那麼大規模的活動也有希望不會被當局發現。但事情偏偏被愛勒特灣的印地安人事務官哈利戴（William Halliday）知道了（他當過原住民寄宿學校校長，而且充滿開化熱

瓜基烏圖博物館暨文化中心（位於曼吉角村）的主展廳。作者拍攝。

情），認爲這是剷除該地區的「原始的」、「過度的」誇富宴的好機會，於是動員加拿大皇家騎軍，將參加者逮捕、審判和繫獄。

接著官方提出一筆交易。如果這些受刑人和他們的親友們願意正式聲明放棄誇富宴，並交出獲贈的物品（紅銅塊、面具、牛嘎器、哨子、頭飾、毛毯與盒子等），便可免去牢獄之災。有些人寧可坐牢也不順服，但仍有許多人擔心波及親人而被迫屈從，因此放棄了他們珍愛的工藝品。於是，四百五十件以上珍貴的物品便落入了渥太華和霍爾（Hull）的大博物館中，也有些落入了紐約的美洲印地安人博物館。當局付了象徵性的徵收費，支付金額與物品在原住民經濟中的價值毫無關係可言。（以紅銅塊爲例，紅銅塊在交換中向來備受珍愛，可值上幾千美元，卻被用少於五十美元的價格「買」下來。）這些懲罰與損失對傳統社群造成嚴重打擊：大規模的經濟交換制度消失了，而儀式生活與社會紐帶也在社會經濟變遷和政府、傳教機構及寄宿學校的敵意下難以維繫。[12]

但人們並沒有忘記這批珍貴寶物。隨著誇富宴在一九五〇年代的合法化和整體的文化在一九六〇年代的復興，出現了要求歸還文物的運動。這批文物當初遭到強行掠奪乃是再明顯不過的事。因此，經過大量討論之後，霍爾的人類博物館（現在的加拿大文明博物館）同意將物品歸還部落。皇家安大略博物館隨後跟進。但有附帶條件：文物不能歸還給個別部落的酋長與家族。這是因爲擔心他們會保管不善，或是會賣給私人收藏家換取大筆金錢。

物品必須存放在有防火設備的部落博物館中。然而，關於部落博物館該建在何處卻有不同的意見。一九二二年後，那場盛大的誇富宴事件的當事人與後代分別定居在兩個瓜基烏圖社群，也就是曼吉角村和愛勒特灣。最後，在政府經費與私人捐款的資助下，建了兩間博物館，並將歸還的文物予以分配。由家族中對特定物件有聲索權的人，決定該文物要歸哪間博物館。如果發生爭端或是不確定，文物便會依照數量平均的原則分配給兩間機構。

兩間博物館在包括了建築、展示形式、在地方政治上的意義、活動的範圍和知名度等方面都有所不同。烏米司塔文化中心位處一個較大的、流動性較高的瓜基烏圖社區，而愛勒特灣四周地區則是許多聲名遠播的原住民藝術家的家。文化中心是地區藝術與文化的催化劑，同時也與溫哥華、維多利亞市還有更外界的博物館有所連結，其館長葛洛麗亞・韋伯斯特（Gloria Cranmer Webster）便是丹恩・克藍馬的女兒。她有學術上的訓練，也積極參與全國性與國際性論壇，因此讓文化中心顯得有一種向外走出去的動力。反觀位於瓜拉達島的瓜基烏圖博物館暨文化中心卻有一種私密和略帶沉寂的感覺。它的文化活動較有界線，是以村落爲中心。它不像烏米司塔文化中心那樣，製作有關誇富宴受到打壓或文物歸還的錄影帶並廣爲推廣。[13] 瓜基烏圖博物館以簡單的方式展示其珍藏的遺產，只簡短介紹每件物品的歷史與傳統意義。它會標明物品原屬誰所有。在這裡，藏品不是文化財產（如在大衆博物館中那般）或部落財產（如在烏米司塔文化中心那樣），而是個人的（家族的）財產。

博物館以強調物品的特殊性與視覺外觀的方式來呈現文物。參觀者可以在沒有太多干擾的情況下把它們視爲偉大藝術品欣賞。在整體的脈絡化風格上，這間瓜達拉島上的博物館類似卑詩大學人類學博物館，不過前者對歷史照片的使用加入了一個不同的向度。而且，既不同於皇家卑詩博物館也不同於與烏米司塔文化中心的是，它不會將個別展品納入較大的歷史敘事之中。

這些展品是社群和家族的重要紀念品。至少對一名外部者而言，除了形式的、美學的價值之外，它們的震撼力量有很大一部分來自一個簡單事實：它們就在**這裡**，就在曼吉角村。在地方性博物館中，「這裡」事關重要。一個人如果不是旅行前來此處，便是原本就住在這裡，也因此得以了解一筆遺產的親密性。當然，每間博物館都是地方性博物館：羅浮宮是巴黎的博物館，大都會藝術博物館則是典型的紐約機構。不過雖然大衆博物館都反映著自己的城市與地區，但它們期許自己可以超越這種特定性，進而作爲國家、國際或人類遺產的一個代表。在曼吉角村和愛勒特灣這種地方，其周遭的社群與歷史必然無可避免會爲博物館帶來影響。外人會好奇，當地人對這些機構參與到什麼程度，而它們對族人的意義又是什麼？在曼吉角村，孩子們會騎著腳踏車來到博物館門口，而我們好奇，他們有多常走進博物館內（例如是去看某位是工作人員的親戚嗎）？他們怎麼看待裡面的展品？關於這些展品，他們被教導過什麼知識？這一類問題不會自然地從大型的都會區博物館和它們的參觀者的大腦中冒出。（爲什麼？嚴肅看待部落博物館會迫使人思考這個問題。爲什麼我們很難從大眾博物館所服務的想像性社群和它們所表達的地方知識的角度，去看待大眾博物館？）

曼吉角村是一個相對繁榮的漁村。村裡木屋一字排開（一處一間或一處前後兩間），面對大海，就像是老照片中的瓜基烏圖社區。博物館緊接在學校、墓園和一間教堂旁邊。當我詢問一位在紀念品店工作的族人婦女對文物的歸還有何反應時，她說不錯，對他們來說，文物就在附近感覺眞好。（「附近」……指的是每天都可以感受親屬關係的意思嗎？這是一種驕傲和當地控制權的表示嗎？是一段對失落歷史的回憶嗎？她的「附近」一詞的在地意義是什麼？）這種具體的意義改變了一個習慣於大眾博物館部落藝術展的參觀者的感知。

127

✷

我在瓜基烏圖博物館的紀念品店中意識到這種轉變。我注意到柯蒂斯拍攝的照片——廿世紀初瓜基烏圖男人與女人的紅褐色肖像——被製成明信片販賣。這些肖像對我來說太熟悉了：我在擺設供人瀏覽的大開本精裝畫冊上、在月曆中（例如以「影子」爲標題的月曆）、在學生宿舍牆上都看過他們。我的第一個反應是失望。難道我不遠千里來到瓜達拉島，就只爲了看到這些耳熟能詳的、甚至是刻板印象的臉孔？我知道柯蒂斯的許多肖像都是精心安排的（Holm and Quimby 1982; Lyman 1982）。爲了顯得純正，其中一些人或許穿戴了他帶來的假髮和傳統服飾。無論如何，我強烈懷疑明信片上的這名男子——戴鼻環、穿樹皮衣、手持紅銅塊——在日常生活中也會穿成如此模樣。拿起另外一張明信片，我看見一位男子的彩色肖像，他穿著用鈕扣裝飾的背心，頭飾上有一個用鮑魚貝鑲嵌的雕刻臉龐。明信片背面指出此人是「那可娃多克部落（Na-Kwa-Tok）的瓜基烏圖人（Kwakiutl）酋長喬治（Henry George），他戴著和平頭飾出席瓜基烏圖博物館的開幕典禮，時爲一九七九年六月」。這並不是喬治的日常打扮。我再拿起前一張照片，把它翻過來，期待看到柯蒂斯所下的標題：「納考阿克陶克人（Nakoaktok）酋長與紅銅塊。」那出現的標題有著上下引號，旁邊還指出納考阿克陶克人就是夸夸嘉夸人（Kwakwaka'wakw；瓜基烏圖人），又說：「哈卡拉特（Hakalaht）酋長手持『瓦迷思塔急拉』（Wamistakila）紅銅塊。『瓦迷思塔急拉』意爲『將所有的東西搬出屋外』，指的是這紅銅塊的昂貴價值：它值五千條毛毯。」在曼吉角村拿著柯蒂斯的照片，我明白了它代表著一個個人，一位有名有姓的祖先。這個肖像在此地所傳達的意義，可能與外來參觀者所感受到的異國情調和感傷非常不同。

後來，我在柯克的《西北岸的傳統與變遷》一書中遇到相似的啟示。赫斯基特族／努查努阿特族耆老愛麗絲・保羅（Alice Paul）在柯蒂斯一幅極具震撼性的照片中看見了自己的

瓜基烏圖博物館暨文化中心的商品區販售的兩張明信片。

母親：照片中的婦人看著大海，身穿傳統樹皮衣，頭頂著帶頭帶的籃子。愛麗絲・保羅的母親在一間罐頭工廠工作，而她丈夫出海獵海豹。柯蒂斯選她，是因爲她能在很短時間製作所需的樹皮衣和竹簍。「我總是看著她的照片……每次當我拿起這些書，她都在裡面。但他們從不提她的名字，只稱之爲『赫斯基特族婦女』。但我知道她的名字。她叫薇吉尼亞・湯姆（Virginia Tom）。」[14]（柯克將這張照片重新放在談論赫斯基特族／努查努阿特族婦女工藝成就的敘事中，旁邊又放上她外孫女的照片。她外孫女是卑詩大學法學院的畢業生。這斷然不是柯蒂斯的故事。）

在卑詩大學人類學博物館的紀念品店，一件事情讓我意外地回想起曼吉角村。店裡，一名年長男性和一名少女討論著一本瑪斯昆人編織的型錄，試圖在型錄裡找尋女孩姑姑的照片。瑪斯昆人保留區——即賽利希海岸（Coast Salish）保留區——離這只有幾公里遠。他們找到了照片。在參觀過瓜基烏圖博物館之後，我再也無法忘記環繞著從日常傳統搜集來的物品、照片與故事的親屬關係和所有權問題——這些問題在大眾博物館的展覽中被規避了，因爲家庭關係與地方歷史都被納入到藝術遺產的名目或綜合性的歷史敘事之中。然而，對美洲原住民社群來說，對特定的部落來說，被搜集來的物品、照片和故事的持續重要性究竟何在？

我並非主張在地連結性總是存在或總是有意義的，而是指出我再也不能忽略展示品的

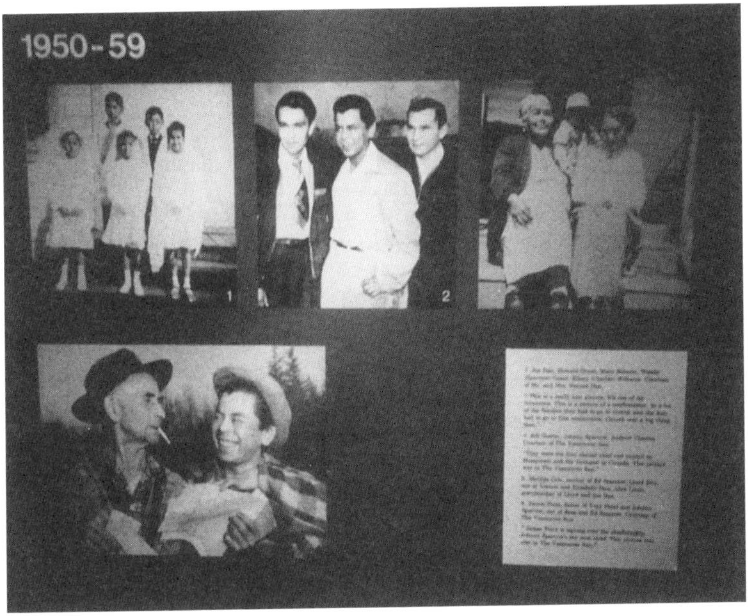

「為身為瑪斯昆人而自豪」展覽一景，1988年8月，卑詩大學人類學博物館。作者拍攝。說明文字上寫道：

1. Joe Dan, Howard Grant, May Roberts, Wendy (Sparrow) Grant, Eileen(Charles) Williams。照片來自Vernon Dan夫婦。「這真是一張很棒的照片，是我最喜歡的照片之一。這是舉行堅信禮時所拍攝。許多家庭的成員都必須領初次聖餐。在當時，教會是一件大事。」
2. Bill Guerin, Johnny Sparrow, Andrew Charles。照片來自《溫哥華太陽報》。「他們是瑪斯昆議會第一次選出來的頭目與部落議員，而且是全加拿大最年輕的。這張照片被登在《溫哥華太陽報》。」
3. Ed Sparrow的母親Matilda Cole；Vernon and Elizabeth Dan夫婦的兒子Lloyd Dan；Lloyd and Joe Dan的祖母Alice Louie。
4. Tony Point的父親James Point，Rose and Ed Sparrow的兒子Johnny Sparrow。照片來自《溫哥華太陽報》。「James Point正在簽署酋長職位交接的文件，Johnny Sparrow是下一任酋長，這張照片也登在《溫哥華太陽報》。」

所有權問題，也無法再忽略卑詩大學人類學博物館之類機構背後的收藏史的問題。我也不能再輕易接受卑詩大學或維多利亞市的展覽中那種對作爲一個整體的西北岸的強調。的確，它們眞的代表了一些重要的事情：一種地區歷史與進行中的美學成就，其規模足以與大衆博物館的全國性、世界性環境競爭的重要性與權力。但也有東西被遺漏了：濃密的在地意義、在地記憶和被重新創造的歷史。

重訪卑詩大學人類學博物館時，我在一個名爲「以身爲瑪斯昆人自豪」（Proud to be Musequeam）的非常設展中認出了在地意義。[15] 它的開場展櫃裡放著一幅放大的照片（當地耆老和兒童在一九八八年的合照），一張芭芭拉・卡育（Barbara Cayou）在一九八七年編織的毛毯和一個有三千年歷史的籃子。主要展示項目是一系列的照片，呈現瑪斯昆人從十九世紀晚期至今的歷史。博物館的瑪斯昆族策展人肯諾拉（Verna Kenoras）與史托甘（Leila Stogan）向耆老請益並累積了一百五十張以上的照片。他們將篩選過的照片依時間先後順序展示，務求把保留區裡的每個家族都被包含在內。標示牌採第一人稱角度，列明照片中的人的姓名和家庭關係（例如「某某的女兒」、「某某的兒子」）。一張一九〇〇年以前的照片有以下的說明文字：「對於這張照片，我們不是那麼幸運，因爲我們找不到當中任何女士的名字。眞是遺憾。」根據博物館的工作人員所述，留言簿顯示各國的參觀者對這個展覽極度感興趣，大部分留言都是直接對策展人說話。這個展覽在人類學博物館結束後，內容將永遠移至瑪斯昆老人聚會所展示。

愛勒特灣烏米司塔文化中心的入口處同樣透過照片與文字來建構歷史：

✵

夸古爾族（Kwagu'l）的酋長們一邊討論著祖先的由來，一邊等著由奇克西司部落（Tsaxis）一位酋長舉辦的宴席中的第二道菜。一開始，沒有人發言。然後，馬力得（Malid）說話了：「是我們的始祖太陽創造了各部落的祖先。」但有人問他這怎麼可能？因為太陽從來不創造任何人。馬力得啞口無言。其他人則說，是「特力沙拉吉拉口」（Tlisalagi'lakw）——貂——創造了我們的始祖。然後主人說話了：「聽著，夸古爾族人，我來說出真相。大家都錯了，因為其實是海鷗脫下面具化身為人，變成了第一個人。這就是我們部落當中某群人的緣起。其他人群則是太陽、灰熊和雷鳥各自脫下面具後形成的。這就是為什麼夸古爾族有那麼多不同的群體，因為每個群體都有自己的初祖。」

從那威提（Nawitti）來的一位酋長不表贊同，夸古爾族的四個群體因此感到憤怒，因為那威提的人相信「轉化者」（或說「造物者」）是從本已存在的人創造出所有部落的第一個祖先。但是夸古爾族的酋長們嘲笑這樣說法，他們說：「不要說『轉化者』是所有部落的創造者。事實上，他來只是為了作弄人類，將人變作浣熊、水獺和鹿。他把他們變成動物。我們夸古爾人都知道我們的祖先是海鷗、太陽、灰熊和雷鳥。」（改寫自杭特在一九〇三年所記錄的一個討論）

132

以上是展示在入口迴廊的十幾篇文本的其中之一，與這些創世故事並排展出的是村莊的老照片（例如「奇克西司、魯伯特堡、夸古爾」，多賽得於一八八一年拍攝）。每一組照片與文字都代表了地區內的重要在地社群（無論現在是否有人居住）。正如上引的文本所顯示的，它們給人的印象是，地區內的人會在一個共享的社會脈絡與語言脈絡下（飲宴與討論）展現差異性、爭論性與多樣性。在照片與文本組合前面的開場白中，文化中心直接挑戰外人對地區內不同但互有關聯的人群的身分界定：「自從白人來到了我們的土地上，我們就被『印地安事務局』稱爲夸夸圖族（Kwawkewlth），或被人類學家稱爲瓜基烏圖族。事實上，我們是夸夸嘉夸族。我們說著相同的語言，但是居住在不同的地方，不同的群體有著不同的名字。」然後，開場白對起源故事的介紹是以一個強烈主張作結：

地球上每一個群體都有屬於自己是如何而來的故事。正如瑞德在其《西北岸的原住民藝術》一書序言中所說：「在今日世界，大家普遍相信在好幾千年前，當世界生成之際，蒙古人游牧跨越了當時連結兩塊大陸的陸橋來到了西半球，成為現在的美洲印地安人。我們可以說，支持這種跨越陸橋說法的證據很少。但有豐富證據可以證明其他說法是可靠的。」我們的一些說法便是如此。

烏米司塔文化中心從一開始就彈著對立的調，強調身分政治（有關命名權和界定特定群體的衝突）和強調歷史政治（即人類究竟從何而來和往何處去的故事的不協調性；或是科學歷史與在地神話或政治系譜之間的衝突）。從一開始，便展示了聲索和再脈絡化外部權威所「搜集」的文本與物品的權力。入口處展示的許多創世故事都是「改寫自鮑亞士和杭特的《瓜求圖文本》（一九〇三～一九〇六）」。「搶救式民族誌」（salvage ethnography）的落穗被回收再利用，是夸夸嘉夸族的身分與權威的重新銜接的一部分。

走過漫長的入口迴廊之後，參觀者會進入環境宛如會所的「誇富宴區」。此區展示的都是丹恩．克藍馬在大型誇富宴中使用的物品，它們沿著牆壁擺設，約略依照它們在儀式中出現的順序排列。在門口，參觀者會讀到兩位耆老對一九二一年讓出物品時的回憶：

我的叔叔把我帶到堂區大廳，許多酋長都聚集在那裡，歐單（Odan）拿起一個牛嘎器說：「我們必須向我們的生活道別了。」接著他開始唱起他的聖歌。所有的酋長圍著這些文物站著，淚如雨下，如同有人過世一般。（金恩，愛勒特灣，一九七七年）

我的父親拿了一大塊的紅銅，它現在仍在這裡。他用那塊紅銅將我們贖出監獄。白人不知道那值很多錢，他們不相信這東西很昂貴。

每一個活在地球上的人都有

沿著會所展廳展示的誇富宴文物。作者攝於愛勒特灣烏米司塔文化中心。

一個他們群體的故事：我們曾無端入獄現在成了我們的故事的一部分。

丹恩・克藍馬所做的一切永無止盡，即使人們有意結束也無法結束。這件事會永遠被記得。（葛藍道爾，愛勒特灣，一九七五年十月十九日）。

134

在幽暗的會所展廳裡，聚光燈照亮了展品。木頭的味道彌漫著整個空間。巨大的雪松樑柱支撐著高聳的天花板。陳列的文物被螺栓固定在靠牆的升高平台上——牆邊平台正是舉行眞正誇富宴時觀眾所坐的地方。（何利漢稱，我們有時會覺得這些工藝品正在觀察我們〔Houlihan 1991〕。）展廳遠端兩扇大門可以直通海邊，會並且在儀式典禮期間打開。雖然這「會所」主要是間展廳（沒有煙孔，大橫樑上裝有保全攝影機），這個房間還可以作爲其他用途。老年人可以在此教小孩子歌曲與故事。舞蹈團體也會在這裡聚會（我們看到一根供敲打節奏用的大原木，安裝在腳輪上）。一張長凳上擺著一件精緻的毛利（Maori）雕刻，標誌著近期有一個毛利代表團在這文化中心受到接待。

會所展廳的氣氛讓人覺得親切；沒有玻璃將觀察者與觀察物品隔開。展品宛如一支遊行隊伍，集合在一起共同講述一個故事。儘管我們有可能欣賞它們各自的形式特色，然而歷史論述與政治論述會打斷我們的美學注意力。（確實，有些批評這展覽的人認爲，擁擠的呈現方式與照明的風格無法讓人充分感受每件文物的份量，或是它們在眞正誇富宴中被態熊火光照亮的樣子。）在這裡，紅銅塊、面具和牛嘎器代表的是一場特定的誇富宴。文物對於它們的所有者可能有的用途和意義（就像它們的所有者的姓名一般），被淹沒在丹恩・克藍馬的誇富宴和返還文物的歷史裡。「烏米司塔」是一個夸夸瓦拉的用詞，意指在戰爭中被俘但最後安然回到家的人所享有的好運。

參觀這展覽的人會了解到一九二一年的誇富宴、當時的鎮壓氛圍和這段歷史的地方記憶。相關資訊由口述證詞與歷史文件交織而成。不同於美學取向的展示方式，參觀者會在展品旁邊讀到大量資料。此外，不同於民族誌式脈絡化，展品並沒有標示功能或按功能擺設（其他三間博物館卻有這樣的設計）。事

附有歷史背景說明的誇富宴面具，作者攝於愛勒特灣烏米司塔文化中心。

實上，它們完全沒有標示牌。代之以被擺放在展品之間的大張白色卡紙，上面印有瓜基烏圖社群成員挑選的文本與引述。這些卡紙的內容包括部落耆老的回憶、印地安事務官哈利戴的報告（一派父權的描寫）、其他事務官和傳教士對「異教徒」習俗的描述，各部落酋長在一九一九年抗議鎮壓誇富宴所寫的請願書（請願書中指出擁有紅銅塊者的經濟損失，列出所有人姓名與價值，要求還給他們這些紅銅塊）、一位瓜基烏圖酋長給鮑亞士的一段訊息（大意說：「如果你要改變我們的習俗，那便離開，如果不是，我們歡迎你。」），以及印地安事務局總督察在一九二二年的一封信的摘錄（信中指出鮑亞士博士是美國人，他不應管閒事，爲誇富宴辯護）。這些文本有著強烈的召喚性：來自多事之秋的聲音會喚起參觀者的好奇、尊敬、沮喪、悔恨、憤怒……其中一張較簡短卡片的內容值得全文引用：

135

> 我還給你面額二十二元、編號三七九九的支票，這原本是要給阿伯拉罕的，但他拒絕接受，因為他認為這個金額遠遠低於他所交出的物品的總價。他要我告訴你，他寧願什麼都不拿也不願意以二十二元的低價賤賣這些物品。
>
> 大多數支票都已經付給印地安人，有人雖然認為金額太小，還是接受了。（瓜基烏圖事務局事務官哈利戴，愛勒特灣，一九二三年五月一日）

136

對於要給阿伯拉罕的二十二元支票，我隨函歸還，要請您要求他接受這個數額。這些物件現在全在博物館中，其價值都是由該機構中的主管人員核定的。（印地安事務部副部長鄧肯・史考特，渥太華，一九二三年五月十六日）

貝森道提醒我們，正確地說，這些標示牌並不是對展示進行描述（Baxandal 1991）。它們都是詮釋，意在物品製造者、展示者與參觀者間打開一個饒富意義的空間，並讓參觀者有意地、積極地建立文化翻譯與批判意義。在烏米司塔文化中心的「會所」中，戲劇性地拓寬了標示牌與展品間的空間，因而公開招引參觀者扮演建構性角色。文本和展品之間的直接參照關係已經消失。重要故事的證據就在附近。參觀者一邊感受到展品的視覺震撼，一邊拼湊出一段歷史。由於展品的能見性和在此的存在與歷史緊密交織在一起，它們遂不能被視爲單純的藝術或文化瑰寶。至少在我看來，這個展覽的效果有如生動有力地訴說故事，是一種會把觀衆**牽扯進來**的實踐。這裡所說的牽扯是政治層面和歷史層面的。我們不被容許單是讚賞或理解這些文物。它們使我困窘、悲傷、得到啟發和憤怒——這些反應是出現在展品和文本之間的召喚性空間。

這展覽當然至少是爲兩大類觀衆而設。對在地的住民而言，展覽從他們的立場訴說他們的歷史，藉助的是口述回憶和歷史檔案。（正如我們將會看到的，這個歷史敘事在某些方面可能會引起其他夸夸嘉夸群體的非議。）整體而言，博物館從悲劇中搶救出希望與驕傲的訊息。這些物品光是能出現在愛勒特灣這一點便象徵著文化韌性和未來的開放性，印證了葛藍道爾的感覺：「丹恩．克藍馬所做的一切永無止盡。」然而，一個路經的參觀者只能猜想原住民的反應。我很好奇，當那些擺放在平台上的白色卡紙被移走時，展覽還會剩下什麼效應。那些沒有將貝森道所說的「博物館布景」（museum set）內化的參觀者又是如何？這個作爲夸夸嘉夸族「寶箱」（box of treasures）的博物館要如何延續並轉化傳統的財富、積累、收藏與展示形式？[16] 這些展品訴說與重新訴說了什麼故事？我對這展覽帶給多種多樣的原住民參觀者何種教育與牽扯所知甚少。有什麼被傳達？此處又展現了什麼樣的特定部落權威性？

對像我這樣的外部者和地區內的加拿大白人而言，這個展覽也訴說了我們的歷史。那是一段殖民與剝削的歷史，我們都在某種程度參與了這個霸權文化和一段持續中的不平等史，因此無法說自己與此無關。我們面對的是知悉和愧疚的論述。任何純粹的沉思立場都會因爲美學、文化、政治與歷史訊息讓人不安的共治一爐而受到挑戰。這段歷史迫使牽涉其中的人有一種位置感（sense of location），也促使白人感覺被衆目所視。因此，烏米司塔文化中心的這個歷史展覽與皇家卑詩博物館明顯不同，因爲後者具有全面的、非對立的完整性，是一種多數人歷史（majority History）的觀點。指出一件物件是「在誇富宴上使用」並不同於顯示它是某一特定誇富宴的財產和持續中的文化抗爭的一部分。歷史（客觀歷史）的敍事與系譜學（政治系譜學）的敍事並不重合。

卑詩大學博物館（採美學取向的大眾博物館）與烏米司塔文化中心（採歷史取向的部落博物館）的主導強調之間的差異，應該也同樣明顯。將西北岸的傳統物品說成是精緻藝術品，會小覷了這些文物在竊占和返還的地方史中作爲有爭議價值（contested value）的角色。烏米司塔中心的誇富宴區收藏品是社群寶物，不是藝術品。雖然這兩種強調並不重合，但也不會完全互相排斥。我曾經說過，當前給予一件文化產物跨文化價值（道德價值與商業價值）的最有效方法之一，是把它視爲藝術品。烏米司塔文化中心的「會所」後面有一些非常設展的展廳，展出若干舊和新的藝術品，包含了布倫登港（Blunden Harbour）的雕刻大師希威酋長（Chief Willie Seaweed）在一九四〇年代和一九五〇年代創作的承先啟後作品。[17]（卑詩大學博物館雖然也將新舊作品同時展出，但並未特別著墨兩者之間的歷史連結：沒有希威或馬丁〔Mungo Martin〕的作品，只有一點艾登蕭的作品。）在愛勒特灣展出的所有藝術品都保留著強烈的歷史色彩。例如，在杭特的一幅殺人鯨版畫中（其中有一段文字指出該作品曾用於誇富宴），我們很難將藝術和文化加以區隔。在其中一個展示區裡，並列兩件近期收藏的物品：一是一個古老的面具，另一是一台古董縫紉機。後者被認定是阿尼沙拉嘉族（Anisalaga）的瑪麗・杭特（Mary Ebbets Hunt, 1823-1919）所有，她來自阿拉斯加，是魯伯特

138

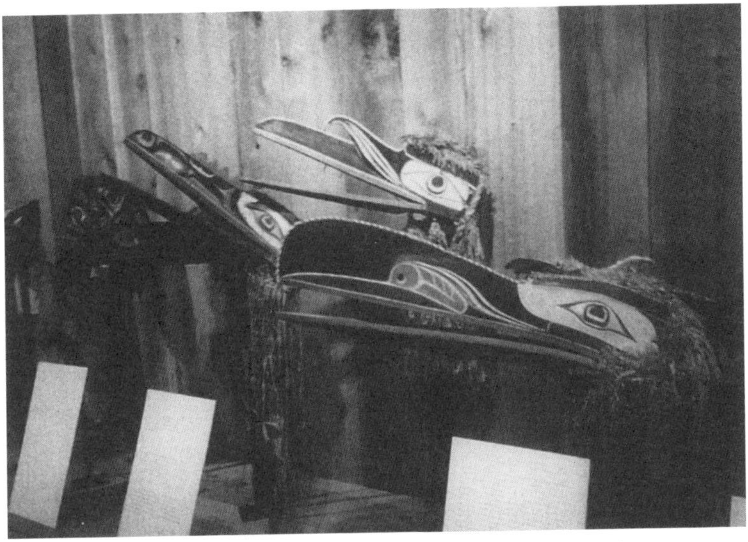

附有歷史背景說明的誇富宴面具，作者攝於愛勒特灣烏米司塔文化中心。

堡的哈得遜灣事務官的妻子。她這台精美的縫紉機不只在眾多的工藝品中不顯遜色之外，還提點了重要的血統。（瑪麗・杭特是喬治・杭特的母親，而喬治・杭特是鮑亞士的合作者，也是許多瓜基烏圖社群重要成員的祖先。）[18]

溫哥華、維多利亞市、曼吉角村與愛勒特灣的藝術與歷史雖然在文化和政治上各有屈折，但沒有排除重疊與溝通。自一九八〇年代開始，四間博物館常有合作，分享管理和展覽的專業知識。我提出大眾機構與部落機構的優勢與限制的目的之一，在於強調沒有任何一間博物館可以完全覆蓋或控制展品所產生的重要意義與脈絡。因此，比起層級架構，交換與互補才是它們理想的館際關係。當然，這種關係有實質上的阻礙：四間博物館的基金、聲望和募資管道都不相稱。但隨著部落觀點獲得全國性的能見度，以及隨著大眾博物館無法再聲稱其典藏完整而普遍時，館際關係有望反映這些變遷。[19]

部落博物館暨文化中心的出現，讓長久以來被都會區收藏家和策展人員毫不質疑地視爲「財產」的傳統物品得到更有效的歸還與流通。加拿大文明博物館和美洲印地安人博物館之類的大眾機構，將美洲原住民文化呈現爲一個單一整體的做法愈來愈受到質疑。精緻的、價值高昂的、不對外流通的典藏的存在，本身也面臨相同的質疑。隨著更專業交流的出現，隨著地方社群展現他們處理自身文物的能力，以及隨著一般公民（與研究科學家）更有能力前往偏遠地區，甚至也可能會對於集中典藏的支配性科學理據和政治理據提出質疑。政府機構與私人資金來源應當積極鼓勵文化「財產」更多樣、更有趣和更公平的分配。

造訪過烏米司塔文化中心後，我發覺自己對有關美洲印地安人博物館命運其冗長談判的報導倍感不耐。此博物館位於布朗克斯區（Bronx）洞穴般的倉庫裡堆滿美洲原住民文物，大部分從未展出，也可能永遠不會展出。這批數量龐大、「不可取代」的典藏是否應該移交史密森尼學會旗下的美國自然史博物館，還是改爲存放在下曼哈頓的海關大樓？可以允許裴洛把這批東西搬到德州嗎？這批東西是屬於紐約州嗎？還是說它應該被列爲國家珍寶，放置在華府的國家廣場？（最後的決定是在史密森尼學會建一間新的博物館，並用海關大樓作爲其附屬設施。）當我讀到有人募集幾百萬美元以拯救這批龐大的典藏時，我不能不想到愛勒特灣與曼吉角村的博物館必須不斷絞盡腦汁爭取經費以維持其最基本的營運，以致沒有餘力推出社群計畫。光是紐約與華府餐桌上的大粒麵包碎屑便足以支撐它們和十幾間剛成立的部落博物館。還有個更糟的諷刺：在布朗克斯區那間洞穴似的倉庫某處，存放著三十三件村莊島誇富宴的物品。那是貪得無厭的收藏家海伊向愛勒特灣的哈利戴買來的。（烏米司塔文化中心展示文件的卡片指出：這樁「價錢極好」的買賣驚動了渥太華。哈利戴受到上級的訓斥，被指責爲**加拿大**造成損失。）美洲印地安人博物館至今拒絕歸還這批最後遺失的文物（Webster 1988）。

✵

將大衆展示機構彼此相較，或是拿來和部落文化中心進行比較之後，我想談談兩間部落博物館的相異處。烏米司塔文化中心與瓜達拉島的瓜基烏圖博物館對歸還的文物採取相當不同的展示策略。在愛勒特灣，常設展呈現出殖民時期的誇富宴歷史，尤其是丹恩·克藍馬一九二一年在村莊島舉行的盛大誇富宴的往事。在曼吉角村，這個故事也被提及，但不是重點，也沒有突顯「克藍馬」這個名字。在愛勒特灣，提及說著夸夸瓦拉語的社群和人類起源故事便有十幾個，而克藍馬的誇富宴往事變成了是代表他們共同的殖民史。返還文物的歸宿是一個包含著差異的夸夸嘉夸整體——一個由共同文化和相同結盟史、壓迫史及集體抵抗史鍛造而成的「部落」統一體。

在曼吉角村，博物館名字中的**瓜基烏圖**是指一個較大的統一體**和**一群數量有限的家族。返還文物的歸宿，則是一個由對特定物品具有所有權的酋長和家族所組成的社群。曼吉角村的哈利．阿蘇酋長（Harry Assu）——一位賴克維多人——在最近出版的回憶錄中表達了兩項目標：

> 在曼吉角村，我們成立了紐永巴理司協會（Nuyumbalees Society），以推動一座博物館的成立並將誇富宴物品帶回來。我們將博物館命名為「瓜基烏圖博物館」，因為我們希望這是一個屬於我們全體族人的博物館，而不是只屬於賴克維多部落。在曼吉角村，我們將博物館設立在所有族人從北邊的村落到城市——溫哥華或維多利亞市——都很容易經過的地點。這是一個讓大家聚在一起的好地方。**紐永巴理司**的意思是「所有傳奇的開始」。這些傳奇正是我們各家族的歷史。這就是為什麼我們的酋長會在誇富宴中表演我們的舞蹈：此舉視為是將我們的傳奇傳給族人。（Assu and Inglis 1989:106）

哈利・阿蘇將博物館主要視爲一個聚會的場所和展示家族歷史的地點，這些家族內在於一個包含著多樣性的更大統一體（被稱爲**瓜基烏圖**）裡。歸還的文物被連結至賦權的家族史：它們就像在誇富宴上表演的舞蹈那樣被展示出來。[20]這間博物館的參觀群衆是瓜基烏圖人，而這個機構是在獨特的所有權、權利與展示習慣和實踐中形塑的。根據返還文物條件而設立的博物館是按照瓜基烏圖人的傳統思考方式構思。阿蘇在回憶錄裡繼續說：「一切都進行得很順利。根據原先擁有這些文物的家族的指示，所有從渥太華拿回來的東西被放置在博物館的玻璃櫃中。這就是面具和其他東西對我們的意義：家族擁有權。我們爲此感到驕傲！它們向人們述說我們的家族權利。對於我們的族人，你不會談論你擁有哪些權利和舞蹈。你會把他們找來，在誇富宴中向他們展示」（Assu and Inglis 1989:106）。

博物館**代表**家族權利**向**（瓜基烏圖）族人說話。它並沒有突顯它的其他不同目標：**代表**所有瓜基烏圖人**向**彼此說話，以及代表所有瓜基烏圖人**向**非部落的參觀者說話。在阿蘇酋長的解釋中，博物館的首要角色是要表達當地家族的驕傲與權利——對物品、故事、舞蹈、政治權力的權利。這是按家族所有權所組織的展覽活動的主要意義。

在愛勒特灣尚有很多家族提出類似的歸還文物訴求，但烏米司塔文化中心的展覽並未表現出來。這反映出事隔六十年之後，文物的正確家族歸屬存在爭論（不是每個人都同意瓜基烏圖博物館標示牌上的說明）。烏米司塔文化中心從廣義的層次聲稱擁有所有權：館中

141

展示的文物是夸夸嘉夸族的珍藏和歷史見證。實際上，烏米司塔文化中心渴望在原先稱爲「南方瓜求圖」(Southern Kwakiutl) 此一分散但逐步形成的部落統一體中享有一種大衆博物館的地位。

我們或許可以在部落機構共享的光譜上區分國際性強調與地方性強調，它們意味著不同的觀衆、抱負與政治。烏米司塔文化中心既是一個社群中心（有口述歷史、語言、影片與教育計畫），又是一個向外發展的機構（製作一些有更大流通性的計畫和與大型博物館合作舉行巡迴展等）。它與曼吉角的「紐永巴理司協會」有著共同目標：致力成爲社區文化復興的催化劑，以及保存與展示可以彰顯部落權力與重要性的文物與歷史。同時它也跟更廣大的博物館世界有所互動。例如，它的成立十週年紀念展覽是展出馬丁（Mungo Martin）在原住民文化受到最慘烈打壓時期創作的關鍵性作品，而這些作品稍後將會被送至曼吉角村、維多利亞市、卑詩大學博物館和好幾間其他加拿大博物館展出，甚至有可能送至美國展出。文化中心館長韋伯斯特有多年與維多利亞市和卑詩大學等大型機構合作的經驗。[21] 文化中心也包含著名的在地藝術家，最有名的是杭特夫妻和克藍馬夫妻，他們擁有溫哥華島之外的訪衆。

烏米司塔文化中心同時也挪用大衆的人類學傳統。鮑亞士——將「瓜求圖族」放在社會-科學地圖上的白人權威——被它當成駐館人類學家。他搜集的瓜求圖文本被改寫和引用；在誇富宴展覽中，他儼然是個盟友。鮑亞士也透過他的研究合作伙伴喬治・杭特建立起一條家族紐帶：他是重要瓜基烏圖藝術家亨利・杭特的祖父，而杭特家族現在仍有許多後人在愛勒特灣和魯伯特堡定居與工作。一九八六年，烏米司塔文化中心安排了鮑亞士家族三十四名成員（包括鮑亞士的女兒法藍茲卡）和許多杭特的後人共聚一堂。活動裡交換的禮物包括當年喬治・杭特與鮑亞士的通信。文化中心追溯鮑亞士接觸過的人，找到許多現在被收藏在遙遠的華府和印第安納州等地的在地歌曲早期錄音。[22] 搶救式人類學回來了。

瓜達拉島上的博物館的範圍則沒有那麼廣泛。它不像烏米司塔文化中心那樣形容它的典藏是夸夸嘉夸人的藝術、歷史與神話，從而在新的脈絡下取回鮑亞士的「瓜求圖」文化的範圍。這間博物館的目標較爲謙遜，其某些展區甚至對比烏米司塔文化中心的企圖進行了含蓄的批評。丹恩・克藍馬的誇富宴在其女兒主導的博物館中被大肆強調，這種做法當然不可能是政治上中立的。事實上，其他瓜基烏圖家族的權威人士對村莊島的誇富宴及其持續的重要性抱持不同的看法。克藍馬家族、杭特家族和烏米司塔文化中心的領導角色並非不受質疑。

在愛勒特灣的誇富宴文物展區的最後，我們讀到以下的證言：「當他回到家的時候，你的父親（克藍馬）便穿起像這樣的衣服，光著腳穿鞋。他把所有的東西都給出去了。他把所有東西一次送光，讓我們備感驕傲。他是我們族人之中把所有偉大的事一次做完的。其他人都是一次送一點，他是唯一一位一次送光所有家當的人。這是因爲他有一位有智慧的妻子」（阿佛列得〔Agnes Alfred〕，愛勒特灣，一九七五年）。對丹恩．克藍馬的讚美因爲最終歸功於他妻子的這句話而變得複雜起來。這句對外部者來說充滿神祕，但阿佛列得的孫女黛西．史密斯（Daisy Sewid Smith）在《訴訟或迫害》一書中有加以解釋（該書在一九七九年瓜基烏圖博物館暨文化中心開幕時出版）。書中包含誇富宴參與者阿佛列得和馬丁對他們入獄經過的描述，將村莊島的盛宴描繪爲三個家族——愛勒特灣的克藍馬家族（寧普金社）、村莊島上的馬瑪歷歷庫拉族貴族，以及曼吉角村的阿蘇酋長家族（賴克維多部落）——合作主辦。史密斯把發起人的角色歸給丹恩．克藍馬的妻子愛瑪和她的娘家。愛瑪的親戚與阿蘇酋長籌集的大量物品與金錢，讓丹恩．克藍馬可以回報結婚時收到的禮物。他也得到自己家族（阿佛列得等人）的協助讓盛大的贈禮儀式得以完成。在史密斯版本的村莊島盛典中，丹恩．克藍馬是這起合作事件的核心參與者，而不是領導者。她的書突顯出愛瑪運籌帷幄的重要角色，以及她對那些入獄者感到強烈自責和罪惡感。（她得以倖免是因爲她寧普金社夫家交出了他們的誇富宴物品。）

據史密斯所述，他父親詹姆斯．蘇威酋長（Chief James Sewid）是發起追討文物運動的人。他要求渥太華要「記住這些文物是屬於個別酋長而不是屬於部落，沒有人有權爲它說話」。一個主要代表各家族的耆老委員會決定，在曼吉角村設立所需的博物館。「不久之後，

143

有些寧普金社的成員要求改變此一決議，希望博物館蓋在愛勒特灣。最後大家決定蓋兩間博物館，每個家族自行決定他們的文物歸在哪裡」(Smith 1979:3)。後來兩間博物館並未能就紀念村莊島誇富宴的方式和展示返還文物的恰當方式達成一致意見。《訴訟或迫害》一書平衡了寧普金社的突出地位。[23]

以上我簡略地講述了活躍在盛大誇富宴餘波至兩間博物館創立之間的家族史。我開啟這些問題的意圖並不是要主張某個事件版本的眞實性，或是一間博物館相對於另一間的眞實性。我只是要向外人揭露隱藏在「地方的」、「部落的」和「社群的」這些字眼背後的複雜性。人們動輒將「地方歷史」、「部落」或「社群」說出口，彷彿它們並不具有不同詮釋或不受爭議似的。我們需要將上述的瓜基烏圖人類起源故事的不一致情況謹記於心——它們體現出在一種共享的文化和歷史中的豐富多樣性。[24]

另一方面，過度強調競爭關係也是錯誤的。那些以前被稱爲南方瓜求圖的社群，是被強烈的共同歷史感、文化、親屬與持續的壓迫統一起來。烏米司塔文化中心所呈現的更廣泛的夸夸嘉夸人身分認同是有現實根據的。而更廣泛的西北岸文化與合作本身也是重要的部落勢力。(烏米司塔文化中心展出了比爾．瑞德的一幅畫；寧普金社的克藍馬和海達族的瑞德一起合作在卑詩大學人類學博物館後方製作家屋與圖騰柱。)在一個更全球性的層次上，後殖民政治與「第四世界」政治可以形成結盟。烏米司塔文化中心一支女性電影工作團隊的名字是鮭地諾斯塔（Salmonistas），而這名字是由salmon（鮭魚）和Sandinista（桑地諾民族解放陣線）拼合而成，將愛勒特灣的姊妹情誼和尼加拉瓜的一座漁村相提並論。爲了回報毛利人代表團最近的來訪，瓜基烏圖人也計畫造訪紐西蘭。

*

我從卑詩省回來時，對西北岸文物的展示與流通中既獨特又彼此相關的脈絡，有了一種較複雜的意識。四間博物館都落入了轉變中的權力關係之中，落入了在地意義與全球意義的競爭性表達之中。部落的身分與權力向來都是透過地方社群間——十九世紀以後再加上與侵入的白人之間——的結盟、爭論與交換而形塑。這些過程在當代文化生活中持續上演。隨著兩間瓜基烏圖文化中心能見度的提高，跳脫在地或小眾地位，它們挑戰了鑲嵌在大型典藏中的全球視野。它們同時起著文化中心、社群教育地點、動員地點、延續傳統地點的作用。大眾博物館作爲訴說藝術與文化融合故事的世界主義機構，開始顯得是較有侷限性的國家性機構，根植於特有的都會區。這些「中心」本身就是強權文化與歷史的產物，現在遭遇其他文化與歷史的競爭與去中心化。維多利亞市和溫哥華的大型博物館已經感受到這種去中心化的效果。它們會回應多少、回應多快？尚有待觀察。

一如其他地方，在西北岸，現代民族國家的經濟與機構系統性地剝削、壓迫，和邊緣化傳統原住民的文化。一場就經濟權力、文化權力和政治權力進行的不平等鬥爭仍上演著，它在很多方面是從一九二一年的克藍馬誇富宴之後持續至今。但至少有一件事改變了。主流文化已經廣泛認識到，許多美洲原住民——他們的文化曾被正式宣告死亡、他們被「轉化」爲基督徒、他們的文化傳統受到鮑亞士和杭特之類的人以文本搜集的方式「搶救」、他們的「純正」文物在一世紀前被大量搜集——這些族群並沒有消失。他們的生活中有些部分發生了劇烈的改變，但其他部分卻深深地與傳統和地方連結在一起。這些族群持續地抵抗、應付、適應和忽略主流文化的主張。在許多地方，剝削——不合格的學校、次級的醫療體系、糟糕的就業前景——持續存在。但政治上的抵抗和一個強壯靈活的傳統作爲至關重要的資源，依然持續著。

在溫哥華島上，誇富宴回來了。那些在一九二二年被沒收的大部分文物也回來了。然而這是以一個代價爲前提的：被非法奪取的原住民文物並沒有直接還給原先擁有它們的各個家族，而是交給了博物館——而且最終是交給兩間強制設立的博物館。很難想像有比博物館更西方、更都會性和更菁英性的機構了。然而我們也看到它可以被接管和移轉。例如，請留意阿蘇酋長是如何理解「博物館」這個詞的。他在談到一九七九年的瓜基烏圖博物館開幕儀式時（此儀式和一九八〇年的烏米司塔文化中心開幕式類似——後者被記錄在文化中心的影片《寶盒》〔Box of Treasures〕中），這般說道：「舞蹈的靈——即『克拉西拉』（Klassila）——被囚禁在渥太華多年之後，如今獲得釋放，回到瓜基烏圖人的身邊。靈的力量象徵性地從船上拋到岸上。在岸上，它被『接住』，促使接住它的人跳舞。然後他把靈回擲，跨過海灘，穿過博物館大門。靈於是進入了儀式會所（博物館）。」

波薩，1979年拍攝於賽卡卡族（Sekaka）豬祭現場。照片來自歐漢龍（O'Hanlon 1993:Plate 7）。

第六章　天堂

你走上一條輪椅斜坡，進入一個叫做「天堂」的地方。「天堂」二字下面有一行副標：「新幾內亞高地的延續與變遷」。這是位於倫敦梅非爾區（Mayfair）的人類博物館（Museum of Mankind）。在斜坡最上方有一張六英尺高的巨幅彩色照片迎接著你，照片中一位笑容可掬的男子站在波狀鐵皮牆和鋼骨窗前，身穿條紋圍裙和一些異國風味的配飾，頭戴一頂紅黑兩色羽毛構成的巨大頭飾。他的臉塗成紅黑兩色，胸膛塗抹著一層亮白色物質。他直直地看著你，似乎在微笑，照片的左右兩邊都有指向左方的箭頭。

隨著這個箭頭走，你會去到一間明亮、開闊的展廳。這裡有弧狀的牆身、一個高起的展示台和好幾個相互貫穿的空間。一種寧靜祥和的感覺：輕音樂（長笛聲、猶太豎琴聲），五顏六色的展示品立於彩繪的柔和地景前……一個高地山谷。堪稱天堂。

靠近入口處的小空間包含著維吉谷（Wahgi Valley）的資訊。從照片中可以看到一條街的街景、一棟現代房屋和一個以巴布亞新幾內亞國旗圖樣爲底的大提袋。這裡有著關於社會結構、一九二〇年代跟澳洲探險家接觸，以及傳統生活方式等資訊。變遷從一開始便存在：

147

「甘藷——今日維吉人和他們飼養的豬隻的主食——很有可能不過是幾百年前才傳入此地，其所帶來深遠影響有如近日對經濟作物咖啡的栽種。」但你跳過剛開始的簡介，因爲下一個更大的空間吸引著你的注意力。它展出的物品令人驚嘆：一間復刻的高地雜貨店、一排排裝飾奇特的盾牌、一些看起來樣子兇惡的矛和一些用葉子覆蓋的竹竿——再一看，那些葉子原來是紙幣。

展覽中的雜貨店位於手搖磨豆機和咖啡樹旁，由波浪鐵皮和木頭建造而成。透過窗戶和大門往裡看去，你會看到：「PARADISE Kokonas」[*]、「Bik Pela／SPEAR／coarse cut／tobacco sticks」、可樂瓶、掛在衣架上的襯衫（最顯眼的一件襯衫上釘了一塊「洛杉磯警長」字樣的補丁）、印花布（「P N G」、「Jesus…」[†]、熱帶景觀）、「Cheese flavoured／TWISTIES／Bairn nau」、草席、瓶瓶罐罐、調味料、「高山牌卽溶咖啡」、鏡子、帽子、紗線、沙丁魚、茶、米、糖、電池、卡式錄音帶、染髮劑。堪稱天堂。

在這家店旁邊，立了一排五英尺高的金屬與木頭盾牌。盾牌的圖案裝飾令人印象深刻，主要是畫著「南太平洋淡啤酒」的商標和「六到六」之類的標語。壁板上的解說指出氏族間

148

* 譯注：指商品上的文字。
† 譯注：指印在印花布上的字樣。

的戰爭在高地上歷史悠久，並且近年再起。牆上懸掛著自製槍枝。「六到六」一般是指從晚上六點持續到早上六點的活動，但盾牌上的「六到六」則表示一個氏族有能力從早上六點戰鬥至下午六點。除了這標語外，盾牌上還畫著骷髏頭、一圈生力啤酒包裝盒的邊緣（這東西與盾牌的傳統設計相近）和「南太平洋淡啤酒」商標的天堂鳥圖案。

穿越這個房間，在一幅彩繪的地景前，展示著一堆矛，矛的前端有鋸齒狀和雕刻過的矛尖（到目前爲止最接近「原始藝術」的東西）。有一個小型照片展記錄了維吉山谷居民與白人在一九三三年的第一次接觸（對方是一支金礦探勘隊）。在一張照片中，一群維吉人聚在繩柵欄外面觀看探勘隊的飛機起降。另外一張照片是一名身著傳統服飾的微笑女孩：她把原來掛在前額的戽型螺殼換成一個鐵罐的蓋子。在這些展示品旁邊，有一個小型的展覽櫃收納了貝殼製的前額飾品、頸飾與鼻飾，它們都有被使用過和曾在地修復的痕跡。根據旁邊的說明，其中一個完美螺殼是用塑膠製成的。

在進入下一個展廳的走道兩旁，陳列著用來支付聘禮的牌匾。* 在此，你會讀到氏族間是如何結盟和媾和。† 右手邊牆壁有一幅一九五〇年代牌匾的彩色大相片：牌匾支在一根竿子上，有紅、黑兩色的天堂鳥羽毛鑲邊，上面綴滿貝殼。其旁邊是一個時代更早和較不那般精緻的牌匾的實物。讓人動容的新版牌匾反映出因白人探勘隊用帶來的貝殼交換貨物和勞務所造成的通貨膨脹。新的經濟使得一件傳統物質文化的傑作成爲可能。

走道另一邊的牆壁上是一些一九八〇年代的聘禮牌匾，樣子像是淡綠色的樹葉圖案鑲板。‡解說指出，這堆巴布亞新幾內亞紙幣是「由博物館工作人員仿製」。你或許會想要將這些構造當成觀念藝術。但有一幅彩色相片顯示，一群人把羽毛鑲邊的紙鈔牌匾送往女方家，就像他們以前獻上貝殼的方式。

下一展區的重頭戲是一間**波林屋**（bolyim house）：一個三英尺高的茅草結構，上頭懸掛著豬顎骨。一根短且有著圖案的**望德柱**（*mond post*）插在**波林屋**旁邊。對西方的博物館參觀者而言，這些東西可能並不十分特別，然而周遭的文字解說與照片卻顯示，它們是多年一次的豬祭的最重要物品（每個世代都會舉行一次豬祭以展現氏族的繁殖力與權力）。在一張彩色照片中，我們看見一九八〇年豬祭中的**波林屋**和**望德柱**。它們上面塗滿豬油，四周圍繞著屠宰好的豬隻——經由宰殺並分送給族人的幾百隻豬中的十幾隻。堪稱天堂。

你會讀到維吉男人儘管不反對展示**波林屋**與**望德柱**，卻不願意特地爲了展示而打造它們，這是因爲建造**波林屋**的活動充滿禁忌，這樣做實在太危險。此外，也不可能收集到純

---

* 譯注：這裡指的是男方家將聘禮（貝殼）綴在這些牌匾上送到女方家。

† 譯注：這裡指的是維吉人透過通婚來結盟或媾和。

‡ 譯注：巴布亞新幾內亞紙幣上有淡綠色的樹葉圖案。

正的（也就是使用過的）物料，因爲**波林屋**與**望德柱**的木材在慶典後要埋起來，直到下一代舉辦豬祭時才再取出使用。在倫敦的展示品是由人類博物館的技術人員所製作的。

有一個白色的十字架樹立在整個展示區的近中央處。你會讀到天主教徒並不反對豬祭的復興（路德教派和福音教派則是反對的）。在**波林屋**四周有一圈啤酒瓶作爲裝飾。看著這些混雜的物品——傳統的、商業的、基督教的——你不禁好奇到底是誰挪用了誰。

繞到**波林屋**後面之後，瞬間你會以爲自己是在死豬之間蹣跚而行。

在這第二大展示區的其他部分，滿目都是盛大的豬祭舞蹈和儀式所使用的

「天堂展覽」的咖啡豆磨豆機和雜貨店。

裝飾品。就像其他展示一樣，這裡的展示所強調的是「變遷中的物質與機緣」：因爲商業的擴張與生產咖啡的盈餘，讓這裡的人可以得到新的顏色和不同的羽毛。在一個展示櫃中，有一條用「大男孩口香糖」包裝紙縫製而成的可愛小頭帶，它們炫麗的色彩與長期用來裝飾頭帶的羽毛非常相像。入口處照片中男人胸膛上的亮白色物質原來是嬰兒爽身粉。照片顯示人們逐漸捨棄紅羽天堂鳥的紅色羽毛，改爲採用黑鐮嘴風鳥和又長又黑的火烈鳥羽毛（後者尤多）——它們是從維吉地區以外的地方進口的。牆上的說明文字指出了文化轉變的精要：「維吉人一般把這個過程視爲時尚的變化，而不是『傳統』的失落。」

展覽的最後部分紀錄了傳教士的影響，以及女性的角色和生產活動的轉變，特別是製作大提袋的活動。這些袋子以及彩繪大盾牌，是博物館展出最多的物品，它們顯示出男女活動的互補性。性別差異與性別鬥爭相當淸楚地呈現在展覽的後半部分，它讓人想起，展覽的稍早部分（有關和白人的初次接觸的、咖啡種植的、新商品的、戰爭與和平的變遷方式）都缺乏性別觀點，或者說是明確以男性爲中心。

接下來你會讀到，男人祕密打造的**波林屋**和彩繪的**葛魯木板**（*geru* board），都是豬祭對男性自主權的宣示的一部分。這祭典壓抑了在別處必須被承認的關係：女性在養豬中所扮演的角色，以及其他氏族女性提供的貢獻。在豬祭中，男性氏族被單獨區隔了開來。然而，在呈現傳教活動所帶來的變遷的展區中，可以看見女性的能動性。其中一段文字指出改信

151

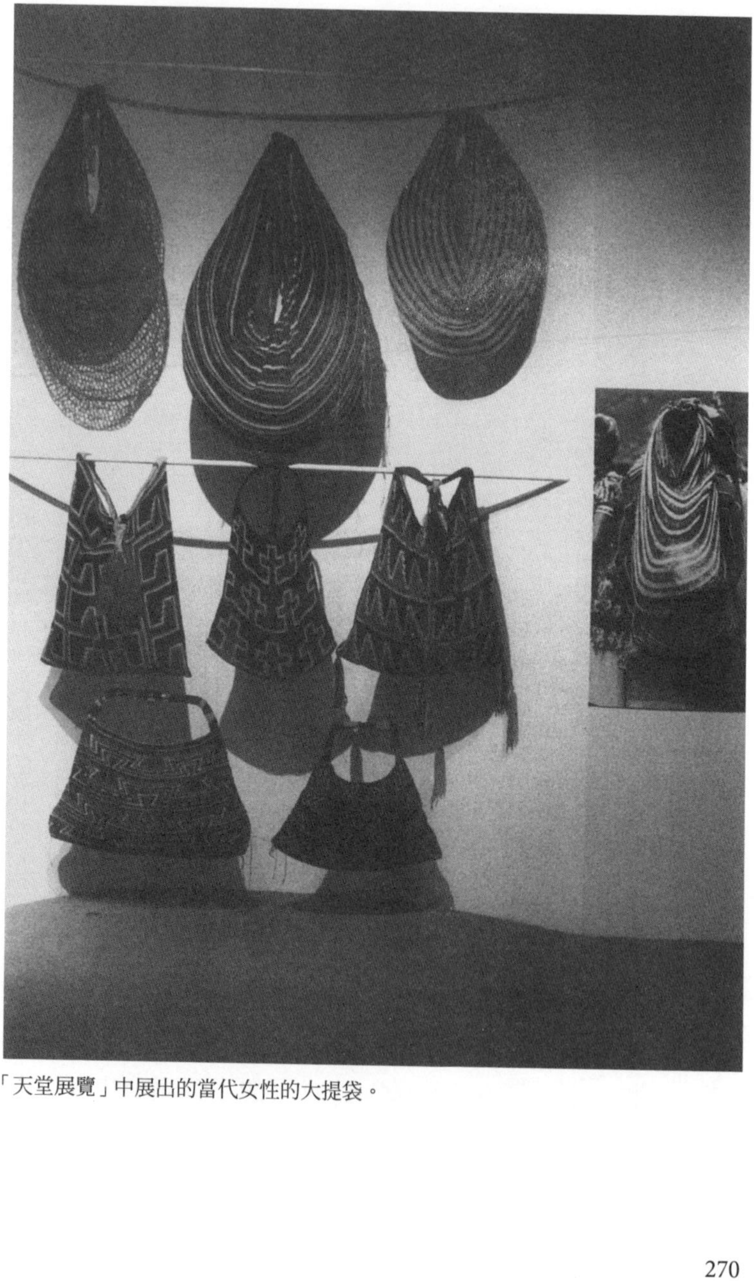

「天堂展覽」中展出的當代女性的大提袋。

天主教或新教各派對女性帶來的創新，又補充說那些不喜歡丈夫將賣咖啡豆賺的錢拿來喝酒的女性，可能會參加譴責喝酒的教會。

傳統上與女性相關並且大多是由婦女製作的大提袋成爲了性別角色變遷和抗爭的象徵。一個標示牌把一段在地文字翻譯如下：「自重的女性會將大提袋套在前額而不是掛在肩上。」相對於那些掛在肩膀上的小袋子，套在前額的較大提袋象徵著女性的強項與勞動（這是傳統重視的價值）。小袋子不會把髮型弄壞，在保守分子看來暗示著叛逆、獨立甚至淫蕩的女性形象。

大提袋新風格的複雜演化過程再次呈現出選擇性挪用與變遷的過程：新的物料（使用賣咖啡豆賺來的錢所買來亮麗紗線與有袋動物的毛皮交織而成）、新穎的設計、基督教元素和商業元素共冶一爐。有些大提袋的設計是從外地輸入，輸入的路線與昔日用貝幣進行交換的路線相近。其中一些表達出一種新的地區性身分認同，以在新興的全國性脈絡中消費。展覽結束處的大牆壁上掛著各式各樣的大提袋，最後一個是專賣給觀光客的款式，上面編織著如下字樣：「PNG：美麗的國家」。*

要離開展區時，在緊鄰這個袋子的右方，你會看到四塊有著黑白照片和文字的壁板。

* 譯注：「PNG」爲巴布亞新幾內亞的縮寫。

第一塊壁板上寫著「展覽的生成」。在第一幅也是最大一幅照片中，幾個爲展覽提供許多大提袋的婦女神情自若地微笑著。在下一塊壁板上，你會看到一位老者正在爲博物館的編製臂環。接著，一位名叫凱布卡（Kaipel Ka）的男人站在一面展出的盾牌旁邊。他穿著牛仔褲、印有可口可樂字樣的襯衫和輕毛皮風雪大衣。一名較年長的婦女維安（Waiang）展示一名寡婦所捨棄的配飾，她爲了這次的展覽重新將這些配飾組合起來。專業畫家凱布卡爲運送展品的板條箱貼上標籤。在另一張照片中，我們看到裝箱的展品被放在由嚴寶・愛匹（Yimbal Aipe）駕駛的貨車後面——他不久後將當選代表北維吉地區的議會議員。

在第三和第四塊壁板上，你可以看到人類博物館內工作的情景：策展人和保存人員或是給裝著展品的箱子開箱，或是修復一面盾牌，或是用聚苯乙烯爲要掛在**波林屋**的豬顎骨塑形，或是組裝展覽現場（當時尚未裝上纖維天花板），或是繪畫作爲背景的群山……

最後一塊彩色壁板爲展覽專輯《天堂：摹描新幾內亞高地》做宣傳，這本專輯是人類學家兼策展人的歐漢龍所製作。在一幅小黑白照中，我們看到他正在爲展品開箱（本書頁二九三）。

我個人對「天堂」的好感無疑因爲一件事情而提升：我剛剛才與六歲大的兒子參觀完在皮卡迪利圓環（Piccadilly Circus）的特羅卡德羅娛樂中心舉行的「金氏世界紀錄」展覽。在經歷過幾乎一切都被以昂貴和操弄的手法異國情調化和過度膨脹化之後，我發現順著人類博物館的樓梯走進一個空曠、知性的空間讓人有鬆一口氣的感覺。這裡也有誇張的成分（例如一場最大型的豬祭和最多的貝殼或鈔票），但總算還在一個人類尺度內呈現。入口處那張相片中的男人的穿戴實在是十足異國情調的。（《金氏世界紀錄》會這麼說：「世界最大的羽毛帽！」）不過不管是他的微笑和直視眼神，還是平凡的波浪鐵皮，在在讓他顯得平易近人而容易理解。就在我觀察雜貨店的雜亂商品時，我發現了日常事物的古怪性：印有「天堂」字樣的一盒盒……餅乾。

「paradise」（天堂）這個字是源於古波斯語，再透過希臘文、拉丁文和古法語流傳至今，原先指的是一座花園或公園，即一個四面有牆的閉合空間。新幾內亞高地是地球上最後的閉合空間之一，其山谷被認爲是「失落」的山谷、其居民被認爲是「未與外界接觸的」或「石器時代」的人群。維吉人與外界的接觸發生得有多晚，可從這接觸是在一九三三年由飛機達成的事實可見一斑。利希－泰勒巡邏隊（Leahy-Taylor patrol）快速地跟進，將維吉人推入這個展覽所稱的「現代性的速成課」。我們會對於這類「首次接觸」的故事心存懷疑是有原因的，因爲它們常常是靠著打壓更早的接觸史或忘掉原住民的旅行經驗的知識，來確

154

立外人的發現行動。然而不管維吉谷的「花園」圍牆是的可滲透性有多高，清楚的是，很多原先對白人一無所知的高地社會，在廿世紀後半葉經歷了前所未有的急劇變遷。「天堂展覽」用一種清晰的精細度追蹤了這個過程。

展覽並不是沿著一條前／後的軸線來呈現新幾內亞高地的變遷，並沒有一條先於「外來」影響之前的「傳統」基準線。反之，我們都被拋進了轉變之中。現代性的影響是立即和戲劇化地縮影在雜貨店的多種多樣商品上。湧入的新財富，讓維吉人得以補償死於戰爭的人、負擔聘禮，還有以比從前更「傳統」的方式舉辦豬祭。外來的影響未必意味著傳統的失落。藉著將雜貨店和有啤酒商標的盾牌設置在**波林屋**和豬祭展之前，展覽混淆了一

「天堂展覽」中的雜貨店。

個將儀式與傳統、商品與現代性叢集在一起的常識性敘事。相反地，展覽中的所有展品都預設了雜貨店的存在，預設了維吉人在地區性、全國性與國際性力量的糾纏中混雜的生產活動。

維吉人之類的高地族群在「接觸白人之前」便在儀式中使用貝殼這一點，足以證明他們很久以前便與大型貿易網有所連結。一九三〇年代礦工飛機的航線貫穿這些來源，增加了儀式中可用貝殼的供應量。新財富的流入讓人們可以輕易地從新幾內亞其他地區進口天堂鳥的羽毛。稍後，咖啡豆的收入支撐了這類有價品的積累。到了一九七〇年代，豬祭舞者（照片中看起來是徹底的「傳統」模樣）頭飾上的火烈鳥羽毛又大根又漂亮，見證著把啤酒瓶引入**波林屋**組合的同一種變遷。如果我們仍然希望將火烈鳥羽毛與傳統聯繫起來，將啤酒瓶與現代性聯繫起來，我們必須步步爲營。

我們很難從一個線性變化的角度理解維吉人的物質文化，很難將其放入一個接觸前／接觸後的架構。「大男孩口香糖」包裝紙看起來是屬於雜貨店的東西，但在摺起來和編織爲頭帶之後，它們卻明顯成爲了豬祭服飾的一部分。儘管它們在性質上和羽毛不同，但功能是一樣的。事實上，如果色彩是顯著特徵，那麼在翻譯和甚至在功能對等上便無太大問題。反之，火烈鳥羽毛在形狀和顏色上都與它們取代的紅羽天堂鳥羽毛截然不同。它們也是從維吉谷以外的地區進口，也是「商品」。這樣的話，一位展出維吉人物件的策展人有什

156

麼理由只展出火烈鳥羽冠而不展出口香糖包裝紙頭飾呢？他有什麼理由只展出貝幣而不展出巴布亞新幾內亞的紙鈔呢，特別是後者被綴在聘禮牌匾的時候？臂環裡的貨幣又是怎麼回事？「天堂展覽」讓這一類問題無法迴避，當我們參觀過豬祭區和大提袋區再繞回到雜貨店（這個小展覽的銜接空間鼓勵這樣做），我們對裡面的東西有了全新觀感。我們對「傳統」和「現代」的定義、對儀式用品與商品的定義，已經有效地被打亂了。

「天堂展覽」具有溫和的反身性。它挑選展品的方式挑戰了什麼是值得展出和什麼不值得展出的既有假設。有鑑於雜貨店的存在——它可說是一個集合體中的集合體——「維吉人的物質文化」可以是指維吉人使用的**任何**物品。但實際上，展覽的焦點則是較窄地集中顯示在傳統的維吉文物與新物料和新商品的互動。因此，舉例來說，繪著啤酒商標和「六到六」標語的盾牌在展覽中占有顯著位置，但卻看不見同樣繪有這兩種東西的彩繪迷你巴士——這種巴士穿梭於新幾內亞不同區域。（展覽專輯中只有一張彩繪巴士的彩色照片。）這是因爲，盾牌可以表現一種「傳統」活動——氏族間戰爭——的持續性和混雜性。反觀巴士作爲新舊物質文化中介的角色卻不那般明顯。但如果是一個關於地區貿易史的展覽，則可以把它包括進去。

無論如何，在雜貨店給出了一開始的錯愕之後，整個展覽都緊貼著「部落」生活常見的物品與活動，有效地展示它們是如何適應新的限制與可能性。「天堂展覽」聚焦在戰爭

157

與結盟、盾牌與武器、聘禮支付、貝幣、豬祭、宗教變遷和婦女的手工藝品。它的基本策略是在接受的部落範疇內運作，翻譯它們，複雜化它們和歷史化它們。這裡質疑了兩個互有關聯的刻板印象：偏遠的部落民族被認爲**要不是**原始和未與外界接觸，**不然便是**受到進步的汙染。儘管這種非黑即白的假設在專業的人類學領域中不再具有主導作用，但它們在一般大眾的心中卻仍然非常盛行。人們持續追求純粹的「原始」，從「石器時代」的達賽狄人（Tasaday）特定的歷史困境，到熱門電影《上帝也瘋狂》中的嘖貢桑人（!Kung San）——他們因爲一個從飛機上丟下的可樂瓶子而向文明醒覺——的受歡迎可見一斑。在人類博物館中，維吉人的形象既是

「天堂展覽」中的**波林屋**和聘禮牌區。

部落的也是現代的，既是地方性的也是世界性的。他們不能被視爲封閉空間的居民，無論是過去還是現在，是一個失落的天堂還是被保存下來的天堂裡。

我回想起展覽剛開始時看見的海報：一位臉部與胸部有著彩繪的男子，微笑並戴著令人炫目的羽毛，站在一面波浪鐵皮牆前。牆上寫著：「考威儀・愛匹（Kauwiye Aipe）以黑色的天堂鳥羽毛裝飾，慶祝他和兄弟合開的新店開張（一九七九年）。」一個現代的場合和一種隨意的異國情調氛圍：框出愛匹的羽毛和金屬都是進口的。鍍鋅牆壁的質地和骨架，還有它剛漆上的淡藍色，將這個「部落性」表演放入了一個當代時刻。當我參觀展覽時，發現自己被這種彩色相片所吸引。它們的份量看來異乎尋常的吃重，並且經由反思後得出，對這展覽的整個歷史化策略起著非常關鍵的作用。

在民族誌性質的展覽中，照片通常都是用來呈現文化「脈絡」，並且根據風格和顏色而被歷史地編碼。紅褐色暗示十九世紀，鮮明的白色與黑色標誌了一個比較接近現在的過去，「眞實」的色彩和坦率或隨興的姿勢則暗示了當代歷史。至少對我這一代人而言，褪色彩色照片會讓人產生一種「五〇年代」的情懷，而展覽中至少有一張重要照片——一九五〇年代聘禮牌匾的照片——是這種歷史「色調」。但大部分相片是明亮鮮豔的彩色照。爲數衆多的放大照片與博物館展品的既有趨勢背道而馳：後者是將展品（包括新的物品）呈現爲來自另一個時代的瑰寶。透過使用彩色照片，可以讓展覽者與展品的批判項目帶入當代時光

（但這並不意味著相同的時代）。

在「天堂」展出的所有照片中，唯一非當代的相片是探險家利希在一九三三年「首次接觸」時期所拍的黑白照和最後壁板（「展覽的生成」）上的照片。前者是恰當且無可避免的，因爲一九三三年只有黑白照片，而且黑白也符合這批照片的歷史編碼。但後者似乎就有問題了。爲什麼一位維吉人爲展覽雕刻展品的過程被拍成黑白小照片，但十年前的豬祭卻是以全彩呈現？爲什麼博物館工作人員的工作背景看起來像是另一個時代，有別於展覽中其他地方所呈現的複雜的、當代的、眞實的、歷史的時代？由於展覽的規模有限，手法也有點極簡主義的味道，「展覽的生成」壁板可說是呈現了恰當的人物與活動。但由於照片沒有色彩且尺寸過小，讓人覺得這些照片是事後才添加，而不是原構想就有。即便這一展區規模不大，但仍是放得下一張拍攝製作大提袋的婦女的彩色大照片，而非只是以小張尺寸的黑白照呈現。至少，我可以找到一種方法來展示歐漢龍在高地的形象，這是展覽**和**目錄中都缺少的。低調與權威在這個缺席中如何達成共謀？

作爲一個一貫的歷史化策略，「天堂展覽」對彩色大相片的使用打破了在西方場合把非西方展品加以**美學**脈絡化和**文化**脈絡化的既有成規。美學性呈現通常會排除或最極小化這些相片脈絡的使用。若展覽中出現照片，通常都是小張的，或者是置於距離展品較遠之處，以便參觀者專心欣賞展品的外形特徵。文化性的處理方法則是傾向於納入使用中的物品的照片。但是在上述兩種狀況中，照片都不能太過顯眼以致影響了參觀者對實物的注意力。西方博物館對物件的壓倒性重視——不管是因爲物件的美、稀有或代表性而加以收藏、保存與展示——讓物件與脈絡之分、主題與背景之分成爲了關鍵分別。「天堂展覽」——一個透過物質文化來看待歷史變遷的展覽——走在一條細線上，既維持又模糊了這種區分。

在有些地方，照片挑戰了物品與脈絡之分。用紙鈔做的聘禮牌匾，只有在看到牌匾旁一幅高舉聘禮牌匾的迎娶隊伍的彩色相片時才有意義。「啊！」的反應不是來自看到展品，而是來自看到相片。實物的牌匾奇怪又美麗，自成一格，但只是仿眞且不完整（缺少了照片中的鳥羽）。於是它們成爲次要，不是在照片中可以清楚看見的「實物」。在這一展區附近，我們又看見兩個更早期的聘禮牌匾：其中一個是實物，另一個見於一張彩色大相片中。前者的貝殼很少，沒有羽毛，後者綴滿貝殼，羽毛也是多得驚人，相片放大至近乎實物大小。在這裡，照片再也不是爲展品提供「脈絡」。我們現在不可能看到一個眞正的一九五〇年代聘禮牌匾，因爲這種東西按照正常情況早被拆解了。此一牌匾一直被「收藏」在照片中。由於異常顯著，照片中的牌匾看起來很逼眞，某個意義下比旁邊較不起眼的較古老牌匾和對面仿眞的紙鈔牌匾更加「純正」。

這些照片的作用並非體現在它們作爲補充，是作爲美麗而有意義的物品中的美麗而有意義的物品。這一點在豬祭展區有進一步的展現，其中一項展品有著壯觀的天堂鳥羽冠。

天堂鳥羽毛無法從巴布亞新幾內亞出口，因此，合法收集它們的方式是使用照相機。這些鮮明的、像牆一般大的舞者和群衆影像有時會與旁邊的展品旗鼓相當，甚至使其相形遜色。在博物館獨厚實品的習慣下，這種做法也許會被認爲是一種不平衡。但爲什麼總是應該保護展品讓其免受競爭性訊息的干擾呢？其中關鍵很大程度上取決於展覽的目的。如果我們想要透過混雜的展品來顯示歷史的變遷，那麼，讓它們繼續被特定的脈絡汙染，不讓它們獲得藝術品或文化瑰寶的靜態自主性，難道不是很重要的嗎？

展品的歷史性爲博物館的標準保存與純正化程序構成了一個棘手難題。歐漢龍在展覽專輯中點出這個難題：

> 例如，我對博物館保存人員在處理維吉人工藝品時提出的問題感到震驚。有一面盾牌在一個炊煙瀰漫的屋頂上放了許久，只有部分受一個塑膠袋的保護，然則，我們是否應該把盾牌表面多年累積的汙垢清除呢？這個問題引起的議題是，一件文物是因為體現了什麼而被珍視的呢？應該是把該盾牌視為是同類型盾牌的一個完美典型，所以應該讓它像是在一開始還沒有汙垢之前所拍的照片一樣嗎？還是說我們應該保存盾牌歷經歲月的證據，即使那證據（如汙垢）會使該物品的原始用途變得模糊？[1]

這個例子意義深遠，因爲歐漢龍的兩難並沒有完美的解決方案。一件工藝品不可能既是新的又是舊的。變遷會帶來增加和減少，會帶來揭露和遮蔽。在照片或其他仿眞物的幫助下，我們可以對比出清潔前和清潔後的展品。但是以當前的展出和評價標準來說，再現的物品絕對不可能和「原品」擁有相同的價值。「本眞性」的觀念具體化並珍視物品持續的歷史的一個特定時刻，因此規避了歐漢龍指出的兩難。然而，致力於呈現歷史變遷的展覽和收藏卻無法避免過程與客體化這種基本的緊張關係。就像「天堂展覽」那樣，它們必須使用相片、文本和重建物去補充展品並讓展品去中心化。

「天堂展覽」的歷史化，主要是針對那些相信新幾內亞高地是最後一塊未與外界接觸的蠻荒之地的參觀者所設計的。作爲人類博物館中的助理管理員，歐漢龍得經常回答有關新幾內亞的問題，所以他對參觀者會是怎樣的人有些心理準備。他在展覽專輯裡列出了一些讓人難受的原始主義刻板印象，外加一些關於食人族的笑話，指出一名電視台播報員擔心最近在倫敦表演的一群哈根山（Mount Hagen）舞者是食人族（O'Hanlon 1993:57）。在許多踏入這個展覽的參觀者看來，「傳統文化的減少必然會跟可口可樂和基督教的增加而成正比」的觀念是一條公理。應對這種心態，「天堂展覽」顯示出新幾內亞高地人創造出自己一套融合傳統與現代性的方式。維吉人創造了自己的歷史，雖然不是在他們自己選擇的環境中創造。他們是複雜的美拉尼西亞現代性的一部分，這種現代性並不會（或未必會）隨著既有的西方道路發展。只要參觀「天堂展覽」的人能多少明白這一點，此一展覽便有了重要貢獻。絕對主義的變遷論調將會被動搖，人類的多樣分歧和具有融合能力的歷史事實將會獲得肯認。[2]

162

✻

在歐漢龍那本詳細而引人入勝的展覽專輯中，他強化了此一訊息，但同時也予以複雜化且有所保留。他這本書並非單純對展覽的反思。我和歐漢龍談話時，他強調了一個重點：展覽需要維持清楚的焦點，但專輯則可以嘗試帶入更多訊息。《天堂》一書中分爲三大章，分別討論高地的接觸史、在維吉谷收集文物的互動過程，以及在倫敦舉行展覽的合作過程。歐漢龍正確指出，當前對博物館展覽的再現與政治的大部分批判性討論，都沒有處理特定展覽的獨有情況，也沒有處理展覽來源的社群和特定機構兩者的地方史（O'Hanlon 1993:78）。[3]《天堂》爲詳細和反思的分析訂定了一個新的標準，特別是針對非專業的讀者的展覽專輯。雖然歐漢龍偶爾會指責當前批評西方展覽的人太過「理論取向」，但他仍然積極捍衛和闡明他們許多關鍵論點。他具體顯示出他和不同合作者所製作的展覽的對話性質、權變性質和（無可避免的）策略性質。

第一章（也是最長的一章）以罕有的詳細程度介紹維吉谷廿世紀生活的歷史背景。這一章的焦點放在康布羅部落（Komblo），歐漢龍在加入人類博物館之前便在該地從事人類學田野工作。在概述維吉人的地方意識和他們的政治結構及親屬結構之後，便進入一九三三年利希－泰勒巡邏隊來訪的時期。在利希爲當地人拍的「首次接觸」照片中，歐漢龍選了幾張維吉人全看著外地人或筆直正視相機的照片。「觀察」是一條雙向道，維吉人一開始的困惑迷惘很快便被投機取巧的挪用所取代。

接下來是一段詳細的歷史敘述，追溯了康布羅部落過去的生活、與巡邏隊的關係和所受的影響。不同於許多的部落接觸

「天堂展覽」的木頭與金屬盾牌。

史，歐漢龍沒有描繪當地人的生活如何受到探勘者、警察、金錢、商品和世界市場的擾亂。至少在某些方面，標準的擾亂敍事被顚倒了過來。在巡邏隊來到之前，康布羅部落便因爲失控的部落戰鬥而被逐出家園。他們被分散到母系親屬的社群後，利用他們的一個成員（巡邏隊的一名翻譯）去說服新勢力讓他們重返故土。在新政府與當地傳教士的幫助下，他們舉辦了一場傳統的典禮，敲定了一份持久的和約。對康布羅部落而言，殖民接觸意味著結束擾亂、重新扎根，也更新舊的連結。然而，歐漢龍這個講述的目的不單純是扭轉擾亂敍事。因爲以一些關鍵的方式，由採礦、傳教、新市場和澳洲政府帶來的新處境，確實改變了地方實踐可以被協商的範圍。效果是不均勻的：有些東西消失了，有些東西轉變了，也有些東西重新出現了。

164

　　藉助他過去在田野工作時聽來的故事，歐漢龍對康布羅部落在利希和泰勒來到前所表現的移動性——移民和離散——提出一個複雜的解釋。從歷史的角度看，新幾內亞高地是一個具體的、不斷變遷和經常不安定的地方。在此，對根源（roots）的注意結合了對路徑（routes）的意識。以極端地域主義著稱的新幾內亞高地各社會，被視爲一座上演複雜的住居史與旅行史的舞台。與其說殖民主義與現代性的「速成課」帶來變遷，不如說它們改變了變遷的條件，改變了權力關係，讓移動與靜止、自主性與互相連結的實踐可以協商。本章的後半介紹了最突出的協商區域，將焦點放在維吉谷的「物質文化」。這個敍述比展覽本身來得激進，給予了「汽車、貨幣和啤酒等現代物品，如同石斧、矛和貝殼同等的份量」（O'Hanlon 1993:54）。咖啡、貨幣、運輸技術、武器、酒精和基督教都被放在一個接觸觀點下處理，將新影響與商品的消費視爲在地化和具創造性的。

繼這段民族史之後的是名爲「在脈絡中收集」和「實踐中的展覽」的兩章。前者描述在高地收集展品的互動過程。歐漢龍挑戰了他對什麼是「維吉物質文化」的問題的預設立場。儘管帶著收集「所有可攜帶的維吉物品」的目的，他「發現自己不加思索地偏好在該地區製造的物品，而非僅僅在該地被使用的物品」。在尋找早期使用露兜樹加工碗的過程中，有人給了他一個碗，但他知道那是在塞皮克（Sepik）流域製作和專賣給觀光客的。

> 就這次策展，我抗議說這不是一個**維吉**的露兜樹加工碗，但對方以同樣堅定的態度說它是。漸漸地，我了解到我們爭論的是兩碼子事。對我來說，這個碗根本沒有資格被說成是在地產品，因為它是塞皮克雕刻家製作來賣給觀光客的；但賣給我的人的觀點是，這就是維吉的露兜樹加工碗，因為不管它是怎麼來的，它都是維吉人加工露兜樹後得來的，上面的油漬可以為證。我現在後悔沒有把那個碗買下來，也後悔沒有把維吉人多得驚人的各種各樣物品買下來，我當時自以為是，認為這些東西不在我對『維吉的物質文化』的嚴謹定義內。（O'Hanlon 1993:58）

165

搜集者的標準很快便傳到維吉人的耳中，他們愈來愈能提供歐漢龍想要的東西（O'Hanlon 1993:61）。歐漢龍的搜集與維吉人的參考架構發生了「交互滲透」（O'Hanlon 1993:76）。「我的搜集受到在地過程和規則的限制，結果是我建立的典藏在其結構中部分反映了當地的社會組織。許多對文物搜集的批評都把焦點放在『斷裂』，即不應把文物抽離它們所屬的地方脈絡，放入相當不同的博物館或藝廊脈絡，但這未必是維吉人選擇來看待這事情的方法」（O'Hanlon 1993:55）。例如，維吉人自己認為，因為他們的鄰居——哈根山的舞者——曾經造訪倫敦，所以他們和倫敦已經建立起關係，哪怕是間接的關係。他們預期歐漢龍會為他們安排一趟倫敦之旅。這樣的預期落空後，他們又把歐漢龍要在人類博物館展出維吉文物的計畫，視為是另一種建立關係的途徑，所以是他們有責任響應。我會在下一節中回到這些議題。

專輯的第三章「實踐中的展覽」包括了一般會忘掉的成分：在策展人把展品放入特定空間（經常是有限的空間）**之前**所制定的計畫。歐漢龍記錄了這部分是不得不爾，因為《天堂》的出版期限早於任何實際展覽規畫之前。撰寫這最後一章時，他甚至不知道展覽將可用到幾個展廳。補助金是申請了，但依然懸而未決。設計部門的人也還在消化他的想法。歐漢龍原定策畫一個頗大型的展覽，抱持的想法是事情如果有任何變化，那麼這種在夢想與實際間所產生的鴻溝仍然具有啟發性。

補助金沒有下文。「天堂展覽」的內容只好壓縮爲單一個展廳，該展廳在舉行上一檔展覽（經費較充裕的巴勒斯坦服飾展）時曾改造過，因而有了彎曲的牆面、架高的舞台和降低的天花板。然而，只要略作改變，這個空間便適合爲美拉尼西亞的高地區舉辦一場展覽。（事實上，湊合著使用一個不完全屬於自己的場地的困境，相當符合這個展覽對現代性的立場。）歐漢龍對於在一間老資格機構工作所受到的限制有許多著墨。然而他提醒我們，他的專輯並非一本關於博物館實踐的眞正民族誌，因爲該種民族誌需要深入研究影響展覽形態的政治壓力、機構層級制度和有時讓人緊張焦慮的個人衝突。這種對特定博物館文化與實務的探討仍然有待研究，最有可能進行這種研究的是圈外人（O'Hanlon 1993:80）。歐漢龍的圓滑反思是出自一個圈內人，儘管這圈內人是個新手，而且其專業身分總是以人類學家爲主。

從此一定位，歐漢龍分析了他自己的博物館實踐，爲其他人對未能進行的策展之路開啟批判性的推測。至少在一件事情上，「天堂展覽」的縮編對原計畫可能起了改善作用。原計畫是動用兩個大型展廳，一個專門展出神話時期（以豬祭爲主軸），另一個專門展示歷史時期（雜貨店、咖啡、戰爭與和平）。但這可能會有落入西方二分法的風險，而目前更加壓縮並因此更加混雜的展覽則質疑了這種觀點。另外一個例子是有關一九三三年的利希-泰

166

勒巡邏隊的呈現。正如我們所看到的，目前的展覽並沒有落入一種以「首次接觸」爲樞軸的之前／之後敍事，沒有把「首次接觸」看成「打開」、「玷汙」或「進入現代性」的時刻。原計畫是要給巡邏隊提供更大的展出空間，並且以反思的方式來呈現。展品包括一頂探險隊的帳篷和其他用品，例如新款的萊卡相機（這種相機讓希利得以拍攝到經常是沒有刻意擺姿勢的照片）。就像一九三三年的維吉人一樣，展覽的參觀者會被要求站在一條釣魚線後面觀看探險隊的異文化。維吉人對探險隊的感想會寫在牆上。眞人尺寸的高地人放大人像將包圍著帳篷，以營造一幅白人遭到觀察的畫面。

這種構想雖然吸引人，卻是個冒險的嘗試。要求參觀者站在一條釣魚線後面是一回事，誘導他們像看異文化物品一般地觀看探險隊的帳篷、相機、服裝和槍枝又是另外一回事。（其中一個弊病是可能會引發對「香蕉共和國」的探險懷舊。*）如果這種手法多少能夠誘導

* 譯注：「香蕉共和國」此一詞語最初用來描述政局不穩定、經濟依賴度高的國家，這些國家仰賴單一出口商品，比如香蕉。在此「香蕉共和國」探險指的是對探險或冒險賦予一種異國情調式的浪漫化。通常涉及來自較發達國家的個人，他們參與到這些地區的探險或旅行中，對於殖民時代或被認爲是「純眞時代」而感到懷舊。這類對當地文化的刻板認識或愛慕情懷，往往忽視了這些社會的複雜性和多樣性、經濟剝削，以及探險者和當地社區之間不對等的權力動態。後文作者質疑「以維吉人的眼光觀看白人的文化」，以爲這是否會加強「一種特權的相對化視角」，也可以理解爲另一種「香蕉共和國」的反向塑形。

參觀者以維吉人的眼光觀看白人的文化，那它是否也會加強了一種特權的相對化視角？[4]再者，賦予「首次接觸」吃重份量可能會無可避免地鼓勵人們塑造一種強調轉變時刻的歷史敘事，因而支持了現在的展覽所質疑的各種伊甸園式敘事？反思之下，這個壓縮過的展覽只將一個角落分配給「首次接觸」看來是正確之舉——雖然我渴望萊卡相機也能有一席之地，例如放在玻璃櫃中展示之類。

歐漢龍的原定計畫是在「首次接觸」展區大量引用維吉人說過的話。他爲這策略辯護時，指出過去人類博物館的「活躍的北極」（Living Arctic）展覽曾經大量引用美洲原住民的話語，而且頗受參觀者的讚賞（O'Hanlon 1993:87）。然而，在現在的展覽中，我們幾乎「聽」不見維吉人的聲音。非常短的引語（通常帶著比喻味道）被放在每一個說明立牌的最上方，但這些立牌都不具獨立性。在專輯中，我們也看不到維吉人對展覽主題或過程的較長詮釋。展覽從頭到尾都在強調維吉人的能動性，但卻沒有他們被翻譯成英文的聲音。正如「活躍的北極」實驗所呈現的，儘管經過策展人員的編排，但引用話語仍然可以是強有力的溝通方式。爲什麼要捨棄這種策略呢？是爲了讓訊息不致過度複雜嗎？是爲了不獨厚某些維吉人嗎？是爲了避免以自己方式「給別人聲音」所造成的笨拙甚至居心不良嗎？

藉由翻譯、編輯出來的「聲音」產生「複調多音」（polyphonic）的民族誌職權，從來就不是毫無問題的做法。但再現的聲音卻可成爲一群活生生的人的有力指標——甚至比照片還要有力——照片不管多麼寫實和具有同時代性，總包含著某種程度上不可化約的過去時態（Barthes 1981）。只要引用的是不同的人的話語，便可以傳達一種原民**多樣性**。展覽疏落引語的其中一句是責備年輕婦女製作不得體的新風格大提袋。這讓我們馬上「聽到」某個世代的男性聲音。把更長、更多，和有時彼此衝突的引語引入展覽會有什麼效果呢？我並非要事後批評歐漢龍和他的博物館同事。一個小型展覽總是要做出一些妥協的，不可能無所不包的（大型展覽何嘗不是如此）。我只是希望突顯在「天堂展覽」中同時建構物件與權威的那些重要選擇——這些選擇在專輯中有所透露但未加以分析。

如果有兩個展示廳可以使用，便有充裕的空間可供現在的「展覽的生成」壁板的內容有更大的發揮。歐漢龍承認一個展覽本身便是一件「大型展品」，值得得到它包含的展品一樣多的關注（O'Hanlon 1993:92）。但他拒絕在展覽中放入太多有關它的「製造過程」的材料素材（但專輯中卻放了很多）。「如果一個展覽的主題相對來說是深奧的，那將展覽內容和對那些內容的評論混合在一起，將可能使得展覽有無法傳遞任何訊息之虞」（O'Hanlon 1993:92）。在目前的情況下，歐漢龍這席話可能是對的，但我懷疑這種權衡眞有如他暗示的那樣明確。對創造一個訊息的過程加以反省往往會削弱該訊息——這個假設是我們熟悉的。最近我聽到許多警告聲音，認爲民族誌中過多的反思，經常被描繪成不可避免地導致「後現代」過度相對主義論（hyperrelativism）或是自戀般自我耽溺。但情形極少是這樣極端的。

168

反思有很多種形式，而有時只要加入一點點的諷刺、個人聲音或反思，便可能大有幫助。我不相信當代的展覽參觀者若遇到有多層次的資訊需要處理時，便必然會失去信仰或注意力（他們很多是看著電視蒙太奇手法長大的）。我們憑什麼知悉強烈聚焦的敍事可以抓住人們注意力這個假設是正確的呢？

在民族誌研究和博物館實踐中，具體問題始終是程度的問題，以及特定的修辭策略如何影響不同觀眾的問題。歐漢龍的解決方法是減少展覽中的反思素材，但在專輯中賦予它們吃重份量。我不確知這種二分的做法反映了哪些假設。它是假設了參觀展覽的人比較單純，而看書的人比較深思嗎？是假設了新幾內亞高地的文化變遷故事迎合廣大倫敦人的胃口，而搜集展品和安排展覽的細節卻不是如此？是假設了出自一人之手的書本可以較放心地放入一些必要的個人材料，而出自多人之手的展覽卻不是如此？我不清楚是哪些猶豫、妥協和制度性限制，影響了對展覽中的中立權威和專輯中的反思權威這兩個特殊區的協商。無論我心中有什麼抽象偏好，我在此並非爲某個特定的解決方案護航。我只是想提出，**某些**協商必然會環繞著權威、反思、聲音與觀眾等議題而出現，並且沒有自然而然的結果。「天堂」系列（展覽加上專輯）把這些議題矚目地突顯了出來。

歐漢龍有時會溫和抗議他的實踐所遭遇的制度性限制：「在博物館的儲存庫，拆開裝有收藏品的條板箱的過程業已完成。物件安全地用紙巾包裹，等待煙燻消毒、保存、註冊和收藏，並小心翼翼地存放爲維吉工藝品。同時，其他的維吉工藝品——即板條箱本身——卻等著被丟棄：它們是小心翼翼地交由麥可杜（Michael Du）製造、由撒迦利雅（Zacharias）繪製，以及由寫標籤的凱布（Kaipel）所標記的」（O'Hanlon 1993:92）。專輯以這個讓人心有戚戚的情景作結。博物館的地下室是個揭露地點，在這裡，收集被同時視爲一種尋回和丟棄。在歐漢龍看來，這種情形說明了「收集和保存工藝品的無可避免的偶然性，因爲你只能收集和保存某些工藝品而不是另一些」。但「無可避免的偶然性」一語可能對特定的制度性限制

爲收藏品拆箱。照片來自歐漢龍（O'Hanlon 1993:79）。

和選擇不盡公道。量身訂做的板條箱對另一個以不同想法構思的展覽有可能會是一個讓人驚喜的附加。空間的考量、收藏與展示的成規，還有擔心訊息的過度複雜化——這些顧慮無疑聯手讓板條箱的丟棄顯得是無可避免的。但歐漢龍顯然鍾愛這些來自維吉谷的板條箱，就像他鍾愛那些精心製作板條箱和爲它們寫標籤的人一樣。透過以它們作爲專輯的結尾，他大概是在表達一種渴望：儘管受到博物館、大眾和專業的限制，他仍然可以以不同的方式收集和展示「維吉的物質文化」。

⁂

《天堂》是針對某些倫敦博物館觀衆群和老練（有時甚至是專業）的專輯讀者群而設。很明顯，它並不是針對維吉人，考慮到誰可能會看到和閱讀這些作品，這是合適的。然而此一事實不能讓個人和機構推卸他們對維吉人的責任問題。這個議題可能值得我們推進得比歐漢龍更深入一點，因爲它對當代的跨文化收集與展示的實踐來說是具有普遍的重要性。在這裡，再現的關係政治（relational politics）、關係詩學和關係語用學是什麼？在何種意義下，「天堂展覽」和《天堂》一書反映了維吉人的觀點與渴望？它們應該反映嗎？

歐漢龍的工藝品購買被捲入了一場「文化協商」中（O'Hanlon 1993:60），而那意味著進入了一種特定的、進行中的結盟。美拉尼西亞人習慣買賣物品、歌曲、儀式和知識，付款的目的不是爲了離開，而是要建立關係。歐漢龍的接待人是地方領袖金頓（Kekanem Kinden）（他的照片見O'Hanlon 1993:52）。金頓負責安排必要的社會交易，包括誰應該首先接觸收集者這個微妙的問題。歐漢龍爲這些情況提供了細膩的敍述，描繪了自己順應並在當地規範中努力的情景。整體來說，他傾向於將此一潛在上充滿憂慮的過程，呈現爲一個利益不斷匯合的過程——如果不是一則和諧關係（rapport）的寓言也至少是一則共謀（complicity）的寓言。他還透露了這種關係更爲棘手的一面。當收集到的東西準備要運往倫敦時，它接受了像是新娘要離家前往丈夫氏族居住時會有的儀式（婚姻是維吉人的主要辭別場合）。

> 當地的儀式專家阿南波（Anamb）是我的老朋友，他有時會覺得受到我的接待人金頓的挑戰。他建議收藏品必須經過美化的儀式，就像新娘在傍晚要離家前所做的那般。這是一個非常有政治意味的建議，而我注意到，在協商購買文物的金額時，也會出現類似的親屬關係思考方式。如果收藏品就像新娘，那麼我付的款項就像聘禮，而重點是，聘禮只是你**第一筆**該付給女方親屬的帳款。新娘的兄弟也會預期你後來會因為太太所生的小孩而付他們錢，因為他們是孩子的「來源人」（source people）。阿南波把收藏品比作新娘，是在強調我對幫助過我的人有持續的虧欠關係，並且試圖確立自己的「來

源人」角色，讓我明白我將來從收藏品得到的任何好處都是多虧他。（O'Hanlon 1993:77）

《天堂》的第二章以阿南波的權力遊戲作結，這事件揭露出收藏的對話關係是如何同時有納入和排除他人的作用。另外，阿南波用美拉尼西亞人的風格提出了一個意義深遠的政治問題：歐漢龍、人類博物館，以及「消費」維吉文物的參觀者和讀者虧欠了維吉人什麼？購買金並沒有終結與「來源人」的關係。正好相反：在與收藏的關係中，金錢、物品、知識與文化價值會在持續的「在地／全球」迴路中被交換和挪用。如果收藏被視爲一種交換，有何種持續的拘束會加諸於展覽的實踐上？專輯中的「實踐中的展覽」一章沒有跟進這些政治性議題。它所討論的拘束主要是來自經費、展覽機構和大眾。事實上，閱讀這些對博物館工作及其取捨的有價值討論時，我們對其中缺少維吉人的參與——直接或間接——感到意外。

根據歐漢龍的說法，那些在高地上幫助他的人，對展覽的性質很少提出要求。然而，他們確實希望涉及其中的個人關係與政治關係能恰當地維持下去。阿南波企圖確保「持續的虧欠關係」（O'Hanlon 1993:77）持續下去，無疑更多地與保持交流並分享財富有關，而不僅僅是忠實地代表他的觀點或給予他發聲。即使不考慮展示的內容，互惠的問題依然存在。博物館有正式承認它與維吉谷的部落或個人之間有持續的交換連結嗎？還是博物館認爲自己在田野裡已經銀貨兩訖，與維吉人再無瓜葛？辦展覽所帶來的是何種責任？維吉人是否把他們與歐漢龍的關係主要視爲一種個人的、親屬般的關係？還是說其中有一個機構性甚至地緣政治性的面向嗎？這些問題被專輯打開，鼓勵我們對收集和表現的政治有更具體的討論。美拉尼西亞人認爲，富有的人對那些支持他們的較不富有的人負有某種責任——這種想法與主導當前討論的「第一世界／第三世界」、「殖民者／被殖民者」概念可能重疊或部分重疊。

在展覽方面，維吉人最具體的要求實際上被忽略了。在新幾內亞高地，一些特別的或外人止步的區域會用一小堆「禁忌石」和彩繪木柱作爲標誌。歐漢龍的接待人金頓在高地的收集營地做了這種記號，以求收藏品的安全。他和其他人要求展覽在入口處放置相似的石頭和彩繪木柱，以標示出它是一個維吉區域（O'Hanlon 1993:86）。事實上，他們爲此彩繪了兩根木柱，交給歐漢龍。但後來「天堂」的入口卻不見石頭或木柱。這顯然是因爲博物館設計人員考慮到它們也許會妨礙參觀人流的順暢（比方在大型的學校團體前來參觀之時）。[5] 在這個事例中，本來很容易解決的實際顧慮（石頭只有一、兩英尺高）推翻了維吉人對展覽清楚表達過的期待。

倫敦和新幾內亞高地相隔遙遠，附近沒有維吉人社群可以約束策展人的自由。這個顯而易見的事實值得注意，因爲在今日的許多地方，它已不再顯而易見。在加拿大，有關第

173

凱布卡和他的盾牌。照片來自歐漢龍（O'Hanlon 1993:Plate 14）。

一民族的展覽會受到非常嚴密的監控，原住民部落時常會要求擔任顧問或共同策展。現在許多部落社會都會限定只有哪些物品是可以展出的，而即便展覽是在很遠的地方舉行，他們也會參與規畫、策展和舉行批准儀式。[6] 在北美或部分歐洲地區，黑人文物展可能會感受到來自流散黑人社群的壓力，要求表現出一定程度的尊重——儘管未必會完全滿足黑人社群的期望。與這些例子相比，維吉人對「天堂」的策展人施加壓力的能力幾乎爲零。歐漢龍收集文物時所持的謹慎互惠態度沒有必要在展覽中複製，只要內容大致上不冒犯（遠在天邊的）維吉人便足夠了。因此，如果禁忌石顯得「礙手礙腳」，便省略也可。

一場展覽究竟應該顧及原住民的觀點到什麼程度？有些維吉人力勸歐漢龍不要在展覽中強調氏族間的戰爭。[7] 展覽確實有語及戰爭（盾牌與長矛），但接著便介紹氏族間的媾和作爲平衡。這種做法可以讓那些要求不要把戰爭放進展覽的維吉人感到滿意嗎？我們會想要在這個部分讓他們滿意嗎？事實上，誰可以代表「維吉人」發言呢（「維吉人」是一個頗鬆散的區域單位，包含著互有爭論的氏族）？上述的願望或許只是特定氏族領袖的想法，或許只是收藏贊助者（個人或小團體）的想法，或許只是維吉男人的想法，或許只是某一世代的想法，或許只是「內部者」的想法，又或許只是文化掮客或文化「翻譯人」的想法。但假設是來自當地的權威人士，那麼這種要求是否應該毫不猶豫地遵從？如果一所更具權威的機構決定無視或補強原民觀點，這一決定是否便一定是「帝國主義」性質的呢？是也不是。在結構層面上，大型都會博物館在獲得並重新詮釋小群體作品方面，持有歷史特權和財政實力的關係。在某些層次上，這種地緣政治地位起著決定作用。與此同時，它也受到各種不同的接合的、協商的和常常較不絕對的關係的影響。而在一種總的權力不平衡中，可能會發生相互剝削的過程。我們無法從全球性政治經濟關係中「讀出」是誰挪用了誰的東西。政治運作不是在所有互動脈絡中都是一致的（homologous）。部落的人們或許會非常關心是否得到公平的補償，但卻不會太在乎自己在一個遙遠地區被呈現的細節。（這似乎正是維吉人的情況。）在其他處境中，情況可能會顛倒過來。有些機構是建立在對其呈現的人群的直接支配的歷史遺產上。有些則不然。很大程度上取決於地方買賣和個人人脈。

有關收藏與展覽的政治討論，特別是在殖民和／或新殖民處境下的討論，往往傾向於從結構性支配的角度出發，並以這樣的結構性支配結束，忽視了更本地和有著同樣程度「政治性」的具體情勢。《天堂》明白地著手爲這種籠統和「理論性」論述提供修正（O'Hanlon 1993:12, 78）。儘管歐漢龍承認它們的重要性，但他更關注具體的實踐和協商，提供了許多有啟發性的細節。然而，專注於實際情勢可能使情勢性的協商顯得不可避免，因而顯得是非政治性的。與其將抽象理論對比於實際互動，我偏好思考政治關係的連結但非一致的脈絡。歐漢龍的尖銳修正因爲把焦點放在收藏與展覽的實踐，便會有過度反應之虞，易於忽略較爲結構層次或地緣政治層次的差異權力。因此，在討論倫敦的展覽時，他才會對維吉人能

175

動性在展覽中的闕如缺乏關注。

當然，同時考慮所有層次是非常困難的，特別是在沉浸於特定互動的具體協商和關係中時，更難充分考慮到結構性的決定因素。對互惠的人文主義解釋總是會有流為「反征服」敘事風險（Pratt 1992），在其中，因為每個人都善待彼此，較大的權力不平等遂變得無關緊要。但「互惠」本身是一個翻譯用語的詞彙，會連結相當不同的權力體制與關係性。資本主義的「交換」意識形態預設了交易中的兩造可以自由選擇參與或不參與，反觀在美拉尼西亞人的模式裡，「交換」卻是一種持續的關係，較富有的一方有著與他人分享財富的持續責任。保持這些不同的互惠實踐存在是非常重要的。[8]

在原住民對展覽的期望、學術或前衛消費者的興趣以及任何展覽的參觀大眾（在此一情況下是英國中產階級的原始主義者）的興趣之間，總是存在落差，有時甚至是迥然不同。策展人與民族誌學者——即至少是那些認為描繪他們工作的顯著條件是重要的事的這些人——總是在這些壓力下努力創造出更複雜、更具政治責任和能讓更多人明白的呈現。「天堂」是對這種努力的一項重要貢獻，這既是因為它所做之事，也是因為它幫助我們看見有什麼是它未能做到的事情。

✵

由於歐漢龍引用了我的著作，既作爲他進行的事業的基石，也作爲對比，我也許可以在更加個人的層面上做一些最後的回應。我受到《天堂》的吸引：它確認了我對世界的觀點，並讓我駐足沉思。它把我帶回了**我的**美拉尼西亞——一個有陰影的天堂。我的第一本書（Clifford 1982）便是探討新喀里多尼亞（New Caledonian）的卡納克人（Kanaks）如何在一個極暴力（且持續的）殖民政權中求生，如何在混雜的基督教裡找到保持獨立性的新方式。這促使我提出了一個問題，思考著萬那杜和巴布亞新幾內亞那些複雜的新民族：「我們需要什麼東西……才能一貫地將美拉尼西亞富創造力、具韌性，和極其多樣化的社會聯繫於這個星球的文化**未來**（cultural *future*）？如果我們能夠認眞採取這種立場，那麼民族誌的構思也許將會有多大的不同？」（Clifford 1986:115）。《天堂》讓這些問題保持敞開，也讓提問者難以取得平衡。*

我持續看著專輯的封面。封面是一位男子的近照，他戴著誇張的羽冠和鮮橘色的「假髮」，雙眼直視，沒有笑容地看著鏡頭。他的鼻子和下巴畫上黃色和紅色的標記。照片中沒有紙鈔，沒有波浪鐵皮，沒有口香糖包裝紙編成的頭帶。只有湊近看時，我才看到他脖子上的夏威夷布和假髮上的「現代」物料。和書名「天堂」字樣放在一起，這張照片斷然有原始主義的效果。我回想起我曾聽說，選擇這相片當封面是個妥協，是爲了吸引到更多的讀者而做的設計。[9] 這是推託之詞嗎？或許。但明顯的是，這張具有傳統本眞性的照片——

一位名叫庫卡．可恩（Kulka Kokn）的男子在一九八〇年代早期的留影——獲得許多維吉人的認可。這顯示他們所喜歡示人的面目：誇大的裝飾穿戴，臉上與皮膚散發著力量的光彩（O'Hanlon 1989）。

維吉版和西方版「本眞性」概念的另一個明顯重疊，可以在專輯對厄格文化中心（Onga Cultural Centre）的討論中看到（O'Hanlon 1993:74-76）。此一文化中心是最近才由羅滿加人（Romonga）庫泊爾（Yap Kupal）在維吉谷的西面創立，這是一間構思相對狹隘的地方文化博物館。在該博物館謹慎重建的前接觸時期男、女會所中，收藏了大量「傳統」的物質文化，其中不存在「天堂」展示的那種有明顯混雜性的物品。庫泊爾的目的既是爲後世子孫保存古老的文化，也是要吸引觀光客登門造訪，他的靈感來自摩爾斯比港（Port Moresby）的西式博物館。人們會不會希望「天堂」反映這種原住民的文化展示模式呢？以我來說，我不樂見口香糖包裝紙的頭帶和新款式的大提袋被排除在外。透過把傳統展示爲一個混雜的過程，倫敦的展覽吸引了像我這樣的人，同時也爲原始主義者（潛在的高地觀光客？）提供了一堂歷史課。它不是爲庫泊爾之類的人而設。一般來說，像「天堂」這種混雜性展覽或許不

---

* 譯注：此處原文是「the questioner off center」，意思是提問者並非處於穩定或固定的位置，而是敞開心扉，進行持續的探討與追問。

戴著儀式用假髮的庫卡・可恩。照片來自歐漢龍（O'Hanlon 1993:cover photo）。

會吸引許多文化激進分子，因爲對他們來說，復興原住民過去的文化（一個相對上沒有西方成分的傳統）是一個至關重要的政治利害。他們也許一樣會偏好專輯封面上那種明顯不受困擾的傳統主義。

這應該會讓像我這類致力於混雜文化過程被承認的人稍事停頓。透過使創造性的不純粹（inventive impurity）變得正常化，我們質疑純粹主義者的「本眞性」體系。然而我們是否總是足夠地注意到，本眞性表現（articulations of authenticity）鑲嵌在特定的歷史或政治處境中的各種方式呢？例如，我們會想要將厄格文化中心的本質論傳統主義等同於在西方依然大爲流行的非歷史性原始主義（ahistorical primitivism）嗎？這兩者可能會收藏非常相似，甚至一模一樣的「傳統」高地文物。但收藏品的意義對它們來說也是一樣的嗎？一個西方原始主義的挑選可能會確認一個這樣的歷史序列：在其中，被收藏的傳統是屬於一個無可挽回的過去。高地的收藏計畫則可能是（如同庫泊爾所做的那樣）致力搜集過去的資源，爲通向未來的道路奠基與賦權。這種「純粹主義」會**同時**向後看和向前看。它不必然是規範性的：它一樣可以出入高地的接觸區。事實上，庫泊爾在《天堂》一書的照片裡穿著西方服飾，手持兩把看似傳統的石斧（造來賣給觀光客的）（本書頁三〇七圖）。對於在地純粹性的宣稱，我們不能在沒有檢視它們在實踐中的表現便逕稱之爲天眞幼稚。「本眞性」很少是非此即彼的議題。

178

在許多西方大都會環境中，「天堂」表現的這類歷史觀點會被視爲是深思的，而庫泊爾之類的「傳統主義者」觀點（還有那些爲「根源」和「主權」而戰的文化運動分子的觀點）則被視爲是簡化的。這是因爲非本眞性（inauthenticity）現在已經——至少在某些圈子裡——起著一種新的本眞性的作用了嗎？在打破某些純粹主義的假設並使其偏離中心之後，現在不正是迴避規範性反本質主義（anti-essentialism）的反向二元立場的時候嗎？要能在全球性系統之內爭取完整和權力，有需要把傳統與現代性、把本眞性與混雜性一**起**部署在複雜的對位關係中。

對混雜性的品味——這種品味業已在「精緻」服飾和旅遊廣告中被商業化——也可以像是鍾情於純粹主義或絕對主義傳統那般未經反省的。在參觀、閱讀和享受「天堂」時，我受到不協調的微小細節（例如纏繞在可恩脖子上的夏威夷布）所吸引，不惜忽視其他部分。例如，有一張照片（O'Hanlon 1993:Plate 6）顯示豬祭的高潮時刻，只見大批男女穿著全套傳統服飾，場面盛大。但我的注意力卻落在一個警惕地望向鏡頭的婦女身上——在我看來，這個影像有著「現實效應」。波薩戴著一頂誇張得驚人的羽冠（本書頁二六三圖），而我則被這羽冠和相中人嘴上叼著的半根香煙形成的對比深深吸引。在別處，瓦拉（Kala Wala）以近鏡頭亮相，一身隆重打扮以展示她的聘禮（本書頁三一〇圖）。她脖子上戴著螺殼項鍊和有袋動物的毛皮，臉孔在豐富羽毛的襯托下塗上明亮的顏料。她一隻手握著一包菸放在大腿上，手臂上的臂帶塞滿樹葉與紙鈔。我讀了圖說後方才注意到她的耳環是用啤酒罐拉環製作的。一旦看見了它們，它們便反常地變成了不可或缺的要素。它們讓她「完整起來」。

如今，對混雜性和不協調的偏好，經常會被——有一點簡化了地——說成是「後現代主義」。一個近期的例子是史都華和蕭針對當代人類學的折衷性論述的討論。在我參觀「天堂」的展覽之前，才剛讀到他們的優異論文集《融合／反融合》（一九九四）。他們用以下的疑問來結束他們的導言：

庫泊爾和他的厄格文化中心，金頓站在左邊。照片來自歐漢龍（O’Hanlon 1993:75）。

> 近來我們培養出一種對明顯不協調的文化揉合的反諷愈來愈大的胃口，這種反諷在很多方面都成了後現代主義的標誌：例如「初步蘭板球」（Trobriand Cricket），或是《文化的困境》（一九八八）封面上的伊博人（Igbo）的「白人」扮裝慶典。我們想，這些東西會那麼吸引人，理由之一是我們可以看出它們已經碎裂為部分，已經被解構了。「創造文化」書寫證明了揉合和混雜化有著強烈的政治意涵，因為這種重構對本質論的殖民再現構成了挑戰，也對各種西方現代主義的意識形式構成了挑戰。但它們同時符合我們當前對反諷的胃口，不只不會對我們構成威脅，反而確認了我們的整體化的後現代典範。正如殖民力量會促使將人群歸類為身處固定界限內的本質性「部落」實體（「你是伊博人」），人類學霸權如今促使去拆解對那些使用它們的人來說是現象學現實（phenomenological reality）的實踐與身分（「你的傳統是創造出來的」）。在我們解構揉合傳統的熱忱中，我們可能創造了另一種思想帝國主義。（Shaw and Stewart 1994:22-23）

這些適時和發人省思的觀察困擾了我與「天堂」的遭逢。我對文化並置／歷史並置的關注（和品味），同樣是「一種愈來愈大的胃口」的一部分，是一種「霸權性」和「後現代」的反諷的一部分嗎？我所做的研究真的助長了新的「思想帝國主義」嗎？

我第一個反應是防衛性的，對「霸權性」、「帝國主義」、「後現代」這些詞彙挑剔一番。

180

僅以我自身研究爲例，它們在許多著名期刊上——從《當代人類學》到《符號》和《文化研究》——經常受到批評，我有點難以將其視爲霸權。（當然有人可能會說這些**爭論**是以一定的範圍爲前提。）另外，我對文化拼貼和不協調所流露出的興趣很明白是源自**現代主義**藝術與詩作：立體派、達達和國際超現實主義、謝閣蘭、康拉德、雷里斯、威廉斯和塞澤爾（Clifford 1988）。這些或許是後現代主義出現之前便有的。* 但「後現代」何時成爲一個標籤，用來描述不能被清晰時期劃分且難以脫離的傳統和回應呢？蕭和史都華話中的「我們」清楚顯示，問題中的感受性糾結不清。

無論我們如何命名這些現代／後現代的形構，有些事情仍值得關注。政治問題依然存在：特定的理論、視觀和風格是如何自我肯定，以及它們如何在不同的「在地／全球」脈絡下保持自身？蕭和史都華最後所提到的「帝國主義」意味著這些形構是用外力強加於人。兩位作者甚至將一個本質化殖民權力的情境（這權力說「你是伊博人」）等同於一個當前「人類學霸權」的情境（這霸權說「你的傳統是創造出來的」），因而「拆解」了被人們經驗

* 譯注：原文是「Postmodern *avant la lettre* perhaps.」，此處「*avant la lettre*」意指「在詞彙出現之前」或「在詞彙被提出之前」，表達作者所提到的想法或概念在「後現代主義」這個詞彙正式使用或被承認之前便已經存在。文後作者反諷了蕭和史都華批判中所指稱的「我們」，指涉對象同樣是模糊不明的（究竟「我們」指的是誰呢？），而「無法被清晰劃分」此一特徵不正是後現代主義用以回應的主題之一？

瓦拉展示她的聘禮。照片來自歐漢龍（O’Hanlon 1993:Plate 16）。

爲現象學現實的實踐與身分。然而，這種做法其實是將相當不同的權力情境混爲一談。（「人類學霸權」一語讓我想到了那些好辯又被去權的知識分子——他們無疑享有特權，但卻不是處於一個能執行他們定義的位置。）此外，蕭和史都華似乎在「**真的**」與「**真的被創造的**」兩者之間，做出本體論的區分（在目前的學術爭論中，這種區隔本身就是很「政治性的」）。我們納悶，爲什麼維吉人之類的人群不應該把創造與混雜的過程經驗視爲他們的「現象學現實」？身分的「拆解」是否完全取決於人類學詮釋？在導論的其他處，兩位作者主張事情並非如此：融合（syncretism）已是一種受在地承認的能動性形式。或許，「現象學」觀點最顯著的差別在於將混雜視爲一個接合的過程（傳統、實踐、工藝品與商品等），而不是將它視爲一個拆解的過程。蕭和史都華認爲後者正是人類學的後現代主義。然而對被創造文化的這種當代承認一定是「解構的」的嗎？有人會被文化混雜的意象吸引，可以不是因爲它們事先被解構了（蕭和史都華正是如此認爲），而是因爲它們先被**歷史化**了（並置的碎塊被視爲權力鬥爭與接觸關係的痕跡）。如此一來，布萊希特派與班雅明派的現代主義傳統可能是最相關的。

蕭和史都華在一件事上絕對正確：某種反諷，加上對不協調的文化揉合的偏好，可以成爲未經反省的深思標誌。一旦落入規範性，這種態度將會看不見自身的位置（其有限但重要的批判任務），而以爲自己有權定義什麼才算整全和本眞。我們該如何將反諷剪裁得恰到好處，而不僅僅將其視爲一種神祕化和特權效應？假如反本質主義確實涉及到某種現實，那作爲一種部分的、**被翻譯過**的眞實，其價值何在？跨文化翻譯永遠不可能是完全中性的；它一定會被捲進權力關係中（Asad 1986）。每個人都是從特定的位置進入翻譯過程，而這個位置只能在某種程度上逃脫。在成功的翻譯中，對異己（另一種語言、另一個文化或另一套符碼）的碰觸會是實質性的。某種不同之物被帶過來，爲理解、欣賞和消費提供了可能。同時，正如我在別處所主張的，失敗的時刻在所難免（Clifford 1989和本書第一章）。意識到「完成了」的版本有所遺漏，總會困擾著成功的時刻。我使用「失敗」這個強烈字眼，是因爲意識到不足夠、意識到被一個構成性的「外在」反駁是痛苦的。我們無法靠修訂或加入另一個觀點來補救。如果有意識地面對，失敗便會讓人批判性地覺察到自己在權力關係中位置，因而潛在地有了重新打開詮釋過程的可能。這種對位置的覺察比較不是來自於內省，而更多是來對峙（「你是白人」，「你是後現代主義者」）和務實的結盟（「我們至少可以在這件事情上合作」）。[10]

蕭和史都華所指出的當代感受性，需要應對成功所伴隨的失敗，要能以翻譯而非描述自居。「後現代」的理論、描述、反諷與品味已進入了它們的公共爭議與危機的階段。它們對「本眞性」的批判讓我們有所獲得，但**同時**難以堅持。它們同時進行旅行和迷失在途中。我們（一個我與蕭和史都華分享的代名詞和位置）開始同時看見雜揉理論的燭照和其所帶

當代大提袋。照片來自歐漢龍（O'Hanlon 1993:48）。

來的遮蔽。這些理論善於動搖各種純粹主義、善於將接觸區與邊界帶入眼簾和善於欣賞文化能動性的策略。然而這些理論傾向將混雜性均質化，把在不同歷史情境與不同權力關係中產生的混雜性混爲一談，把「自上向下」外加和「自下向上」創造的混雜性混爲一談。[11] 當每個文化推手（特別是全球化資本主義）都在混合和配對形式時，我們需要能夠承認對地方主義或本眞性的策略性宣稱可以作爲抵抗與賦權的場域，而不是抱持一種單純的本土主義（nativism）。

我仍然看著專輯封面上庫卡・可恩的彩繪臉龐。他與我四目交接，眼神帶著一點威脅性。他的大鬍子、張開的嘴（或微笑？）……看起來不太好惹。圍繞著他的亮麗羽毛大橘大紅，幾近螢光般鮮豔。他朝外看著。我好奇他穿著夏威夷衫的話會是什麼樣子。我想像他的臉沒有了彩繪，他的頭沒有了羽冠。這樣子的話，他可以是很多人：洛杉磯計程車司機、斐濟政治人物、英國小說家。儘管我知道他是新幾內亞高地的居民，仍忍不住將他視爲是爲豬祭而盛裝打扮，扮演「後現代原住民」的角色。

「天堂」意味著一種不同的翻譯。它告訴了我現代維吉人（男人）希望自己在別人眼中是什麼樣子：強壯和容光煥發。這也是專輯和展覽呈現新幾內亞高地人的方式：「傳統」的和挪用新物料的。一個具有地方韌性的天堂，一個具有**混雜本眞性**（hybrid authenticity）的天堂。在書的封底，我看到一位自信的年輕婦女在展示印有「PNG：美麗的國家」字樣的

185

大提袋。婦女因為獨立而有所獲，在地的挪用全國性的。我翻到書的卷首照片，看見一群年輕男子專心做著事情：他們其中一人在讀一本筆記本（本書頁三一六圖）。相片中的男子都穿著素色的polo衫。這張相片看不出任何新幾內亞的成分。這是一張完全西化的照片嗎？圖說寫著：「雷克來司（Zacharias）（左）與維克（Wik）（右）在作者的歡送會上計算豬肉的分配。」這樣說來，照片仍是典型的美拉尼西亞景象：穿著polo衫的現代男性在接觸區（人類學接觸區）裡工作。

三張「維吉人」的照片。加在一起，它們指向一種混雜本眞性：這是「天堂」的訊息與盼望。一段文化史和一個可能的未來。一個翻譯。一個明亮的空間。但我注意到一些陰暗的邊緣和一些問題。

咖啡。這種經濟作物把金錢帶進山谷，讓戰後數十年可以舉辦規模盛大的傳統祭典。與新的、有文化敏感度的「消費研究」一致（Thomas 1991; Miller 1987, 1994），展覽和專輯強調了維吉男女挪用和客制化新的貨幣與產品。維吉人看來欣欣向榮。但咖啡種植也排擠了傳統農業與豬隻飼養，增加了維吉人對雜貨店商品的依賴。「天堂」的專輯與展覽皆記錄了對單一經濟作物的依賴所產生的負面後果：新的貧富現象和依賴世界貿易市場的價格（這價格在過去幾十年來大幅震盪）（O'Hanlon 1993:43-44）。事實上，展覽所展示的「天堂」景象——貨品滿滿的雜貨店、鋪張的羽冠和豪華的豬祭——是依靠一件遙遠的偶然事件。巴西在一九七五至七六年間因爲遭受毀滅性霜害打擊，導致全世界咖啡豆的價格飆漲，讓維吉人有了多年的「好年頭」。一九七〇年代咖啡豆的價格飆漲三倍，但一九九〇年之後價格直直落。維吉人愈來愈受到非他們所能控制的力量支配。展覽中介紹咖啡的壁板以派耶（Kekanem Paiye）在一九八〇年說的一句話起始：「咖啡將我們帶到高處。」到了一九九四年，人們是否又會說：「咖啡把我們拖到低處」？「天堂」在多大程度上反映了一個瞬息萬變的

雷克來司（左）與維克（右）在作者的歡送會上計算豬肉的分配。照片來自歐漢龍（O'Hanlon 1993:frontispiece）。

歷史時刻？

大提袋。壁板上的引語：「自重的女性會將大提袋套在前額而不是掛在肩上。（金頓，一九九〇年）」這話出自歐漢龍在高地的接待人之口（他是一名權威、和平締造者和未來打 186
造者），表達了限制婦女移動性的規範。有權力的男性認爲女性應該維持傳統角色，該把裝著甘藷的大提袋套在前額而不是在路邊的市場打情罵俏。但婦女還用她們新得來的移動性做哪些別的事情？傳統與現代、持續與變遷對她們有什麼不同的利害關係？她們如何管理文化混雜的過程，而這些過程又是如何管理著她們？「天堂」中的男人繼續享有什麼權力？

戰爭。有些維吉人會願意把他們的盾牌賣給歐漢龍，是因爲預期戰鬥將會更個人化，而且會改爲使用槍枝。戰爭近年在高地區的復現（事實上「撫平」從未完成）、大規模「部 187
落」敵對的出現、新的貧富不均和強盜團（稱爲「拉斯柯」〔*raskol*〕）的擄掠都爲展覽與專輯中所呈現的媾和與結盟景象帶來陰影。歐漢龍指出了一幅方向曖昧的前景：新的壓力帶來了暴力，但也帶來了成功的和平倡議和當地自願限制槍枝的使用（O'Hanlon 1993:51-54）。目前，地方權威與全國性權威的結盟堵住了新的動盪，高地人也沒有挨餓。但是如果經濟往更糟的方向發展，「天堂」可能會看起來像是在追述昔日的太平盛世。

我繼續看著庫卡．可恩的照片……這照片已經有十年歷史了。他現在怎麼樣了？他在開貨車嗎？積累著財富嗎？他會是一個基督教教會派的領袖嗎？還是一名拉斯柯？如果我再次在想像中移除他的羽冠，會不會看見他正在唱讚美詩歌，或是坐在方向盤後方，或者是拿著半自動步槍？高地的未來有其他可能嗎？是會互相聯繫但又保持差異嗎？我們該如何翻譯這般有著眾多地方未來的所在（這些場域連結著全國性政治，連結著世界市場，連結著進行中和總是已經拼接的性別史、地方權力史、土地史與習俗史）？

在《文化的困境》一書裡，我主張摧毀和創造的後設敘事（metanarratives）應該要被放在一種尚未獲得解決的民族誌張力中（Clifford 1988:17）。這張力不是互補性的（「好消息是……，壞消息是……」），而是同時察覺到不同的可能性。這種說法儘管粗糙和二元性，卻是爲了給歷史不確定性保留一個位置。它不是開給具體民族誌記述的處方箋，因爲它們完全有權強調張力的一端或另一端極點，或是地方性的解決方案。但它是要主張這一緊張性將不會消失，也不應該消失。以這種精神，我發現自己想要一個更加矛盾的「天堂」。我期望業已被觸及的陰影會被拉長，給充滿希望的混雜本眞性故事帶來困擾。但只是帶來困擾，而不是加以抹去。

第七章　博物館作為接觸區

一九八九年初，我在奧勒岡州波特蘭市波特蘭美術館的地下室，傍著一張桌子而坐。* 大約有二十人聚集在此，討論館藏的西北岸原住民文物。在座的有博物館工作人員、好幾位知名人類學家和西北岸藝術的專家。其中還有一群特林吉特族（Tlingit）的耆老和兩位爲他們翻譯的特林吉特族年輕人。我是以「顧問」身分出席，這會議是由一筆補助金的部分經費支應。

館中的「拉木森典藏」（Rasmussen Collection）是一九二〇年代在南阿拉斯加和加拿大沿海搜集而來。它們長期以來都是以一種乏味的、有點「民族誌」的方式展出，早該改弦易轍。這一次，與阿拉斯加原住民部落合作有素的波特蘭藝術研究所所長門羅採取罕見做法，邀請特林吉特族各重要氏族中的權威人士參與規畫。

188

* 譯注：「art museum」直譯爲「藝術博物館」，本章採一般大衆說法「美術館」。因此當本文中提及「美術館」（以及本書討論的「藝術／文化中心」）時，實際上仍指涉博物館的收藏性質和相關的政治性。

在博物館的地下室裡，我們拿出典藏的文物，一件一件放到耆老們的面前，徵求他們的意見，其中有渡鴨面具、嵌著鮑魚貝的頭飾、經過雕刻的牛嘎器……沒想到，耆老們拿起它們有了一系列複雜、感人的表現，內容時而嚴肅，時而輕鬆。

策展人員看來本是預期討論焦點會放在收藏品本身。至少我預期長者會針對它們的細節發表意見，比如告訴我們，面具的使用方式、是用什麼材料做的，還有這些東西是氏族、傳統的權力象徵……之類的。但是，耆老們並沒有多談文物，而是另有打算。他們用珍惜和尊敬的態度對待文物，但文物看來只是他們用來喚起回憶的工具，讓他們可以有機會說故事和唱歌。

他們唱歌和說故事都遵循著清楚的禮節，根據規範個人和氏族表演權利的規定進行。代表某個氏族的老人會唱他的歌、說他的故事，然後另一個氏族的老人會表達謝意並以同樣方式回報。整件事情從頭到尾都有一個儀式的向度，由強烈情緒、沉默和笑穿插其間。這場會議的焦點——「拉木森典藏」——被冷落一旁。有很長一段時間，沒有人注意它們。故事與歌曲成爲了主角。

愛咪．馬文（Amy Marvin）指出她所唱的禱詞「像一條船」那般使她得到「平衡」，讓她可以說故事。她剛開始說的時候結結巴巴，彷彿在一片熟悉的地景裡尋找地點，「在那裡」的地點。她講的「冰河灣故事」是關於一個被冰層覆蓋的村落，是一則關於重大損失的故事。她唱了一首紀念歌。「我的土地在哪裡？」「我再也看不見我的家園……」她提到前一天有人找到了一個殺人鯨鼓——她的氏族一直不知道這鼓被保存了下來。那是一個非常沉重的時刻，她說。年近九十的老人喬治（Jimmy George）說了一個殺人鯨的故事，那是一個屬於他的氏族的故事。他曾經在聖地牙哥海洋世界（San Diego Sea World）說過這故事。馬文向他表達謝意。

「冰河灣故事」是關於馬文位於阿拉斯加胡那區（Hoonah）四周的家園。當她將故事中的部落土地流失和當前的森林使用規定聯繫在一起時，這一點變得明明白白。

在看到一個代表章魚的頭飾被拿出來時，馬文講了一個有關章魚的故事：一隻碩大無朋的章魚用觸手擋住了整個海灣，讓鮭魚游不進來。（這些故事都是用特林吉特語說的，由年輕人翻譯和解釋，伴以精緻的表演，但也有時也會被談話打斷。）特林吉特英雄必須對抗並殺死這頭巨大的章魚，讓鮭魚得以游進海灣，因爲鮭魚是他的族人的生計之所賴。這個英雄打開了海灣，讓族人得以存活。故事的最後，章魚變成了政府與聯邦機構（它們限制特林吉特人按照傳統撈捕鮭魚）。

在博物館的地下室表演，這些由氏族古老文物所帶出來的「傳統」故事與神話以尖銳的政治寓意作結。

一位特林吉特年輕人說：總有一天我們會回去那裡捕魚。代表阿拉斯加漢因區（Haines）

190

「渡鴉會所」的耆老漢蒙（Austin Hammond）支持馬文，表示他可以在她說故事時感受到她的情緒。他哭了起來。他說，「冰河灣故事」讓他想起過去在那裡狩獵捕魚的情景。現在，同一隻怪物再次從我們的獨木舟下面冒了出來。我們的土地被搶走了，這正是爲什麼我要說這個。可以這麼說，我們正在磨利刀子。語言文字的力量是很強的，他說。

馬文感謝他說的話。有需要把這些話捕捉起來，她說。接著漢蒙談到了爲他父親製作的章魚毯子（不是博物館的收藏品）和它所具備的力量。他告訴在座的白人：我們告訴你們這些事情是希望你們會支持我們。

市議會女性議員蓮達．喬治（Lydia George）爲當前的土地聲索運動補充細節。她強調不同的氏族和地區攜手一道參與了這些奮鬥。她避免使用「特林吉特族」這種概括稱呼。

漢蒙把父親的毯子攤開在面前，說了一則關於渡鴉的長故事。接著他細細談到不同種類的魚，談到牠們各是什麼時候游入海灣和河流裡。他談到渡鴉是如何決定這一切：決定鮭魚的種類、決定牠們的行爲規則和決定我們的捕魚傳統。我爲什麼要跟你們說這個，他問。有四個人從華府來參加我們的氏族大會。他們告訴我們，我們快把鮭魚捕光了。我便告訴他們這個故事：渡鴉是如何使得我們土地上的每個人都能享有鮭魚。

一件鑲滿珠子的外套攤開在桌上。漢蒙接著講了一則「聖經故事」——一則與「約拿與鯨魚」故事相像的渡鴉故事。他說，我們沒有文字，所以我們會在外套和毯子上用珠子記錄事情。他感謝另一名老者允許他講述這個故事。故事中，渡鴉飛下鯨魚的噴水孔，在鯨魚肚子裡起了個火爐，煮鯨魚吞下的鮭魚。但牠卻出不去。這個幽默的故事後來變成悲劇。漢蒙說，對我們在座的白人兄弟來說，我們的禱告就像渡鴉的禱告。誰會切開鯨魚的肚子好讓我們出去？我們需要所有祖先的幫助，我們的土地被奪走了。我們的孩子……誰來照顧他們呢？或許你們可以幫助我們，幫助我們切開鯨魚的肚子。這便是我的感覺。

漢蒙難過地談到他孤單一個人在氏族會所裡的情景。他談到他的祖父和祖先們，接著唱了一首他叔叔喬・萊特（Joe Wright）所寫的歌曲。歌曲有一部分和他急迫的演說交織在一起。他說，我們正在失去土地，所以我緊緊抓住這首歌不放。

接下來還有更多的演講、故事和闡釋，以及對述說者的正式回應。午餐後，氛圍變得輕鬆，他們唱起情歌來，加入了一些不雅的幽默和影射。任何人都可以跟著唱。一位特林吉特年輕人解釋說，紀念儀式與宴會中既有沉重的部分（關於失去、祖先和命名的），也有較輕鬆的部分：幽默和互相表達愛意的部分。

這樣的情形持續三天，「拉木森典藏」的物品不是擱在博物館桌上就是擱在儲物箱裡。

互惠

這個「諮詢」經驗讓波特蘭美術館的工作人員陷入了棘手的兩難。情況很清楚，在耆老的眼中，「拉木森典藏」的藏品主要不是「藝術品」。它們被稱爲「紀錄」、「歷史」和「法律」，並且不能與表達道德訓誡和當前政治力量的神話和故事分開。博物館被清楚告知，在展示「拉木森典藏」時，也必須讓耆老的聲音被大衆聽見。這個要求是以相當程度的信任作爲基礎，因爲很多歌曲與故事都是有所有權的。它們的說或唱需要得到特別許可。事實上，一個會前協議規定，在諮詢中提到的任何資料將由博物館和耆老們共同控管。在會議進行時，耆老們好幾次提醒博物館：我們是冒著險將這重要事情向你們透露的。我們是在爲後代子孫留下紀錄。你們會怎樣使用我們所說的？我們會留意的。[1]

波特蘭美術館的工作人員眞誠地關心著他們對「拉木森典藏」的照管責任，並希望與那些藝術、文化和歷史都岌岌可危的社群進行互惠的交流。然而，他們有可能調和特林吉特耆老所喚起的意義和在「藝術」博物館脈絡下所外加的意義嗎？他們能在多大程度上將實體文物去中心化而偏重敘事、歷史和政治？有沒有展覽策略可以將一個面具同時呈現爲一件形式作品、一件在氏族／部落生活中具有特定傳統功能的物件，以及一件可以喚起持續中的奮鬥史的文物？哪一種意義應該被突顯？哪個社群有權決定博物館選擇強調的

192

重點？館方是不是應該向典藏中其他部落文物——瓜基烏圖人的、海達人的與欽西安人的——相關氏族權威徵求意見？能否與所有相關群體和個人建立信任關係？整個過程依賴特定的個人人脈到什麼程度？這種關係如何處理當代部落社群內部的衝突？（前來波特蘭的特林吉特耆老並未代表所有的氏族。）需要多少的討論和協商才夠？一間博物館可以期待能夠獲得多少筆補助金來支持這類活動？我無法深入討論是哪些偶然的個人因素、制度因素和經費因素延遲了「拉木森典藏」的重新布展。只需說明一下：耆老們提出的選擇尚未獲得解決，他們帶來的禮物（與挑戰）還沒有獲得回應。[2]

當會議在進行時，波特蘭美術館的地下室變成一個不只是進行諮詢或研究之處。借用普拉特的話來說，它成了一個接觸區（contact zone）。在《帝國之眼：旅行與文化轉移》一書中，她將「接觸區」定義為「殖民遭逢（colonial counters）的空間，在其中，地理與歷史上分隔的人群彼此接觸，建立了持續的關係，這些關係通常涉及脅迫、極端不平等與棘手的衝突的成分在內」（Pratt 1992:6-7）。這個詞與「前沿」（frontier）概念不同，後者是「奠基於歐洲擴張主義視角之內（前沿只是對歐洲來說的前沿）」。反觀「接觸區」的概念：

> 這是一種試圖喚起先前因地理和歷史差異而分隔，而現在交錯著軌跡的主體在空間和時間上同時存在的努力。透過使用「接觸」一詞，我企圖突顯殖民遭逢的互動、即

> 與創作面向，這些面向在征服和統治的擴散主義敘事中往往容易被忽視或壓制。「接觸」的觀點強調主體如何在彼此之間的關係中形成和被構成。（它強調）並存、互動、交織的理解和實踐，通常在極不對稱的權力關係中。

當博物館被視爲接觸區，它們作爲一個**收集**的組織結構，便會變成不斷進行中的歷史、政治與道德**關係**——一系列充滿權力的交換關係。「作爲收藏機構的博物館」這組織結構起著如同普拉特的「前沿」的作用。其中設定了一個中心與一個邊陲：中心是一個搜集點，邊陲是一個供發現的地區。博物館（通常位於大都會）是它疼愛地和充滿權威地搶救、照顧和詮釋的文化產品的歷史目的地。[3]

在波特蘭美術館地下室所發生之事不能被化約爲忠告或資訊的**收集**，事實上還有比協議更深遠的意涵，在持續進行的接觸史中傳遞、展演了重要的訊息。在博物館地下室中被喚起的特林吉特歷史，並沒有啟發或脈絡化拉木森典藏的文物，相反地，這些文物激發起不斷發生的抗爭故事。從博物館和擔任顧問的策展人角度來看，這是一個無法受限於爲這些物件提供過去部落**脈絡**的分裂歷史。部落耆老呼籲美術館要對氏族的物品有責任感（讓展示品回歸部落的訴求在此時並不是一個明確的主題）。美術館被要求善盡之責實已超過單純的保存責任；它被敦促作爲特林吉特族群的代表而應有所作爲，而非僅是完整或精確地呈現部落文物歷史。這裡提出的是一種「互惠」要求，然而這並不是一種相互遷就然後彼此深刻理解，或是大家一同消弭歧異。在接觸關係中，不平衡的權力始終存在。

在探討這種不均勻的互惠之前，有必要了解我在這裡發展的接觸觀點的侷限性。例如，在波特蘭所發生之事有些斷然不是接觸區的工作。有些歌曲、演講、故事與談話是特林吉特人之間的表現，並非針對博物館和相機而發，而是各氏族之間的儀式——是特林吉特人在談文物前必須做的。（在我所處的邊緣位置，這個面向大半是我不解的。）再者，儘管我們不能把一段失去、移轉與再連結的歷史，與這些面具、鼓和服飾對氏族長老的意義分開，但將這些物品的傳統意義——也就是它們仍然會喚起的深邃感情——簡化爲「接觸」的回應是錯誤的。如果一副面具會讓我們憶起祖父或一則老故事，其中必然包含對失去和奮鬥的感情，然而，其中也一定包括對強大的連續性和聯繫的接觸。所有原民記憶都必然受接觸史的影響（這是慘痛的殖民經驗致之）這種說法，並不等於是說接觸史決定或窮盡了原民記憶。今日的「部落」是一塊布，其中一些線股是在與白人社會接觸之前（和之後）織就——兩方遭逢的經驗看似無窮盡，但是實際上是不連續的，並且從某些面向看來是會有結束的一天的。[4] 古老的文物勢必會喚起其他的歷史（記憶、希望、口述傳統、與大地的連結），但是在波特蘭美術館地下室的接觸區裡，耆老們對這些與其對話的白人傳遞的意義主要是關係性的：「關於我們共享的歷史，是這些文物激發我們所想要表達的，我們各自所擁抱的持續責任和互惠關係。」

互惠雖然極端重要，但處於不對稱權力關係中，來自不同文化的兩方人群對何謂互惠會有不同理解。特林吉特人在尋求幫助時的互惠不同於商業交易中的付清債務的目標。反之，他們的目的是挑戰和重塑一種關係。「拉木森典藏」的文物無論是公平還是自由地買賣，永遠無法完全歸博物館所有。它們是歷史協商的地點，是進行不斷接觸的場合。

⁂

在第六章，我以「接觸」的視角討論另一種博物館空間與實踐。該章顯示，倫敦人類博物館被捲入了與新幾內亞高地的群體與個人的潛在複雜和不對稱的且不均等關係。人類博物館——它所屬的民族誌學者／策展人歐漢龍未必也是如此——想要擺脫對維吉人的責任，然而這群人的文化與歷史正在展廳中呈現。但從一些跡象，我們可看出維吉人（至少是其中某些個人的期望）認爲兩者的關係是更持久的，對這種關係有一種不同的政治化理解。「互惠」作爲公平交易的準繩，是一個翻譯用語，其實際意義取決於具體的接觸情境。因此，我們總是必須注意這個詞語的不同脈絡和意義，注意它所被提出的權力位置。在波特蘭博物館的地下室，這些不同的位置和意義成了議題。

普拉特告訴我們，在接觸區，地理與歷史上分隔的群體會建立持續的關係。即使可能會出現**相互**剝削與挪用的過程，這些關係也不是平等的關係。[5] 正如我們所見，對關係本身的基本假設——交換、正義與互惠的概念——有可能成爲爭論與協商的主題。甚至，接觸區不僅是由物品、訊息、商品與貨幣構成，也是由人們相互的移動所形構。新幾內亞高地與倫敦相距甚遠，然而與歐漢龍合作爲人類博物館收集「物質文化」的維吉人卻覺得自己與倫敦的人有所連結，並具有探訪的權利。他們期待博物館能安排一趟倫敦之旅，就像幾年前他們的鄰居團體哈根山舞蹈團那般前往倫敦；至少，已經有某一群維吉人已經帶著自己的目的，做好「經營」倫敦–高地接觸區的準備。歐漢龍必須解釋博物館對他的委託不包含贊助他們的旅遊，權力的差別、控制與預算的編列決定了誰是收藏者，以及誰將成爲被收藏者。

史丹佛大學和新幾內亞的距離也是很遙遠，然而近來它也成爲非常不同的接觸關係現場。大約十二位來自塞皮克河（Sepik River）流域的雕刻家，最近來到加州的帕羅奧圖市（Palo Alto）旅行，他們到大學校園中雕刻、設置一個雕刻花園。該專案由人類學學生梅森負責統籌，依靠小額捐款和贊助維持運作。而這群雕刻家們到達史丹佛大學後，即在校園中樹木繁茂的一角開始工作。一九九四年整個夏天，他們從新幾內亞運來大樹幹，並從內華達州找來一種軟石（soft stone），把它們雕塑成與動物纏繞的人物形象，設計相當令人驚艷。他們

195

的工作場所就是一個開放式的空間，人來人往，到了星期五的晚上，工地便成了派對現場，有烤肉、臉部彩繪、鼓聲與舞蹈。這群新幾內亞的藝術家將他們的設計概念傳授予那些對此感到興趣的帕羅奧多市民，慢慢地，愈來愈多人每週都會在此駐足，動手做藝術，與他們同歡。

當我在一九九四年秋天抵達史丹佛，這群藝術家已經回到塞皮克河地區，而在「新幾內亞雕刻花園」中，數十根雕刻過的樹幹和石頭錯落在樹木之間。木雕周圍有纜繩環繞（因爲其中一座被偷走了），而且爲免受到雨水侵蝕，現在還用透明塑膠布覆蓋。人們在園內閒逛，把塑膠布撥開觀看被罩著的鱷魚和長喙鳥。一張傳單告訴參觀者，這個造景計畫仍需籌募四萬美元以供布置和造景。建議贊助的內容有往來新幾內亞的旅費一萬美元、二百五十美元購買蕨類植物、一百美元購買聚光燈，以及藝術家每人二十五美元的零用金。一年後，就在我撰寫這本書的同時，花園已經成形了。有志工打造水泥柱並裝設石雕，土墩與植栽完全依照新幾內亞的風格設計。最高的水泥柱形成了一座「祖靈屋」（spirit house），其他彩繪鮮豔或經過精美雕刻的木柱以及木鼓錯落於樹叢間。

在「新幾內亞雕刻花園」，互動過程與「文化」或「藝術」的生產和收藏一樣重要。雖然把異地者帶到西方博物館、動物園和萬國博覽會的做法歷史悠久，史丹佛大學校園中的雕刻家卻沒有被當成標本展示，他們被呈現爲工作中的「藝術家」，不是「在地者」。大家當然可以將他們看成異國風情，但這與計畫的精神背道而馳，因爲計畫本身便是想要邀請民衆透過贊助或親身參與打造這座花園。這群旅行中的藝術家追尋了自己的冒險，獲得聲望、吸取新知和享受樂趣，同時又透過電話與塞皮克河地區的族人保持聯繫。他們在史丹佛周圍各種不同的社群中結交許多朋友。他們被帶到迪士尼樂園和伊撒冷學院（Esalen Institute），受到當地的消防隊員和奧克蘭市（Oakland）的烏思非裔社群教會（WO'SE African Community Church）的款待。他們要離開時有數百人前往機場送行，也已經有了回訪和重訪的計畫。一位經常到此一校園小樹林參觀的人說：「這裡就像是一項奇蹟，從太空掉進純種白人的上流社區裡。」一位雕刻家說：「所有來到這裡的人都是好人。大家很高興見到我們，帶給我們食物」（Koh 1994:2B）。

我們可以暫時不管花園最後會如何被擁有和使用的重要議題，而只是思考創造花園的互動過程是如何開啟了與一般的收藏和展示實踐不同的關係。庫林描述了出現在華府國家廣場兩場展覽／表演中的相似現象，它們是一九八五年的「印度節」的一部分（Kurin 1991）。這兩個活動分別名爲「阿底提（Aditi）：生命的慶典」和「美樂（Mela）！一個印度市集」。前者把印度鄉村的工匠和表演者帶到國家自然史博物館，後者則是一個「將印度各地的儀式、手工藝、表演、飲食與商業傳統結合在一起的市集」（Kurin 1991:319）。庫林詳細描述了工匠和街頭表演者如何塑造和擴展他們的「展覽」場地。同時他也探索了活動帶來的不同政治利益——包括對史密森尼學會的利益、對印度政府的利益，以及對印度來的街頭表演者的利益。最後提到的這一群人藉由華府之行所獲得的認可，提升了自己在家鄉的卑微地位，讓政客不再重新考慮用嚴苛的乞討法律去束縛民間藝術家，有的人還得到了一塊土地。庫林對發生在國家廣場的事情的複雜記述，顯示出一個互動和即興演出的烏托邦式空間，它的四周圍是印度的種姓政治和階級政治，是在國家「節慶」的地緣政治市場中對「民俗」傳統和「文化」的商品化。新近移民到美國的印度人在活動上充當翻譯和提供協助，與他們在印度時本來會極力迴避的「庸俗」街頭表演打成一片。當他們邀請表演者到家裡吃飯時，階級與種姓制度被打破，至少是暫時被打破。活動激起了大家對印度次文化的多樣性的尊重。贊助這場活動的博物館被迫修正了其客觀的展示方式以遷就參觀者，這些參觀者以爲這不過是另一個市集，只是這次在國家廣場舉行。作爲活動的籌畫人，庫林被夾在表演的需要和制度秩序的需要之間。他每天敦促美樂市集的猴人不要爬到樹上，以免有可能被公園警察逮捕。「這並不是作爲一種官方警告或舞台指引，而是爲了確保觀衆可以盡情享受而納入例行表演程序的直接做法」（1991:324）。[6]

剝削

在西方展示「異國情調」文物的漫長歷史中，維持一種顛覆或互惠（或相對善意的相互利用）的可能性是很重要的。此一歷史提供了長久以來權力不平等的脈絡，而旅行、展覽和詮釋的接觸工作在此權力不平等中或在反對此權力不平等中運作。持續存在的意識形態基礎主導了人們對身處「文明」地區的「原始」民族的了解。正如傅斯柯和葛梅茲－潘納所發現的，當他們在展覽中諷刺地把一位「未被發現」的美洲原住民鎖在一個黃金的籠子裡時，不少參觀者信以爲眞。傅斯柯在跨文化表演裡看到一種「他者的歷史」(other history)（Fusco 1995）——從哥倫布綁架的阿拉瓦克人（Arawacs）和蒙田筆下的「食人族」，到萬國博覽會中的「村落」和「街道」，再到加州大學人類學博物館的伊許（Ishi），皆是如此。她推斷，這些歷史多多少少都有強制性的身分表演：紀錄片中「原住民」的奇觀化，或巴黎的「地球魔術師」(Les Magiciens de la Terre）之類展覽中所展出的「純正」第三世界藝術（和藝術家）。愈來愈多作品開始爲這種相當廣泛和持續的展覽接觸史提供細節（Rydell 1984; Bradford and Blume 1992; Corbey1993; Fusco 1995）。它揭示出展覽的種族主義（至少是一種父權式的高傲態度），它爲好奇和心癢難耐的群眾提供瘖啞和異國情調的樣本。這對被展覽者來說是一種道德和身體上的降格，有時被展覽者經過長途跋涉而導致不幸死亡。展覽本身就是一個接

198

觸區，是創造連結的起源之處。[7]

儘管強調強制、剝削和誤解是完全恰當，但它們並沒有窮盡旅行與遭逢的複雜可能性。[8] 以蒙田爲例，他在盧昂（Rouen）見到圖皮南巴人（Tupinamb）之後所得到的不只是一種種族中心的**興奮感**。即便是種族中心的遭逢（所有遭逢莫不多多少少是種族中心），一樣有可能產生反省與文化批判。來自異國他鄉的「旅行者」* 的批判性反省與能動性是最難發現的，因爲紀錄極爲有限，而即便有紀錄留下，也常常是記錄他們的**行為**而非他們的獨立**表達**。因爲他們通常被當成被動的樣品（或受害者），他們的觀點很少被納入歷史紀錄。他們的「囚徒敘事」（captivity narratives）仍有待發現或者從歷史斷簡殘篇中拼湊起來。[9] 在歐洲宮廷、博物館、市集與動物園展出的一些人是被綁架來的，他們的旅行完全不是出於自願。在許多案例中，被迫與自願的成分參半，人們會爲了各式各樣的原因而加入探險和創業計畫，這些原因包括恐懼、經濟需求、好奇、對探險的渴望和對權力的追求等。

科比寫道：「一位在戰後柏林長大的同事告訴我，當他還是男孩時經歷過的一件令人震驚事件：他經過一位非洲男性的身邊，幾小時之前這位男子還在卡斯坦蠟像館中穿著在地服飾出現，此刻卻在電車裡，穿著歐洲人的衣服，抽著煙」（Corbey 1993:344）。對習慣了舞台化的原始主義者而言，看到這種情形會震驚（或許還混雜著被背叛感）是恰當反應。然而，那位非洲人對於在種族／民族展覽和普通電車之間移動又是抱持何種態度呢？表演「非洲人」是一項折磨嗎？是一種諷刺嗎？是自豪感的來源嗎？或者只是一份工作？或者以上皆是？還有其他可能嗎？想得到一個足夠的答案，有賴於對個人的歷史和特定的權力關係有所了解。大部分的時候，我們很難取得這些事情的細節。然而仍有紀錄存在，得以揭露在地文化被當成展示品對待的經驗——這種經驗絕非典型，但卻可以協助釐清社會關係與涉及的不同利害關係。

一九一四年，北美原住民的輓歌風格攝影師柯蒂斯拍了一部名爲《在獵頭者的土地上》的長片。柯蒂斯拍攝的地點在北溫哥華島，請來一群瓜求圖人充當臨時演員，演出與白人接觸前的西北岸生活。電影中穿插著男孩遇上女孩的愛情故事、邪惡的巫師、面具、戰爭用獨木舟和被斬首的頭顱。透過在地權威人士的幫助——最有名的是鮑亞士的得力助手喬治・杭特——純正的傳統場景、手工藝品、舞蹈與儀式被再造了出來。邁克魯漢在她的影片《捕影者》（一九七五）中記錄了三名曾參與柯蒂斯重建工作的老人的回憶。他們憶述他們當時穿上盛裝和以古老的方式做事情，有著很多樂趣。一九六七年在該片修復後再度放映時，宏姆與其他尚在人世的拍攝參與者談話，確認了上述三位老人的說法（Holm and Quimby 1980）。

199

* 譯注：這裡指的是被帶到西方「展覽」的原住民。

在一個重要的意義上，瓜求圖人是受到了柯蒂斯的剝削：他們演出自身在人們眼中的刻板印象以供白人消費。片名中的聳動字眼「獵頭者」正是傅斯柯所說的「這一類無可避免粗暴的計畫」的指標。我們不禁思考：電影當初如果賣座，有多少利潤會回饋給北溫哥華島？然而在其他重要的意義下，雙方的關係沒有受到剝削。參與拍攝的原住民有賺頭，也樂在其中。他們樂於戴上假髮、刮掉鬍子、忍受會讓鼻子癢的鮑魚鼻環。他們知道柯蒂斯對瓜求圖人傳統的描繪儘管聳動，卻是帶著敬意。事實上，表演正是瓜求圖文化的重要部分，柯蒂斯有一個豐富的表演傳統可以仰賴。此外，杭特在這個過程中也扮演了重要角色：他詮釋傳統、招募演員、搜集傳統服飾和道具。在仍留存的相片裡，柯蒂斯站在攝影機後面，拿著擴音器指揮拍攝，身邊是杭特（Holm and Quimby 1980:57-61）。按照在地的標準衡量，若是與先前的貿易接觸或民族誌接觸相比，柯蒂斯對他所動員的社群算是相當公道。他對「消失中」文化的興趣，似乎與他們自己對一種生活方式的興趣產生了有效地重疊，有些人透過父母和祖父母了解這種生活方式，並且在變遷的時代中感受到一種強烈的連續性。[10]

因此，文化的舞台化可以是一個複雜的接觸過程，其劇本由舞台經理、中間人和演員協商而成。當然，柯蒂斯的電影（在原住民生活地點拍攝又有當地權威人士協助拍攝）與巡迴表演和展覽非常不同，後者往往更盛氣凌人和更具剝削性。最有名的刻板印象提供者

200

是「水牛比爾的蠻荒西部秀」（Buffalo Bill's Wild West Show），它基本上是靠著與參與演出的美國原住民的友好個人關係來維持。但巡迴表演的生活是艱苦的，很少人可以待上超過一季或兩季。有人是看在演出費份上才參加表演的（低微工資，但在新成立的保留區內幾乎沒有其他營生方法）；其他人則是想擺脫白人「撫平」政策所導致的無所作爲；還有些是由政府送過來的「麻煩製造者」，讓他們以表演來換取不用坐牢；也有人是想四處旅行，看看白人的世界是什麼模樣（Blackstone 1986:85-88）。奧格拉拉蘇族（Oglala Sioux）的黑麋鹿（Black Elk）是因爲上述最後一個理由加入水牛比爾，而他對芝加哥、紐約、倫敦和巴黎的回憶，提供了對旅行和文化批判的珍貴原住民觀點（Black Elk 1979; DeMallie 1984；同時見Standing Bear 1928）。我們必須知道的是，這一類文化表演都是按照劇本演出的，而演員經常是受剝削的。但我們還必須知道，參與表演的經驗是多樣的，參與者也不是完全不具能動性（和反諷）的面向。有關權力這個關鍵議題，在不同的互動層次常常有不同的呈現，無法單從地緣政治位置加以讀取。權力與互惠會以特定方式交織在一起。是誰決定要拍哪些畫面的？何時拍？結構性的與人際間的權力關係會強化或複雜化彼此的關係嗎？各自不同的目的要如何在同一個計畫中並存？

在當代場景中，文化與傳統的表演——也就是坎特威所說的「民族仿效」（ethnomimesis）——既可能包含了賦權和對更大公共領域的參與，也**同時**可能包含了在一個愈來愈霸權性的身分遊戲中的商品化（Cantwell 1993）。爲什麼部落的人們會熱中於到紐約或倫敦跳舞呢？他們爲什麼要到史丹佛呢？他們爲什麼要參與這類自我再現的場局呢？[11]這些訪客、他們的接待者，還有舞台經理，都沒能完全擺脫殖民主義雅好奇風異俗的遺緒，沒能完全擺脫新殖民主義的商品化過程。但他們也沒有完全被這些壓迫性結構禁錮。明白這種複雜性至關重要。因爲在接觸關係中超出了強制和刻板印象裝置的東西，有可能在當前的實踐中被回收，以擴大和民主化在博物館或相關的民族模仿場所中所發生的事情。我們必須挺身面對接觸關係的諸種歷史可能性——無論是負面或正面的可能性。

在非直接強制的情況下，當非西方的藝術家、文化製作者和策展人以自己開出的條件（協商得來的條件）進入西方博物館時，藝術和人類學收藏場域便不再主要以普羅米修斯式的發現和明智的選擇來理解。* 它們明顯但不被承認地變成了交會之地，變成了不同種類的發現與挑選的機緣。有些具啟發性的例子可見於《融合：威尼斯雙年展中的西非藝術家》（一九九三）一書，該書是由麥克維立主持的一些訪問構成。其中一名受訪者笛亞（Tamessir Dia）是塞內加爾人，出生於馬利，在象牙海岸成長，在法國受教育。他受訪時表達了一種非洲的「接觸觀點」。在表示過他對德拉克洛瓦、塞尚和特別是畢卡索的仰慕後，他說：

> 依我看，歐美正在發生的事情也是屬於我的。有一次，有人問我對畢卡索和其他歐

洲畫家有何看法，我說：「在法國，我拿回屬於我的東西。畢卡索從我的家鄉也拿走一些東西。我去法國拿回屬於我的東西。」對我來說，歐洲的傳統是讓我重新了解我自己文明價值的一種方法，這是因為歐洲自第一世界大戰以後便陷入了一場想像力危機，陷入了一場發展藝術意識和文化意識的危機。於是他們轉向非洲。我也了解到他們用屬於我的文化遺產來發展他們自己的文化。所以為什麼我不能也拿走他們的東西——任何有助於我表達自己的東西？

麥克維立回應道：「當你說你去法國拿回屬於你的東西，你並不是指拿回被偷走的非洲文化元素，而是指你取走屬於你的歐洲文化元素作爲交換。」笛亞澄清：「我不會把自己限定在非洲文化——那太荒謬了。今天，任何開口閉口『非洲性』（Africanity）或『黑性』（Negritude）的非洲人都很可笑。你身在一切之中，你是住在你的精神中。身爲非洲人，你不可能生活得像歐洲人一模一樣——至少我這一代人是如此」（McEvilley 1993:61）。

＊譯注：普羅米修斯在希臘神話中被認爲是給予人類知識的象徵性人物，由此比喻爲創新、發現和開拓。此處意指過去西方博物館從他們的視角出發對非西方藝術和文化進行發現和挑選，以一種支配性、單向的方式主導這些文化的呈現和詮釋。

非洲與歐洲人因爲毀滅性與創造性的帝國史、商業史，以及旅行史被推到一起；每個地方都在使用對方的傳統來重新塑造自己。普拉特在奧堤茲與拉瑪的理念基礎上，將這種過程稱爲「文化轉移」（transculturations）（Pratt 1992:6）。西方直到最近仍是用一種層級化的方式來理解文化轉移，這種方式使權力失衡和一個群體宣稱定義歷史和本眞性的權力變得自然。例如，非洲如果採用歐洲的遺產就會被認爲是一種模仿、是在零和的涵化賽局中失去了傳統。然而，如果歐洲使用非洲的文化資源，則會被認爲是一種創造性的、進步的、包容式的現代主義。像笛亞之類的觀點主張一種更複雜的翻譯史與挪用史。

在佛格爾對廿世紀非洲藝術創新的展覽與專輯中，有兩個標題會讓人想到接觸史——「非洲探索」（Africa Explores）與「消化西方」（Digesting the West）（Vogel 1991）。在這個例子中，一間當代的博物館——紐約的非洲藝術中心（Center for African Art）——所收集的東西，一個多世紀以來都是透過文化轉移過程在收集西方：從迷戀與強迫餵食，到諷刺、揉合性轉換和批判地篩選。這間紐約的博物館在建立已久的旅行與文化轉移迴路裡運作。一方面，它以新的方式重新進行對藝術與文化行之有年的發現實踐、收集藝術和評價實踐——一場對非洲永不停止的探索與建構。在這種實踐中，它把邊緣的物品帶到一個已確立的中心，讓它們可以被欣賞和商品化。另一方面，非洲藝術中心愈來愈意識到非洲不單是「在那裡」（或「在過去」），而且還是一個網絡的一部分，是一系列形成一個離散地（包括紐約市在內）

的接力點。這離散地獲得很好的確立，其路徑和根源於奴隸制度，確立在來自加勒比海、南美與北美鄉村地區的移民，也確立在當代來自非洲大陸的商業和移民迴路。在這個脈絡中，博物館的接觸工作便有了在地的、地區的、半球的與全球的面向。在該中心近日舉辦的非洲人和非裔美國人的祭壇展「諸神之臉」（Face of the Gods）中，它明確地接受了展出離散地（和在離散地中展出）的挑戰。這個計畫把有非洲信仰的藝術家／實踐者納入博物館工作，無論是在紐約還是在祭壇的連續聚會和變化中，都進行了改變。

「非洲95」提供了一個更廣泛的接觸方式的例子。它是一個異乎尋常的組合，結合了藝術展覽、音樂與舞蹈表演、電影、研討會、工作坊、短期駐在、電視與廣播節目，以及兒童活動。整個活動是受到倫敦皇家藝術學院規畫進行中的展覽所啟發——「非洲：一個大洲的藝術」（Africa: The Art of a Continent）。而皇家藝術學院這個「全面性」大型展覽的計畫則是根據一個古典模型構思：由一位歐洲策展人收集他認爲最精緻和最具代表性的作品，並限定只有一九〇〇年之前生產的「藝術品」才能展出。「非洲95」主辦人採取的是一種較異質和較未來的取向。他們並沒有拒絕討論其歷史／美學，而是將其包圍並使其失去中心性。「非洲95」並沒有從非洲帶來藝術，而是帶來了藝術家。它明白非洲藝術家長期以來一直與歐洲接觸，目前正在（或不在）非洲大陸工作，來回穿梭於「西方」。

「非洲95」的第一個活動「坦恩／銜接」（Teng/Articulations）是在塞內加爾舉辦的一個由

藝術家主導的工作坊。接下來是在約克雕刻公園（Yorkshire Sculpture Park）舉辦了一個「國際雕刻工作坊」，爲期三個月的時間，由來自十幾個非洲國家的藝術家與來自美國和英國的藝術家一起創作現場作品。一九九五年整個秋天，倫敦和其他英國城市舉辦了二十多個當代非洲藝術和攝影展覽。這些展覽與學術會議以及大量的電影、音樂、舞蹈和文學活動相結合。讓非洲人擔任權威與策展人是一貫的政策。在白教堂畫廊（Whitechapel Art Gallery）有一場與皇家藝術學院對比的展出，名爲「非洲現代藝術的七個故事」（Seven Stories about Modern Art in Africa）。七位策展人中有五位是數一數二的非洲藝術家與藝術史家，他們對現代非洲藝術的觀點，有效地挑戰了認爲非洲只有一種美學的假設。

「非洲95」的藝術總監德利斯強調這計畫不僅是一個展出場地，同時也是藝術家們見面的場地，是一個發展持續接觸的機緣（Deliss 1995:5）。「非洲95」的接觸區不免帶有政治與經濟色彩這一點，反映在節目手冊中出現跨國企業贊助者（尤其是銀行）的明顯廣告，也反映在不斷有人抱怨活動不是在非洲而是在英國舉行（Riding 1995）。歐洲仍然喜歡享受以自己開出的條件搜集非洲東西的權力，也仍然喜歡享受將非洲東西放在自己地域展出的權力。然而對許多藝術家與音樂家來說，歐洲和美洲業已是他們創作的場地，這個活動正好可以拓展他們的觀眾群和靈感來源。

在博物館與藝廊內外舉辦活動的「非洲95」和目前大量出現的國家節（印度節、印尼節等）有著共通之處。（在國家節中，第三世界國家會在第一世界國家展出他們的藝術，目的是增加全球能見度和吸引投資者。）但兩者也有一些重要分別。雖然像花旗銀行之類的企業贊助者利用「非洲95」，將自己塑造爲優良的跨國「非洲」公民，然而這活動並沒有直接代表任何明顯的商業利益或國家政體。並且，它多樣的活動現場和參與者以及強調跨國交流的特點，都讓它無法被輕易導向商業利益。當然，它的確幫助創造出一個現代的、混雜的「非洲」，使其成爲在國際藝術市場可行銷的商品。但這種產品實際上是由非洲人進行的接觸工作，他們可能從中獲利。「非洲95」利用與殖民關係和新殖民關係相連的跨國迴路（也被其利用），創造出超越那些關係的接觸空間。

爭論

普拉特在歐洲擴張與文化轉移的脈絡中所揭櫫的「接觸區」概念，可以擴大至涵蓋同一國家、同一地區或同一城市的文化關係——即位於國家和帝國的中心而不是邊陲。其中涉及的距離更多是社會意義上而不是地理意義上的。對大部分貧窮社區的居民來說，儘管他們的社區離博物館只有幾條街或搭一趟短程公車便能到達，但這博物館卻有可能儼如另一個大洲之遙。接觸觀點認知到，「自然的」社會距離與隔離是歷史／政治的產物：隔離是一種關係。再者，在許多城市裡，接觸區是一種不同種類的「旅行」的結果：新移入移民的旅行。正如普拉特提到的那些殖民時代例子一樣，中心與邊界的協商在歷史上都是以支配地位所建構的。只要一間博物館認爲自己的任務不只是教育或教化大衆，更是跨過這一類邊界而與特定的社群互動，它便會開始在接觸史中運作——有意識地且有時自我批判地運作。

我們已經看到，在接觸的觀點下，博物館的收藏和展覽實踐會在一些方面顯得不同。物品與製作者的跨越使得中心變成邊緣。這種跨越從來都不是「自由的」，會一貫受到預算與博物館控制權的阻擋，會受到對藝術與文化的限制性定義，以及社群敵意與誤解所影響。我迄今選擇的例子都暗示這些邊界能夠以較民主的方式協商，這反映了我分析中的改革主義傾向。不過，我也可以不從邊界跨越談起，改爲從邊界**衝突**談起。最近有兩個爭論大大衝擊了加拿大的博物館界（和以較小的程度衝擊美國的博物館界），一是盧比肯湖（Lubicaon）的克里人（Cree）杯葛在卡加利（Calgary）舉行的「靈唱」（Spirit Sings）展覽，二是在多倫多皇家安大略博物館的「進入非洲之心」（Into the Heart of Africa）展覽引發的衝突受到廣泛報導，前者發生在一九八九年，後者發生在一九九〇年。在這兩個案例中，其文化與歷史在展覽中扮演重要角色的社群動員起來，帶給博物館嚴重困擾。

「靈唱：加拿大第一民族的藝術傳統」展覽是由卡加利的葛倫柏博物館籌辦，目的是迎接一九八八年的冬季奧運。展覽中將大量加拿大和海外收藏的工藝品集中在一起，企圖呈現加拿大諸原住民文化在與歐洲人接觸之初的詳細多樣面貌。展覽進一步探索了這些文化共享的獨特世界觀，以及他們在面對外來影響與支配時展現的韌性（Harrison 1988）。在許多人看來（包括一些加拿大原民團體），這場展出是成功的，儘管它因相對缺乏關注當代的主題表現而受到批評。但「靈唱」的展覽內容並非引發廣泛杯葛的主因。亞伯達省北部盧比肯湖的克里人爲了突顯他們懸而未決的土地訴訟，號召杯葛冬季奧運此一高度矚目的政治舞台。抗爭行動鎖定葛倫伯博物館，因爲展覽主要的贊助商殼牌石油（它提供了展覽總預算二百六十萬元中的一百一十萬元）正在克里人企圖索回的盧比肯湖的土地上開採石油。在他們愈來愈多的聲援者（有原住民也有非原住民）看來，「靈唱」對原民文化的美與連續性的歌頌是虛僞的，因爲這些文化的當前生存正受到展覽贊助商的威脅。展覽的支持者則認爲，沒有任何大小的博物館可以在沒有企業或政府的贊助下生存，而這些贊助者的手絕對不可能是乾淨的。所以，葛倫伯博物館正受到不公平的打擊，在毫無預警的狀況下被捲入盧比肯湖居民的抗爭中。

無論人們對公平與剝削的認知有多大差異，這起事件引出了一些更重要的問題。博物館是否可以在未經相關部落社群的同意下，展出印地安人工藝品（包括向其他機構借來的那些）？對「文化遺產」的控制涉及些什麼？在規畫過程中採納何種諮詢和參與方是適當的？（葛倫柏博物館有諮詢過附近的部落，但沒有諮詢盧比肯湖居民，而這是因爲他們沒有回應博物館的全面邀請。無論如何，博物館對展覽規畫的控制程度並未受到削弱。）任何原民藝術、文化或歷史的展覽，是否必須關注當前的問題和鬥爭？博物館可以聲稱保持政治中立嗎？它們應該要爲其公共或私人贊助者的行爲負多少責任呢？[12]爲了回應這些問題，加拿大博物館學會（Canadian Museums Association）和第一民族議會（Assembly of First Nations）委託一個特別小組，針對博物館和原住民族的關係進行研究。它的研究報告獲得廣泛接受，在原住民代表和博物館人員間建立起合作的基本方針（Hill and Nicks 1994）。如今，嚴肅對待的合作關係已是加拿大展出原民藝術與文化的規範。

皇家安大略博物館的「進入非洲之心」展覽部分是受近年來批判博物館展覽和收藏歷史的著作所啟發。它「把博物館視爲展品研究，將收藏品解讀爲文化文本，並發現文物的生命史」，尋求「對跨文化遭逢的複雜性有所了解」（Cannizzo 1989:92）。展覽的取向是反思性的，強烈運用並置與反諷手法。傳教士與帝國政府的聲明被放在非洲文物的旁邊，未予評論。館方顯然不是要容忍種族歧視的影像和文字，但它也沒有保持一貫的批判立場。文物與影像常常是讓其「自行說話」。這樣做的本意是減低博物館說教的成分，結果卻適得其反。十九世紀引語和影像的殖民主義觀點太明顯了，而非洲人的反應卻始終含蓄。不同的參觀者從展覽中得到相當不同的訊息：有些參觀者認爲展覽很引人發想，只是呈現方式有

206

點讓人困惑；另一些參觀者則覺得受到冒犯，認爲展覽的懸擱批評形同漠不關心。有許多（雖非全部）非洲裔加拿大人對展覽大剌剌擺放殖民主義影像和高高在上聲明感到震驚。這些參觀者沒有感受到博物館企圖處理暴力的反諷手法和對非洲文化的挪用。博物館和它的客座策展人——人類學家卡尼佐——可以說失算了，他們沒有料到參觀者對展覽的反應竟如此大相逕庭。

媒體爆發了一場激烈的論戰。皇家安大略博物館前的示威者和警察發生了衝突；所有原定在巡迴展覽期間主辦該展覽的博物館都取消了計畫。這裡並非試圖（而我也不是合適者）調查爭議，並裁決所出現的極端相互懷疑和誤解之處（見 Ottenberg 1991; Cannizzo 1991; Hutcheon 1994; Mackey 1995等）。「進入非洲之心」也被譴責爲以其他方式進行種族歧視的殖民，是對非洲的成就和非洲裔加拿大人的經驗持續打壓的一部分。而批評展覽的人則被指爲狹隘的意識形態和審查者，無法理解複雜的歷史紀錄或諷刺。這些爭論在博物館展覽的脈絡中餘波蕩漾，而正如席克拉特在一篇善感的批評中承認的：「它讓我們從事民族學展覽（特別是非洲展覽）中的許多人瑟瑟發抖，深感『多虧上帝開恩我才沒有也遭殃』。一場展覽怎麼可能錯得如此離譜？怎麼可能會有那麼多不同政治立場的人都覺得受到冒犯？」（Schildkraut 1991:16）。

皇家安大略博物館成爲了一個無法避免的接觸（衝突）區，不同的參觀者帶著不同的歷史經驗「進入非洲之心」。菲力普尖刻地指出這一點，斥責皇家安大略博物館錯過了在這場爭論中正視其公開表達的目標的機會：理解「博物館是一件文物」和理解「跨文化遭逢的複雜性」。這個展覽對非洲裔加拿大人在白種加拿大人歷史和非洲殖民事業史中的利害關係顯然不夠敏感。它敘說的故事被理解爲官方在「多元文化」的加拿大生活說詞中，持續存在的種族歧視結構的延續。非洲的歷史不可能在時空上保持距離。皇家安大略博物館以慘痛方式學到教訓，了解到在分裂的加拿大公共領域中與非洲離散者合作的風險（菲力普堅持主張這除了會帶來風險也會帶來機會）。此一展覽是一份無法在一個穩定位置上閱讀的「文化文本」。「同一份文本可以導致矛盾的解讀，解讀方式是由不同的生命史與經驗決定。一種解讀把這些文物視爲被凝結在時間中且訴說了一個**關於**白種加拿大人探索非洲的故事，另一種解讀則把讀者——非洲裔加拿大人讀者——積極置身於文本之中，然後將這些文物視爲對自己人民的野蠻探險和企圖滅絕的痛苦殘留物」（Philip 1992:105）。

對相關「社群」（包括部分家族史也參與其中的白種加拿大人）進行較充分的「諮詢」可以避免極端的對立嗎？從非洲人的「角度」來陳述展覽中的故事會有幫助嗎（席克拉特正是如此主張）？當然會。但正如菲力普所看到的——以及一些博物館界的專業人士在「靈唱」和「進入非洲之心」爭議的餘波蕩漾中也是這般認爲——根本的關鍵在於權力結構（Ames 1991:12-14）。除非博物館做了比諮詢更多的事（策展的基本立場經常是在進行這些諮詢之前便已確立），除非博物館把範圍更廣的歷史經驗和政治議程納入對展覽的規畫和對收藏品的控制，否則它們將會被那些曾被博物館排擠和鄙視的人看成只是父權作風的機構。無疑地，把博物館想像成一個合作、分享控制權、有複雜翻譯和眞誠異議的公共空間，未免太過理想化了。目前博物館雨後春筍般出現的現象或許的確反映著，隨著歷史不斷演化，這些收藏機構通常是反映出統一社群的視觀，而不是重疊和分歧的諸多歷史。但是，很少社群是同質的，即使是最「在地」的社群也是如此。在現實上，不同的群體有可能因爲特定的議題或抗爭而聚集在一起（許多非洲裔加拿大人對皇家安大略博物館的反應便是如此），但卻在其他議題上分道揚鑣。部落對「靈唱」的反應並不是一致的。對某些議題的看法，那些已經來了加拿大兩世紀以上的非洲裔也許會不同於與那些與加勒比海區域有密切連結的黑人，或不同於新近從非洲移入的黑人。在非洲與殖民史的普遍議題上，他們或許會分享憤怒。但是當面對詮釋與強調的實際問題，面對歸還文物和賠償的實際議題，一致性可能會瓦解。

究竟誰最有「經驗」（哪些種類的經驗？）和具備又深又廣的知識（哪些種類的知識？），乃至有權控制與詮釋一批非洲典藏文物？是從沒有去過非洲但對非洲文化有著理想化遐想的非洲裔加拿大人嗎？是曾在非洲大陸待過大量時間和深入研究過其歷史但卻從不曾發自內心地反省種族主義或殖民主義的白種人類學家或策展人嗎？是當代非洲人嗎？（哪個族群、國家或地區？是住在非洲的嗎？還是住在加拿大？）有時，如同那些到波特蘭美術館開會的特林吉特耆老的情況一樣，當代社群成員與古老文物之間的關聯方式是很直接的。在其他情況，要處理的則是「文化遺產」或一種較遙遠的「歷史」關係。由於社群和收藏品極少是一致的，博物館有可能必須應付大相逕庭的公眾群體。

顯然，要找到這些問題的解答並非易事，也不存在以不容置疑法則得出的公式。無論是社群的「經驗」或博物館的「權威」都不會自動享有脈絡化收藏品或敘述接觸史的權力。解決之道無可避免是視情況而定和政治性的：關係到權力的動員、協商，以及特定參觀者受限的再現。罔顧這種現實，祭出追求「美學品質」或「科學中立」的名義去抗拒「外部」的壓力，或是提出可怕的「審查」，將是一種自利和對歷史的無知。社群壓力始終是公共團體生活與公眾生活的一部分。博物館一貫會迎合他們預設的參觀者的品味：大都會區博物館預設的參觀者主要是受過高等教育的中產階級白人。他們會尊重愛國情感，對支配群體的功績和鑑賞力大加頌揚。捐贈者與董事會（trustee）幾乎可以「監督」（這是「審查」的委婉語）一間博物館能夠展出何種類型的展覽。如果一間重要博物館對藝術市場或對美國或加拿大的歷史觀點採取一致的批評立場，並在經濟、種族或殖民受壓迫人群的觀點中給予突出的、永久的位置，我們一點都不難想像它的經費、贊助和捐贈將會銳減。[13]

博物館並不喜歡冒犯它們的參觀者，尤其是不喜歡冒犯物質上支援它們的公眾群體。

在正常的、「非政治化」的時期，這種對特定興趣與品味的照顧只是常態的業務運作。唯有當博物館的觀點與社會定位受到一個興趣不同的群體挑戰時（例如一九八七年休士頓美術館的「西班牙藝術展」引起的爭論），或是當展覽的訊息冒犯了有權勢的擁護者（例如史密森尼學會最近對美國前沿的批判性觀點；又例如「廣島／艾拉諾・蓋號轟炸機」展），又或者是當社群因某提案而一分爲二時（例如是否要給殖民時期的威廉斯堡加入一個奴隸市場）*，事情便會被認爲是「政治化」的。然而，這類的爭論與協商是博物館接觸工作的內在特徵。愈來愈多策展人考慮到一個事實：他們展示的物品和詮釋不僅「屬於」博物館，也屬於其他人。

對收藏品的擁有與控制從來都不會是絕對的，個別捐贈者對他們的捐贈物常常訂定一些使用限制。然而，與博物館的社會距離遙遠的社群如今已經可能有效地約束了對代表他們文化的文物的展示和詮釋。至少，在當代的加拿大與美國，對於如何展示與詮釋印地安人、拉丁裔或非洲裔的藝術品，有著強烈且公然的政治限制。對「文化財產」的新觀念影

* 譯注：威廉斯堡是維吉尼亞州一座歷史悠久的城市，在殖民時期它曾是維吉尼亞殖民地的首府，目前成爲歷史遺址。關於是否展示殖民時期威廉斯堡的奴隸市場此一敏感議題，涉及尊重歷史眞實與道德感情之間的平衡。支持者認爲，展示奴隸市場能讓大眾更了解殖民時期的奴隸制問題，而反對者則認爲這可能引發爭議，甚至傷害特定族群的情感。

響了關於所有權自由（freedom of ownership）的抽象假設。當然，大型博物館擁有藝術品的方式從來就不同於個人擁有他們的藝術品的方式。他們的典藏被認爲是受某個更大的社群的囑託——這個更大的社群可以是城市、階級或國家，乃至想像中的全球性高級文化社群。博物館中的文物通常會被視爲繼承的遺產，是某人的文化財產。但究竟這是誰的資產？哪一個社群（以階級、國籍或種族來定義）可以擁有它們？鄧肯研究了羅浮宮的歷史（羅浮宮被認爲是全球各大博物館的楷模），指出它會從原來的皇宮發展爲現在的博物館，與法國大革命後的「公衆」觀念的出現，以及一個世俗和國族性社群的發展息息相關（Duncan 1991, 1995）。這種「公衆」的同質性在目前爭取多元文化主義和再現平等（equality of representation）的奮鬥中備受爭論。邊界穿越了支配性的國家空間或文化空間，而曾經代表文化核心或高地的博物館，如今也成爲了通道與角逐的場域。

而一些另類「博物館」對於管理與詮釋文化遺產、文化傳統和歷史的接觸工作提出新的要求的舉動，與大型收藏機構的去中心化形成對比。部落博物館與少數族群文化中心收集並展出社群製品，採用與傳統的博物館有時重疊有時又截然不同的收藏實踐（參見Canadian Museums Association 1990; Karp, Kreamer, and Lavin 1992；以及前述的第五章內容）。社區博物館／文化中心（兩者的差別可能是模糊的或不重要的）的重心不同，著意表達局部的歷史與在地曲折的美學、文化脈絡。由於一個祭壇或一個部落面具在不同的地點可以有相當

210

不同的意義，這無可避免地導致了文物與藝術品會提供多重脈絡的認識和展示。具創新精神的博物館專業人員長久以來都喜歡變換展示物品的方式，讓它們顯得煥然一新。明確的接觸關係如今把這種研究放在一個不同的接合點上，帶來了新的合作與結盟。因此，多重脈絡的增加變得不再只是探索的問題，更多的是有關於協商的問題，變得不那麼是關於策展人是否有好點子、是否有進行研究、是否有找原住民專家諮詢，而更多是關於在一個文化複雜的市民社會裡回應實際的壓力和回應對再現的要求。

因此，博物館的接觸工作超出了諮詢與敏感度，儘管這些也非常重要。接觸成爲了主動合作和分享權威。這種發展清楚記錄在魯芬對文化記憶形式、黑人博物館運動與非裔美國人進入白人博物館任職的歷史現象的精彩研究中（Ruffins 1992）。從博物館專業人士的角度來看，向「在地報導人」請教是一回事，要與一位在地的共同策展人共事又是另一回事。[14] 對於少數族群與部落藝術而言，合作意味著複雜的過程，對此，高特曾就文化與政治上受限的翻譯工作和策略性的邊界協商兩方面加以描述（Townsend-Gault 1995；同時見 Irving and Harper 1988; Ames 1991; González and Tonelli 1992）。

在部落文物與殖民史的協商中，最困難的部分是歸還文物的問題。從接觸的觀點而言，文物從部落移往大都會的博物館正是殖民統治的預期結果。這種移動不能與進步混爲一談，也不能與在文化「中心」的保存（一種不動／不朽）混爲一談。在接觸區，文化的挪用總是政治性和具爭議性的，並且受到其他實際或潛在的挪用的影響。博物館與市場管控了藝術品在不同地點之間轉移。具有價值的文物從部落進入博物館是一種政治、經濟和文化關係的結果，而這些關係不會是永久的。例如，一個強有力的收集傳統是以搶救文化姿態來收集的傳統，其正當性長久以來都是奠基於一個假設：純正的部落文物很快便會湮滅不見。若想要有一個未來，這些文物必須交由知識豐富的收藏者和科學家來保存。但現在我們很難想像收藏品的命運是這種線性的目的論（Clifford 1987）。透過設定部落世界的即將消失，搶救式收藏假定了（有時候是創造了）「純正」部落藝術的稀有性。的確，有些部落社群確實是消失了，並且經常是被粗暴地消滅。但有些部落社群卻頂著巨大壓力繼續存活。有時這意味著穿上僞裝，等到環境沒那麼壓迫性時再探出頭來。還有些文化發生了變遷，找到了保持身分的新方法。有鑑於這種多樣的歷史，原住民藝術品多少是**歸屬**於大眾博物館（科學或精緻藝術博物館）的想法不再是不言自喻。博物館裡的文物是有可能再往他處去的。

歸還部落文物不是對接觸史唯一適切的回應，兩造的關係不能總是被簡化爲殖民的壓迫和挪用。但這是一條可能、適切的路徑。雖然歸還文物可以是一次幸運的回家，但何處才是收藏品的家卻並不一定有個明確的答案。情況有可能是複雜和模稜兩可的。[15] 事實上，有些原民群體沒有想要得到傳統文物的實物，他們只是想要保持連結與控制。在實務上，文化財產的概念可以意味著一間都會博物館或國立博物館是受到特定社群的委託而保存收藏品。事實上，有些博物館或許會愈來愈像一個貯存所或一間圖書館那般，將它們收藏的文物出借給地方博物館或社區中心展出，甚至出借給人們在儀式中使用（Blundell and Grant 1989）。這種事較容易想像發生在國立博物館和部落或族群博物館之間。但一間博物館可以允許藝術品和文物在「諸多博物館的世界」（world of museums）進進出出嗎（這是一個比通常所說的「博物館世界」〔museum world〕大得多的新興網絡）？對於策展人和董事會來說，考慮到西方博物館的傳統經濟和使命，即便只是讓收藏品在「諸多博物館的世界」內外流動仍然是相當困難的。這麼做需要突破深厚的保護主義傳統。例如，許多博物館從業人員對於最近蘇尼人（Zuni）成功爭取歸還戰神阿赫烏塔（*Ahauutas*）雕像一事仍感到不安：現在，蘇尼人將這些神像藏在平頂山的山頂任其腐爛，完成了它們被中斷的傳統生命旅程。

腐爛雕像的這段歷史——一個文化的摧毀和另一個文化的復興的故事——是歸還文物的一個可能的旅行故事。還有其他的故事，正如我們在第五章看到的，一批最近歸還給溫哥華島上瓜基烏圖人的重要誇富宴文物最終落在了兩間部落**博物館**裡。作爲放棄這批文物的條件，帶著保存心態的博物館世界成功地將自己延伸到部落世界。但與此同時，部落世界也挪用和轉移了（transculturated）博物館的概念，過程中同樣挪用和轉移了「收藏品」的概念及其所體現的那一類文化的／美學的／政治的意義。在這種新的混雜脈絡下，博物館成爲了文化中心和說故事的場域，也是原住民歷史和持續進行中的部落政治的場域。它也接上了第四世界的部落迴路，接上了原住民族和白人的「文化觀光」，接上了地區層次、全國層次和國際層次的商業觀光。

「博物館」愈來愈常在不同世界、歷史與宇宙觀的接壤處工作。瓜基烏圖人的烏米司塔文化中心是一間博物館嗎？是也不是。它是一間美術館嗎？是也不是。舊金山的民眾美術館（Galeria de la Raza）是一間博物館嗎？是也不是。[16] 當我們放眼部落或少數族群的機構時，它們是接觸區這一點——即它們是一個混雜可能性與政治協商的地點、是一個排除與奮鬥的場域——是相當清楚的，然而，要如何才能讓曼哈頓的大都會博物館變成一個接觸區而不是一個中心呢（並且爲什麼這樣做是重要的）？羅浮宮的情形呢？給予邊緣的、「居間的」地點一種策略性的中心性，最終會動搖「中心」的概念本身。所有收藏的場域都會開始像是遭逢的地點和通道。從這個角度看事情，大型博物館當前的文物都是旅行者，都是過客，它們有些與其他地方還有著強烈的「離散」聯繫。此外，「大型」博物館愈來愈按照國內與國際觀光的要求安排自己。這種重新將收藏與展覽視爲旅行、跨越與再跨越的未竟歷史過程，會改變我們對遺產與公眾的概念。如果大型的地區性或國家博物館可以拋棄掉一點中心性意識，視自己爲特定的過渡地點、文化之間的接壤地帶、不同社群之間奮鬥和溝通的脈絡，將會帶來何種的不同？在這些糾結中工作而不是致力於超越這些糾結，將會有何種結果？

這些問題呼應了博物館在多元文化和多元種族的社會中，當前所感受到的衝突要求。透過將自己的使命定位爲接觸工作（即非中心化且充滿文化和政治協商，這是任何想像的社群所無法掌控的），博物館可能會開始認眞解決對話、結盟、不平等和翻譯上的眞正困難。

在諸多博物館的世界裡

我對「博物館作爲接觸區」的說法既是描述性，也是規範性的。我力主，對博物館的看法只有以下這些是不夠的：它是一個普世文化的收藏單位、是毫無爭議的價值的貯存所、是進步和發現的場域，也是人類、科學或國家遺產的積累。以接觸觀點來看，所有文化收藏策略都是對特定的支配史、階層史、鬥爭史與動員史的回應。這有助於我們看清，對普世性（universalism）與特定性（specificity）的聲稱是如何與具體的社會位置相關。正如威廉斯在《文化與社會》（一九六六）一書所示，十九世紀布爾喬亞對一種高級／普同「文化」的銜接，是對工業變遷與社會威脅的回應。相反地，「少數族群」與「部落」對一個獨特文化與歷史的銜接，成爲對排斥史和噤聲史的回應。它們在更廣泛的公共文化中宣稱具有地方控制權，同時在特定社群內發聲並面向更廣泛的觀眾。博物館／文化中心可以成爲這種銜接的場域。

214

我的觀點主張一種可以對不同跨界地點的層級化評價構成挑戰的民主政治。它主張在一複合公共空間裡實現收藏品的去中心化和流通，擴大大型、成熟機構中可能發生的事物的範圍。它認爲在大型、成熟機構中包含更加多樣化的藝術、文化和傳統是必要的，但不是唯一或首要的事務。事實上，任何在特權地點（例如華府的國家廣場——它是國家博物館中的國家博物館）實現完全包容的多元主義願景都會受到質疑。[17] 接觸觀點認爲，對有關包容、正直、對話、翻譯、品質與控制的抗爭與選擇，具有在地／全球的特定性。它同時主張一種承認多樣觀眾與多中心歷史與遭逢的資源分配（這些資源包括媒體的關注、公共與私人的資助等）。有鑑於歐美布爾喬亞國家的博物館歷史乃至其他地方的國族主義脈絡，這種觀點似乎流於烏托邦。但它是一種小調調性的烏托邦，是一個不平均出現和在地遭逢的願景，而不是一個全球性轉變的願景。它可以讓人產生推倒既有層級性遺產的強烈（雖然或許不穩定）動力。

這些遺產近年來受到了強索力探的批判性分析和歷史分析。歐美公眾博物館在十九世紀的興起是一個由上至下供給和組織「文化」的一般性嘗試的一部分。博物館積累了傳統菁英與新興菁英的「象徵資本」（symbolic capital）（Bourdieu 1984）。它們在「高層次」（highbrow）活動和「低層次」（lowbrow）活動之間築起了一道制度性的高牆（Levine 1988）。它們面對的「公眾」和它們收藏的「遺產」是由布爾喬亞的國族主義方案所構成（Duncan 1991）。在十九世紀，一連串重要的「立法與行政改革……將博物館從主要限於統治與專業階級參觀的準私人機構，轉變爲國家的主要工具，致力於教育和薰陶一般大眾」（Bennett 1988:63）。到了廿世紀，在多得令人目眩神迷的在地性、全國性和跨國性脈絡中，博物館成爲了生產與消費「遺產」的核心（Walsh 1992），是急速膨脹的觀光業的必備要素（MacCannel 1976; Horne 1984; Urry 1990）。博物館的興起是伴隨著民族的、布爾喬亞的國家，以及伴隨著工商業資本主義，博物館命運亦與其在全球的擴張與在地的適應息息相關。

從哈理斯對十九世紀與廿世紀北美的博物館與百貨公司的比較研究可以看出博物館跟資本主義行銷與商品化的關聯（Harris 1990）。他指出，直到一九四〇年代以前，在展示藝術品以薰陶大眾品味一事上，大百貨商場都讓博物館相形見絀。然而，後來許多大型的博物館變得更加消費者取向，伴隨而來的是形象的改變。

> 如果吸引力與擄獲公眾的心成為博物館的目的，那麼博物館要如何有效地和以營利為目的的商業化機構有所區別？……博物館，是否已經成為娛樂大眾的場所，成為另外一種庇護所（不是庇護文化文物與藝術品，而是庇護「收集回憶和參觀畫廊」的儀式），一種量化的、認證的、收藏的遭逢（它或許會形塑購買模式卻幾乎不會改善它們）？博物館一度被批評太少關心一般人的想望與需要，如今，在另外一個時代，它

215

們又被指責過度迎合，以戲劇化和大眾化為樂。（Harris 1990:81）

哈理斯總結認爲，無論如何評估這些發展，又無論公然拋棄美學與科學中立性的舊理想，因而開啟了哪些文化／政治倡議的可能性（1990:95），「博物館作爲發揮公衆影響力場所的變遷命運，反映出它有著巨大能力、不斷成長，並且變化無窮」（1990:81）。[18]

哈理斯所指的「博物館」是一個西方的、主要是大都會的機構，但他的願景是建立一個動態的、以消費者爲導向的機器，用於收藏和展示具有藝術、文化和商業價值的物品，而這在全球產生了明顯的影響。與當代資本主義擴張相連的傳統、身分、藝術與風格的「彈性累積」（flexible accumulation）（Harvey 1989）支持了博物館的大量增加，這在戲謔地被稱爲「全球性文化百貨公司」中得到體現。華許在他對「後現代世界的博物館和遺產」的猛烈批判中發展出這種概括性觀點（Walsh 1992）。他擴大了哈維的全球化資本主義文化的觀點：對「地方」（place）、對在地與連續的集體時間感被無情地侵蝕，取而代之的是一個膚淺的、壯觀的和純粹懷舊式的過去的觀念。遺產取代了歷史，助長了國家利益與階級利益的霸權銜接。奠基於修森的《遺產工業》（一九八七）的思路，華許把英國博物館近年來的快速成長視爲工業／帝國的衰退與柴契爾政府緊縮開支的結果。他發現，不管在什麼地方，社會的變革都會與擴張式資本主義接軌，並將其過去作爲遺產加以展示和消費，如同新自由主義霸權在發揮作用。將在地的過去商品化，是文化「去差別化」的全球過程的一部分。

華許和哈維對「後現代」的遺產行銷的分析，對許多發生在博物館與透過博物館發生的活動是一個必要但並非充分的解釋。正如普拉特所言，接觸的觀點讓傳播論的模型（diffusionist models）——無論是喜洋洋的（文明的大步前進與西方的探索）還是批判的（資本主義商品體系無止盡的擴張）——陷入麻煩。華許有時會承認，他的方法過度簡化，而他也引用了費瑟斯通的提醒：「我們必須拋棄試圖透過文化的同質／異質、整合／瓦解、統一／多樣——這類互斥的詞語來理解文化的二元邏輯。這些觀念上的配對頂多只在文化這個複雜多面稜柱體上的一個面發揮作用」（Featherstone 1990:2）。然而，華許的論點極倚重上述詞語配對中的第一組。[19]

基於不同的政治取向，博物館表達了民族國家、地方和部落社群，以及跨國資本等利益。凡是有地方習俗、傳統、藝術（菁英或大眾藝術）、歷史、科學和技術被收集和展示的地方（目的可以是爲了聲望、政治動員、紀念、觀光或教育），都可預期會有博物館或類似機構的出現。這種以「博物館」爲名的收藏、再收藏和展示空間是複合的，而且具有文化轉移的性質。不同的歷史帶出這些接觸空間，而這些空間對現代性／後現代性有不同程度的參與，以及不同程度的「懷舊」（Stewart 1988; Ivy 1995）。例如，部落「博物館」同時反映了原民的和西方的積累方式、記憶方式與展示方式。它們也投射出一種抗爭、生存、復興與差異繼續存在的歷史觀。巴那比與霍爾對丹恩文化機構（Dene Cultural Institute）有一詳實的介紹（Barnaby and Hall 1990）。該機構是由丹恩民族議會——代表加拿大西北地區的哥威迅族（Gwich'in）、史來佛族（Slavery）、多格里布族（Dogrib）、奇佩維安族（Chipewyan）和克里族（Cree）——成立於一九八六年，反映了原住民自覺地以丹恩文化的保存和復興作爲爭取原民權利和資源開發控制權運動的一部分。丹恩機構關注口述歷史、語言復興、傳統醫術、土地使用、公共教育，以及搜集檔案文件與文物。一個展示丹恩材料的空間正在籌畫中。在這裡，博物館的功能顯然是文化中心更大工作的一部分，但我們需特別注意這些功能在不同的制度性遺產銜接中的相互關係、相對比重和政治動力。[20]

席克拉特所介紹的迦納阿桑提馬西亞宮博物館（Asante Manhyia Palace Museum）（Schildkraut 1996）則是一個對傳統權威非常不同的宣示：這一次的權威是王權。博物館可以強調傳統，也可以強調現代性，程度取決於它們是否反映地方倡議，以及體現社群成員和外來專家之間的結盟與對話——這是里維埃的「生態博物館」（eco-museum）的理想（Rivière 1985）。在主導性的國族脈絡中，一個重要的區分是對「遺產」的生產與對「遺產」的消費。正如班奈特所指出的，英國的文物保存政治通常是保守的——這是一個被薩繆爾複雜化的假設（Samuel 1995）。然而，澳洲則提供了一個不同的「官方」脈絡。像雪梨的「海德公園監獄博物館」（Hyde Park Barracks）反映了工黨「新國族主義」的包容政策。以原先用來監禁流放罪犯的建築作爲場館，此博物館宣稱它的目的是爲了再現原先被排除在大一統史觀外的澳洲歷史（Bennett 1988:80）。

爲什麼博物館實踐在不同地方可以如此既有彈性又成果豐碩？有幾個互相關聯的原因。銜接身分、權力與傳統的能力是主要關鍵，這種能力將博物館的貴族起源與現代的國族主義和「文化主義」（culturalist）訊息聯繫在一起。博物館同時也與一系列民間的收藏、展示與娛樂活動相互呼應。積累與展示珍貴物品可以是很普遍的人類活動，而非僅限於任何的階級或文化群體。在一個大範圍內，博物館可以兼容不同的積累與流通系統，兼容不同的保密與溝通系統，兼容不同的美學系統、精神系統與經濟系統。博物館如何定義它的「公衆」與「社群」，它歌頌的是哪些個人、群體、觀點或意識形態，它如何詮釋它所呈現的現象，它會保持原貌多久，它轉變得有多迅速——這些都是可協商的。把一批屬於個人或群體的珍寶收藏到博物館去，猶如收集紀念品、把相片保存在相本，或維持一個祭壇。在有些情形中，讓博物館賴以維持的是相對較少的資源：當地的收藏家／熱心人士和一些志工的精力。那些本來會透過舉辦祭典或者建造祭壇或教堂來表達身分與權力的社群或個人，現在也許會（同時）支持博物館。

在全球脈絡中，因爲集體身分愈來愈有賴於擁有一種文化（獨特的生活方式、傳統、藝術形式或工藝品），博物館的大量增加變得可理解。它們假定了有一群外來的參觀者（例

218

如國內或國際的鑑賞家、觀光客、學者、策展人、「老練」的旅行家和記者等）。這些人或許不是文化展示和表演的唯一觀衆或甚至首要觀衆，但他們從不會完全缺席。當一個社群透過壯盛的收藏品與儀式展示自身時，它便構作出一個「內部」和一個「外部」。身分訊息以不同方式傳遞給社群成員和外部者：前者受邀分享象徵性的財富，後者則始終是旁觀者或部分被整合進來（例如作爲鑑賞家或觀光客）。自從博物館在十九世紀歐洲以公衆機構的身分興起後，它便是一個政體聚集和評價「我們」的有用工具。這種銜接——無論其範圍是全國性的、地區性的、族群的或部落的——收集、慶祝、紀念、評價與販售（直接或間接販售）一種生活方式。在維繫一個想像的共同體的過程中，此一銜接同時會對抗「他者」，將「不純正者」予以排除。這是當代文化政治的實質，既具創造性又帶著劇毒，它在殖民／去殖民、國家形成／少數族群宣示、資本主義的市場擴張／消費者策略的重疊歷史脈絡中運作。

「諸多博物館的世界」是多樣且動態的。我提及的各個接觸區在若干程度上都參與了後現代的遺產行銷，從而將身分展示爲文化或藝術。無疑地，文化的博物館結構——將傳統給客體化，以及將傳統構作爲具有道德／美學價值和可以行銷的商品——已愈來愈普遍。主流人群和從屬人群的憧憬可以透過這種結構加以銜接，以及透過國內觀光和跨國觀光的物質利益加以銜接。漢德勒指出，要「擁有」文化，便是成爲一位收藏者，捲入占有的賽局和選擇性地評價生活方式（Handler 1987, 1993）。但究竟要捲入至何種程度？在部落的和其他在地的文化銜接中，還有什麼**其他事情**正在發生？我們所稱爲後現代的文化／經濟形式的群集，具有多大的統一性呢？世界體系呢？晚期資本主義呢？讓我們先別太早下定論。博物館作爲菁英主義與固定不動性的符號——從新的國家首都到美拉尼西亞的村落，從廢棄的英國礦坑到全球性大都會的族群社區——正以驚人的速度大量增加。作爲在地／全球的接觸區，作爲形塑身分與文化轉移的場地，作爲遏制和過度的場域，這些機構成爲了「文化」差異的模糊未來的縮影。

第八章　帕倫克日誌

想想看三個月大的紋胸林鶯（Magnolia Warbler）在找到路飛往熱帶地區之後面對的新世界。這種小型鳥類在針柏科植物中長大，現在牠面對的卻是一大片雨林——世界上最複雜和多元的棲息地之一。候鳥究竟如何探索並學習新環境，一直到現在對行為科學家來說還是一個令人著迷的謎題。

——葛林斯柏，《南墨西哥：候鳥的十字路口》

220

7:15 AM：我在旅館外揮手叫了一部前往馬雅遺址區的巴士，加入早起觀光客和該遺址的工作者的行列。穿過陡峭山坡上一層薄霧，可以看見在那片遺址的後方是一片片的玉米田。神殿隱身在濃密的樹林後方。

7:30-8:00：停車場幾乎空無一車。遠端，一些男人、女人和小孩正打著沒有網子的排球。在他們後方，一小叢矮樹上方便是「碑銘神殿」。我的相機——早上曾掉在浴室地板——卡住了。無效地修理了一會兒之後，我放棄拍照的念頭。

兩名戴著牛仔帽的小伙子正在清掃停車場。昨晚下了一場滂沱大雨，落葉和垃圾滿地。幾位長髮的拉坎登族（Lacandon）印地安人穿著白色寬鬆的工作服和平底鞋，使勁地從福斯「康比」（combi）廂型車拖出裝滿了弓與箭的箱子，拿到入口處的販賣區。他們的小孩穿著類似，但打著赤腳，在附近的涼亭下吃著香蕉和墨西哥薄餅作爲早餐。

天氣已經變暖了，遺址在八點開放參觀。我聽見許多鳥叫聲、拍打橡膠球的聲音、低聲交談和偶爾傳來的高亢笑聲。大部分「自助旅行者」都是年輕的歐洲人，他們從八公里外的帕倫克市（Palenque）乘「康比」廂型車抵達此地。後來又多了幾部車子。打球停止了。

8:00-8:25：開始售票。賣手工藝和紀念品的墨西哥攤販——都是非原民裔的拉丁諾人（*ladinos*）——開始沿著停車場的一邊設立攤位。有一家人圍著他們的小貨車吃了一頓豐盛的早餐。第一班大型巴士於八點十五分抵達。

我買了一張票，走到停車場遠端的入口處。兩年前我參觀帕倫克時，可以直接從停車場走進去，當時還沒有這個入口。如今，他們開闢了一條彎曲的小徑，從停車場過渡到遺址現場，必須穿越樹林並且爬上一段石階。大門往旁移了約一百碼，離停車場更遠些，我們在一本很大的登記簿上簽名。有提供好幾種語言的導遊服務，全套導覽要價七十披索

「碑銘神殿」。作者拍攝。

（二十三美元），其中包含「叢林散步」活動。

進入入口之後，山麓的樹林傳來很大的嗡嗡聲和歌聲。有人已經爬到了「碑銘神殿」和「宮殿」觀象塔的頂端。他們的小小身軀——穿戴著各種顏色的鴨舌帽和短褲——分散在開闊的公園各處。

快照：一名男孩尾隨著一位男子，沿著碑銘神殿的底下從左往右走，與遊客的動線相反。兩人都背負著重物。男人彎著腰，額頭上套著背物帶，直直地往入口處和停車場走。他與小男孩都沒有看他們左方的巨

222

大金字塔，也沒有注意到那些瞇著眼睛拍照的觀光客。

我走到神殿階梯半路上的遮陰處。從這裡可以看到一條通往碑銘神殿後方山坡的步道。前述的男人與男孩應該就是從這條路下來的。兩年前，我在步道走了一小段路，想要找尋「前挖掘時期」的感覺：糾結的樹叢和強烈的聲音迎向著早期探險者如李歐、杜派克斯、卡斯坦尼達、沃達克、沃克，還有像是凱迪、史戴芬和卡瑟伍德等人。再往前走幾百碼，我看到已經部分清理過的「獅子屋」（Casa del Léon），不過樹木仍緊纏著它的屋頂。這個「浪漫」的遺蹟因爲沃達克伯爵在一八三三年所畫的一幅素描而變得知名。這也是當年卡瑟伍德實際上看到的樣子——不是史戴芬書中插圖所見的那般乾淨，也完全不像現在國家公園中的仿製品如此整潔。

隨著我再往前走，步道看似與藤蔓和樹根糾結在一起。我懷疑有一堆被藤蔓蓋過部分的石頭可能原屬一個結構體。這時除了森林的聲音、深深的陰影和樹隙篩下來的光線以外，別無一物。我獨自一人……與一群蚊子。但突然間，六名男子從我旁邊快速經過，搬著一組墨西哥街頭樂隊的樂器。好一個超現實時刻。往上走三小時後到了柯爾族（Chol）的馬雅村落，他們前往市區的路徑就是通過碑銘神殿後方的樹叢，走過神殿的下方，再走過考古區去到馬路上。

8:30-8:45：主廣場出現了第一位掃落葉的工作人員。一名老婦人——一位墨西哥籍觀光客——停下腳步和他聊天。其他觀光客沒有注意到他，只管把相機對準別的事物。到目前爲止，偌大的遺址已經容納了不少四處分散的小小身影。

導遊用提高的音調說話，第一批旅行團出現了。站在神殿頂端的參觀者引起我的注意。他們都戴著「國立人類學歷史研究中心」（Instituto Nacional de Antropología Historia, INAH）的藍色棒球帽。我往遺址的低處走，穿過一個不久前清理出來的蹴球場，再沿著穿越遺址的小溪旁邊向「堪帕曼托國立人類學歷史研究中心」（Campamento INAH）走去。

這個地方和兩年前比起來也不一樣了。以前那間小博物館，如今已經是一間文物修復實驗室。透過一扇打開的門，我聽到錄音帶的音樂聲，看到一群穿白袍的年輕人（只有一名男性）將一些塑有精緻人物與動物雕像的大陶管給拼起來。這些陶管有七十多根，最近在被埋在「太陽神殿」（Temple of the Sun）底下的人骨之間發現，用途不明。

堪帕曼托：這四個字意指「露營地」，歷史可以追溯到帕倫克市還很難到達之時，當時考古學家在此處紮營。如今「國立人類學歷史研究中心」的設施包括永久的研究室、儲存空間、一間餐廳和一個廚房。在挖掘古物的全盛時期，此處雇用了三百位以上的工作人員，現在只剩幾十人在此工作，大部分是負責文物修復和遺址維護。

8:45-9:00：好幾輛標示著INAH字樣的貨車開過穿越公園的泥土路，開了過來。樹林裡嗡嗡聲作響，穿插著在樹林間某處傳來的斷斷續續機器聲。我站在沒有蚊子的觀光區的邊緣，多次拍打脖子。現在實驗室的錄音帶傳來一陣雷鬼音樂：「醒來吧，站起來吧，站起來維護你的權利……」

公園中有幾位男性慢條斯理地工作去。其中一人帶著一把大砍刀和某種電器設備，另一人肩上扛著一把大榔頭和好幾條長木條。

過了修復實驗室之後，小徑轉而向下，途經一個棚子，裡面放著好幾台獨輪推車。接著小徑與小溪交會，有些導遊稱這個交會處爲「皇后的浴缸」。一個褪色的標示牌寫著：「禁止在此浴缸洗澡」。過小溪後有一些破舊的房舍，裡面的錫屋頂下面掛著吊床，有一位男性從水桶打水潑在身上。這是爲當地柯爾族人和其他開挖遺址的工人搭設的臨時營地。這塊林中的陰暗營地是高夫曼所說的「後台」（back area）：它座落在遺址的後方，靠著它，遺址的恢弘景觀得以呈現在世人眼前。

9:00-9:15：走出營地進入林中空地。我發現「北方集團」（El Grupo Norte）的神殿群周圍圍著繩索。在挖掘神殿底部的過程中，發現了重要的雕刻物（現在由波浪鐵皮遮蓋著）。爲什麼這些建築物兩年前看起來就像已經打理完畢？是因爲四周的長草都已割光嗎？還是因爲已經掛上了永久性的標示牌？

好幾名男子現在站在神殿頂端，在熾熱的太陽下緩慢地移動著，撿拾石頭和用一個大塑膠桶中的液體清洗什麼東西。爲防滲漏，遺址全部的七世紀屋頂都受到了化學藥品的伺候。（佛洛伊德說過：龐貝城的毀滅是始自它被開挖之時。）

這些人後來休息了一下以避酷熱，躲在神殿一扇門裡面遮陰。他們喝著放在購物袋裡的飲料。遠處，一群穿著五顏六色衣服的短隊伍繞著碑銘神殿的頂端團團轉。微弱的聲音，從神殿頂傳來一聲吶喊……

9:15-9:45：我走在「宮殿」的後面，朝「太陽神殿」、「十字神殿」和「葉飾十字神殿」（Foliated Cross）走去。這一整區（包含一個大型墓葬）是新近才發現，不對觀光客開放。我所能看到的只有正在進行的、重建太陽神殿基座的工作。兩年前還是長滿雜草的土墩上的一座小建築，現在卻成了金字塔的頂端。待我們下次能夠進去參觀時，這個由三座神殿圍繞而成的空間絕對會讓人有不同的感受。到時候，它們將會變得何等的容光煥發和雍容優雅呢？

因爲開挖遺址而形成的大型碎石堆橫陳在我眼前的斜坡上。一名婦女坐在碎石堆頂上，可能是爲了阻止未獲得授權的人進入。一個模樣像學者的墨西哥男人（留著鬍子並戴著金屬邊框眼鏡）走進被圍欄圍起的區域，跟在她身後攀爬小徑。

失望之際，我轉身離開，爬上剛剛挖出的「宮殿」的西階梯，進入「宮殿」的著名大天井。隨著這一側被清理和重建，門廊微妙的不對稱性變得更加明顯。身在其中，古代建築師設計的卓越比例有一種安靜心神的效果。

聲音在大天井裡匯聚（現在我很高興我不能拍照）：導遊的聲音與鳥鳴和森林的嗡嗡聲交織在一起。某一刻，我聽到法語、西班牙語和英語，來自天井的三個方向……後來又聽到德語。好一座詮釋的森林（Forest of Interpretations）。

無論我看向哪裡，似乎總有人在舉著相機。短暫的幻覺：這些石頭每小時（或每分鐘？）產生的數百張照片……就像一大群鳥振翅起飛，分散各處。它們要飛往何處呢？

9:45-10:00：現在非常熱了，我決定推遲爬上「碑銘神殿」頂部的行程（其頂部有條路通往馬雅王帕卡爾〔Pacal〕的濕潤墓穴）。回到停車場之後，一名男子在五輛載著墨西哥人的大巴士旁邊掃地，收集昨天剩下的塑料瓶和枯葉。它們是停車場裡的唯一大型巴士，這讓我驚訝地意識到我本來只半意識到的事情：墨西哥觀光客爲數眾多。

他們爲什麼會來這裡呢？我對於爲何歐洲人和北美洲人會來參觀帕倫克，有著很鮮明的、毫不懷疑的刻板印象。這條國際觀光路線已經牢牢確立：從一八四〇年代史戴芬和卡瑟伍德的暢銷書將帕倫克放上旅遊地圖起，一直到現在這個用變焦鏡頭、揹背包、穿跑步鞋和捧著新世紀水晶球的世代，代代都有人走這條路線。但坐大巴士前來的墨西哥人的動機似乎和我們有所不同。首先，他們外表看起來是工人階級和小資產階級。他們在有遮陰處輕鬆自在地閒談，在神殿的頂端大聲叫喊，許多人看起來自得其樂，沒有帶著國際朝聖者參觀博物館的崇敬態度。不知怎地，他們更加如魚得水。他們更像是參加郊遊聯誼。

我不知道理由何在。觀光客（尤其是坐大巴士前來的觀光客）是個謎，是每個人的「他者」，從不被賦予任何社會或個人的複雜性。觀光至今仍然被視爲第一世界特享的活動。古老的馬雅人在墨西哥的國族想像裡是什麼形象？在墨西哥學校裡是什麼形象？他們在二流的渡假路線裡如何被商品化？帕倫克建造者的地位和阿茲特克人（Aztecs）——他們被認爲是「墨西哥人中的墨西哥人」——是一樣的嗎？馬雅的符號如何被用來表達混雜地區身分？帕倫克這個最壯觀考古學發現——墨西哥人盧里耶在一九五二年發現的帕卡爾王陵——的所在究竟有什麼特殊魅力？

遺址的一名導遊告訴我，無論何時，只要電視播出一齣以考古學家爲主角的電視劇，便準會有大量的墨西哥旅遊團湧入這裡。一齣這樣的劇——名爲《超越死亡》——才剛剛播完。他說的也許不無道理，但他的勢利模樣又讓我起疑。又是一個把觀光客當作傻子的例子。

我去餐廳喝可樂，看著整個停車場的**工藝品**和紀念品買賣生意興隆。在這邊的入口處的附近，拉坎登人正熱絡地賣著弓和箭。我上次已經買了一些。在某個地方（森林裡？城市中？）有很多人在製作這些弓箭。一輛載著礦泉水的貨車抵達，每個瓶子上印有「古亞美：礦泉水和香料」字樣。

我本預期我離開遺址時會在停車場看見恰穆拉族（Chamulan）的婦女。她們是高地馬雅人，穿的是不會讓人認錯的傳統服飾：深色羊毛裙、藍色或白色女襯衫、寬的紅腰帶。兩年前，她們在車輛之間轉來轉去，盡可能地靠近售票口和入口處。她們穿著適應高山冷冽天氣而設的厚重長裙，手臂和肩膀扛滿編織品（有時還用領巾將一個嬰兒揣在懷裡），指揮著一群小孩兜售物品，並且隨時注意有沒有人過來取締。當年這群恰穆拉女人無所不在。如今她們去了哪裡？

226

10:00-11:00：我在一輛前往市區的康比廂型車中，同車的有好些其他疲憊的觀光客、一些農夫（*campesinos*）和一名帶著蹣跚學步小孩的拉坎登族婦女。大約十五分鐘的車程把我們載到市區邊緣的哥倫布車站和「馬雅頭像」（Cabeza Maya）。後者是一個仰臉望天的巨大白色頭像：那是一張馬雅人的側臉，雙唇出神狂喜地張開。我得在此兌換旅行支票和換飯店。

「帕倫克廣播電台！」……然後是「一千瓦電力」和「偉大馬雅文化」之類的話。

帕倫克是個快速成長的地區中心，人口約七萬（一九五〇年時只有六二〇六人）。幾乎每一棟建築看來都是新近興建的。雖然觀光和著名的「遺址」與其快速增長有很大關係，但帕倫克也是一個市場／農業中心。當我沿著主要街道華雷斯街（Calle Juarez）走去，我經過紀念品店、相機店、旅行社（提供旅客前往碧水瀑布或偏遠的馬雅遺址亞斯奇蘭和波南派克的行程）、餐廳、食品店、錄影帶出租店、藥局、「華雷斯帽店」（一間滿是牛仔帽的明亮小店）和「帕倫克農業社」（賣著馬鞍、塑膠繩、一架子的化學原料、一包一包的肥料和一盤盤扭動的小雞）。

在眾多五顏六色的招牌和彩繪的牆面中間（這些牆面因烈日而龜裂，因滂沱大雨而斑駁），我瞥見一些鮮亮的藍色女襯衫和紅腰帶。恰穆拉婦女就在街上，賣著她們自己編織的腰帶、手鐲和玩偶。這些物品連同進口的瓜地馬拉背袋、圍巾、襯衫、褲子和涼鞋等堆滿了人行道。一些年長女性坐在遮陰處，但賣東西的大多是年輕女性。有一些十歲八歲的男孩跟著她們。我發現，她們在熱門地點擺攤，每兩星期換地方一次，大部分來自聖克理斯托瓦爾（San Cristobal de las Casaas）周圍的貧民聚居區，例如拉荷米嘉（La Hormiga）、帕那索（Paraiso）和新巴勒斯坦（Nueva Palestina）等。

恰穆拉人最近被排除在遺址外。遺址已不再有流動攤販。現在能在那裡工作的唯一馬雅原住民是拉坎登人，他們本著（純正）古代馬雅人的形象，享有在遺址入口處附近擺攤的特權。他們顯然在某處擁有政治影響力，因爲他們與帕倫克古城的建造者有特殊關係的宣稱相當可疑。如果現在還有馬雅人可被稱爲「帕倫克的最後貴族」（這是一本談拉坎登族的最新書名）的話，那八成是當地的柯爾族人。至少他們的語言與象形文字有直接的關聯。然而柯爾族孤高特立，尚未選擇或被迫以大規模的方式進入觀光經濟中。恰穆拉女性現已成爲帕倫克街道的固定風景（男性則不會在公開場合販售工藝品），她們租下商店外人行道上的一小塊地，在自己的小天地

帕倫克的恰穆拉攤販。作者拍攝。

中享受壟斷的樂趣。他們固然因爲被趕出遺址區而氣憤，卻也無可奈何。

快照：一位身上垂掛著紀念品腰帶和編織物品的恰穆拉男孩在玩「辛普森家庭」電動玩具。

快照：兩名穿著藍色女襯衫的女孩不斷地聊著天，一位坐在一張小凳上，另一位坐在人行道路沿。她們沒理會兩個在硬紙板箱裡扭打的男孩。

我在一家相機店買了一台「美能達」牌「記憶製造者」（Memory Maker）相機。在前往另一家飯店的路上（這飯店是「加拿大飯店」，我聽說考古學家都是住這間），我付給三位攤販一些錢讓我拍張照。* 金額還算不錯，不過她們看來緊張兮兮，希望趕快結束。她們很快地就把硬幣分掉，一面分錢一面側頭後望。我們侷促地交談約一分鐘，談聖克理斯托瓦爾有多熱。

11:30-1:30：在加拿大飯店辦理住房手續，飯店的餐廳採取叢林風的布置，有仿遺址的浮雕且爬滿藤蔓。這飯店只有十幾間房，不是一家新的觀光飯店。這符合我的「自助旅行者」風格。在大太陽下走了一大段路讓我精疲力竭。我打開空調，攤在床上，茫然地盯著帕倫克的地圖看。一個長方形的街道網格。

這讓我想起紐約市，我的家鄉……我的思緒飄到另一位紐約客史蒂芬斯在一八四〇年和我一樣，從恰帕斯高地來到此處，他形容，這段路是他走過最險惡的山區和叢林小徑。

最後，史蒂芬斯抵達探險之旅的目的地（康拉德可能會說這是他的「航行最遠端」），他發現本地人和紐約的聯繫似乎比起他們的行政中心雷亞爾城（Ciudad Real）來得更爲密切。從事洋蘇木買賣的船長和貿易商人到這地區來已經有頗長一段時間，讓坎佩切州（Campeche）與曼哈頓連結起來。他們很多人都把名字刻在遺址的牆上，至少有一位在這地區生活。失落的城市，世界的盡頭——這些稱呼可以休矣。

228

我今天看見一位當地小孩身穿寫著「紐約我❤你」的T恤。（也有寫著「芝加哥公牛隊」、「阿茲特克曆法」和「搖滾咖啡廳：恰帕斯帕倫克」的。）史蒂芬斯花了五天時間從奧科辛戈市（Ocosingo）穿越高山與叢林來到山下，而我坐小廂型車則只花了四小時。「自助旅行者」通常都喜歡把自己和史蒂芬斯聯想在一起。

我打起瞌睡了。

1:30-2:00：午後我計畫參觀新落成的博物館和遊客中心，它們在遺址下方的一公里處左右。在飯店餐廳早早用完午餐後，我走到「馬雅頭像」，搭車再度回到遺址。卽使此時是吃

---

* 譯注：此處作者單純以「streetsellers」指稱這三位恰穆拉攤販，迴避了性別上的指認（連同頁三七七圖的說明亦是如此），但我們從前面的描述和緊接著出現的代名詞（以及該圖）得知這三位攤販是女性。

飯和午睡時間，還是有許多巴士和廂型車在路上跑。

五十分錢的車資讓我感覺遺址像是在市郊。史蒂芬斯和卡瑟伍德花了大半天時間才從市區抵達遺址，而一直到一九五〇年代，這裡僅有的交通工具是馬匹。在盧里耶於一九五二年進入帕卡爾的墓穴因而讓墨西哥考古學成爲鎂光燈的焦點之後，墨西哥總統來這裡參觀，並立刻下令修築一條道路。當車子慢慢開過進入考古區的減速坎時，我讀到一個斗大的標示牌，其日期是一九八一年，上面聲明帕倫克成爲國家公園，並宣布修建公路。

僅僅兩年前，當我從聖克理斯托瓦爾驅車來此之後，聽到人們興奮地談論那條將把高地地區的「泛美公路」與熱門觀光景點帕倫克、維亞厄沙漠（Villahermosa）和梅爾達（Merda）連接起來的柏油道路。這個「馬雅世界」（Mundo Maya）計畫助長了帕倫克遺址最新一波的快速發展，因爲遺址的繁榮有賴著這類可供出租車和大型巴士行走的道路。

這個網絡延伸至涵蓋一條穿過叢林的邊界道路，它沿著瓜地馬拉的邊界前進，連結帕倫克、亞斯奇蘭、波南派克、幾處新發現的遺址、拉坎登叢林的生態觀光區和南恰帕斯州風景秀麗的蒙特貝拉湖（Lagos de Montebella）。除了觀光用途外，這條規畫中的道路還有明顯的軍事和經濟開發潛力，例如有利於伐木業與咖啡生產。

一九八一年，「國家公園」。當我們的車子開過考古區相對平順的柏油路向森林密布的山丘駛去時，我回想起一九八一年是墨西哥石油榮景的最後一年。接下來十年出現了債務

229

危機、機會萎縮和大量失業。正是這個危機迫使恰穆拉的大部分婦女要爲觀光客生產編織品，她們在聖克理斯托瓦爾街頭擺賣的情形愈來愈多。現在她們也遠離家鄉，沿著恰穆拉男人鋪設的路徑，去到帕倫克、梅爾達、維亞厄漠沙和坎昆（Cancun）。長期以來，恰穆拉男人因爲家鄉經濟疲弱，無法自給自足，不得不在低地的種植園、玉米地、公共工程建設中補充了勉強糊口的收入。自一九八二年後，男人可以從事的工作都消失了，剩下的只有咖啡田的粗重活，但這種工作後來也被躲避政治和經濟危機而逃難至此的瓜地馬拉人以低薪搶走。

一九八〇年代期間，恰穆拉婦女與孩童來到街上，依傍著墨西哥少數擴大的行業之一——由遠離債務纏身的拉丁美洲力量並渴望推動的旅遊業中謀生。其他選擇是殘酷的：永久遷移到一個敵對的城市，或者遷移到遙遠的拉坎登叢林裡。若是留在原鄉，一位婦女與她的小孩或許可以靠賣柴餬口，但一捆柴的價格只有區區二十美分，卻需要花費四至六小時辛苦地砍樹、劈柴和運送。

2:00-3:00：新落成的行政中心暨遊客中心非常豪華，由三棟摩登漂亮的建築構成，分別是遺址博物館、一棟結合辦公室與實驗室的綜合設施，以及一家餐廳／禮品店。它們都帶有金字塔風味。

博物館三個月前才由總統薩利納斯（Carlos Salinas de Gortari）正式揭幕。路邊有一個大告示牌列出贊助廠商或單位：

國家文化藝術委員會
州政府
國立人類學歷史研究中心
國家文藝基金會
智利銀行
多美哥酒品
雀巢公司
北美包裝公司
古斯塔建設公司
芬沙－可口可樂公司
墨西哥商業銀行
VISA 信用卡公司

231

博物館圍繞著一座花園，外面有大片玻璃落地窗。文物以現代的風格，卽正式／美學風格展示，被照亮的光環中顯得獨特。博物館整潔寬敞，解說的語調是一種科學的綜觀語調，顯得克制和極簡化。牆上以簡短文字介紹了古代馬雅人的信仰、文化、生態、建築、曆法和文字等。最近在「太陽神殿」發現的精雕細琢的黏土圓柱散布在整個博物館。好幾面牆上鑲著大型象形文字鑲板。有關於古代馬雅人階級體系的簡要說明，對祭司、工匠、官僚、商人、非技術勞工和農人各有介紹。（沒有關於奴隸的介紹，儘管說明中提及古代馬雅社會可能存在奴隸。）

我幾乎一個人獨享這座博物館。因爲這個新的複合體距離遺址有一公里遠，沒有免費的接駁公車，爬累了金字塔的觀光客很可能會懶得過來。不過我聽說這種狀況以後將有所改變。在長期計畫裡，此處將成爲主要的入口和停車區。以後，步行或坐電動車穿越森林，將遊客從現代帶到古代的世界，這將是一次戲劇性的轉變。人們普遍認爲，目前遺址區太靠近停車場，巴士、食物和商業都在附近。卽使新的入口在樹林中設計了一條蜿蜒的小徑，也未降低人們認爲入口太接近遺址的感覺。身爲一個有時傾向後現代主義者，我喜歡這種汙染，反倒對館方準備做出的改善感到可惜。

懷舊和老練的旅行者會這樣說：「當我第一次來到這裡時（卽這裡被觀光化之前），一切都較美好。」懷舊可以在很短的時間內起作用。我對舊博物館和新博物館的感受便是如此。兩年前，博物館只有幾個擁擠的展示空間，而且是位於遺址最偏遠的一角。博物館外立著帕倫克唯一一座石碑，任其風吹日曬，後面便是洗手間敞開的大門。如今，這座白色和有著斑駁之美的石碑被放在新博物館的覆蓋式主入口，在藍色牆壁的襯托下更顯優雅。舊博物館沒有多餘空間供展品一一獨立開來，彰顯其各自之美，所有的東西都是擠在一起，像個大雜燴。不過，這倒是會讓人在看到中意的展品時有種發現寶藏的感覺。我回想起有些複雜的象形文字灰泥板塊對

新落成的遺址博物館。作者拍攝。

我產生的吸引力，它們離我流汗的鼻子只有八英寸遠。

如今，在有空調的新空間裡，我透過服務人員、繩索和玻璃所隔開的距離觀看展品。我一面懷念舊博物館的輕鬆隨意和親密感，一個屬於**我的**古老帕倫克，另一方面又承認新博物館其實沒有那麼糟。在這裡，有很多東西可看，而且是清楚地呈現。畢竟，如果沒有搬到新博物館，他們要把後來發現的那些精緻陶罐放在哪裡呢？

一隻小鳥撞上了玻璃，躺在外頭死去。*

什麼時候是參觀帕倫克的「好時機」呢？這個問題是我在來這裡的路上、停留在托尼納（Toniná）時想到的。托尼納是靠近奧科辛戈市的高地上的馬雅遺址。史戴芬和卡瑟伍德曾到過那裡，但只停留一天，因為他們急著前往帕倫克，沒有耐心多留一會兒。托尼納這個大型遺址是最近才出土，被認為是古典時代晚期的重要馬雅文化中心。遠離熱門的參觀路線，它對我來說是個驚喜。

我覺得自己來得最是時候。遺址大約挖掘了四分之一，讓我們對遺址整體有一個基本概念，同時又給予了想像的空間。它給了我們剛好足夠的知識，但又不是太多。雕刻品隨處可見，沒有被鎖起來。一條巔簸不平的泥土路，寥寥的遊客，有馬匹在遺址上吃草。當

* 譯注：作者暗諷如今新博物館有了玻璃展示櫃，卻阻隔了原先在舊博物館中與遺址文物所連結的親密感。

一位「自助旅行者」從托尼納頂端的觀象台俯瞰美麗的奧科辛戈山谷時，他可能會有點沾沾自喜，因爲**其他**觀光客都是匆匆趕往帕倫克，與這裡失諸交臂。

然而，現在眞的是參觀托尼納的好時機嗎？還有尚待發現的東西嗎？如果我是幾年前到此，必然無緣目睹那些驚人的灰泥壁畫，它們是我這次造訪的高潮。所以我這次錯過了什麼？有什麼還埋藏在浪漫的樹叢和藤蔓下面沒有被挖掘出來？

和托尼納比起來，以及許多現在經過清理並開放給旅行者，得以徒步、乘坐小貨車一路顛簸或是搭乘小飛機前往的其他遺址相比，帕倫克似乎是一個「完整」的遺址。一切都井然有序清理乾淨，在可容許的範圍內被重建過。若跨越了模糊的界線，「重建」便可能將一個純正的遺址變成了主題公園。

對尋求探索和交流經驗的旅行者來說，造訪帕倫克的最佳時機是遺址剛剛被發現的時候嗎？是的話，這是被誰發現？是第一批來到這裡的外國人（杜派克斯、沃達克、史蒂芬斯）之前的人嗎？但至少在十八和十九世紀，這裡並沒有太多可看的——這種情形要直到一八九一年在莫斯雷監督下進行大規模清理之後才有所改變。史蒂芬斯指出，他那時很可能行經一座大型金字塔而不知道金字塔就在身邊。

對「自助」旅行者來說，最好時機可能是在從一九二〇到四〇年代這段時間剛過之後（當時製作了一系列的地圖和進行了一系列的挖掘），但又在公路建築好之前。在一九四九

233

年，「整個」遺址已經呼之欲出，「宮殿」的觀象塔已完全重建，很有機會能聆聽鳥鳴、仰觀星辰和與石頭交談而不被打擾。但那時人們可能錯過了幾年後才開放的帕卡爾墓穴。而如果我們是在五〇年代晚期來到帕倫克古城的話（當時一天平均只有六、七個訪客），便會無法受惠於之後大肆修正過的古老馬雅社會知識（這些知識是在一九七〇年代破解象形文字之後得到，而這項工作主要集中在帕倫克。）

才兩年前，通往「宮殿」的主要通道還是傾陡的泥巴路。當時，在「太陽神殿」找到的東西也還沒有展示出來……

一個遺址的發展軌跡：（一）發現：揭開祕密，解讀斷片；（二）挖掘：分析、製圖、重建；（三）博物館化：收集、展示、製作藝術－科學；（四）觀光化：開闢便捷交通路線，開發「景點」，教育大眾。一個人不可能隨時隨刻都在遺址裡。像我這樣的「自助旅行者」，在意識形態上傾向於在階段一和階段三之間搖擺，但在物質上卻會處在階段四。

渴望獨自待在遺蹟裡（與遺址單獨相處）。我和一個名爲「冒險之旅」導遊的法國女士聊天，她說：「帕倫克沒有去年好玩，到處擠滿了觀光客。」上一次，她帶的旅行團被雨困在「宮殿」的頂端，太美了，雲霧裊裊，鳥類聚集，沒有其他閒雜人等。「四周都沒有人！」

與石頭單獨相處，和大自然單獨相處。如果古老的遺址要將智慧與崇高傳遞給浪漫的個人主義者，這是必需的過程。「單獨相處」意味著與自己之類的特別人物相處，而不是與觀光客、服務人員、工人，「國立歷史人類學研究中心」的貨車或揹著一堆東西的農夫相處。

幾乎每個和我聊過的帕倫克「內行人」（考古學家、老練的遊客等）都表示他們有過個人的發現時刻：或是從「太陽神殿」的日出時分得到，或是從觀象塔上看見的星星得到，或是從霧濛濛的清晨得到，或是從只聞鳥鳴的萬籟俱靜得到。用高級亮光紙印刷的圖文書裡的帕倫克古城也是不見遊人的。

筆記內容，引自史蒂芬斯的《中美洲、恰帕斯與猶加敦的旅行遭遇》（一八三九）：

> 這塊土地是全新的，沒有旅遊指南或導遊，整個是一片處女地。我們看不見前方幾碼的東西，也不知跨出的下一步會碰到什麼。一度，我們砍斷遮掩住一座巨型建築表面的樹枝和藤蔓，然後在周圍挖掘，挖到一些斷垣殘壁，一個突出地面的帶雕刻牆角。當印地安工人開挖時，我屏息靜氣地俯身看著，一隻眼睛、一隻耳朵、一隻腳掌或手掌被發掘出土。當彎刀砍到雕琢過的石頭發出聲響時，我推開那個印地安人，用自己雙手清走已經挖鬆的泥土。（Stevens 1969:119）

3:00-4:00：離開遺址博物館時，我在出口的通道上看到四幅巨大的當代馬雅人照片，照片沒有文字解說：（一）一名拉坎登男子帶著一種高深莫測的神情，叼著巨大的自製雪茄；

（二）一位女子（是柯爾族嗎？）正在照看煙霧瀰漫的火堆；（三）一個男人戴著傳統帽子，手裡拿著一些玉米；（四）一群輕鬆自在的婦女與孩童，其中有好幾人面向鏡頭笑著。這些照片傳達的訊息是不明確的：這些人和博物館展示的物品和歷史有什麼關係或者沒有關係？

這些照片類似是通往下一棟建築裡的餐廳和禮品店的橋樑。在那裡，我啜飲汽水，四周圍繞著許多當代馬雅人做的工藝品。在這個長型且開放的餐廳區，有一個部分被用來展示傳統手工藝品。我看到，一位穿著特有的亮藍色上衣和深色長裙的恰穆拉婦女站在該處的遠端。「終究還是讓她們進來了……」我想，但隨即恍然大悟，原來她是一個人體模型。

餐廳裡展示了高地地區印地安人的傳統服飾，有一些聖胡安恰穆拉（San Juan Chamula）鎮外三個大十字架／生命樹的照片。奇那坎坦（Zinacantan）的鍛帶帽掛在牆上。那個恰穆拉婦女的附近有一個平凡無奇的拉坎登男人。他和其他穿著一樣服飾在入口處販售弓和箭的男人有什麼關係嗎？

此刻我人在這裡的另一家博物館：純正的民俗文物被美學化之後待價而沽。假人四周的衣物與工藝品是非賣品。但「博物館效應」延伸到餐廳對面的禮品店：人們可以裡面買到類似商品。一塊解說牌詳細說明了編織品在傳統印地安生活中的地位。在編籃與陶器那幾區也有類似的說明。這是一家高級精品店，專爲持有美國運通卡的人而設。禮品店裡也

餐廳區的工藝品展示。作者拍攝。

販售若干書籍，大部分是英文的，包括勞夫林編纂的索西族（Tzotzil）文獻。有賣弓箭，但不見T恤。

筆記內容，引自皮瑞司和洛司的《恰穆拉編織工的故事》：

> 一條領巾或披肩需要織十五天。如果你想要更漂亮一點，則必須手繡，那又要花上四天——整整四天。製作彩繪繫繩要增加兩天工夫。織一件我們稱為「奇李索西」（tchilil tzotz）的羊毛上衣，每一部分的織造需要三到四天。這種襯衫分為三個部分：兩個袖子各為一個部分，第三個部分是軀幹的部分，因此要花九天才能完成。就像所有的羊毛衣服，你在織完後必須做防縮水處理。這工作每個部分要花兩天，三個部分是一星期。然後才能縫上袖子成為一件完整的衣服。在領口上繡花又可能要花上一個禮拜。然後縫上棉球，在每一邊又縫上三條繫繩：這又會用掉六天。（Peres and Rus 1991:12）

236

在新的博物館區，馬雅人被視爲代表著純正的民俗文化而獲准進入。然而，街頭小販所穿著的服飾再怎麼「傳統」，都被認爲是不恰當的，會受當地拉丁諾人的斥責。我聽說人們說他們是在觀光產業的撮合下「賣淫」，說他們的恰當去處是自己的村落。我也不驚訝地聽說，曾有人提議，把出口原位於「碑銘神殿」旁邊的森林小徑改道，讓下山的柯爾人改爲從金字塔後方通過，這樣他們就不會在遺址的範圍內被人看見。目前，反對意見讓這個計畫被擱置。柯爾人也不太可能接受，特別是現在大家都聽說了（拜「新銘文學」之賜）「帕卡爾王說著柯爾語」。

4:00-4:15：坐上廂型車回市區。我多付給司機一點錢，讓我在幾個地方停留拍照：遺址上方的玉米田、國家公園的入口、一座「馬雅聖母」的雕像（雕像抱著一個嬰孩，風格與「馬雅頭像」相同）。

4:15-5:30：在哥倫布車站停留了一下，訂購回高地的車票。然後，漫步在市區，當天空變暗迎接下午淋漓的陣雨，我看著街頭小販展開大塊的塑料布，將商品塞進垃圾袋中。我在一家咖啡廳躲避雨水，寫著明信片，婉拒了來兜售編織品的小販。

當天稍晚：我買了一件軟石淺浮雕作紀念品，這是飯店外的「手工藝工坊」裡的幾個少年製作的。浮雕是「碑銘神殿」石棺的帕卡爾王的縮小複製品，描繪了他死前一刻的模樣。

我問最年長的男孩（大約十六歲），他對帕倫克市和遺址等有何感想。他說：「對我們來說，遺址沒什麼大不了的。我們當然尊敬它，但它沒什麼特別的。帕倫克……大家都說很令人興奮，但對我們來說……我們只是做工藝品來賺錢，就這樣而已。」他說這話時沒有怨恨之情。他只是在陳述事實。

小小的國王躺在象徵死亡和生命的象形文字上，行將死去……他望向天空，有一種至喜的神情。

我的回答顯得陳腔濫調：說什麼家鄉總是會讓人覺得太熟悉，說什麼旅行會讓人看到新鮮事物，或是我對加州的家的美沒有太大感覺等。

我手中的這個雕像是地下室中精美雕刻的一部分，仍然有點難以看清。這是我第一次可以仔細看到這位極樂的瀕死國王。

男孩沒有回應。我講的話似乎落空了。我們彼此處境的差異——我的陳腔濫調反映了我的特權——太明顯了。我**可以**旅行。但他不行……至少無法爲了獵奇和樂趣而旅行。

帕卡爾王的手和腳都雕刻得極其有表達性，極其有感官之美。我覺得自己買到了很特別的東西。

註：這份日誌是我用一九九三年七月在帕倫克做的筆記寫成，其中使用了在遺址四周唾手可得的資訊和知名出版品中的資訊。有關恰穆拉的街頭攤販，我倚重洛司的《經濟危機與

原住民婦女：以恰帕斯州的恰穆拉人爲例》（一九九〇），還有蘇利文正在進行中的關於聖克理斯托瓦爾的流動攤販研究，她大方地與我分享其內容。特別感謝莫拉雷斯對遺址及其歷史進行多次富有啟發性的交談。當然，他無須對我的一般觀點承擔任何責任。

在這些筆記最初發表後幾個月，帕克倫古城的旅遊一度被薩帕塔民族解放軍的叛亂打斷。

所有內容都是我以觀光路線中一位後設「自助旅行者」視角來書寫的。

第三部分　諸多未來

氣象衛星照片：北太平洋區域。

第九章　公羊年：一九九一年二月二日檀香山

「你看到的是在前面的角，接著是背骨，然後是兩邊的腿，以及從兩腿之間向後延伸的尾巴。」她說。

在新中國城的中庭可以吃到的料理，包括日本菜、泰國菜、韓國菜、夏威夷菜、中國菜、義大利菜、墨西哥菜、菲律賓菜、新加坡菜、檀香山國際菜、美國菜……

擁擠街道的夜晚：食物攤位上冒出陣陣熱氣，一間武術館的年輕男女跑來跑去，舞龍，夏威夷大學的爵士樂表演，成員全是亞洲人的薩克斯風隊伍。

這些用羽毛製成的美麗夏威夷披風曾在戰爭中被穿戴。附近，一支高中樂隊剛演奏完《樂一通》（Looney Tunes）卡通系列的主題曲，馬上又奏起《星條旗之歌》。

241

沙漠中，坦克被擊中，車身冒出濃濃黑煙。

我們的脖子上掛著重重的花圈。

「每天日出之時，陽光會照射在我的小屋。大溪地女神臉部的金光照亮它四周的一切，然後我們兩人到附近的小溪盥洗，自然而簡單，仿若在天堂一般。」

希爾頓夏威夷渡假村（共兩千兩百間客房）：一群黑人美式足球員（前來參加週末的明星對抗賽）在電梯裡中高大屹立，身旁有幾位白人美術館館長（前來參加北美藝術博物館館長年會）。休閒服裝、裸露的皮膚、海灘……

沙漠中，坦克被擊中，內部發生爆炸，人臉被烤焦，車身冒出濃濃黑煙。

「說山羊（goat）比較平凡，說公羊（ram）比較有學問。」

美式足球員爲球迷簽名。博物館館長們正在爭論多元文化主義的問題。在藝術收藏家美麗的家中，其中一面牆覆蓋著閃動的影像畫面。

「一名女性士兵據報在行動中失蹤。」然後畫面變成地圖。「這裡不會是另一個越南。」將軍這麼說（明顯是一位非裔美國人）。接著是投彈瞄準器拍得的畫面。

一名男子（明顯是白人）在加州表示：「我們應該全力以赴，好好的幹，把那些人趕走。」

一座大樓內爆的慢動作畫面。

博物館的暗黑花園俯瞰著百萬盞城市燈光，就像是從飛進機場的飛機或飛彈上往下看。穿著墨西哥街頭樂隊服飾和印地安人戰冠的表演藝術家說：「在第三次世界大戰開打的此時來到這個地方的感覺很奇怪。」

「是公羊還是母羊？她說：『沒人能說得準。』」

沙漠中，坦克被擊中，內部發生爆炸，灼傷士兵的臉，四散的金屬碎片刺進他們的身體，車身冒出濃濃黑煙。

這座花園，這座城市：「蒙特祖馬人（Montezuma）取悅著克提茲人（Cortez）。」空氣中有花香也有鮮血的味道。龍舞動著。肉在煮。不同的身體混合在一起。

「這不會是另一個越南。」

一位夏威夷男子在海灘上和三個小孩玩耍，看起來像是他們的父親。穿著泳裝，每個人看起來都截然不同，像是從不同的畫中走出來。男人年輕健美。四人在沙灘蓋沙堡。當最小的一個開始哭，男人馬上把他抱到大腿上。

「首先我們會先切它，然後殺了它。」

就在一個白色的漂浮平台下面，《亞歷桑納號》戰艦裝載著它一千一百名溺死的官兵。*

「不能證實有婦孺在這次空襲中喪生。」

美術館館長們討論著美的普遍性，美式足球員們在酒吧裡狂歡。

我們的脖子上掛著重重的花圈。

「北京唯一一份英文報紙《中國日報》把這一年稱爲「Year of the Sheep」（綿羊年）。但曼哈頓的中國研究所——它號稱是美國最資深的中美雙文化研究中心——經過成員投票後決定把這一年稱爲「Year of the Ram」（公羊年）。」

今晚，隨著年份進入四六八八年，我爲熟睡中兒子的龜裂雙脣上塗上護脣膏。

沙漠中，坦克被擊中，內部發生爆炸，灼傷士兵的臉，四散的金屬碎片刺進他們的身體，使他們窒息，點燃他們的制服，車身冒出濃濃黑煙。

這裡不會是越南。

243

＊ 譯注：這是紀念在珍珠港事件（一九四一）中遭日軍襲擊的亞歷桑納號戰艦的地點。

這裡不會是美國。
我們從哪裡來？
在沙漠中，
我們是誰？
坦克被擊中。
我們要往哪裡去？
內部發生爆炸……

引用來源

《紐約時報》關於中國羊年的報導；高更的《諾阿諾阿》；波灣戰爭的媒體報導；葛梅茲－潘納*；小布希總統；鮑威爾將軍；高更畫作《我們從哪裡來？我們是誰？我們要往哪裡去？》（收藏於波士頓美術館）

* 譯注：葛梅茲－潘納是一名墨西哥裔表演藝術家、作家和活動家。他於一九七八年移居美國，曾獲得麥克阿瑟獎（MacArthur Fellow）和美國藝術家獎（USA Artists Fellow）。

第十章　離散

本文探討當代離散（diaspora）議題的政治重要性和思想重要性。文中討論在變遷的全球環境中，要如何定義一個旅行用語。離散論述如何再現移轉（displacement）的經驗，如何建構家外之家的經驗？這群人所拒絕、取代或邊緣化的經驗是什麼樣的經驗？這些論述如何達到比較的範圍而仍然扎根於／植徑於（rooted/ routed）獨特且不一致的歷史？本文同時探討離散視角（它們總是被糾纏到強有力的全球歷史中）的政治矛盾，以及它們的烏托邦／反烏托邦緊張性。本文力主，當代離散實踐無法被化約爲民族國家或全球資本主義的「附帶現象」。離散經驗雖然受這些結構所界定與拘限，但也超出它們和批判它們：舊有和新興的離散爲「後殖民主義」的興起提供了資源。本文聚焦在當代英國黑人與反錫安主義猶太人的離散銜接，探尋非排他性的社群、政治與文化差異等實踐。

有幾點需要注意。本文所調查的有強項也有弱項——我們看到的只是許多冰山的一角。另外，它試圖用一種爭論性的，有時甚至是烏托邦的方式，描繪離散研究的範圍並定義其核心。有時，離散理論、離散論述和獨特的歷史離散經驗會在行文間出現滑移。它們當然不是等值的。但在實踐上，我們又不可能總是將它們清楚區分開來，特別是當我們討論（如同我在這裡所做的那樣）一種總是鑲嵌在特定的地圖和歷史中的「理論化」的時候更是如此。雖然本文努力追求比較性的視野，但保留著若干北美的偏見；例如有時會假定一個多元主義國家是奠基在同化的意識形態（和不均質的同化成就）之上。儘管民族國家總是需要在一定程度上融合多樣性，但它們未必需要以這種方式融合。因此，諸如「少數族群」（minority）、「移民」（immigrant）和「族群」（ethnic）之類詞語，對某些讀者來說會具有鮮明的地方色彩。地方，但卻是可翻譯的。我已開始在我的主題中考量性別偏見和階級多樣性。在這方面以及在我目前缺乏能力或敏感性的離散複雜性的其他領域，都還需要進一步努力。

追蹤離散

目前有許多描述性／詮釋性的字眼紛紛出籠，競相描繪國族之間、文化之間與地區之間的接觸區，如「邊界」（border）、「旅行」（travel）、「克里奧化」（creolization）、「文化轉移」（transculturation）、「混雜」（hybridity）和「離散」（還有用法較爲寬鬆的「離散般的」〔diasporic〕）。重要的新期刊，例如《公眾文化》和《離散》，或復刊的《過渡》，都把重點放在研究跨國文化的歷史與當代生產。托洛揚在《離散》第一期的編者序中寫道：「離散群體是跨國時刻的典範社群。」但他也補充，在這本「跨國研究」的新期刊裡，離散群體不會獲得特別優待，而這個「一度被用來形容四散猶太人、希臘人與亞美尼亞人的用詞，如今已經將意義分享給包含『移民』、『僑居』、『難民』、『外籍勞工』、『流亡社群』、『海外社群』和『族裔社群』等字眼在內的更大語意學領域」（Tölölian 1991:4-5）。這些都是我們在進入跨文化研究的比較實踐時，必須梳理和具體說明的共享與差異的意義領域，以及與其相鄰的地圖與歷史領域。

現今大家已經明白，過去的在地化策略——透過有界限的**社區**、有機的**文化**、**地區**、**中心與邊緣**——所能揭露的事情，可能不亞於它所能隱蔽的。盧斯在《離散》的創刊號中強有力地論證了這一點。透過對米卻肯州（Michoacán）阿奎利利亞（Aguililla）和加州紅木市（Redwood City）兩地的墨西哥裔社群的研究，他指出：

> 把阿奎利利亞人的移居行為視為是在兩個不同社群之間的移動，理解為是不同社會關係集合的發生地，這樣已經行不通了。如今，阿奎利利亞人認為，他們最重要的親友除了近在咫尺的那些，也大有可能包括遠在幾千英里外的親友。更重要的是，他們總是能夠積極和有效地維持這些空間拉長了的關係，密切程度不亞於他們與鄰居的聯繫。在這一點上，愈來愈普遍的電話當然扮演了特別重要的角色，它除了可以讓人們

246

> 定期保持聯絡，還可以讓人從遠距離外參與家族的決策與事件。（Rouse 1991:13）

「透過人、金錢、物品與資訊的不斷流動」，彼此分離的地點變成了緊密的單一社群（1991:14），盧斯稱之爲「跨國遷徙迴路」（transnational migrant circuits），它例示出了當前人類學家與跨文化研究所描述與理論化的複雜文化形構。[1]

在美國加州與墨西哥米卻肯州之間移動的阿奎利利亞人並非身處離散，然而他們的移轉實踐和移轉文化卻可能包含離散的面向，這對那些長期或永久居住在紅木市的人來說尤其如此。整體而言，居住在兩地的阿奎利利亞人生活在一個**邊界地帶**（border），一個同時受規範和顛覆性跨越的場域。盧斯在整個過程中訴諸這個跨國典範，透過展示一幅葛梅茲-潘納和希克斯那場知名婚禮的照片（婚禮由聖地牙哥-提華納的「邊界藝術工作坊」在美墨邊界沒入太平洋的地點舉辦），賦予其明確的寓言力量。邊界理論家近年來主張過去的邊緣史和跨越文化具有核心的重要性（Anzaldúa 1987; Calderon and Saldívar 1991; Flores and Yudice 1990; Hicks 1991; Rosaldo 1989）。這些研究方式與離散典範有許多相通之處。然而邊界地帶是鮮明的，因爲它們預設了由一條地緣政治線所界定的地域，線的兩邊被武斷地分隔和監控著，卻又透過合法與非法的跨越實踐與通訊實踐予以連結。離散通常預設了較遠的距離和一種更類似流亡的分離，預設了一種對返回故土的禁忌，或是把返回推遲到遙遠的未來。

離散還連接分散人口的多個社群。系統性的邊界跨越或許是這種互相連結的一部分，但是多地點的離散文化卻未必是由特定的地緣政治邊界所界定。這兩個典範的歷史和地理獨特性值得我們持守，但同時也應該正視「邊界」與「離散」兩個概念的相互滲透所帶來的具體困境。正如我們以下會看到的，離散的渴望、記憶與認同／去認同形式，是許多少數族群與移民所廣泛共享的光譜。被驅散的人群一度被大洋和政治障礙分隔於故土，但他們愈來愈能夠透過現代的運輸科技、通訊傳播與勞工遷徙，從而與故土建立邊界關係（border ralations）。飛機、電話、錄影帶、攝影機和流動的就業市場縮短了距離，並且促進了這世界任兩點的（合法和非法）雙向交通。

在廿世紀晚期的日常生活中，邊界經驗與離散經驗的重疊意味著，在試圖說明跨國身分的形成時，維持排他主義的典範將會遇到困難。當我說我們有需要梳理不同的典範並維持歷史特殊性時，我並不是主張去加強嚴格意義和本眞性的檢測。（埃爾帕索－華雷斯和提華納－聖地亞哥，哪一個才是典型的邊界？這條邊界線〔*la ligna*〕有可能被移轉到紅木市或芝加哥的墨西哥人社群嗎？）薩夫蘭在《離散》創刊號所寫的〈現代社會的離散：故土與返鄉的迷思〉（一九九一）有時看來正是投入這一類運作，而其所做的努力與所遇到的問題，可能有助於釐清我們準備稱之爲「離散般的」現象所包含的範圍。

薩夫蘭從一個限定性模型討論種種集體經驗，試圖理解它們與某種定義模型的相似性和差異性。他對離散的定義如下：「僑居的少數社群」係指（一）從一個原本的「中心」被分散到至少兩個「邊緣」地方；（二）他們「維持著對原籍祖國的記憶、願景或迷思」；（三）他們「相信他們沒有被東道國完全接受，大概也不可能如此」；（四）他們認爲故土是他們最終回歸之地，只待時機成熟；（五）他們致力於維護或復興故土；（六）他們作爲一個群體的意識和凝聚力「極有賴於」他們與故土的持續關係（Safran 1991:83-84）。因此，離散的主要特徵包括了：一段離散史、對故土的迷思／記憶、對東道國（不友善的東道國？）的疏離、對最終回歸的渴望、持續支持故土、集體身分認同極有賴於這種與原籍祖國的關係。

薩夫蘭以爲：「根據此一定義，我們或許可以合理地將現今的亞美尼亞人、馬格里布人（Maghrebi）、土耳其人、巴勒斯坦人、古巴人和希臘人（或許還包含中國人）稱爲離散，把以前的波蘭人稱爲離散，儘管他們無一完全符合猶太離散的『理想型』」（1991:84）。在「理想型」一詞上加注引號可能反映著一份猶豫，表示出作者意識到在一個重要比較研究的開端，便將離散現象定義得與某一群人關係太過密切有其危險性。事實上，有一定比例的猶太歷史經驗並不符合薩夫蘭定義的最後三個判準：強烈依繫故土和渴望返回至保存良好的故土。薩夫蘭自己稍後也提到，猶太人的「回歸」（return）概念常常是用以回應一個當前反烏托邦的末世論方案或烏托邦方案。在他的定義中，很少有關於實際回歸和對土地的依戀的原則性**矛盾心態**，這在很大程度上是源自聖經時代開始的猶太離散意識的重要特徵。薩夫蘭的定義把猶太人對回歸目的論（teleologies of return）的反錫安主義批判也排除在外。（這些強烈的「離散主義」論證將在下文中討論。）

十一世紀至十三世紀地中海（和印度洋）的世界主義猶太社會——卓越的跨國文化歷史學家戈以庭稱之爲「革尼匝世界」（geniza world）[*]——是否主要靠著對失去故土的依繫而形成一個大社群或一個社群的集合體，至今仍具爭議（Goitein 1967-1993）。這個向四面八方延伸的社會世界除了是透過對離散的宗教中心（巴比倫、巴勒斯坦和埃及）的忠誠而彼此連結，也是透過文化形式、親屬關係、商業迴路和旅行軌跡彼此連結。戈以庭指出，中世紀猶太人的特徵是依繫某個特定的城市（這種認同有時甚至凌駕信仰認同與族群認同），這讓人對任何將猶太人的離散定義爲依繫單一土地的做法產生懷疑。自一四九二年之後，塞法迪猶太人（Separdim）對「家」的渴望除了是對聖地的渴望，也可能是對某個西班牙城市的渴望。[†] 事實上，如同柏雅林所指出的，猶太經驗常常導出「多重的再離散化（redisporiazation）經驗，這些經驗不必然在歷史記憶**前後相續**，而是來回地彼此呼應」（出自一九九三年十月三日的私人談話）。

作爲一個多中心的離散網絡，中世紀的猶太人地中海或許可以和葛洛義所描述的現代「黑色大西洋」（black Atlantic）相提並論（後文對葛洛義這作品有所討論）。[‡] 雖然這兩種網絡的經濟與政治基礎或許不同（前者在商業上自給自足，後者則被困在殖民／新殖民勢力中），但在離散現象範圍內維繫和連結兩個被分散「人群」的文化形式卻是可比較的。在薩夫蘭對一個比較領域的預示中——特別是在他「有中心的」離散模型中（包含著與源頭的連續文化關聯和「回歸」的目的論）——美國黑人／加勒比海黑人／英國黑人文化並不符合資格。這些移轉史都落入了準離散的範疇，只表現出若干離散的特徵或時刻。同樣地，南亞的離散也不符合嚴格的定義：高緒曾經指出，南亞的離散並不那麼有關某個故土或回歸的渴望，更多是有關在各種各樣地點重新創造文化的能力（Ghosh 1989）。

薩夫蘭把注意力集中在定義「離散」的做法是正確的。這個語詞究竟涵蓋了何種經驗範圍？它從何處起失去定義？他的比較方法確實是具體說明一個複雜的論述性與歷史性場域的最佳方式。此外，他的並置也常常很具啟發性，而且在實踐上，他並沒有嚴格執行他的定義檢查表。但我們應該警惕，不要訴諸「理想型」來建構像是「離散」這類術語的工作定義，因爲那會讓被認定的群體變成是在若干程度上是離散的，只符合六個基本特徵中兩

* 譯注：「革尼匝」一詞爲希伯來文，是猶太教會堂或墓地中指定用於臨時存放猶太教希伯來語書籍和有關宗教主題的磨損書籍和文件的存儲區域，這些書籍和文件在合適的墓地埋葬之前在此進行暫時保管。因此，「革尼匝世界」有著暫時的定居處所，等待將來回歸故土家園之意。

† 譯注：「塞法迪」是西班牙猶太人的稱呼，他們於一四九二年被驅逐出西班牙。

‡ 譯注：此處的意思是「中世紀地中海的猶太人世界」相當於現代「大西洋的黑人世界」。

個、三個或四個。就像我指出過的，即使是「純粹」形式在基本特徵上也是矛盾的，甚至是四面楚歌的。再者，在它們歷史的不同時期，社會的離散取向也會有盛有衰，端視在它們的東道國和跨國上不斷變化的可能性（阻礙、開放、對立與連結）。

我們應該能夠承認猶太歷史對離散語言的強大蘊涵，而不是將該歷史視爲一個定義性模型。猶太離散（以及希臘離散與亞美尼亞離散）可以被用作一種在新全球境況中旅行或混雜的論述的非規範性起點。無論是好是壞，離散論述業已被廣泛地挪用。它遍布全世界，而這一定是與去殖民化、移民增加、全球通訊增加與全球運輸增加有關——一整系列的現象鼓勵了國內和跨國的多地點認同、住居與旅行。一個比薩夫蘭更多元化（polythetic）的定義（Needham 1975）或許可以保留它的六個特徵，與此同時又加入其他特徵。例如，我已經強調過，連接離散的跨國聯繫不必然主要是透過一個眞實的或象徵性的故土來銜接——至少不用到薩夫蘭所說的那種程度。去中心的、橫向的連結或許和那些環繞回歸目的論所形成的連結一樣重要。而一段共享且持續中的流離失所史、苦難史、適應史或反抗史，可能與特定起源的投射一樣重要。

無論離散的特徵有哪些，任何社會都不能期望在其整個歷史上滿足所有條件。離散的論述在它被翻譯和採納的同時必然也會被修正。例如，中國的離散此刻正受到明確地討論。[2] 這段歷史、這個旅行、家鄉、記憶與跨國連結的銜接是如何挪用和轉換離散論述？

不同的移轉與連結的離散地圖，可以在家庭相似性（family resemblance）的基礎上比較，可以在共有元素的基礎上比較，但其中沒有任何子集對論述而言具本質上的定義。在追蹤（而不是監控）當代離散形式的範圍方面，多元的場域似乎更有助於這一目標。

離散的邊界

另外一種研究方式是具體區別說明論述場域。與其著眼於本質性特徵，我們或許不如聚焦在離散的邊界，聚焦在它把自己對立於什麼來加以界定自身。我們可能也可以詰問，當前哪些身分銜接正被離散所取代？有必要強調的是，目前所討論的相對位置並不是一種絕對他者化的過程，而是一種糾葛的緊張關係的過程。因此，離散可以透過對比於以下兩者來加以了解和定義：（一）民族國家的規範；（二）「部落」族人的原居主張，特別是他們的原生主張（autochthonous）。*

* 譯注：「原居主張」（indigenous）自認為是某土地的最古老居民，無論他們是自古以來還是自移民而來；「原生主張」（autochthonous）則自認為是在該土地上土生土長的，而非移民或殖民者的後裔。二者都強調起源於特定地方以及與土地的自然聯繫，但後者相對較為強調的是物種、族群或文化是當地自然形成的。

如同共同領土與共同時間一般，民族國家是在不同程度上受到離散依繫（diasporic attachments）所貫穿和顛覆。離散人群來自別處的方式不同於「移民」。在同化主義的國族意識形態中（例如美國），移民可能會經歷失去和鄉愁，但這只有在一個新地方建立全新家園的過程間才會經歷到。這些意識形態是爲了整合移民而設計的，不會是爲了整合離散中的人們。無論國族敘事是關於一個共同起源或是聚集的人群，它都無法同化那些與故土或落腳他鄉的分散社群仍保持著重要忠誠和實踐連結的群體。對那些來自集體的流離失所歷史和暴力失喪歷史的人們來說，身分意識是無法靠融入一個新的國族社群而被「治癒」的。當他們是持續結構性偏見的受害者時尤其明顯。離散身分的積極表達會超越民族國家的規範性領土和時間性（迷思／歷史）之外。[3]

然而，離散文化是一貫反國族主義的嗎？該如何看待他們自己的國族憧憬？抵抗同化的方式可以是藉由回收一個已經消失的國族，該國族雖然存在於過去的時空，但作爲此時此地的政治形構，它卻是強大有力。當然有反國族主義的國族主義存在，但我無意暗示離散的文化政治是竟然全無國族主義目標或沙文主義議程的。事實上，有些對純種性最暴力的表達和種族排他主義正是來自離散人口。但這種論述一般是相對弱勢者的武器。我們必須把國族主義者的關鍵嚮往，以及他們的鄉愁或末世論願景，與在軍隊、學校、警察和大眾媒體的幫助下實際建國予以區分。「國族」（nation）與「民族國家」（nation-state）並不等同。[4]某種規範性的反國族主義——如今因波士尼亞慘劇而受到熱烈注目——不應該讓我們看不見支配者主張與從屬者主張的差異。離散群體極少建立民族國家：以色列是顯著的例外。就定義來說，這種「返家」（homecomings）是對離散的否定。

不管它們有哪些純種性的意識形態，離散的文化形式在實踐上從不可能是排他性的國族主義。它們被部署在由多種依繫建立起來的跨國網絡中，而它們也給予對東道國及其規範的抵抗和遷就編碼。離散不同於旅行（儘管它也需要透過旅行的實踐來達成），因爲它不是暫時性的。它包含了住居，維持社群，擁有集體的家外之家（在這一點上，它又與流亡有所不同：流亡強調的多是個人）。離散論述同時銜接或融合根源（roots）**與**路徑（routes）來建構葛洛義所說的替代性公共領域（alternate public sphere）（Gilroy 1987），即社群意識與凝聚力的形式，它們可以讓人在國族時空以外維持身分，因此能自成一格地住在內部。儘管離散文化也許會出現分離主義或復國主義時刻，但它們並不是分離主義。猶太離散社群的歷史顯示出他們對「東道國」社會的政治形式、文化形式、商業形式和日常生活形式有選擇性遷就。而在當前的後殖民英國，黑人離散文化悉力以赴的是用不同於一般的方式成爲「英國人」：既留下來又維持差異性，**同時**既是英國人又與非洲和美洲有著複雜的聯繫，與其他黑人共有著奴役史、種族從屬史、文化存續史、混種史、抗爭史與政治叛變史。因此，「離散」一詞不單單是跨國性和移動的意符，還是政治奮鬥的意符，在歷史的移轉脈絡下

252

將在地定義爲獨特的社群。這種維持和互動的雙重策略結合了米西拉稱之爲「排他性離散」（diasporas of exclusivism）和「邊界離散」（diasporas of the border）的論述與技巧（Mishra 1994）。

由離散論述所銜接的特定世界主義和民族國家／同化意識形態之間存在著本質上的緊張關係。它們也與原居主張（特別是原生主張）存在著緊張關係。這些緊張關係以不同的方式挑戰著現代民族國家的霸權。部落世界或「第四世界」對主權和「第一民族性」（first-nationhood）的宣示並沒有旅行史和定居史的成分，儘管它們可能是原住民歷史經驗的一部分。他們強調棲居的連續性，強調原住民族性（aboriginality），也經常強調他們和土地的「自然」聯繫。由移轉所構成的離散文化或許會基於政治原則而抗拒這種訴諸：反錫安主義的猶太作品或給黑人的「起身」（stand）和「唱垮巴比倫」（chant down Babylon）指示皆屬此類。它們也許會在回歸與遷延的**緊張關係**中建構：猶太傳統中的「土地的宗教」／「聖經的宗教」，或黑人通俗文化中的「根」／「剪與混」（cut ‘n’ mix）美學。

離散存在於本土主義（nativist）身分所打造的實際張力之中（有時是原則性張力）。以下我會討論丹尼爾・柏雅林與強納森・柏雅林的文章，他們對原生構想（「自然的」構想）進行了離散批判，但沒有批判原居構想（「歷史的」構想）。當對土地的「自然」或「原始」認同，與復國計畫或一個排外主義國家的強制力結合在一起時，後果可以是極端矛盾和暴力——以色列這個猶太人國家便是如此。事實上，這種主張自身與「故土」有著首要連結的聲稱，通常會無視其他人的權利和同一塊土地上的他者歷史。但即便是古老的故土也極少是純粹或獨立自足的。再者，那些**相對**晚來的人（例如斐濟的第四代印度人或是十六世紀以來住在美國西南部的墨西哥人）有著什麼樣的歷史權利和／或原居權力？究竟一群人要經過多久時間才會變成「原住」民？在「原來」居民（他們通常只是取代了更早前的人口）和後來的移民之間做出過於嚴格的區分會有無視歷史（ahistoricism）的風險。然而，有了這些限定之後，有一件事情仍是再清楚不過，那些從太古便住在某片土地和那些後來才坐蒸汽船或飛機來到的人，他們的政治正當性聲稱是建立在非常不同的原則上。

253

離散主義的歷史和原生主義的歷史，以及移民的憧憬和在地者的憧憬，確實有直接的政治抵觸；斐濟是當前最清晰的例子。但當兩者都是在一個霸權性／同化主義國家面前的「少數族群」訴求（這是常見的情形），彼此的對立可能不會顯露出來。事實上，兩者有一些重要的重疊部分。在某些歷史環境中，「部落」的困境是離散。例如，如果說離散是一群有著失去家產共同歷史經驗者的分散網絡，那麼，當前第四世界人們打造的跨國聯盟也包含著某些離散的成分。他們被對土地的「優先權」（firstness）聲稱和共同的迫害史聯合起來，常常會訴諸回歸故土的離散主義願景——這片故土常常被說成是大自然和神明所賜與，也是祖先的土地。

四散的部落族人——那些土地被剝奪和被迫離開縮減了的保留地而外出謀生的人——

或許會聲稱擁有「離散」身分。只要他們意識到自己嚮往一個遺失或被奪走的家園，而這個家園又被定義爲原始的（因而處於民族國家的「外部」），我們便可以說當代的部落生活有著離散面向。事實上，承認這個面向的存在對於部落認定資格的爭論變得很重要。在美國法律中發展出來的「部落」（tribe）此一概念，旨在區別定居的印第安人和漫遊的、危險的「團伙」（bands），這強調了本土主義和根深蒂固性。有太多成員生活在外的部落可能會難於確立自己的政治／文化地位，這是梅斯皮（Mashpee）在一九七八年無法在法庭上確立自己具有連續性的「部落」身分的情況（Clifford 1988:277-346）。

因此，當肯定某個分散人群的存在變得重要時，離散語言便出現了並把離散說成部落生活的一個時刻或一個面向。[5] 所有的社群——即便是扎根最深的——都維持著結構性的旅行迴路，把「在家」和「離家」的人連在一起。在大眾媒體、全球化、後殖民主義和新殖民主義不斷變遷的狀況下，這些迴路會根據**內部與永恆**的動力，有選擇地重新建構或改變路徑。在紛紜的當代離散文化形式中，部落的移轉與網絡獨樹一格。爲了同時聲稱原生性和一種特定的、跨區域的世界性（worldliness），新的部落形式繞過了扎根與移轉的對立關係（這種對立存在於許多現代化的視角中，它們認爲原生依繫無可避免會被全球力量摧毀。部落群體當然從來都不只是「在地的」（local）：它們總是扎根（rooted）和植徑（routed）在特定的景觀，在區域和跨區域的網絡裡。[6] 然而，特別具有鮮明**現代**色彩的，也許是殖民強權、跨國資本和新興民族國家對原民主權的無情攻擊。如果部落群體得以倖存，那麼它們現在通常是處於被人爲地縮減了和更易了的環境中，有一部分人口暫時或永久地住在遠離原鄉的城市裡。在這般的狀況下，舊有的部落世界主義形式（旅行、精神探求、貿易、探險、戰爭、勞工遷移、拜訪與政治聯盟）會被較爲離散的形式（長期住在原鄉之外）所補充。這種住居的永久性、回鄉的頻繁性、都市人口和在鄉人口的疏離程度，在每個部落各有不同，差異極大。然而，部落離散的特殊性，卽集體生活**面向**愈趨重要，這有賴於以土地爲基礎的社群的相對親密和頻繁的聯繫。

我一直用「部落的」（tribal）一詞來泛稱呼那些聲稱擁有主權或「第一民族」主權的人。在原民依繫（indiginous attachements）的光譜上，他們占據了「原生」的一端：他們是透過長期的連續占據而強烈地「依繫」一地的人。（究竟在一地要住上多久才算**成為**原住民總是一個政治性問題。）部落文化不是離散的：部落族人對土地的扎根感正是離散人群所失去的東西。然而，正如我們看到過的，部落／離散的對立不是絕對的。就像離散與霸權性國族主義的另一條定義性邊界那般，這種對立是一個關係性對比區，其中包括相似性與糾結的差異性。在廿世紀晚期，所有或大部分的社群都帶有離散的面向（時刻、策略、實踐、表達）。某些社群的離散甚於其他社群。我已經說過，不可能透過基本特徵或剝奪性的對立來清楚定義「離散」，我們也不能透過基本的幾項特徵或對立便匆促斷然結論。然而，我們卻有可能看出一個具有寬鬆一致性、爲回應移轉中的住居（dwelling-in-displacement）而形成的集合體。這些回應的流通（currency）是不可避免的。

離散論述的流通

離散語言愈來愈受到離鄉背井的人所使用，他們感覺到（保持著、復興或創造出）與原鄉的連結。這種連結感必須要強大到可以抵抗遺忘、同化、疏遠的常態化過程的侵蝕。許多先前沒有這樣做的少數族群群體都以這種方式重新拾回離散源頭與離散依屬（diasporic affiliations）。離散論述的價值與當代性何在？

聯合其他的民族、區域、大陸或世界－歷史力量（如伊斯蘭教國家），可以爲反壓迫性國族霸權的主張增加力量。就像部落的主權宣示一樣，在複合的、自由的國家中，離散身分的意義超越單純的族群地位。「離散社群」（diasporic community）一詞相較於（例如）多元國族主義語言中的「族群社區」（ethnic neighborhood）傳達出更強烈的差異感。這種更強烈的差異感，即自感自己的歷史根源和命運不在東道國的時空之內，並非分離主義。（反之，分離主義只是這種差異感的其中一個時刻。）無論他們有著什麼樣的末世論嚮往，離散社群是一群「不打算留在此地」的人群。因此，離散文化成爲一種中介，以一種被生活著的張力中介了分離經驗與纏結經驗，中介了生活在此和對別處的回憶／渴望。如果我們思考住在幾乎任何大城市的離鄉背井居民（翰納茲最近分析了此一跨國性都會漩渦〔Hannerz 1992〕），則這類中介性文化的角色會變得明顯。

離散語言似乎正在取代少數族群論述，或者至少受到它的補充。[7] 跨國連結打破了「少數」社群與「多數」社會的二元關係——一種同時架構了同化方案與抗爭方案的依賴關係。它爲較舊的中介性概念——例如杜博依斯的「雙重意識」（double consciousness）概念——提供了強化過的空間／歷史內容。再者，離散社群不算是眞正的移民社群。後者可以視爲是暫時性的，因爲在這裡，一個移民社群透過三代人的奮鬥而獲得美國族群身分的地位可說已成爲典型。然而，在新大陸，黑人（不管是黑奴還是自由人）的「移民」過程並不順遂。非歐洲有色人種的所謂「新移民」（new immigrations），同樣擾亂了線性的同化敘事（特別參見Schiller et al. 1992）。[8] 雖然他們受到的接受與排斥程度會因族群與階級的不同而有差異，但這些新來者絕大部分都是被既有的種族排他結構貶謫爲從屬地位。再者，這類移民往往並不具備「全有或全無」（all-or-nothing）的特質，因而在運輸與通訊技術的發展下，有助於形成多地點社區。（關於電視所扮演角色，參見Naficy 1991。）有時人們會說，紐約市有些大區是「加勒比海的一部分」，反之亦然（Sutton and Chaney 1987）。離散論述反映出成爲持續中跨國網絡的一部分的感覺，這網絡包括了原鄉，它不是被簡單地拋諸腦後，而是一個在一種對位現代性中的依繫之地。[9]

因此，離散意識是同時消極地和積極地共同構成，其中歧視與排斥經驗構成了消極面。社會經濟的限制往往會強化受到種族歧視的旅居者所遭遇的障礙，特別是在北美地區，後福特主義、無工會和低工資部門的發展提供了非常有限的晉升機會。這種「彈性積累」（flexible accumulation）的體制需要大量跨國資本與勞力的流入，這取決於並且產生了離散人口。散工化和工作外包的復興，增加了女性進入勞動力市場的比例，她們很多人是前不久才移民到工業中心（Cohen 1987; Harvey 1989; Mitter 1986; Potts 1990; Sassen-Koob 1982）。這些發展產生出我們愈來愈熟悉的流動性「沙漏」——底部是大量被剝削的勞工，通往較爲富裕的中層階級和上層階級的路非常狹窄難行（Rouse 1991:13）。面對這種處境，新移民可能會就像紅木市的阿奎利利亞人一樣，建立起跨地區的身分（透過旅行迴路和電話迴路來維持），而不會把一切押在單一國家內風險愈來愈高的未來。需要補充的是，種族與經濟被邊緣化的消極經驗也可能帶來新的結盟：住在法國的阿爾及利亞人、摩洛哥人和突尼西亞人的馬布里亞（Maghebi）離散意識便是其中一例，他們共同經歷過的殖民與新殖民剝削史讓他們產生了新的同仇敵愾感。* 在一九七〇年代的英國，「黑」（black）這個排他性字眼被南亞、加勒比海黑人和非洲黑人挪用，以組成他們的反種族歧視聯盟。這是消極經驗讓離散網絡發生銜接的另一個例子。

離散意識也可以透過認同於世界-歷史的文化／政治力量——例如「非洲」或「中國」——而積極地產生出來。成爲一名非洲人或中國人的過程也許與當一位美國人或英國人相當不同。它也會讓人感受到一種全球性。伊斯蘭教就像是身處基督教支配的文化中的猶太教一般，可以讓人產生一種依繫別處的感覺，讓人有別的時間性和願景，讓人置身一種有所不同的現代性中。後文我會再討論在當前跨國時刻中的積極離散主義（甚至可以說是烏托邦式離散主義）。我們談論離散意識如何「善用一個惡劣處境」已經談得夠多。失去、被邊緣化和被流放的經驗（不同的階級受到衝擊的程度不同），常常會因系統性剝削和上進機會的阻斷而受到強化。這種本質性的苦難會帶來求生技能，例如獨特的適應能力、差別化的世界主義和復興傳統文化的頑固願景。離散意識活在失去與希望的根本緊張關係中。

離散論述的流行經延伸至範圍更大的人群和歷史困境。被困在資本的跨國流動裡的人們拼湊出王愛華所謂的「彈性公民身分」，他們彼此的權力和特權有著驚人落差。這群人中有住在阿奎利利亞／紅木市或海地／布魯克林的雙國公民，也有以舊金山爲「基地」，宣稱「我可以住在世界上任何地方，但地點必須靠近機場」的中國投資客（Ong 1993:41）。這種僞

257

＊ 譯注：歷史上，由今日的阿爾及利亞、摩洛哥和突尼西亞所構成的非洲西北部地區被稱爲馬布里亞。

全球的世界主義誇口將「離散」一詞的意義擴展至最大極限。但只要那位投資客（事實上他確實認同並被視爲「中國人」）與別處保持著重要連結，那麼「離散」一詞用在他身上是適切的。王愛華指出，這個範疇的中國移民，「其主體性相對於特定國家而言是去地域化的（deterritorialized），與此同時，和家人的關係卻又高度地在地化」（Ong 1993:771-772）。由於一個人的家人極少是住在同一地點，然則他們到底是「生活在」哪裡呢？

一位在環太平洋資本主義迴路中旅行的旅行者，他這種獨特的跨界國族認同有何政治重要性？有鑑於世界各地的血腥民族主義鬥爭，投資客的跨國離散主義也許看似是進步的。然而，若關聯於亞洲與太平洋新經濟體的剝削性和「彈性」勞動體制來看，則投資客的移動性可能不會讓人有太大好感。離散顛覆的政治性與批判性價值從來都不是必然的。離散人口中的階級差異是個可以多加著墨之處。例如，當我們把北美地區的富裕亞洲商人家庭，與作家、學術理論家、赤貧「船民」或是躲避種族屠殺的高棉難民分開來看，便會清楚看出，他們的異化程度、認同／去認同中強制與自由成分的混合程度，以及失去和離鄉背井的痛苦程度，是有很大的不同的。

離散經驗與離散論述是糾結的，永遠無法擺脫商品化的影響。（商品化也不是它們唯一的結果。）離散主義可以被眾多的多元文化多元主義（multicultural pluralisms）採用，後者有些甚至具有準官方的地位。例如，一九九一年由謝勒斯策畫的洛杉磯藝術節（Los Angeles

Festival），便是透過全球化方式來慶祝美國大熔爐的多樣性。該藝術節將洛杉磯令人眼花繚亂的多樣性與泰裔社區和從泰國請來的舞者聯繫在一起。同樣的舉措也適用於太平洋島國和各種太平洋沿岸地區的民族。[10] 在這個活動中以前衛並置手法收集和展示的跨國族群，看似印證了一個非歐洲中心的藝術／文化環境。它讓大家看見，曾經成功主辦過奧運的洛杉磯可以成爲一個眞正的「世界性城市」。該藝術節得到了日本和美國公司贊助的豐厚資金支持，大多數情況下，它呈現的是一種無威脅的、美學化的跨國主義。然而，在這個彰顯離散的慶典上，洛杉磯各族群許多成員的工作地點——血汗工廠——卻沒有被包含在「藝術」或「文化」的主題裡。[11]

作爲對美國學術趨勢的回應，貝爾．胡克斯（bell hooks）* 指出，比起故國因種族和階級的結構差異所引起的對立，跨國或後殖民議題往往較容易處理（hooks 1989, 1990；同時見 Spivak 1989）。把她的關切用在我們現在的脈絡，我們可以看出離散化或國際化「少數族群」的理論與論述，有可能會偏轉我們對長期的、結構性的階級與種族不平等的注意力，就好像這是一個多民族主義的問題——關於翻譯、教育與寬容的議題——而不是經濟剝削與種

* 譯注：貝爾．胡克斯是葛羅麗亞．珍．沃特金（Gloria Jean Watkins）的筆名，她是作家、教授、女權主義者和活動家。此一筆名取自她敬愛的外曾祖母姓名，同時爲了與外曾祖母區分，其筆名皆使用小寫字母。

族主義的問題。爲薩爾瓦多人、薩摩亞人、錫克人、海地人或高棉人保留**文化**空間雖然是必須的，但這樣做本身不會提供可生活的工資、像樣的住處或健康醫療保障。再者，在日常社會實踐的層次上，文化差異持續受到種族化、階級化與性別化。離散理論需要考量到這些具體的、橫切的結構。

離散經驗總是被性別化。然而，對離散社群和離散文化的理論解釋卻傾向於隱瞞此一事實，用一種無標記的方式討論旅行與移轉，因而將男性經驗常態化。珍妮特・沃爾夫對旅行理論中的性別的分析便顯示過這一點（Wolff 1993）。當離散經驗被視爲是移轉（displacement）而不是定置（placement），是旅行而非住居，是解銜接而不是再銜接時，那麼男性經驗將傾向於具有支配性。如此一來，特定的離散歷史、共領土（co-territories）、社群實踐、支配和接觸關係都可能會被概化爲一種性別化的後現代全球主義，一種抽象的游牧學（nomadologies）。

保持對特定的移轉史與住居史的關注有助於了解矛盾的離散政治。女性經驗尤其具有啟示性。離散經驗究竟是強化了還是減緩了性別從屬關係？一方面，與原鄉、與親屬網絡、與宗教及文化傳統保持連結可能會讓父權結構重生。另一方面，離散互動也開啟了新的角色與要求，開啟了新的政治空間。例如，有愈來愈多墨西哥和加勒比海地區的婦女遷移到北方，獨立或半獨立於男性之外。雖然她們這樣做常常是迫不得已，是強大的經濟與社會壓力使然，但她們可能會發現她們新的離散困境帶來了性別關係的再協商。當男性切斷了與傳統的角色和支撐的關聯，當女性賺到獨立的收入（儘管常常是被剝削的收入），那麼，新的相對獨立和控制的區域便可能會出現。在離散處境中，女性的生活很可能會雙倍痛苦：要應付物質與精神上的不安全感，要應付家庭與工作上的需求，要應付舊的和新的父權主張。雖然有這些艱困，但她們卻有可能在有返鄉選項出現時拒絕返鄉，尤其是當返鄉的條件是由男性所主導的時候。

同時，離散中的女性繼續會選擇性地依繫於「家鄉」的文化與傳統，並且受到它們的賦權。行爲規範與宗教、語言與社會模式，以及食物、身體和穿著規定等基本價值觀，都在一個存在於東道國之外的、持續連結的網絡中，獲得保存並得以調整。然而就像華裔女作家湯婷婷那樣（她從她聽過的所有中國故事中「贖回了」女勇士的神話），女性在維持和重新連接離散紐帶時是帶著批判性的，是作爲在一個新脈絡中的生存策略（Kingston 1976）。而如同馬歇爾的《褐色女孩，褐色石屋》（一九八一）所描繪的巴貝多婦女一般（她們需要賣力工作以維持在紐約的生活又要對「這個屬於男人的國家」保持一種「孤傲」態度*），離散婦女是被困在父權統治、模稜兩可的過去和未來之間。她們用複雜的、策略性的方式進

* 譯注：請同時參照本書第四章中作者描繪巴貝多婦女布蘭琪的身影。

行連結與解連結，加以遺忘與記取。[12] 離散女性的生活經歷因此涉及在調解不一致的世界中的痛苦困難。「社群」可以同時是一個支持和壓迫的來源。以下轉引自賈普塔的兩段話，讓我們一瞥一位南亞女性（「英國黑人」*）的困境：

> 年輕女性……開始質疑亞洲文化的一些方面，然而仍沒有發展充分的黑人女性支持團體的網絡（儘管在這方面已經有了許多有價值的努力），讓這些婦女得以不需要社群與家庭的支持而運作。這是許多婦女被困在其中的矛盾：她們被困在亞洲社群的支持面向與壓迫面向之間……
>
> 父權壓迫在我們來到英國之前便是我們生活中的現實，而家庭與社群作為對抗種族主義壓迫的場域這一點，延遲和扭曲了我們女性聯合在一起對抗父權壓迫的需要。
>
> （Gupta 1988:27, 29）

這些引文出自《爲旅程製圖：黑人與第三世界婦女的書寫選集》（一九八八），該書描繪了銜接與解銜接在當代英國社會裡的複雜重疊場域——也就是布菈所稱的「離散空間」（diasporic space）。[13] 這部文選呈現出後殖民移轉、種族化與政治鬥爭的共同經驗，同時也呈現出世代、區域、性別、文化、宗教之間的尖銳差異。不同的「英國黑人」之間與「第三世界」婦女之間的可能結盟，需要不斷協商和對彼此不同的歷史有所關注。

如此一來，離散依屬會抑制還是強化聯盟？我們沒有清楚的答案。例如，許多紐約的加勒比海人和他們自己的家鄉小島維持一種相連感，讓他們有一種獨樹一格的文化意識（有時還有一種階級意識）。這種身分令他們自視有別於非裔美國人，儘管他們雙方在種族和階級上一樣處於從屬處境。資源稀少和階層化社會體系的機制更加強了這種反應。然而這並非無可避免的。一方面，離散身分固然可能激發敵對，一種對其他少數族群和移民人口的優越感。[14] 另一方面，共同經歷的殖民史、流離失所史和種族歧視史以可以構成聯盟的基礎，如非洲黑人、加勒比海黑人和南亞人在一九七〇年代組成的反柴契爾的「黑色」聯盟便是一個例子。不過，這一類聯盟會在其他離散聯盟成爲焦點時瓦解和重組，魯西迪事件所引發對伊斯蘭教的忠誠便是一個例子。† 「後殖民」團結並非牢不可破。離散間政治（interdiaspora politics）是**同時**以集體銜接和解銜接的戰術推進。如同布拉

---

* 譯注：這裡指的是南亞人在英國被視爲「黑人」。

† 譯注：魯西迪事件指的是薩爾曼・魯西迪的小說《魔鬼詩篇》（*The Satanic Verses*, 1988）所發生的爭議。該小說對伊斯蘭教人物尤其是先知穆罕默德的諷刺描繪而聞名。眾多穆斯林認爲該小說褻瀆了自己的信仰，並引起了廣泛的憤怒和抗議。伊朗領袖何梅尼於一九八九年頒布法令，對魯西迪進行死亡懸賞。魯西迪事件成爲有關言論自由、宗教敏感性以及不同社群之間文化衝突的長期辯論中的重要議題。

在探討一九八〇年代晚期關於如何稱呼英國離散社群的爭論時所指出的：「『黑人』、『印度人』或『亞洲人』之類稱呼的使用，不那麼是取決於被指涉對象的性質，更多是取決於它們在不同論述中的語意功能。這些不同的意義標誌著不同的政治策略與結果。它們動員不同組別的文化身分與政治身分，爲一個『社群』的界線劃出界限」(Brah 1992:130-131)。

黑色大西洋

由移轉構成的離散社群是在混雜的歷史關頭維持自身。依據不同的緊急程度，它們協商和抵抗貧窮、暴力、監控、種族歧視、政治不平等與經濟不平等的社會現實。他們銜接替代性公共空間和詮釋社群（interpretive communities），用以表達批判性替代方案（包括傳統和新興的方案）。葛洛義的研究勾勒出離散英國其中一個主要成分的複雜地圖／歷史，這成分便是加勒比海／英國／美國的「黑色大西洋」。*

在《米字旗上沒有黑色》（一九八七）一書中，葛洛義展現了英國黑人移民社群的離散文化是如何銜接一組特定的在地與全球依繫。在某個層次上，離散文化的表達形式（尤其是音樂）起的作用是幫助特定的社區防禦監控和各種的種族主義暴力。在另一個層次上，它們提供了一種範圍更大的「資本主義批判」和一個跨國連結的網絡。在葛洛義的解釋中，黑人離散是一種世界性的、大西洋的現象，它捲入了並又超越了國內的對立，例如柴契爾英國的「種族與民族的文化政治」。它重新創造出早期泛非主義（Pan-Africanism）的各種傾向，但帶有後殖民轉折和一九九〇年代的英－歐斜傾。德雷克曾把「傳統型」泛非主義區分於「大陸型」泛非主義（Drake 1982:353-359）。前者源自於美洲，在十九世紀晚期透過黑人教會、大學和加維及杜博依斯所發起的政治運動而茁壯。它是一種跨大西洋現象。隨著非洲國家在二戰後的出現，非洲國族主義領導人走到了前列，而泛非主義的重心也移到了非洲大陸。爲其引路的是恩克魯瑪與帕德莫爾的結盟政治願景。葛洛義在這個願景消退之後的一九八〇與九〇年代書寫中，將「黑色」文化傳統重新放回歷史上去中心的或多中心的大西洋空間。在這個過程中，他斷開美國黑人與非洲的主要連結，引進第三種典範的經驗：在歐洲殖民潮沒落後，黑人對英國的移民與再定居經驗。

葛洛義在其論證精彩且具爭議的新書《黑色大西洋：現代性與雙重意識》（一九九三）中，從歷史深處挖掘出一個多樣化的黑人離散文化，並且不能歸納爲任何國家或族群傳統。這地圖／敍事突顯出跨越、遷徙、探險、相互連結與旅行（不管是出於被迫或自願）的歷史。《黑色大西洋》以跨洋視角重新解讀一些經典人物，質疑了他們被定位在一個由族群

* 譯注：此處可以理解爲大西洋地區的黑人。

或種族所定義的傳統做法：例如把杜博依斯定位在德國，把道格拉斯定位爲船縫塡補工和海上政治文化的參與者，把理查・萊特定位在巴黎，因而與反殖民的「今日非洲」（Présence Africaine）運動有關。《黑色大西洋》也重視音樂家的跨國文化生產：從十九世紀費斯克大學（Fisk University）的「禧年合唱團」（Jubilee Singers）到當代的雷鬼、嘻哈與饒舌歌。葛洛義關注船隻、留聲機唱片、聲音系統和所有跨越文化形式的技術。他追溯的離散文化是徹頭徹尾現代的，但有他自己不同的特色。

葛洛義追蹤移動且在地錄製的黑膠唱片。但他爲音樂在更廣大的大西洋跨文化史和從屬史中尋根（或尋徑）。仰仗林鮑與瑞迪可近期的歷史研究（他們發現有一種多種族的激進政治文化貫穿十八世紀的大西洋地區）（Linebaugh and Rediker 1990），葛洛義同時質疑左派與右派的「國族典範、國族主義典範和族群絕對主義典範」（Gilroy 1992a:193）。他反駁鮑威爾之類提出的反動論述，其聲稱有一個「純粹」的國族空間近期受到了威脅性外來者的入侵，假定英國與黑人史的糾纏是一種二戰後的、後大英帝國的現象（同時見Shyllon 1982）。葛洛義同時以「**大西洋**工人階級（一個多種族群體）的形成」來補充湯普森的「**英國**工人階級的形成」，又挑戰近年來英國勞工運動所鼓吹的，以一種大眾的「左派國族主義」來反對柴契爾主義。最後，葛洛義的黑色大西洋將**美國**黑人敘事去中心化，將加勒比海、英國和歐洲帶入畫面。

葛洛義寫道：「黑色大西洋的歷史……持續被黑人的運動所來回跨越——他們不只是作爲商品而運動，還參與各種邁向解放、自治和公民權的奮鬥。因此，黑色大西洋的歷史是重新檢視國籍、定位、身分與歷史記憶問題的工具」（Gilroy 1992a:193）。葛洛義展現了「現代性的反文化」（countercultures of modernity），不僅把「黑色」帶回到米字旗中，同時也帶回到對啟蒙理性傳統的辯論中。「黑色」元素既是消極的（漫長的奴役史、科學種族主義的遺產、理性與恐怖在一種現代獨有的支配形式中的共謀），也是積極的（爭取政治與社會解放的漫長奮鬥、對產生在黑色離散中的平等與差異的批判性願景）。

如果在葛洛義的跨國反歷史（counterhistory）中有一烏托邦目標的話，它也會被對黑人離散文化具有**構成作用**的暴力、移轉和失去所抵銷掉——這些暴力包括中段航程（Middle Passage）*、種植園奴隸制、新與舊的種族主義支配體系，以及對旅行與勞工移民的經濟限制。《米字旗上沒有黑色》的第五章「離散、烏托邦與資本主義批判」長篇討論了音樂與表演文化，其效果是依賴於前面四章（它們證實了二戰後英國的種族主義結構的論述力量和政治力量）。這種烏托邦／反烏托邦的緊張性以某種形式存在於所有離散文化中。[15]它們始於被連根拔起和失去家產。它們對流放不陌生，對「外部者」會遇到的暴力——包括警

* 譯注：此處係指把黑奴從非洲運往美洲的航程，爲歐洲－非洲－美洲三角貿易的中間航程。

察、行使私刑的暴徒以及進行屠殺等暴力——也不陌生。與此同時，離散文化總是努力維持社群，有選擇性地保存和恢復傳統，在新穎的、混種的和通常是敵對的處境中「定製化」（customizing）和「改編」（versioning）傳統。

無法定居、失去和恐怖事情反覆發生——這些經驗產生了不一致的時間性，而這些破碎的歷史困擾著民族國家與全球現代化的線性進步主義敘事。霍米巴巴主張，國家這種想像共同體的同質性時間，永遠無法擦拭掉來自少數民族時間性與離散時間性的不連續性與曖昧性（Bhabha 1990）。他指出了以下這些反進步主義的過程：重複（〔repetition〕在當前監督與規範性教育的脈絡下更新有關奴隸、移民和殖民的記憶）、增補（〔supplementarity〕被「延誤」、額外的和不同步的經驗），離心性（〔ex-centricity〕民族時間／空間滲透到構成外部的內部：魯西迪在《魔鬼詩篇》中寫道「英國人的麻煩在於，他們的歷史是發生在海外的，所以他們不知道它意味著什麼。」）。在霍米巴巴的視角中，離散的「後殖民地居民」是把這些歷史現實體驗爲不一樣和有批判性的現代性。他召喚聚集在世界各大城市的「分散」人口，它們是新的想像和政治社群能夠出現的**離散**。[16]

264

葛洛義深入探討了特定的「大流亡時間性和歷史性、記憶和敘述，這些是在現代性內部以一種獨特的對抗性負債關係，所發展出黑人政治對抗文化的銜接原則」（Gilroy 1993a: 266）。* 反對現代主義者的線性進步論和當前主張與非洲性持續連結的方案論調，《黑色大西洋》發現了一種「被切分（syncopated）的時間性——一種生活與存在的不同節奏。」葛洛義引用艾里森的話指出：「我來解釋一下，不可見性（invisibility）會讓你有一種稍微不同的時間感，讓你永遠不合節拍，有時你會超前，有時你會落後。你感覺到的不是時間的快速和讓人察覺不出來的流動，而是它的節點。在這些節點中，時間靜止或向前跳躍。你會滑入這個停頓的節拍中，四處張望」（Gilroy 1993a:281）。艾里森（透過葛洛義）提供了一種黑人版本的班雅明式反記憶實踐，一種透過打斷歷史連續性來抓住「單子」（〔monads〕艾里森的「節點」？）或「裂縫」的政治——在這些「單子」或「裂縫」中，時間會停止和有預知性地重啟（Benjamin 1968）。在被切分的時間裡，被抹去的故事會被恢復，不同的未來會被想像。

在離散經驗中，「這裡」（here）和「那裡」（there）的共存是透過一種反目的論時間性（有時是彌賽亞式時間性）來銜接。線性歷史被打斷，現在不斷被過去的陰影籠罩，而這個過

* 譯注：對抗性負債（antagonistic indebtedness）是一種理論性的概念，通常用於描述在對抗性文化或社會情境中，社群或個體可能與主流文化或權力結構存在複雜而矛盾的關係。這種情境可能包括對抗歧視、社會不公、種族主義等。此處，「對抗性負債」指的是在對抗性的黑人政治對抗文化中，他們與現代性（主流文化、歷史進程等）之間的複雜、矛盾並帶有敵對性的關係。這種關係可能包含對抗性的反抗、對歷史的重新詮釋，以及對社會制度的挑戰。同時，這種關係也可能涉及到一種負債感，即在這個對抗的歷史和文化中，黑人社群感受到了歧視、奴役和不平等的歷史負擔，但同時也透過對抗性文化表達出對平等和自主權的渴望。

去同時也是個可欲但受阻的未來：一種更新過的、讓人痛苦的渴慕。對黑色大西洋的離散意識來說，時間反覆停止和重啟的斷點就在「中段航道」。奴隸制度及其後果——離鄉背井和不斷重複的種族歧視和剝削結構——構成了一種黑人經驗模式，它與霸權性現代性不可分地交織在一起。這些經驗形成了反歷史（counterhistories），形成了葛洛義努力恢復的不合節拍文化批判。非洲中心主義企圖重新建立與非洲的直接連結，經常會繞過這種構成性困境，因此既是逃避主義的也是無視歷史的（ahistorical）。由奴隸制度記憶重新打開的「死亡空間」和持續的種族迫害經驗爲所有現代主義進步論投下陰影。葛洛義爲鮑曼（Bauman 1989）和陶席格（Taussig 1986）對理性與種族迫害的共謀的分析做出了補充。在關鍵的時刻，選擇死亡或選擇冒死亡的風險是那些身處壓迫性系統和沒有未來的人，唯一可能的選擇。葛洛義透過閱讀道格拉斯與奴隸調教師的鬥爭審視了這個時刻，並且加上了馬格麗特．迦諾（Margaret Garner）的故事：她爲了不讓孩子們淪爲奴隸，親手殺了他們——這件事在童妮．莫里森的小說《摯愛》中被再次提起。其所導致的決裂感，一種生活在徹底不同的時間性裡的意識，莫里森在一次訪談中道了出來，而這些內容也被《黑色大西洋》大段引用：

> 現代生活始自奴隸制度……從女性的觀點看，從今日世界所面對的難題論之，黑人女性在十九世紀和更早之前便已經得要處理後現代的難題。以下這些事情是黑人在很

久以前便必須應付：某種的解體，某種穩定性的失去和重建的必需性。一如書中一個角色所說的：「某種蓄意的發瘋是必要的，因為這樣子你才不會真的瘋掉。」這些生存的策略造就了真正的現代人。（Gilroy 1993a:308）

莫里森的「現代人」是和一種「病態」（pathology）鬥爭的結果。她繼續說：「奴隸制把世界破成兩半。」而且不僅對非洲人來說是如此。「它也破開了歐洲。」它使得歐洲人變成了奴隸主。

離散文化在不同程度上是由政治支配與經濟不平等所產生。但這些暴力的移轉過程並沒能讓人失去維持獨特政治社群與抵抗文化的能力。顯然，毀滅、適應、保存和創造的混合比例，隨著不同的歷史個案與歷史時刻而有所差別。如同現代性的反論述一般，離散文化無法聲稱一種對立的或主要的純粹性。基本上，離散文化是矛盾的，努力想要克服顛覆和法律的糾結，克服創造與限制的糾結——克服烏托邦與反烏托邦的共謀。梅瑟在〈離散文化與對話想像〉這篇犀利的論文中，針對這種構成性糾結做了深入的探討。

無可否認的是，作為一個由奴隸制度的「商業放逐」（語出喬治·雷名）和強迫性移轉，從一段歷史趕入另一段歷史的離散族群，我們的黑性（blackness）與西方的模式和符碼是徹底地鱗狀重疊的，在這種符碼中，我們成為一個游離的團體。在近年來的英國黑人電影語言中，致力的不是表達某些遺失的根源或未被汙染的本質，而是探討如何採用一種批判性的「聲音」以促成文化和歷史碰撞的意識——這是我們的存在條件。（Mercer 1988:56）

梅瑟和葛洛義的離散概念有著重要差異。梅瑟的離散是嚴格地反本質主義的，是一個多重移轉和身分銜接的場域，不會在種族、文化傳統、階級、性別或性傾向上有所獨厚。離散意識完全是文化和歷史之間碰撞對話的產物。在梅瑟看來，葛洛義的英國「黑性」系譜依然看重「非洲」源頭和「通俗」形式，哪怕他也強調歷史的決裂與混雜性並且攻擊浪漫化的非洲中心主義（Mercer 1990）。[17] 另一方面，在葛洛義看來，梅瑟代表了一種「早熟的多元主義」，一種後現代式的逃避，不願意將歷史特殊性和複雜性給予「黑」這個詞（他自己則看作是聯繫種族形成、反歷史與抵抗文化）（Gilory 1993a:32, 100）。

我不願過度簡化這個重要而不斷發展的對話中的任何一方，這可能是文化政治的某個時刻的症候，並且最終無法解決。在這個脈絡下，或許值得指出的是，因爲「離散」這個意符代表了一個多重位置的困境，它很容易會滑入後結構主義取向的理論論述和多重定位主體的概念。事實上，這些論述很多都是由具有不同程度離散背景的理論家所書寫的。我

266

的取徑（與葛洛義的相合）堅持要將離散論述置定於特定的地圖／歷史中。離散主體是現代的、跨國的、跨文化等經驗的現代版本。因此，在歷史上，離散無法作爲現代的、複雜的、陣地的身分的主要比喻或「形象」，它們會被種族、性、性別、階級或文化所交錯或移位。

葛洛義的特定地圖／歷史當然有修正和批判空間，因爲他將「黑色不列顛」偏向以加勒比海爲中心的大西洋世界傾斜，聚焦在旅行和文化生產的實踐上，但卻不向女性開放（雖然有一些重要的例外），並且未對跨性別的離散意識提供足夠的關注。再者，他對黑人歷史的離散介入反映了一種特定的困境，即他所謂的「英國黑人的特殊性」（Gilroy 1993b:49-62）。《黑色大西洋》某種程度上去中心化了**美國**黑人史的規範性——但只是某種程度上。種植園奴隸制、解放、南北遷移、都市化和種族／族群關係的特定經驗，有著一個地區性乃至「全國性」的焦點，而它是無法被一張／段大西洋主義的跨越地圖／歷史所涵蓋。雖然**美國**黑人文化的根源與路徑明顯是通過加勒比海的，它們是歷史地被塑造爲獨樹一格的奮鬥模式和本眞性標誌。它們不是以相同方式或在相同程度上成爲跨國的或離散的。重要的比較問題環繞著不同的旅行史與住居史出現——受地區的限定（例如「南方」作爲離散嚮往的一個焦點）、受殖民史（新殖民史）的限定，受國家纏結的限定，受階級的限定和受與性別的限定。尚有一點也很重要：南美洲黑人以及加勒比海和拉丁美洲的西班牙裔／黑人混雜文化目前尚未包括在葛洛義的研究範圍內。他是在一個北大西洋／歐洲的位置上書寫的。[18]

葛洛義愈來愈明確指出他的「極度臨時性」研究的限制（Gilroy 1993a:xi），把它說成是對一種「陽剛主義」的離散主義的解讀，是邁向修正精密化的第一步。因爲他的目的是撰寫一部具有深度的反歷史，因此我們沒有理由認爲他對黑色大西洋的獨厚必然會壓抑其他的離散觀點。有關當代的英國，我們可以想像一部以大英帝國對南亞的影響爲基礎的交錯史，或是一部以穆斯林文化對現代性的貢獻爲基礎的交錯史。葛洛義用來定義他的地圖／歷史的手法巧妙，我們或可視之爲一種「反反本質主義」（anti-antiessentialist）的手法，一種負負不會得正的手法。如果離散是我們可以爲之書寫一部歷史（這是葛洛義政治上指向的目的），它便必須不只是許多移轉和身分重構的場域的名字。如同「黑色英格蘭」一般，黑色大西洋也是一個歷史性產生的社會形構。它代表的是一個與非洲沒有直接關聯也沒有訴諸親屬關係或種族身分的系譜。

在當前的規範性反本質主義的理論氣候中，葛洛義之類的離散論述拒絕放棄一種「變遷中的同一」（changing same）——一種無止盡地混雜化和處於過程中又堅持存在的東西，即維持了極長時間的集體身分的記憶和實踐。葛洛義設法建立一群「民族」（people）的連續性而不訴諸土地、種族或親屬作爲社群的主要「基礎」。[19] 然則，在他的歷史中，那持續之物是什麼？要如何爲這種「變遷中的同一」畫出範圍？作爲現代性的反歷史，黑色大西洋是以奴隸制度和種族從屬關係這些依然掀開著的傷口來定義了。葛洛義也是從這個文化生存與創造的「傳統」中書寫。然而，在他能夠使用「傳統」這個頗被濫用的詞語之前（它是千百種本質主義的場域），他必須重新定義它，必須「扭開它」：

> （傳統）可以被視為一個過程而非目的，在這裡不是用來指涉一個失去的過去，也不是指稱一個可以恢復過去的補償性文化。它不是對立於現代性，也不是要喚起一個健康的、牧歌式的非洲形象，以此對比於美洲和加勒比海後奴隸史的腐蝕的、使人失語的力量。如今，傳統可以成為想像**跨越時空的脆弱溝通關係**的一種概念化方式，而這關係**不是離散身分而是離散認同**的基礎。在被如此解釋之後，「傳統」指向的不是離散文化的共同內容，而是那些讓跨文化的、跨國的離散**之間可能發生對話**的難以捉摸性質。（Gilroy 1993a: 276，強調為作者所加）

認同並不等同於身分，是產生關係的行爲而不是原本就有的形式：這樣的**傳統**是一個部分連結的歷史之間的網絡，是一個持續不斷地置換和重新創造的時空跨越。[20]

猶太人的連結

葛洛義拒絕將「非洲」視爲神聖的起源地，但又保留它對現代性反文化不斷變遷的貢獻。他的黑色大西洋多樣性歷史呼應了當代猶太離散主義的語言——這種離散主義是一種同時從中東歐猶太人和西班牙猶太人歷史經驗吸取養分的反錫安主義願景。正如我們即將看到的，它們對回歸巴勒斯坦的目的論的批判與對葛洛義拒絕接受非洲中心的離散方案的批判類似。黑人與猶太人離散願景的相似性（通常都是扎根於《聖經》的意象）在此變得明顯。泛非主義和錫安主義也是同時可溯源至十九世紀歐洲的國族主義意識形態：例如特賴茨克對於杜博依斯大有影響，而布萊登也對赫德、馬志尼和赫茨爾深感興趣。我們也不應該忘記他們同樣是科學種族主義的受害者——這段歷史在當前的黑人-猶太人敵對中通常被忘卻（對此之糾正可見Philip 1993; West 1993）。葛洛義在《黑色大西洋》最後一章對這些連結有所討論。在此，我只想提出這兩個離散社群的定義性方面的相似之處，至於若要充分討論兩個傳統的差異性、緊張性和吸引力乃超出本文的範圍。

當離散被理解爲一種住居實踐（不同於一般的住居實踐），一種矛盾的拒絕回歸或無限期的延後回歸，以及一種積極的跨國主義，離散便會同時在非洲人與猶太人移轉的歷史經驗中找到合法性。在討論薩夫蘭的比較研究時，我曾對於他爲離散預設一個中心感到擔憂。

如果將這個中心和一個實際的「國族」領土相提並論（即不只是一個重新創造的「傳統」、一本「經書」或是一種可攜式的末世論），它便可能會貶低我所謂的橫向離散軸線。這些去中心的和部分重疊的通訊、旅行、貿易和親屬等網絡連接了若干跨國「民族」的社群。將離散置於來源和回歸的中軸，會覆蓋維持離散社會形式所必需的特定在地互動形式（同時具有建設性和防禦性的認同與決裂）。離散的賦權弔詭在於住在**這裡**也意味著一個在**那裡**的團結和連接，但這個「那裡」不必然是一個單一地點或是一個排他的國家。

這種（與他處的）連接要如何使得（這裡的）差異被憶起和再銜接呢？在一篇有力的論文〈離散：世代與猶太身分的基礎〉中，丹尼爾．柏雅林與強納森．柏雅林爲一種互動的系譜概念做辯護（此一概念認爲親屬關係不能簡化爲現代定義下的「種族」），主張它是四散猶太民族的母體。這個系譜是離散猶太的基礎（Boyarin and Boyarin 1993）。他們提出有力論據，反對離散主義的兩個有力替代選項：使徒保羅的普世人道主義（所有人在耶穌的聖體內是一體）和原生的國族主義（我們在一個從一開始便只屬於我們的地方是一體）。前者以帝國主義式共融／改變信仰的代價獲得對人類的愛；後者則以排除他人對土地的舊或新的所有權宣稱，而獲得一種扎根感。在柏雅林兄弟看來，離散意識形態涉及對普世主義與主權的原則性放棄——它擁抱流亡與共存的藝術，並傾向在與他人日常交往中維持一個民族的獨特性。

相對無權無勢和少數地位的永久狀態使得族群中心的生存策略獲得正當性並且變得相對無害——這些生存策略包括爲身體加上特殊標記（穿著特殊服裝、留特殊髮型和行割禮等），或是只限對「自己人」行善。在永久性的歷史流亡狀態下——或者可以同樣這麼說，在**只有**彌賽亞出現方可結束的流亡狀態下——民族中心主義僅是一種策略，從來都不是一個絕對的目的。拉比們的離散主義意識形態（發展了兩千多年，養分來自批判大衛王君主政體和所有「土地」本眞性主張的聖經傳統），事實上是延續了早期猶太教的「游牧」路線。在柏雅林兄弟看來，這是猶太歷史經驗的主流。他們毫不含糊地斷言，對離散「問題」的錫安主義解決方法（它認爲離散就像流亡一樣負面），乃是「對猶太文化的顚覆而不是其極致……此舉把猶太教侷限在一個國家之內」(Boyarin and Boyarin 1993:722, 724)。仰仗大衛斯和其他相關學者的論點（Davies 1992），他們強調從聖經時代直到現在，猶太傳統對以地域作爲身分的基礎一直態度矛盾。「回歸」（被定義爲對「土地」的排他擁有）不是猶太歷史的本眞結果。關於反對當代錫安主義的國家／族群絕對主義，強納森．柏雅林寫道：「我們猶太人應該認識到，我們的優勢同時來自我們猶太人中間和我們與許多他者之間的社群安排的多樣性和凝聚性。我們應該認識到，這些他者的同時存在並非一種威脅，而是我們生活的狀況」(1992:129)。

柏雅林兄弟對離散的解釋旨在**成為**猶太歷史經驗的模型和當代混雜身分的模型。這種目的清楚見於以下一段話：

> 離散的文化身分告訴我們，文化不是靠「防止混合」的方法保存，而十之八九只能作為這種混合的產物才能繼續存在。文化和身分一樣，都是不斷地重塑。雖然這是所有文化皆然，但離散的猶太文化讓它顯得更為明顯，因為這群人不可能與某個特定的土地發生自然的聯繫，因此也不可能把猶太文化視為一個自我封閉的、界線分明的現象。民族、語言、文化和土地分離的關鍵力量，對文化本土主義和統合主義（integrism）構成重大威脅，這個威脅是反猶太主義的來源之一，也許是歐洲比中東更容易墜入這種邪惡行徑的原因之一。換言之，離散的身分是一種解聚集的身分（disaggregated identity），猶太性（Jewishness）擾亂了身分的範疇，因為它不是民族性的，不是地理性的，也不是宗教性的，而是這三者彼此的辯證緊張關係構成。當自由派阿拉伯人與某些猶太人聲稱中東的猶太人是阿拉伯猶太人時，我們表示同意，並認為當錫安主義企圖掩蓋這一點的時候遮擋了一些很重要的事情。純粹猶太文化本質的意識形態受到離散論述所貶抑，它看來在歷史和道德兩方面都不正確。「離散化」的身分——也就是解聚集的身分——讓中世紀早期學者薩亞迪亞拉比（Rabbi Sa’adya）既可以當一個湊巧也是猶太人的埃及阿拉伯人，也可以當一個湊巧也是埃及阿拉伯人的猶太人。這兩個矛盾

> 的命題必須並放在一起。（Boyarin and Boyarin 1993:721）

上面這段話表達出一種強烈而動人的願景，在這個由阿拉伯人和猶太人的絕對對立所撕裂的世界尤其如此。然而，如果我們有以下一問的話，這段話的力量亦將不會被過分減損：倘若薩亞迪亞拉比是位女性，他的解聚集身分會否受到約束或是有不同發展？女性是如何「混合」文化的？女性要如何「系譜學地」傳遞傳統的標記和訊息？女性是如何體現離散的猶太教，而猶太教又是如何標示、賦權或拘限她們的身體？

至少在這篇文章中，柏雅林兄弟對這些問題保持沉默。不過，在緊接著上引的段落之後，他們則是簡短地語及了女性主義議題。

> 同樣地，我們也主張一種離散化的性別身分是可能的和正面的。身為女性是一種很特別的存在，而生活和實踐中有些面向堅持頌揚這種特殊性。但這不是純然要將性別身分的所有實踐和行動都固定或凍結在一組參數裡。人類是基於某些目的而區分為男人與女人，然而這並無法全面說明他們的身體身分。與其固守在性別化身體與普同靈魂的二元主義（這是西方傳統提供的二元論），我們可以用部分猶太身體、部分希臘身體取代它——這種身體有時候被性別化，有時候沒有。這就是我們所謂的離散化的身

分。（Boyarin and Boyarin 1993:721）

反本質主義的女性主義論證隱含其中，「女性」形象被聯同於猶太人的形象，用以提出一種將身分視爲展現位置的聚集／張力的模型。[21] 我們是否也可以說，一個身體有時是黑人的，有時不是，有時是女同志的，有時不是，有時是窮人的，有時不是，諸如此類？又可以又不可以。因爲我們已經逼近了一個普遍性的層次，在其中，離散主義、種族主義、階級，性與性別等決定元素的特定性與緊張性都被消除了。另外，在斷言這個共同困境時，我們也瞥見了離散論述霸權化的可能。在對「離散化」性別身分的認同中掠過的是一連串的歷史特定限制。「人類是基於某些目的而被區分爲男人與女人。」誰的目的？這不平等的區分結構是甚麼？這些具有功能性的「目的」是如何從不同的性別角度發展出來的？我已經主張過，必須抗拒把離散身分等同於更一般的解聚集身分、位置性身分或行動性身分的傾向。由於當代的離散論述必然會仰仗反基礎主義的女性主義、後殖民批判和各種不同的後現代主義，它會與特定的身體保持關聯，而這種移轉的歷史經驗需要保持比較張力和部分可翻譯性。

我已經詳細討論了柏雅林兄弟的文章中太快爲離散找到等值體的實例，以確認「理論性」比較所面臨的持續風險——這種風險也經常籠罩著我自己的研究。整體而言，柏雅林

272

兄弟維持了其論點的特殊性，也就是一種「不一致的世界主義」（discrepant cosmopolitanism，見本書第一章）。身爲守教規的中東歐猶太人（Ashkenazic Jews），他們爭取傳統，從內部進行辯論。然而，他們的理論與實踐卻不承認這種「內部」作爲最終或甚至主要的位置。或許正如他們所承認的那樣，因爲把離散主義寓言化時，猶太經驗便有再次成爲規範性模型之虞。然而，在上引的段落中，離散卻被描繪成一種近乎後殖民主義混雜性的願景。究竟是誰的經驗被理論化？與誰對話？顯然，柏雅林兄弟一直在閱讀和回應少數族群和第三世界的作家。並且葛洛義是班雅明親密的學生。再者，美國亞裔的離散理論家正在閱讀黑色不列顛的文化研究。離散，還有離散理論家，在流動的翻譯空間裡——而不是等價的空間裡——不期而遇。

事實上，柏雅林兄弟沒有談太多「系譜」（或他們自己所稱的「世代」）的特定機制。他們主要致力於重要的地基清理工作，要爲民族性的標記和訊息的多面向與非化約傳遞提供空間。不同於使徒保羅的重視靈性，他們堅持著眼於世俗和社會性的差異化身體。這些身體在性別上是男性的，也就是說它們是沒有性別標記的——至少在他們的文章中是如此。[22]（丹尼爾・柏雅林的《肉體以色列》〔Boyarin 1993b〕和他討論使徒保羅的作品〔1993a〕都集中地探究了女性主義議題。）柏雅林兄弟有說服力地主張，系譜的多元社會轉遞無須被化約爲一個「種族」的身分母體。然而，當他們使用「世代」和「世系」之類的語言時，他們便有將男性中心的親屬系統加以自然化之虞。如同葛洛義的歷史（此歷史是傾向於男性的離散實踐），性別化離散經驗仍然有很大可供討論的空間。[23]

離散的過去與未來

柏雅林兄弟以兩千年的拉比教義和具體的歷史經驗來支持他們對離散社群的辯護。他們宣稱：「我們建議用離散取代民族自決作爲理論與歷史的模型。當然，那將會是一種理想化的離散，是從猶太歷史中那些猶太人相對免於迫害但又未有強烈身分的處境概括而來。再者，在這些處境中，巨大的猶太人創造性和一般的文化生活並不是對立的，而是相輔相成的」（Boyarin and Boyarin 1993:711）。伊斯蘭西班牙時期的猶太生活——該時期富裕且宗教與文化多元——是被這種視角召喚的歷史時刻之一。「同一個人物——無論是一位猶太領袖、猶太詩人，還是猶太哲學家——可以同時是保存傳統又是文化混合的載具」（1993:721）。在這裡，我們進入了戈以庭所說的「革尼匝世界」，即十一至十三世紀（甚至更晚期）的地中海地區，在其中，猶太人、穆斯林和基督徒共同生活、彼此貿易、互相採借和交流，但又保持著各自的社群特色。[24]

歷史沒有清白的時期，「革尼匝世界」一樣有其不寬容的一面。但即便不把這幾個世紀化約爲浪漫化的多元文化主義，我們一樣可以從中發現一個異乎尋常的世界主義網絡。正如戈以庭及其追隨者所指出的，身分的界線大有不同，當時的身分界線是以不同的方式劃定，經常不像現代那麼絕對。有很長的時間和在許多地方，不同信仰、種族、文化和語言的人群是和平共存的。差異是透過連結而不是透過區隔來呈現的。在《猶太人與阿拉伯人之後》這本大量採用戈以庭的研究與視角的著作中，奧克萊把黎凡特（Levantine）世界描繪爲一個文化混合、旅行相對自由、沒有隔都（ghettos）* 和多語並行的土地，與當前的國族分離、種族分離和宗教分離狀況南轅北轍。奧克萊這一部範圍全面且反歷史（counterhistory）和文化批判的作品，開始於在諸世界主義文化交匯的世界裡爲女性史爭取空間。在這方面，他是奠基在一個戈以庭的洞察：「在女性的在地大眾次文化和男性的世界性希伯來經書文化之間，存在著巨大的鴻溝」（轉引自Alcalay 1993:138）。此一「鴻溝」並不必意味著男性是世界主義的而女性不是：至少富裕的女性一樣會去旅行（有時是單獨旅行）、參與商業買賣、擁有財產和跨越文化邊界——不過是以特別的方式爲之（這些方式直到最近才被猶太離散研究認識到並予以詳細描述）。

　　奧克萊的歷史爲一種離散主義的猶太史提供了「地區性」的具體性，反觀柏雅林兄弟版本的猶太史則是不連結於特定的地圖／歷史。「猶太史」當然是多樣的和具爭議性的。在現在的以色列，中東歐猶太人與西班牙猶太人／中東猶太人的畫分便反映出不同的離散經驗。正如奧克萊的著作所主張的，西班牙猶太人爲阿拉伯人／猶太人的共存和跨越提供了特定的反歷史。西班牙猶太人／中東猶太人的歷史也可能會讓住在以色列「家園」裡的阿拉伯／猶太流亡者產生出「離散主義」的批判（Lavie 1992; Shohat 1988, 1989）。西班牙猶太人的地區根源和它與「第三世界」或「阿拉伯」運動的新興聯盟可以銜接一些網絡，同時將「流浪的猶太人」的離散主義形象和猶太大屠殺對定義當代「猶太史」的壓倒性重要性去中心化。在以色列，占少數的歐洲猶太人在定義以宗教、種族、語言和種族支配爲前提的排他性猶太人國家上起了領導作用。西班牙猶太人／中東猶太人的反歷史質疑這種國家的霸權性自我定義。然而，這一類鬥爭儘管也許很重要，我們卻不能過度概推以色列目前的階層化對立。不管是西班牙猶太人的傳統或是中東歐猶太人，其傳統都相當複雜，兼含國族主義與反國族主義的思路。在大屠殺前的中東歐猶太人歷史裡，有著支持**離散**反錫安主義的強大資源。（事實上，以色列和巴解組織最近簽署的脆弱和平協議，讓這種願景和這些歷史資源顯得沒那麼不合時宜。如果最終出現分享巴勒斯坦土地上可行的政治安排，猶太人和阿拉伯人將需要恢復離散主義技巧，以在接觸和遷就中維持差異。）

溫尼賀的歷史研究會顯示，中東歐猶太的猶太性（*yidishkeyt*）主要不是被迫或是自願住

* 譯注：「隔都」係指猶太人隔離區。

在猶太人區或隔都的產物。這種相對近期出現的「隔都迷思」（ghetto myth）支持一種（葛洛義可能會這麼說）族群絕對主義，否認歷史上猶太人身分的互動與適應過程。

> 中東歐猶太人的現實要在兩極中尋找，一端是對非猶太社群地域共存的絕對認同，另一端則是保持絕對距離。如果要將此壓縮成一條公式，我們可以說，猶太人的目的不是遠離基督徒，而是遠離基督教。雖然，在經歷過如此多世代之後，肯定已經有很多猶太人被認為已經離開了群體，但社群整體還是成功地存活了下來並且繼續發展。另一方面，猶太人與鄰人緊密且持續的紐帶（這種紐帶只有在發生實際迫害後暫時中斷）表現在風俗和民間信仰上，表現在傳說與歌曲，表現在文學創作等方面。在中東歐猶太人中流行的文化模式必須被歸類為猶太文化，但其中又有很多是獨樹一幟的。它們是在中途形成，如同那些在接壤地帶或人口混居地域相遇的文化那樣。（Weinreich 1967:2204）

溫尼賀的中東歐猶太人邊界文化的主要樣本是意第緒語（Yiddish），而他也是這種「融合性語言」的傑出歷史學家。他同時強調塔木德詮釋是一個開放性過程，它讓律法和習俗不斷按照《托拉》（Torah）的指示——意第緒語格言稱《托拉》「包含所有的事物」——而再次適應與重新被釐清。在這裡，忠誠的定義是對一份開放的文本忠誠，是對一組可詮釋的規範的忠誠，而不是對一個「故國」或是對一個「古老」傳統的忠誠。我常常引用溫尼賀一篇一九六七年的總結性論文，他在其中羅列中東歐猶太人離散史的特徵，但沒有提到回歸、聖地或以色列。猶太人與非猶太人的差異極其重要，但卻是過程性和非本質性的：「其實，這種區別的存在本身遠比區別界線的實際位置要重要得多……在在看來，猶太與非猶太模式的距離遠遠不是產生自組成元素的差異，而是產生自它們如何被詮釋爲某個特定系統的元素」(Weinreich 1967: 2205)。在溫尼賀看來，差異性是在危險與創造性共存的新環境中持續協商的過程。[25]

除了明顯有助於批判錫安主義和其他排外的國族主義之外，重申這些中東歐猶太人和西班牙猶太人的離散主義願景的意義何在？其中答案可以從我對「革尼匝世界」和戈以庭崇拜者的迂迴之路中找到提示：高緒的民族誌／歷史／旅行的混合傑作《在一個古老的土地上》(一九九二)。高緒是印度小說家兼人類學家，他書寫他在尼羅三角洲的田野工作，過程中揭露了一段地中海、中東和南亞間跨國連結的深層歷史——他又把他在廿世紀晚期從一個第三世界地點到另一個的旅程嫁接進這段歷史之中。在分散的開羅猶太手稿裡，他追蹤了一個幾乎已爲人所遺忘的故事。這故事是關於一位到亞丁的印度旅行者，他是一位住在印度孟格羅爾（Mangalore）猶太商人的奴隸生意代理人。（開羅猶太手稿的歷史是這故

276

事一個引人入勝的支線。）高緒對他的十二世紀前驅的追尋讓我們可以一窺中世紀的印度洋——那是一個阿拉伯人、猶太人和南亞人可以旅行、進行貿易與和平共存的奇妙世界。就像阿布-盧格霍德的重要概述《歐洲霸權之前》（一九八九），以及哈濟生的更早期世界歷史視角（Hodgson 1993），高緒的敘述有助我們回憶／想像歐洲擴張主義興起前的「世界體系」——經濟與文化兩方面的「世界體系」。在廿世紀晚期，我們很難想像不是由西方科技-工業社會的霸權所創造（或是抵抗這霸權而產生）的跨地區網絡。這些交替的世界主義網絡史和離散網絡史可以被回收（班雅明意義下的「回收」）成爲關鍵性的政治願景：猶太人與阿拉伯人「之後」的世界，西方與其他地方「之後」的世界，在地者與移民「之後」的世界。

這一類的願景和反歷史可以支持「由下而上的全球化」非總體化的策略。「由下而上的全球化」一語與「由上而下的全球化」成對，是由布瑞歇爾等人所提出（Brecher 1993），用來指稱那些既抵制又利用霸權化科技與通訊方式的跨地區社會運動。我曾經主張，這個構成性糾結是現代離散網路的特徵。但糾結不必然就是被收編。重新喚起不一致世界主義接觸較早的歷史，可以帶來加持，讓人以新的方式在大於在地的格局下成爲「傳統的」。浩鷗法最近在一種新的「大洋洲」地區主義中——他稱大洋洲爲「群島之洋」（our sea of islands）——重新發現太平洋旅行的漫長歷史正是箇中例子（Hau'ofa et al. 1993）。

277

我以上討論的作品都清楚意識到（有時是帶有壓迫性地意識到）有哪些障礙橫梗在通向這樣一類未來的道路上，其中一個障礙是來自跨國資本和國族霸權的持續壓力。然而這些作品也表現出一種固執的希望。他們不是只停留在哀悼失去的世界。代之以，就像普遍見於離散論述所示，無論失去或倖存都是有預示性的。預示著什麼？我們無以名之，只能訴諸使用「後」（post）字的權宜之計。「後殖民」一詞（就像阿帕度萊的「後國族」）只有在一個新興的或烏托邦的脈絡下才說得通。[26] 不存在後殖民文化或地點：只有後殖民時刻、後殖民策略和後殖民論述。「後」（post-）總是被「新」（neo-）的陰影籠罩。然而，「後殖民」確實是描述與過去支配結構的眞實決裂（哪怕是不完整的決裂），是描述當前鬥爭與想像的未來的場域。對一個革尼匝世界或一個黑色大西洋的歷史投射來說，攸關重要的大概是「後殖民主義的史前史」。從這個角度觀之，生機盎然的離散論述與離散史將會是關於恢復非西方的（或不只是西方的）世界主義生活的模型，是關於在民族國家、全球科技和市場內部與這些東西鬥爭的不結盟跨國性——是可供充滿困難的和平共存的資源。

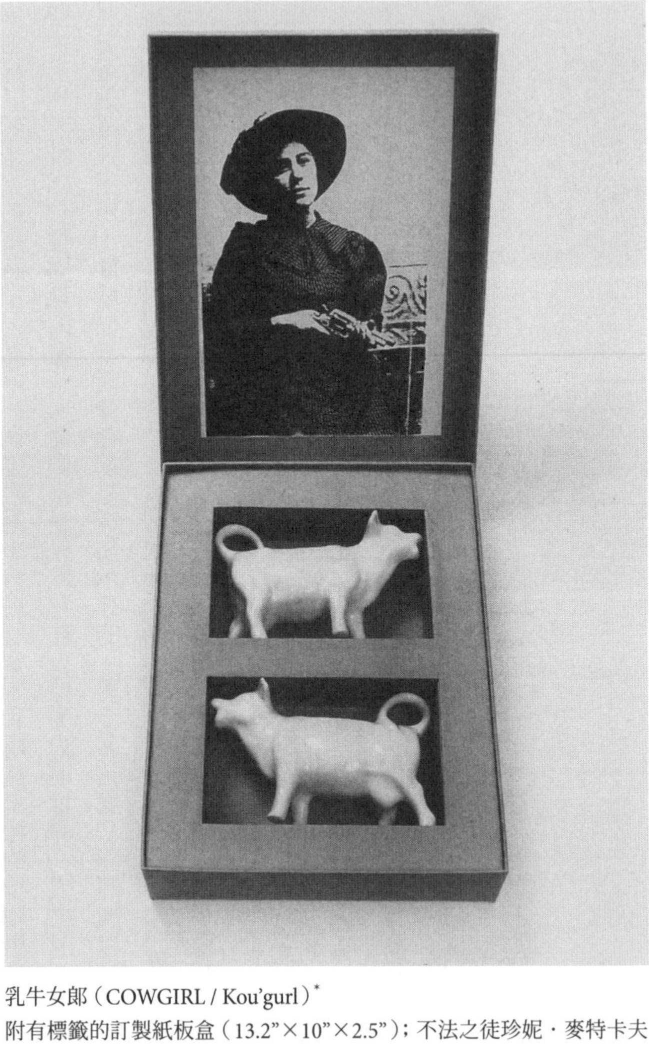

乳牛女郎（COWGIRL / Kou'gurl）*
附有標籤的訂製紙板盒（13.2"×10"×2.5"）；不法之徒珍妮・麥特卡夫的複製照片；兩個母牛形狀的奶油瓷壺。

1992年建檔

第十一章　移民

「所有生命的目的皆是死亡。」——佛洛伊德

出了漢普斯特德火車站（Hampstead Station）之後，我走在一條富裕的住宅區街道上。時爲四月，家家戶戶花園裡的花開始競相綻放。一個個英式花園被擠入公營房屋背後的盒子裡，沿著鐵路形成一細長條。我在哪裡讀到過，第一次世界大戰期間，英國士兵在戰火猛烈的索姆河戰場和馬恩河戰場上劃分小塊土地來種花。在靜謐的人行道上邊走邊聯想連翩，擦肩而過花朵盛放的灌木叢，我差點就錯過一棟較雅緻的房子。其門前有一個小標示牌：佛洛伊德博物館，馬斯斐德公園路（Marsfield Gardens）二十號，倫敦，NW3。†

279

* 譯注：「cowgirl」直譯應爲「女牛仔」。在後文，作者說明了「cow」（母牛）一詞成爲了一種侮辱女性的說法。

† 譯注：NW3爲倫敦的郵遞區號。

一張海報：一幅十九世紀風格的照片放大而成，相片中婦女穿著維多利亞時代連衣裙，頭戴寬邊帽。她冷冷地望著相機，手上撥弄著一把六發的左輪大手槍。海報的名稱：「佛洛伊德博物館裡的蘇珊．席勒。」*

這座博物館兼神龕的房子帶著一種有人居住的質感。佛洛伊德的書房被保留了下來，放滿了他喜歡的圖片和物品。他的書桌表面有一半擺滿了古埃及、希臘、羅馬和亞洲的小雕像。著名的精神分析躺椅也在這房間裡。

佛洛伊德一九三八年逃離納粹德國時，他的古董收藏隨他一起去了倫敦。癌末的他在馬斯斐德公園路二十號這裡終老，生命的最後一年寫了《摩西與一神論》。他把自己聚攏在這棟房子裡†：這房子像一個容器、一個盒子，更像一艘死者渡船，載著一具遺體及其心愛之物。

* 譯注：蘇珊．席勒是概念藝術家，她在佛洛伊德博物館展覽她創作的盒子（見本章的許多圖說）。
† 譯注：指他讓自己被所收藏的古董包圍。

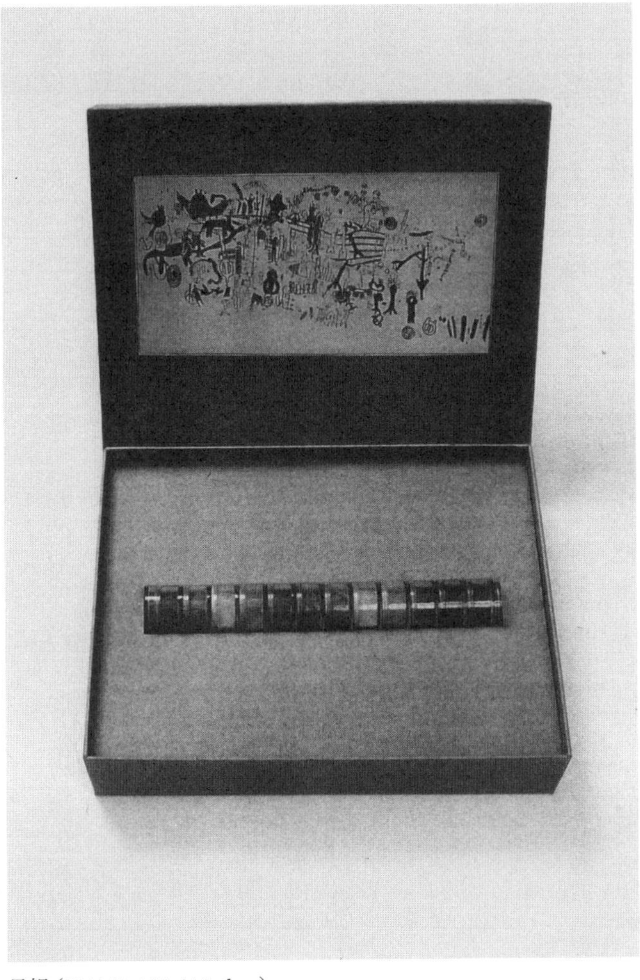

母親（NAMA-MA / Mother）
附有標籤的訂製紙板盒（10”×13.25”×2.5”）；複製在圖紙上的烏魯魯（Uluru）山洞壁畫；裝在化妝品容器裡的泥土，收集自帕潘亞。
1991年策展

來源

「『起源』（origin）一詞不是指一物進入存在的形成過程，而是指從變化和消失的過程中浮現的事物。起源是生成變化之流裡的一個漩渦。」

——班雅明

蘇珊．席勒把二十二個紙板盒帶至佛洛伊德博物館。盒子打開著（裡面是一系列的收藏品），陳列在一樓一間房間牆邊的玻璃陳列櫥裡。它們評論佛洛伊德的考古學，重新探討他的主題：記憶與遺忘、古董、病痛、喜劇、治療、死亡、男性、女性、原始、文明、光亮、黑暗、希臘史與猶太史、進步、重複……他的世界。她的世界。

「這是我，展示著一套漂亮的洋裝。」*

考古收藏盒：盒子打開著，用支撐物撐著，裡面有著圖片和書寫。盒裡放著東西，通常是放在小凹隔裡。每個盒子都有一張卡片作爲標示，卡片以博物館的風格印刷，上面記錄著盒子的精確尺寸、內容物的來源、內容物的描述和內容物的組合日期：一九九二年收集，一九九二年建檔，一九九三年採樣，一九九四年編輯……研究、安置、彙編、整合、分類、裝盒。

其中一個題爲「母親」的盒子放著烏魯魯——卽澳洲的愛爾斯岩（Ayers Rock）——原住民山洞壁畫的複製品，還有十二個透明的化妝品小容器。每個小容器裡裝著不同顏色的土壤。這些「在地土壤」（Native earths）是用來畫壁畫和（如那些小容器所示的那樣）畫臉的。這些泥土暗示著一個持續中的過程，標誌著起源、大自然、身體和親屬關係……「古代」與「現代」都在當代。

一個可移動的夢想實驗室。

解藥（PANACEA / Cure）

附有標籤的訂製紙板盒（13.25”×10”×2.5”）；報紙廣告的影本；一本名爲《喬安娜·索斯科特傳》的書籍，由藝術家以照片、花和剪報加以注釋和延伸；由藝術家加上的封面。

283

＊譯注：此處指的是蘇珊·席勒把她在佛洛伊德博物館的展覽比作一套漂亮的洋裝。

一九九一年建檔

盒蓋裡是一則刊登在一九七七年《倫敦晚報》的廣告，萬靈丹協會（Panacea Society）在廣告裡宣稱：「直到**主教們**打開**喬安娜**封存的作品**箱子**前，**犯罪**、**強盜**、**邦國困苦**與**困惑**將會持續下去。」

「這是另一個夏天，地點是維也納附近。」

喬安娜．索斯科特是十八世紀的先知，原定是要生下彌賽亞。但她沒有生，卻在死後留下一個密封的箱子，裡面全是她寫的東西。這箱子只能在英格蘭和威爾斯二十四位主教舉行的主教會議上方可打開。（這本展示的書裡被加入了些什麼注解？）

重生與轉化的源頭。「這個女人想要什麼？」她密封的箱子，她密封的書，她密封的話語。她的解藥，用來治療……。

「這些只是候診室的照片……」

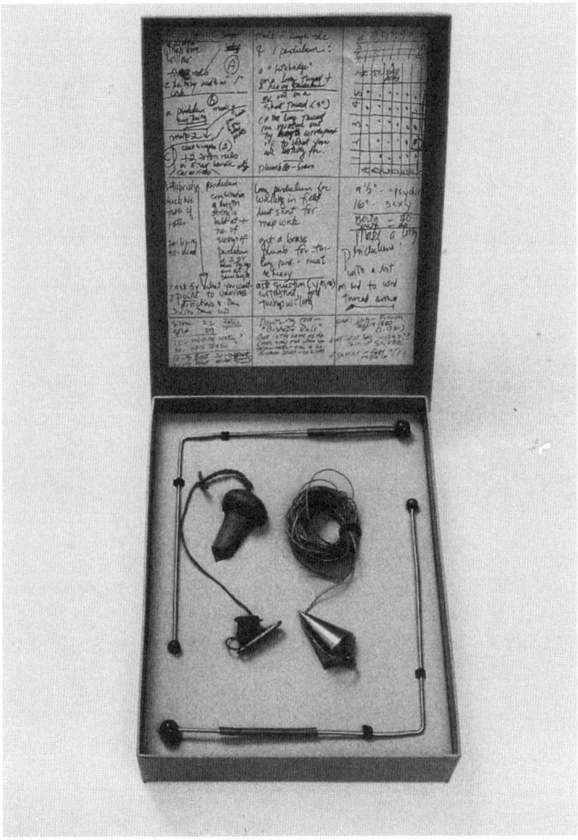

水巫術（VIRGULA DIVINA / Water-Witching）

附有標籤的訂製紙板盒（13.2”×10”×2.5”）；藝術家做的尋水術筆記的影本*；藝術家手工製作的占卜杖；兩個擺錘，其中一個是手工製作。

1991年展示

* 譯注：這裡的「藝術家」指蘇珊．席勒。「尋水術」是一種尋找地下水的占卜法。

「**水巫術。**」藝術家的占卜杖、細繩與擺錘。蓋子裡是她的尋水術筆記。

在其他的盒子裡，我找到了希臘的遺忘河（Lethe）、記憶河（Mnemosyne）和哀傷河（Acheron），它們裝在用軟木塞塞住並繫上老式標籤的瓶子裡。「**入會／開始**」。**來源**。我們怎麼知道水何時才會出現在地底下？我們要從哪裡挖起？

他的房間：小雕像石筍般在桌面上到處林立。埃及的、希臘的、羅馬的、亞述的和亞洲的……（在他維也納書桌的照片裡勉強看見兩只成聖杯，其中一只刻有「十誡」石板圖案。）書架上擺設著一艘古埃喪葬船。

她的收藏品：美國印地安人的古陶器碎片（裝在塑膠袋裡的）；一堆箭頭和（複製的）馬雅象形文字；一捆非洲武器（爲觀光客製作的）；北愛爾蘭六郡的泥土。

這些東西是從哪裡來的？他挖掘出很多長埋地下的東西，而她……

房間

蘇珊・席勒在美國出生和受教育，在墨西哥、貝里斯和瓜地馬拉進行馬雅考古學和民族學的田野工作。她在一九六〇年代晚期搬到倫敦追求藝術事業的發展。

乳牛女郎

附有標籤的訂製紙板盒（13.25”×10”×2.5”）；不法之徒珍妮・麥特卡夫的複製照片；兩個母牛形狀的奶油瓷壺。

一九九二年建檔

在移民地中，她認識了一種對女性的新誹謗：「母牛」。在美國，母牛只代表牛奶，水壺或持家。在倫敦，這位美國不法之徒抱著她的槍／她的奶油壺。

喜劇（KOMOIΔIA / Comedy）

附有標籤的訂製紙板盒（10”×13.25”×2.5”）；維多利亞時代有詩插圖的影本；現代英國玩具；兩個幻燈片閱片器，各有一張魔術燈籠複製品的幻燈片。

一九三二年組織

盒蓋裡面是「潘趣與裘蒂」木偶劇的維多利亞時代圖片。下方印著：「看過來——一場爭吵開始了。來看看他們如何揮舞他們的手杖……殘忍的潘趣殺死了裘蒂……真是調皮……」

284

盒子裡放著兩個現代的木偶，裘蒂沒拿手杖。

「我不認爲我是傳記的好對象——『事蹟』不足！幾句話就可以把故事說完：她的一生都花在孩子身上。」

——安娜・佛洛伊德

房間裡保留了她的工作空間：一張輕型寫字桌和一部大織布機。筆記本、羊毛與剪刀，精神分析躺椅。靠著一面牆的幾個玻璃櫃裡放著紀念品：書本、相片和一只胸針……

博物館小冊子的標題：「安娜・佛洛伊德：她的生平和工作。」

「一九二三年，佛洛伊德開始受癌症所苦，愈來愈依賴安娜的照顧與護理。後來，當他需要到柏林接受治療時，她陪伴著他。他的病也是成立『祕密委員會』（Secret Committee）的原因，以保護精神分析免受攻擊。安娜是成員之一，而她和其他成員一樣，得到一枚戒指作爲信任的象徵。在父親過世後，她把戒指改製成胸針。這只羅馬風格胸針刻著朱比特坐在寶座上接受勝利女神加冕，米娜娃女神（Minerva）在一旁觀禮。」

285

從一樓的窗戶，我瞄向沐浴在陽光中的花園。花園不開放參觀。室內燈柔和，地板和樓梯都鋪著地毯……走廊另一端傳來三個聲音：一個是沃勒克的聲音（一部基於維也納山坡路十九號佛洛伊德故居的照片拍攝而成的紀錄片），第二個是佛洛伊德的聲音（出自他向英國廣播公司介紹自己成就的訪談），第三個是他女兒安娜的聲音（這是她爲佛洛伊德家家庭錄影帶所做的旁白）。

餐廳的部分：「……漆過的農莊風格家具是從安娜・佛洛伊德和桃樂絲・伯靈翰在奧地利賀克羅得（Hochrotherd）的鄉間別墅搬過來的。餐廳裡也有一幅繪畫阿爾卑斯山山區的油畫：佛洛伊德過去喜歡在該山區渡假，在他喜愛的鄉村地區散步。」

「後來她談到這個時期時說：『當時在維也納，我們都興奮極了——充滿了活力，彷彿正在探索一整個全新的大陸，而我們正是探險家。』」

禱詞（Euch / Prayer）

附有標籤的訂製紙板盒（10”×13.25”×2.5”）；複製的地圖；在瓦提亞（Vathia）附近的冥世入口處找到的馬賽克方塊石的和現代大理石板。

一九九一年呈現

家庭錄影帶

她的聲音從隔壁傳來。

在半透明的簾子前方，有一個電影螢幕，畫面閃動著。花園被遮掩住。「這位是寶拉，我們的管家，她仍然與我們在一起……」*

星期天探望他母親的畫面。「正如你們看到的，她有一頭漂亮的白髮……」瑪莎・佛洛伊德

* 譯注：這是安娜・佛洛伊德爲家庭錄影帶所做的旁白。她正在介紹出現在錄影帶中的管家寶拉。

第十一章　移民
Immigrant

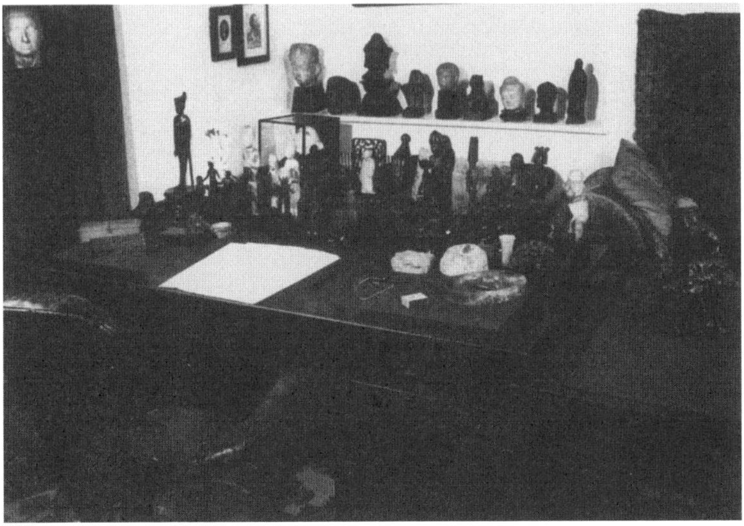

和妹妹米娜・伯納斯。* 佛洛伊德和他的「愛犬」——鬆獅犬「喬非」（Jofi）。

「我的父親不喜歡被照相，通常會板著臉。」

在花園裡，佛洛伊德愉快地與從羅馬來的一位朋友聊著考古學。「這是另一個夏天，地點是維也納附近。」訪客們帶來了禮物——這個場合是佛洛伊德夫妻結婚五十週年紀念。「然後你會看到……」

他的姊姊，後來死於集中營。（她的手放在他的大腿上。）

地獄（ADHS / Hades）

附有標籤的訂製紙板盒（10”×13.25”×2.5”）；艾菲拉（Ephyra）的「招魂所」（Necromanteion）附近拍攝的照片的影本，內容是死亡神諭和珀耳塞福涅及哈迪斯的聖所；從阿克戎河（Acheron）汲取的河水，這水被放在密封和貼上標籤的化學燒瓶裡。

一九九三年調查

一台家用攝影機漫遊在充滿陰影搖曳的花園中。一些靜止的照片畫面：「這是我父親小的時候……這是我祖母年輕的時候……又是我父母親在一間租來的夏季渡假屋裡……」

瑪麗．波拿巴王妃（Princess Marie Bonaparte）——她是大部分這些影片的拍攝者——坐在佛洛伊德的候診室裡。

山坡路十九號。卐字符號（Swastikas）。維也納群衆。† 「有些是外地人……」

在前往倫敦的路上，她父親裹著毛毯，病弱無力。在瑪麗．波拿巴巴黎寓所的陽台上。佛洛伊德新養的鬆獅犬「魯恩」和王妃養的鬆獅犬「大同」碰面。捲曲的狗尾巴搖擺著……他面無表情。

倫敦：小北京狗「珍寶」。「我們希望我父親會喜歡牠，把牠當成暫時代替品。」（她像是在

* 譯注：瑪莎是佛洛伊德的妻子。這裡指的是錄影帶出現瑪莎姊妹的畫面。

† 譯注：這裡指的是納粹群衆包圍佛洛伊德的維也納寓所。

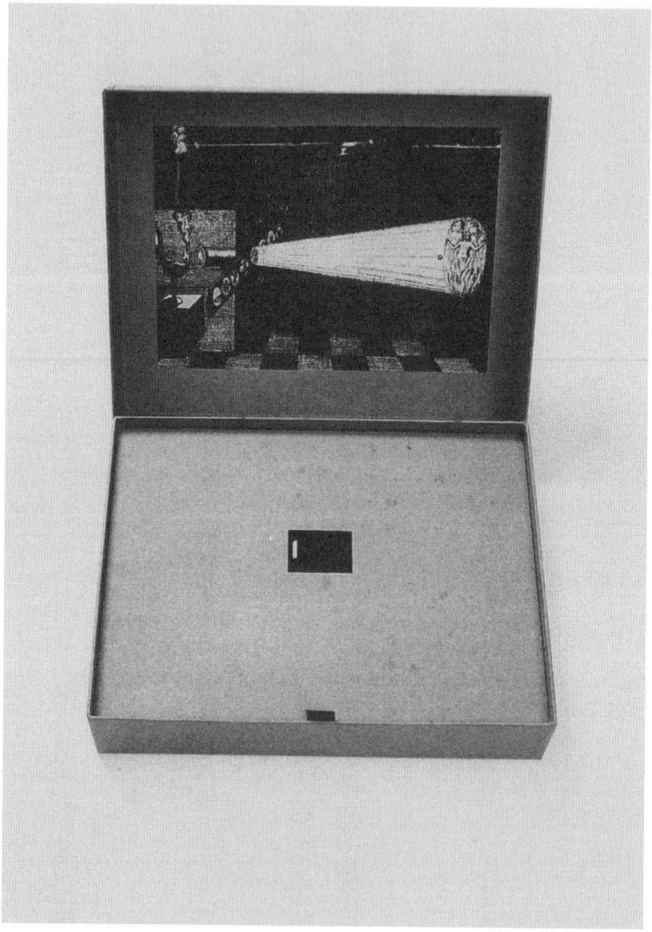

研討會（SÉANCE / Seminar）

附有標籤的訂製紙板盒（10”×13.25”×2.5”）；基爾學的1671年版畫《光線與陰影之極高藝術》的影本；知名的雕刻作品「光與影」；迷你的液晶電視正在播放藝術家稱之爲《明亮的陰影》節目。

1994年編輯

談一位小孩似的。）不過他卻對正在檢疫中的「魯恩」情有獨專。鍾斯（Ernest Jones）* 在畫面中露了一下臉。

「愉悅」（Simchas / Joy）。

在佛洛伊德博物館中找到的顯微鏡和魔術燈籠透明膠片：麗蠅、蒲公英、鳥喙、皇室家族、海角一樂園（Swiss Family Robinson）、英雄（海岸巡防隊）、白雪公主與七矮人、非洲米老鼠……

289

馬斯斐德花園路二十號：更多的訪客，「最後一次生日」……在戶外被眾人簇擁著，坐在一張類似小沙發的椅子上。有人接近的時候，他會點個頭。

畫面顫動。

* 譯注：佛洛伊德的忠實追隨者。

馬斯斐德花園路二十號的女性：瑪莎・佛洛伊德、米娜・伯納斯、安娜・佛洛伊德、寶拉・菲希特爾和桃樂絲・伯靈翰（安娜的「美國同伴」）*。

家常的（HEIMLICH / Homely）

附有標籤的訂製紙板盒（13.25”×10”×2.5”）：不列塔尼死亡天使的影本；強尼雷唱著「天使望鄉」（Look Homeward Angel）的四十五轉唱片。

一九九四年參考

歡樂（*Freude*）。† 他站在花園裡歡快地迎接皇家學會的代表，把自己的名字簽在一本大本子裡。（她說）他很高興看見他的簽名在達爾文的附近。

跨越

一台迷你電視嵌在她的其中一個盒子裡，播放著稱爲《明亮的陰影》的節目。

清晰（*Lucid*）：佛洛伊德拒絕注射嗎啡，到最後才要求給他致命的一劑。

「……所有事情都急轉直下。一個惱人症狀就是傷口散發的臭味，因此當他最喜愛的鬆獅狗被抱來探望他時，牠卻因爲害怕而躲到房間的角落時，這是一個令人心碎的經歷，揭示了病人已經抵達的程度。他愈來愈虛弱，大部分時間都待在書房裡臥床，因爲從那裡可以看到花園裡他心愛的花朵。」

「清晰的」（Lucid，拉丁文是*lucidus*，即明亮，清澈之意）……在天文學中形容肉眼可以看見的星星。

* 譯注：桃樂絲．伯靈翰（Dorothy Burlingham）於一八九一年出生於紐約，爲美國的兒童精神分析師和教育家。桃樂絲於一九一四年嫁給紐約市的外科醫生羅伯．伯靈翰，兩人於一九二一年分居。一九二五年，她帶著四名子女前往維也納，寄望精神分析療法對她兒子的治療。一九三八年她隨著逃避納粹反猶太主義的佛洛伊德一家人一同搬至倫敦，隔年佛洛伊德過世。一九四〇年桃樂絲搬至馬斯斐德花園路二十號的佛洛伊德家中。桃樂絲．伯靈翰與安娜．佛洛伊德在那兒保持了一段同性親密關係，同時也是安娜在工作和研究上的夥伴。她於一九七九年於倫敦去世，骨灰與佛洛伊德家族一同安息在一起，其中包括佛洛伊德，以及安娜．佛洛伊德（於一九八二年去世）。見《維基百科》。

† 譯注：「*freude*」是德文「歡樂」之意。在德語語法中，將名詞單獨使用時通常後面加上「e」。在此，作者將佛洛伊德姓氏（Freud）視作德語「歡樂」（freude）字根看待，以諧音式表達當時佛洛伊德的愉快心情。

苦澀（MOROR / Bitter）

附有標籤的訂製紙板盒（10”×13.25”×2.5”）：一本書的插圖影本；兩本被藝術家修改過的書籍，一本是邁爾卡的《論梅拉人的傳統民族誌》，另一本是哥定的《猶太人與阿拉伯人》。

1993年標識

「……就好像正在探索一整個全新的大陸……」

「瘟疫」（LA PESTE / Plague）。一張照片（透過後視鏡看見）。可以瞥見藝術家本人和倫敦大瘟疫時期間的「警世象徵」（*memento mori*）：倫敦一座教堂墓地裡的石頭骷髏頭。盒蓋裡放著有世界地圖、圖表和「全球愛滋病現況」的數據統計。

崩壞的邊界……

漫遊

「編製」（PLIGHT / Plite）。一幅現代沙畫，畫的是印地安人的錐形帳篷：「用來作畫的沙是來自美國西南部的沙漠和山區。這幅畫耐放，而且可以用柔軟的乾布來除塵。」

「編製」：（過時詞語）及物動詞，意爲編織，編結。例子：「一件多顏色的編製衣服。」

——密爾頓

291

「外皮是透明的，可以讓陽光穿透，光和熱因此可在內部起作用。」

透過他緊閉的眼瞼，一座明亮的花園……

「我漫遊過每一條獲得特許權的街道……」*

走出老街地鐵站（Old Street Station）之後，我沿著城市路（City Road）去到邦希菲爾德墓園（Bunhill Fields Burying Ground）。馬路對面便是「衛斯理禮拜堂和寓所」（博物館）。墓園裡典藏著老倫敦。我找到了布雷克夫妻、班揚和和笛福的墓。還有其他值得一提的人，包括反奴隸制的鬥士、讚美詩作家和一位保險業的創始人。有些石碑被搬來這裡重新安置。

記憶河與遺忘河的漩渦之流。

接著，現代荒原巴比肯區（Barbican）——在那裡「笛福」和「莎士比亞」是高樓大廈的名

---

* 譯注：這是英國詩人布雷克（Blake）的詩句。

"Must all things swing round again for ever? Or how can one escape from the wheel? This was the problem of the blind Samson when he was harnessed to the corn-mill of Gaza; and it should be noted that the term 'corn-mill' was applied in Greek philosophy to the revolving heavens. Samson resolved the problem magnificently by pulling down both posts of the temple so that the roof collapsed upon everyone.
The Orphics had another, quieter solution and engraved it in cypher on gold tablets tied around the necks of their beloved dead. It was: not to forget, to refuse to drink the water of cypress-shaded LETHE no matter how thirsty one might be, to accept water only from the sacred (hazel-shaded?) pool of MEMORY, and thus to become immortal Lords of the Dead, excused further Tearings-to-Pieces, Destuctions, Resurrections, and Rebirths."
Lethe

烈酒（EAUX-DE-VIE / Spirits）

附有標籤的訂製紙板盒（13.2"×10"×2.5"）；格雷夫斯文章的影本；取自遺忘河與記憶河的水，裝在軟木塞塞住和綁上標籤古董瓶子裡。

1993年注釋

字——矗立在人行道上空。寫著「倫敦博物館」的箭頭指向這個巨大複合體的遠處。我沿路只遇到大約六個人，包括一個推著有輪式助行器的老婦人——她低著頭，一寸一寸前進。

漫遊的藤蔓……

「布雷克在一七九〇年母親過世不久後離開了波蘭街（Poland Street）……他與妻子凱薩琳搬進了泰晤士河南岸蘭巴斯區（Lambeth）的海克力士社區（Hercules Buildings）十三號。」

刀屋（CHAMIN-HA' / House of Knives）

附有標籤的訂製紙板盒（10"×13.25"×2.5"）；馬雅人年曆的象形文字、數字和日名的影本；黑曜石石片。

一九九二年收集

「吉爾克利斯特形容這房子是棟樸實無華的單層建築，但根據布雷克晚年一個朋友泰森的回憶，這房子『漂亮而乾淨，有著八或十個房間』，是典型的十八世紀倫敦連棟房屋，其後方有一般的長條形花園。在這個花園長出了一些『漫遊的藤蔓』，而在完全未對其加以修剪的情況下，它們形成了一個涼亭。根據一個儘管已遭正式否認卻仍然無法阻止其流傳的傳聞，布雷克夫婦曾在這個涼亭裡被一位朋友嚇一跳：他穿著伊甸園服飾，全身上下只戴著一頂頭盔（這是畫家里奇蒙提供的細節），全神貫注在大聲朗讀長詩《失樂園》。」

住居／旅行……

「倫敦的人口成長」展覽。根據這展覽的介紹，倫敦是一個外來者的城市，最早進住的是羅馬人、薩克遜人、維京人、諾曼人，然後是一波接一波的歐洲人、亞洲人、猶太人、胡格諾派教徒、愛爾蘭人、阿拉伯人、塞普勒斯人、拉丁美洲人……近年則是前殖民地人民的湧入。

在倫敦博物館，我拿起一隻電話聽筒，裡面有一位婦女的聲音回憶她在一九五五年從牙買加來到這裡時的往事。她說，她來到的第一天望向窗外時，驚見在開挖馬路的竟然是白人男性。

明信片：一個帽子上別著一艘模型船的十八世紀黑人商船水手和街頭歌手；一些爭取女性投票權的鼓吹者，其中有一位是印度公主。博物館的門廳在舉行倫敦的西班牙猶太人巡迴展，其他站點有希臘、摩洛哥、西班牙、伊拉克、印度、瓜地馬拉……

離開巴比肯區朝聖保羅大教堂走去時，我又遇到了先前遇過的老婦人。她還是彎著腰，扶著助行器向前走。她始終沒有抬頭。她要去**這個世界的哪裡**？

收集

安娜・佛洛伊德經常旅行，前往美國。

蘇珊・席勒經常往返愛爾蘭、希臘、澳洲和美洲原住民地區……她收集不具明顯價值的東西。供觀光客買的藝術品、陶器碎片、玩具、被人遺忘的書籍、石頭、泥土和水。她既是考古學家也是朝聖者，是收集未來的拾荒者……在希臘的德爾菲（Delphi），她收集卡斯塔利亞泉（Castillian Spring）的水；在愛爾蘭，她的瓶子裝滿聖布麗姬井（Well of Saint Brigit）的水；她從澳洲帶回來「在地土壤」。

哪裡（在這個世界上）是她的收集來源？

「苦澀」。「以色列家庭」（Famille Israéite）。* 上面有一句阿拉伯文。一張老照片展示了阿拉伯猶太人的安詳姿態：兩位包著頭布的蓄鬍男子；兩個嫻靜的小孩；一位面無表情的女子，她披著圍巾，身穿花色豐富的連衣裙。

在另一個盒子裡……白人愛國分子向深膚色的猶太人扔擲石塊：複製自小冊子《羅馬尼亞的猶太少數民族》裡的一幅照片……「顯示出種族淨化場面」。血統與「新歐洲」。一個裹著毯子的垂危男子。英吉利海峽。

「如果摩西是埃及人……」†

她說，佛洛伊德從維也納出發，像一位朝聖者一般……尤其是到了羅馬。在羅馬，他發現

* 譯注：請參考題爲「苦澀」的「盒子藝術」的圖片。「以色列家庭」是印在盒蓋裡照片的標題。
† 譯注：語出《摩西與一神教》。

了心靈的「內在」意義和考古學意象。她說她自己的旅行也是一種朝聖。

朝聖：一種長期以來都向女性開放的活動；接近觀光（她買的許多旅行紀念品提醒我們這一點）；作爲重複的發現（discovery as repetition）*。

295

「我的父親和母親，再次……」

佛洛伊德收集世界，收集它的起源及其歷史。他的書桌上有一尊他深深喜愛的古埃及人像……「所有東西都被去脈落化，」她說。「被放在『爲某個世代的一個歐洲人所擁有』的處境中。當然，我也意識到，連我自己的收藏到最後看起來也是這個樣子。」

「……在生成之流中的漩渦。」

她收集紀念品、廢棄物和祕密，把這些東西都帶到他家†，放在他的物品之間。她打開的行李箱。

安娜．佛洛伊德經常旅行，前往……

諸多世界

在馬斯斐得公園路二十號外頭，午後的陽光讓英格蘭花園長出新葉。

歐洲似乎與加州相隔遙遠。在加州，我住在一個向西和面朝東方的海灣。

在記憶與遺忘的盒子裡，裝滿了我們的物品。

我在紐約長大，倫敦曾是我的來源。可如今……

利瑪互利花園（Limahuli Gardens）：那裡長著夏威夷考艾島（Kaua'i）的原生植物。

* 譯注：這裡意指朝聖常常是重複前往一個地點。
† 譯注：在此意指佛洛伊德博物館。

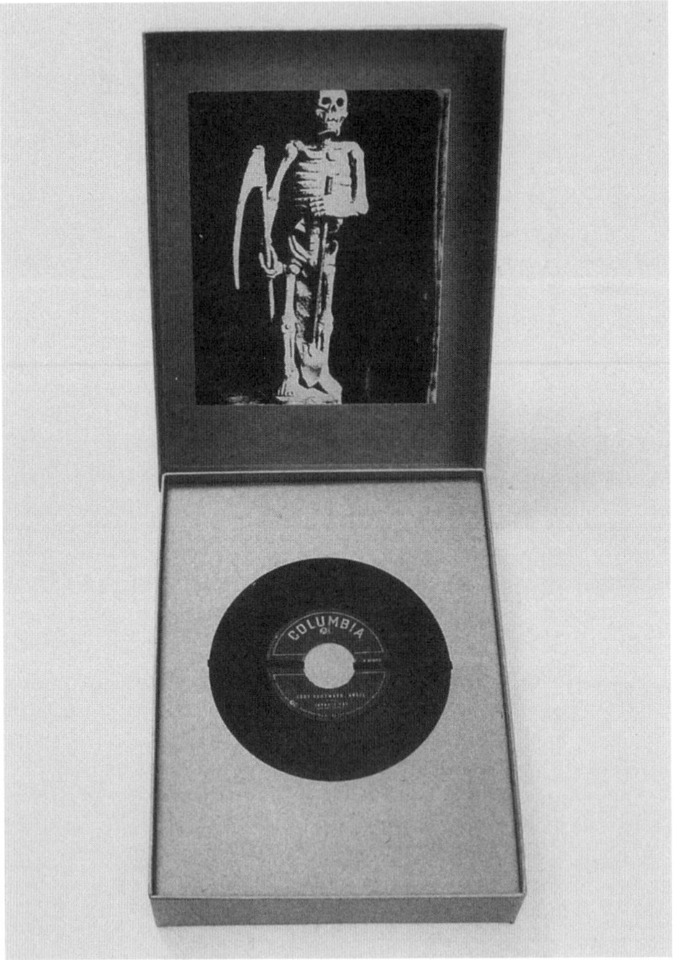

家常（*HEIMUCH / Homely*）
附有標籤的訂製紙板盒（13.25"×10"×2.5"）；不列塔尼死亡天使的影本；強尼雷唱著「天使望鄉」的四十五轉唱片。

1994年參考

法國南部的一棟房子、樹木和一口泉。
埃及夜鷹的歌聲。

還有棕梠樹、南洋杉松木。新喀里多尼亞（New Caledonia）的延根河谷（Valley of Hienghène）。

我告訴我的美拉尼西亞導遊：對我來說，這些住所似乎奇怪地空蕩蕩的……而周遭環境（habitat）卻是如此豐富，這般細心呵護。他頓了一下之後說：「嗯，這就是家。」 297

接著他大手一揮，把樹木、河流、微風、石頭、群山收攬進來——以及那些已故的人。

資料來源

Boxes: Susan Hiller, installation at the Freud Museum, 1994. Photos courtesy of Book Works. From Susan Hiller, *After the Freud Museum* (London: Bookworks, 1995).
Sigmund Freud, quoted in Norman O. Brown, *Apocalypse and/or Metamorphosis,* 182.
Walter Benjamin, *The Origin of German Classic Drama,* 45.
Anna Freud, quoted in Robert Coles, *Anna Freud: The Dream of Psychoanalysis,* 3.

From "Anna Freud: Her Life and Work" and "Freud Museum." Orientation pamphlets, Freud Museum, London.

Anna Freud: video commentary on family movies at the Freud Museum.

William Blake, "London," from *Songs of Experience.*

Kathleen Raine, *William Blake,* 63.

Ernest Jones, *The Life and Work of Sigmund Freud,* vol. 3, 245.

Susan Hiller, *Thinking about Art: Conversations with Susan Hiller;* ed. Barbara Einzig (forthcoming).

Sigmund Freud, *Moses and Monotheism,* 17.

Jean-Marie Tjibaou, Valley of Hienghène, New Caledonia.

所有其他引用皆出自佛洛伊德博物館中蘇珊・席勒的盒子。

明信片：佛洛伊德收藏的埃及葬禮船；佛洛伊德博物館中他書房裡的書桌。經館方同意使用。

感謝艾森和米勒協助進行這項實驗書寫。

阿留申（Aleut）海上獵人的帽子，源出烏拿拉斯加（Unalaska）。1829年由奧斯古德船長（Captain William Osgood）贈予美國麻省塞勒姆市的皮博迪博物館（Peabody Museum）。這頂帽子以彎曲的木頭和海象鬍鬚製成，塗以紅色、綠色、黃色、黑色和藍綠色。帽子上飾有象牙鳥、貿易珠，並雕有及鑲嵌的金屬耳（或眼）。帽子的形狀顯示它當年可能被用作面具，將佩戴者與移動的掠食性海鳥以及宇宙周期聯繫在一起（Black 1991）。塞克斯頓拍攝。

第十二章　羅斯堡的沉思

果園

這果園坐落在一片面西的山腰上，堡壘在其下方展開。更遠方則是波光粼粼的大海。一八五〇年之前，在這塊俄國屯墾地所畫的油畫和素描，都是從這個位置繪製的。畫家們大概是坐在果園正下方的某處動筆的——大概是坐在其中一棵未經修剪過的大洋梨樹下。但這些洋梨樹在當時是新栽種，應該還不能提供多少樹蔭。那些畫家也許還有梨子可吃。

他們的畫作顯示出一個被柵欄圍牆圍封的空間，兩個角落各有一座槍樓，第三個角落有一間小禮拜堂。好幾棟有淡紅色斜屋頂的大型木屋錯落在圍牆的附近。堡壘外有些簇聚在一起的較小建築物、一些用籬笆圍起的田畝和一座風車。這些建築沿著一座斷崖延伸，下方有小徑通往一個小灣和一片小沙灘。

一九九五年，從老果園看過去，堡壘的主結構變化不大。它們經過了精準的重建。四周的房舍不見了，多了一些新的大樹：尤加利樹和柏樹。可以看到這些樹後面有一個停車場。一條柏油道路——加州一號州道——在其前方蜿蜒而過。

導覽手冊說果園興建於一八一四年，剛開始種的是雙桅船《奇里科夫號》（*Chirikov*）從秘魯引進的桃子。接下來幾年，《庫圖其夫號》（*Kutuzov*）從秘魯運來了更多的桃子，也從卡梅爾（*Carmel*）的西班牙人傳教站運來了葡萄（卡梅爾位於羅斯堡以南一百五十英里）。接下來三十年，有更多果樹種子和接枝來到這片位於上加州（Alta California）的俄國屯墾地：梨子、蘋果、梅子、長青苦櫻桃和無花果等。它們眞正的產地並不是很淸楚，但路線絕對是多種多樣：有從歐洲和俄國引進來的，透過海運繞過合恩角（Cape Horn）去到阿拉斯加，再到俄羅斯殖民地；有沿著智利、秘魯和西班牙加州海岸線北上的；有用船隻從美國東岸運來的（後來改用馬車載運跨越美國大陸）。

到了一八四二年，當俄美公司棄守羅斯堡時，果園已經占地五英畝，由本地的印地安工人照顧，部分由八英尺高的木板圍籬包圍起來。一間房屋的位址隱約可辨，可能是羅斯堡最後一位指揮官羅賀夫的俄式鄉間小屋。貫穿十九世紀的中期與晚期，果園是由購得羅斯堡的德國裔和盎格魯裔加州農場主維持與擴張——他們先是從俄國人手中購得羅斯堡，後來又從墨西哥人手中購得（墨西哥人一度將舊金山以北的索諾瑪〔Sonoma〕地區海岸線劃入他們的領地）。一九〇六年，產權轉移給加州政府。同年，座落在聖安地列斯斷層正上方的果園受到大地震的嚴重破壞。坍方導致許多樹木被連根拔起或是掩埋。之後這裡被人冷落，直到一九七〇年代晚期才出現了一個主要由地方志工發起的保育計畫。

目前，這座「俄羅斯果園」有人除草並設有防範鹿隻闖入的通電圍籬。有些老蘋果樹與洋梨樹被接枝繁殖出來的新的「女兒樹」(daughter tree)圍繞。七根有編號的柱子請遊客參考導覽手冊中的解說——手冊可在「羅斯堡州立歷史公園遊客中心」取得。果園看起來並沒有很多人參觀（到入口處之後還得先打開一把號碼鎖才能進入），基本上給人一種未經整理、處於長眠狀態的感覺。

對於果園還有沒有剩下俄國人親手栽種的樹木、有的話又是哪些，一直有些爭論，而且無疑有著一廂情願的想法。不過有些樹木看起來還眞有點像。導覽手冊上指出，幾棵三十五英尺高的洋梨樹「有可能」是種於一八四一年之前。還有一大叢常青苦櫻桃（它們因爲是硬木而免於腐爛）也被認爲與俄羅斯人有關，因爲據傳它們的果實會被用來增加羅斯堡伏特加酒的風味。老橄欖樹「或許」可追溯至卡梅爾的聖方濟會修士。所有蘋果樹都是後來出現的，雖然有可能與透過種子和接枝種出來的最早蘋果樹有關聯。一九〇六年大地震中唯一倖存的一棵葛文史坦（Gravenstein）蘋果樹在籬笆附近扭曲地生長著。

上了年紀的老樹都沒有被修剪，它們有時會倒下和生長過剩，長出一層薄薄的青苔。其中有棵洋梨樹至今仍會長出小小圓圓、有沙質口感的果實。就像俄國人的記述一樣，高大的洋梨樹與櫻桃樹被成群地種在一起。土地上的凹洞、一個下陷的池塘和長長的斷層槽記錄著太平洋板塊滑入美洲大陸下面的後果。在斷層槽的壁上，長著一棵很大的老洋梨樹（它的寬度勝於高度），它奇蹟似地在一九〇六年的大地震中倖存下來。在光禿禿的樹枝尖端還看得見幾片暗沉的樹葉，也還有兩、三顆果子——就像皺縮的月亮——舉向天空。

我試吃了一顆從「女兒樹」上掉下來的綠中帶紅的蘋果。粗糙的果皮上布滿斑點，不過還算好吃，酸酸甜甜的。這個滋味讓我回想起自己在美國佛蒙特州一個老果園裡坐在樹枝上吃蘋果的滋味，當我還是個小男孩，都是在那裡渡過夏天。所有這些蘋果到底是橫越美國大陸而來，還是從美東幾個州繞過合恩角而來，就像我一樣是從美國東岸移民到西岸？對在海上航行了幾個月最後到達羅斯堡的俄國人、美國北方人、阿留申人、阿拉斯加原住民或夏威夷旅人來說，這些蘋果吃起來的味道又像什麼？像是土地的味道？家鄉的味道？童年的味道？還是怪異的味道？過去在這裡工作的加州印地安人喜歡這種外來水果嗎？

大海一片空曠。在古老的羅斯堡油畫中，海平線被一艘船划破。在船帆全張的情況下，它看似翱翔在海上，船身大得有點不真實。總是被渴望，總是有船隻在抵達中。

歷史

我在羅斯堡尋找歷史。我想要知道自己在時空中相對於其他人的位置。我們去過哪裡，又正在前往何處？但我找到的不是一個清晰的方向或過程，而是發現了不同的、相互交疊的時間性，它們在不同的方式上都是「歷史的」。聖安地列斯斷層的漫長節奏——它在五千萬年前開始移動——讓一九〇六年和一九九六年幾乎沒有差異。地質時間在規模上是非人的（inhuman），然而它對人類生活的影響卻是直接的、災難性的。霧、水、風、侵蝕，天氣的週期性。一九九五年秋天，當我從俄羅斯老果園向下往海岸望去時，我看到漫天塵土——那是加州運輸局的運土卡車不斷努力阻止「一號州道」滑入海裡時所揚起。植物維持著自己的時間節奏：獨特的生命長度和獨特的繁殖及旅行形式。在動物（包括人類）的幫助下，種子與孢子可以到處散播——例如透過人的毛髮、消化道、手、布料、貨車、船和飛機。細菌與病毒也有自己的歷史，而當它們接觸到與它們長期分隔開的人群時，便會變得有致命性。動物史和人類史交織在一起：在這片海岸，最惡名昭彰的是灰鯨與海獺所受到的對待。牠們曾被獵捕到近於滅絕，但到最近已經恢復生機。最後是通常被稱爲「歷史」的人類時間的混合物，這個大雜燴裡包括：長期的原住民傳統和民俗歷史；部落與國族的盛衰，帝國的盛衰；征服、調適和生存的鬥爭與策略；原住民、探險者和移民的移動，他們與土地、地點與記憶的獨特關係；市場、商品、通訊和資本不斷改變的節奏，它們不斷地把一切組織化與去組織化。

在羅斯堡，我希望透過區域接觸帶中其他人的活動來一窺自己的歷史。作爲權宜之計，我把這個接觸區稱爲北太平洋（但這種稱呼太簡化了）。我想以一種個人的方式提出一些重大而最終無法回答的問題。要從歷史角度思考，我需要既具有全球意識又處於地方情境中。對於將我們聚集在一起的經濟、政治、環境等力量，只有透過特定的地方項目和故事，才能將它們具體化爲歷史現實。這些既不是統一的，也不是最終確定的。歷史現實，即在不重複時間中發生的事情，是一系列不斷變化的決定，而不是一個累積過程或目的論。這至少是我的假設，也是我的期望。羅斯堡是再次進入歷史的一個起點。座落在太平洋的邊緣（我在這一地區住了十八年），它的十九世紀故事從不確定的世紀末看來提供了剛好足夠的「深度」，以幫助理解未來，一些可能的未來。

「我們從哪裡來？我們是誰？我們要往哪裡去？」高更在他最大一幅油畫中提出了這些問題（這油畫的題材是他的想像力裡一個眞實的太平洋地點）。這些問題也是我們不斷對歷史的提問。帶著一種批判和愈來愈大的不確定性，我們也問：誰在問？我、我父母、我的祖父母並不是從中國、日本、菲律賓、墨西哥、瓜地馬拉、薩摩亞、柬埔寨或越南來到這片海岸……我們不記得一個有外地人抵達這片海岸之前的時期。

站在重建過的羅斯堡，我們會感到異樣地意識到，當它的建造者望向太平洋海平線時，他們是在往回望而不是往外望。「感到異樣」是就那些習慣把「新大陸」的歷史發展看成是自東向西發展的人而言。「美國」這個國家空間長久以來都被認爲是向西擴張和（較不正統地）向南擴張。這種朝西望的夢想地理觀的源頭在歐洲的亞洲邊緣與非洲邊緣，是歷幾百年的暴力性和創造性接觸發展而成。這個夢想——一個具有生產力、擴張性、暴力的夢想——有一個目的地：太平洋。在這裡，「西方」臻於極致。在最後一片海洋後便是東方了。

在羅斯堡，即便是「西方」的歷史也是來自錯誤的方向：因爲它是俄國的大亞洲會遇（great Asian encounter）——西伯利亞前沿——的一個延伸，所以並非純然是西方的。事實上，俄屬美洲的打造者很少是純歐洲人，大部分抵達羅斯堡的拓墾者都是西伯利亞人（混合了俄羅斯、克里奧和原住民的血統）、阿留申人和阿拉斯加人。站在加州海岸，想像自己正位於以聖彼得堡爲中心的帝國向東擴張的最遠處，很難不讓人感到神奇。而且會讓人覺得不可思議的，是認識到一八三〇年將背景如此大相逕庭一群人帶到這片遺世獨立海岸，原因是一個以中國奢侈品爲中心的貿易網絡。中國貿易——由盎格魯裔美國人對各種香料、瓷器，和特別是茶的喜愛所助長——大幅改變了太平洋。爲了尋找能在廣州販賣的商品，引發了對檀香木、海參和（在阿拉斯加和加州）海獺毛皮的爭相搶奪。羅斯堡既是亞洲歷史的一部分，也是西方歷史的一部分。

303

它同時也是北半球史的一部分。俄羅斯人在美洲的出現加速了西班牙（和一八二一年後的墨西哥）在上加州的殖民。羅斯堡與卡梅爾、舊金山、聖拉斐爾（San Rafael）及索諾瑪等宗教和軍事中心的關係既緊張又合作。在這裡，一條由西向東移動的前沿遇上了另一條由南向北移動的前沿。此外，透過太平洋的海路，它與南美洲的連結也是具體可觸的。例如十九世紀晚期，其牧場占據了羅斯堡的道地美國人柯爾，便是從威爾帕那索（Valparaiso）帶著他的智利妻子瑪西迪來到索諾瑪海岸居住。

今日，這些泛太平洋或是北半球的參與變得更加有意義。它們預示了某種……隨著今日加州有大量的太平洋與亞洲移民（許多人都有著跨洋的家庭與財務連結），加上加州南部的邊界出現愈來愈多的漏洞，一八三〇年見於索諾瑪海岸各種勢力與人群的混合現象看來不再是那麼遙遠的事。羅斯堡的存在有助於我們跳脫主流的「美國」史觀，爲其他故事、其他發現和起源，以及根源（roots）與路徑（routes）在亞太地區和美洲大陸的美國，騰出了空間。在堡壘到處走的時候，我開始感受到持續存在的在地諸多歷史——它們有著不同的座落，連結於其他的起源和未來。這些歷史訴說當年那些看見帆船劃破海平線的人的經驗，他們的情感與喜悅截然不同。

俄屬美洲

俄屬美洲是西伯利亞的延伸。著名的哥薩克「捕獵商」(*promyshlenniki*)——自雇的獵人和拓荒者——在六十年間從烏拉山開拓至東面鄂霍次克海，遇到太平洋之後也沒有猶豫。* 驅使他們征服西伯利亞的是俄羅斯人所稱的「軟黃金」，也就是海狸、銀狐，又特別是美洲貂的毛皮，在歐洲和中國都能以高價出售。當毛皮動物被捕殺殆盡（這用不了多久時間），獵人們便繼續往前走，走到陸地盡頭，他們再透過其他方法繼續前進。傳言說大海再過去有著陸地。白令在一七二八年和一七四一年的兩次探險中望見了阿拉斯加，並觸及阿留申群島。探險隊在第二次旅程中遭遇船難，沒幾個人能活著回到勘察加半島（白令本人也喪生了）。不過他們收集到了大約九百頭海獺的毛皮，後來在中國市場以九萬盧布的天價賣出。當白令的船員報告阿留申群島的岸邊有大量海獺後，狩獵的競賽便開始了。在接下來二十五年，「捕獵商」們駕駛簡陋的船隻在阿留申群島島鏈追逐海獺，最遠到達阿拉斯加半島和科迪亞克島（Kodiak Island）——這已經距離鄂霍次克海二千七百英里遠了。在一七九九年，俄美公司——一家準國營的民營公司——獲得沙皇授權，取得獨占北美毛皮的權利。在巴拉諾夫積極的領導下，公司總部從科迪亞克島往東搬到更東的錫特卡（Sitka）——當時稱新亞克安奇（New Archangel）。位於更南面的溫帶海岸地區——羅斯堡，杜蘭克爵士將其命名爲新艾倫比亞（New Albion）——成爲了俄美公司最遠的前哨站。

俄屬美洲不是屯墾殖民地，它是一個資源掠奪的殖民地，鼎盛的時期，也只有幾百名俄國人住在那裡。主要的狩獵和探險開發行動都是雇用原住民和克里奧人從事。「捕獵商」常常與西伯利亞原住民通婚，至少是共同居住，這個傳統也延續至美國各個不同階級的俄國人。由此產生了大量的克里奧人口，他們在一個階層式而非二元性和種族性的層級制度裡占有中間位置。這些混血的雇員在少數俄國領導人和專家的指揮下與原住民一道工作。

殖民地強烈依賴組織成大獵團的在地勞工。有些工作需要非常專門的技術。普里比洛夫群島（Pribilov Island）上可以輕易取得成千上萬的海豹毛皮，而設陷阱所能抓到的海狸也像在西伯利亞一樣多。但海獺的捕獵是另一回事，而它是美洲作業的重中之重。海獺機動性強，住在波濤洶湧的近岸水域，通常得從船上用矛射才獵得到。只有阿留申人和阿拉斯加科迪亞克島上的康尼亞人（Koniags，俄國人也將他們稱爲「阿留申人」）擅長此道。阿留申人尤其如此，他們在兒時便訓練使用設計精巧的獨木舟「貝達卡斯」（*baidarkas*）在海面上狩獵，是獵捕海獺的達人。

與阿留申人共事的自雇俄國「捕獵商」很快便學會剝削原住民。他們達成剝削的方法

＊ 作者注：本文〈羅斯堡的沉思〉中事實和詮釋的來源列於文末，而直接引用的文獻則列於本文中。

305

是早期殖民時期常見的手法組合：軟硬兼施、互惠的貿易關係與赤裸裸的暴力手段。有些探險者會進行較公平的交易，有些還會留下來娶妻生子。但也有殘暴的，他們會組織工作隊，把這些徵來的人送去偏遠的海岸線，有時一去就是很長一段時間。阿留申男子被哄騙或被迫參加這些遠征，他們的家人常常被執爲人質。隨著開採資源系統的建立，原住民爲侵入者工作成爲了一種必須的敬意。他們獲得的報酬微乎其微，有時是得到阿留申女人或康尼亞女人生產的物品——她們也被迫爲俄國殖民者做事。島嶼維生模式受到嚴重破壞，有時候這種破壞甚至是毀滅性的。由入侵者帶來的一波疫症奪走大量阿留申人以及阿拉斯加沿岸人口的生命，此種蹂躪一直持續到十九世紀。

到了一七六〇年代早期，原先一向愛好和平的阿留申人受夠了。幾個東部的族群向五艘俄國船發動精心策畫的攻擊行動，摧毀了其中四艘並殺死了大部分俄國船員。他們也受到了典型的報復：烏奈拉斯加（Unalaska）和鄰近島嶼的許多村莊被徹底摧毀，居民受到凌虐和殺害。集體抵抗無法再起。接下來是同化的過程（被迫或自願的同化）：原住民酋長在俄國人的支持下控制了狩獵隊，要求定期供應獵物；個別島民被帶到西伯利亞接受教育和改信東正教，回家鄉後擔任翻譯員或地方領袖。到了十八世紀晚期，在自由派傳教士如凡尼亞敏諾夫（一位重要的早期民族學家／歷史學家與殖民改革者）等人的協助下，幾乎所有阿留申人都成爲了名義上的俄國東正教教徒——他們給這種信仰加上了一個原住民的印記。如同西班牙美洲常見的那樣，這種對基督教的改信雖然不是強迫性的，但卻是以俄國人擁有支配力量和不時行使暴力爲背景。同樣情況也發生在該世紀末俄美公司所創設相對較爲自由的勞工制度：聖彼得堡反覆敦促開拓者要善待美洲原住民，但收效甚微。殖民地地處遙遠、人力不足，又需要去愈來愈遙遠的地區狩獵，凡此種種皆讓它需要全然依賴原住民的勞動力。接續補給的成本高昂，利潤微薄。

沿著美國海岸往南尋找新獵場的行動持續進行，有時會得到新英格蘭商船的協助，巴拉諾夫向這些商船提供了阿留申人和康尼亞人的狩獵隊和他們的獨木舟。充滿敵意的特林吉特人（Tlingit）擋下了在錫特卡以南的水灣和島嶼上進行狩獵工作。英國和洋基的貿易商願意付較好的價錢和按照原住民提出的條件進行買賣，所以受到較佳對待。但是加州再往南的地方，抵抗變少而海獺的數量依然豐富。登上洋基商船的阿留申人一路去到下加州的科提茲海（Sea of Cortez）狩獵。一八〇九年，俄國人第一次帶著他們的狩獵隊抵達了舊金山以北的鮑德加灣（Bodega Bay）。接著在一八一二年，俄美公司因爲擔心西班牙人會有動作，把基地沿海岸往北移至一個更好防守的地點，該地點正是後來的羅斯堡（「羅斯」是「俄羅斯」的簡稱，所以「羅斯堡」卽「俄羅斯堡」）。從這個地點，康尼亞人和阿留申人沿著海岸狩獵，最遠南至蒙特瑞（Monterey）。他們攜著他們的輕型獨木舟橫越馬林半島（Marin Peninsula），到舊金山的大海灣盜獵（舊金山灣只有一個小要塞防守，防衛力非常不足）。

當時羅斯堡被視爲一個永久定居點。雖然成立這個堡壘的主要目的是獵捕海獺（次要是爲了獵捕海狗），但「軟黃金」的供應一直不可能持續下去。想要往南開疆闢土又遭遇到西班牙人的阻擋。到了一八二〇年代，這個前哨站的次要功能——進行農業生產以支應阿拉斯加殖民地——變成了其存在的主要理由。隨著轉向大規模的農耕，俄國人現在需要更大量的當地勞動力。因爲把他們的獵人團隊帶在身邊，俄國人最初並未利用沿岸地區的在地波摩人（Pomos）和米渥克人（Miwork）。雙方雖然不是沒有雖然存在緊張和互相害怕，但關係還算友善。羅斯堡第一任管理者庫斯科夫在爲城堡選址時相中一個波摩人長久聚居的地點米丁尼（Métini）——後來該地的波摩人被稱爲卡沙部落（Kashaya）。庫斯科夫和當地酋長談判，雙方簽訂條約，允許俄國人使用米丁尼的土地。這份文件既在形式上承認了原住民的權利，也讓俄國人可以不用理會西班牙人的所有權主張，「合法」地占有土地。事實上，在面對入侵者的長槍大砲時，卡沙亞部落幾乎毫無選擇。雖然卡沙亞部落自己內部或與鄰近部落之間偶爾也會發生打鬥，但他們並不是好戰的族群。

根據口述傳統，卡沙亞人第一眼看見俄羅斯的大帆船時，以爲那是巨大的鳥靈。直到這些長翅膀的怪異船隻下錨在米丁尼的海灣，開始卸下大砲、補給品和大量的獨木舟，他們才恍然大悟是怎麼回事。或許是因爲看見大帆船會在海平線上出現和消失，卡沙亞人稱這些新來者（不管是歐洲人還是阿拉斯加人）爲「海底人」。在俄羅斯占領這個地區的三十年間，他們與這些新來者進入了貿易和共居的關係，在靠近堡壘之處維持著一個聚落。卡沙亞人是波摩人的一個小分支，人數可能不到一千。他們夏天會住在海邊的村莊，冬天搬到內陸山脊頂端的聚落。他們在沿海一塊三十英里範圍內的地區移動：再往北走過了瓜拉拉河（Gualala River）便是中部波摩人（Central Pomos）的地盤，往南走過了俄羅斯河河口就是海岸米渥克人（Coast Miwork）的地盤。有爲數不少的加州印地安人住在羅斯堡附近。起初，俄羅斯的保護方式、商品交換，以及跟阿拉斯加人和克里奧人的共居，讓很多卡沙亞人（主要是婦女和她們的小孩）住在城堡裡。後來，大規模的農耕與畜牧需要大量的勞力，收成期間尤其如此。當俄國人發現自己人手短缺，便會訴諸武力，闖入較遙遠的卡沙亞人村莊，用槍尖強迫卡沙亞人組成工作隊，並把他們的家人執爲人質以確保工作紀律。

不過這種方法並非首選，透過強制手段（如同西班牙人和墨西哥人在他們的傳教和牧場殖民體系中所做那般）將大量人口留在堡壘內也不實際。一般來說，在羅斯堡工作的印地安人是在一種較有彈性的限制和獎勵系統中工作。在所有殖民者當中，俄羅斯人絕非最壞的。只要殖民地的經濟目標可以達成，他們便不會干涉原住民的文化。他們並沒有肩負開化或傳教使命。跨族群婚姻和克里奧人口的增長是受到鼓勵的。經常被舊金山灣北方白人惡劣對待的卡沙亞人很快便體認到，與俄羅斯人建立聯盟關係對他們相對有利。這個地區的印地安群體彼此間有顯著的溝通和互動。波摩人分爲七個不同的語言群，這些語言彼此難以溝通，但具備多種語言能力的人是很常見的。卡沙亞人和海岸米渥克人有著（至今仍然有著）強烈的貿易和親屬紐帶。米渥克人對西班牙人的殖民系統（和之後的墨西哥人殖民系統）了解甚深。很多米渥克男性曾被迫做苦工，一些米渥克女性曾遭受強暴。這些原住村民被強遷至傳教站，被迫學習西班牙語和改信天主教。即便是受到友善對待的時候，他們也總是面臨壓力，被要求放棄印地安人的生活方式。有關這些殘酷現實，以及入侵者強大的軍事力量和致命疾病的消息，很快便傳開。加州印地安人有充分理由害怕白人的到來。

在羅斯堡，米渥克女性爲數不少。她們許多人是逃到北方這個堡壘來與她們的盟友「羅斯堡的波摩人」會合，尋求保護以避免被西班牙入侵者迫害。她們訴說的故事會讓人膽寒。俄國人至少提供了一個相對安全的地帶，讓人可以不用像在西班牙或墨西哥人的殖民地那樣受盡折磨。事實上，語言學家奧斯華在一九五〇年代收集到的故事顯示，俄國人讓羅斯堡卡沙亞人刮目相看的其中一點，就是他們願意狠狠教訓對卡沙亞女性施暴的「海底人」（很可能是指克里奧人或阿拉斯加人）。在米丁尼，如果遵守某些工作規定，便可以以印地安人的身分活著，有足夠的食物，並且在一個剛被不確定性和恐怖壟罩的世界裡受到一定程度的保護。其他印地安人之所以要住在羅斯堡附近或到城堡內，動機無疑是複雜的。「海底人」有貨物可以交易。他們在文化上很混雜，是你可以談買賣的。

羅斯堡是由一簇簇的屯墾區構成，大部分人都住在柵欄圍牆之外。在堡壘內，總督、他的家人和少數享有特權的俄羅斯人生活在六棟大房子裡，裡面備有生活物資、貿易品、毛皮、武器和火藥。此外還有作坊、辦公室、廚房和一間小監獄。一座東正教的禮拜堂蓋在柵欄圍牆一角。在堡壘外頭，就在小海灣的正上方，一條康尼亞人村莊爲獵捕海上哺乳動物的獵人提供棲身之處——這些獵人在一八二〇年代占了整個地區一半以上的人口。印地安人的聚落零散分布在內陸各處，各種克里奧人，還有低階級的俄羅斯／西伯利亞工人和工匠，則是住在被大型穀倉、風力磨坊、作坊和其他附屬建物包圍起來的另外一簇房子。小海灣那有一個造船場和冶煉場，另外還有一棟對船員和橫越海洋的獵人而言特別重要的建築：蒸氣浴澡堂。

實際居住在羅斯堡的到底有哪些人？首任總督庫斯科夫於一八二〇年進行的人口普查，提供了一幅可靠的圖像。在兩百六十個居民中，有百分之十四點六是俄羅斯人，百分之六點五是克里奧人，百分之五十一點二是愛斯基摩人（一百二十六人是屬康尼亞族，七人是楚科奇族〔Chugach〕），還有百分之二十一點五是加州印地安人。除了這些主要的人群，普查還登記了三位阿留申人、五位來自西伯利亞的亞庫人（Yakut）、四位「三明治島人」（夏威夷人）、兩位特林吉特族人、一位塔內那（Tanaina）的印地安人，還有一人無法識別身分。這種人口比例因年而異，有很多人是來來去去的。克里尼科夫在一八二二年的旅行日誌記載，有一些對現狀不滿的「獵捕商」（中下階級俄國人）開了小差，投奔舊金山南方的西班牙人。他們有些人後來回返被監禁起來。還有些人是短暫停留，他們乘坐的船隻靠泊在羅斯堡的港口或鮑德加灣。一八二二年的五月二十九日，來自加爾各答的東印度公司船隻《黑木女士號》（*Lady Blackwood*）途經此地，船上下來了「一名黑鬼和一位愛爾蘭人」。該「黑鬼」後來證明自己是名優秀的木匠和農人，而這兩種技能都是羅斯堡需之孔急。在再次啟程以前，他修理了一些農具並且打造了兩部打穀機。

住在羅斯堡的印地安人中，有百分之八十四是女性。（之後隨著農作規模的擴大，有更多男性會至少季節性地進住羅斯堡。）一九二〇年統計的四十八名女性中，有二十六人是「來自羅斯堡附近」（卡沙亞人），二十一人是來自南邊（來自鮑德加灣的米渥克人和來自俄羅斯河附波摩族人及米渥克人），一人來自北方的波因特阿里納（Point Arena）。大部分的印地安人女性都與康尼克人或楚科奇人一起生活，只有少數與俄國人或克里奧人一起生活。有些俄羅斯男性或克里奧男性會和克里奧女性、康尼亞女性或阿留申女性共居，這類女性估計有四十七人。在一九二〇年，幾乎所有居住在羅斯堡的印地安男性都是「定罪犯」，因攻擊在他們海岸線狩獵的康尼亞獵人或是殺死俄羅斯人的馬匹而服刑。在該殖民地與沿岸部落的和平共存中，也有懲罰性的一面。

這是一個異乎尋常的社會混合體，由複雜且交錯的族群與種族階層所支配。俄羅斯人位於階層的最頂端，接著是俄羅斯／西伯利亞的克里奧人，然後是俄羅斯／阿拉斯加的克

310

里奧人，其後是各種阿拉斯加人（包括阿留申人），接下來是阿拉斯加／加州的克里奧人，最底層則是加州原住民。這至少是站在最高層者眼中所看見的階層結構。不同階層是如何連結尚不清楚，而不同層級之間想必有不同程度的聯盟。最多的「婚姻」或共居是發生在康尼亞人與加州人之間。這些關係中發生了哪些交換？現在在城堡柵欄圍牆外面所做的考古研究揭露出一些端倪。在現代卡沙亞人的語言中（此語言有若干康尼亞語的發音痕跡），存在著一些俄羅斯「外來語」，是對異種語言歷史（heteroglot history）引人入勝的提醒。這些結盟關係大多是暫時性的。當阿拉斯加人要前去進行長時間的狩獵遠征時，他們的伴侶可能會回到自己的本村等待他們返回。和米丁尼以外的家庭的關係會被維持下去。當俄羅斯人在一八四二年離開上加州時，六名卡沙亞女性陪著她們的伴侶前往錫特卡。在俄羅斯人的記述裡，這些女性是自願離開上加州的，但在卡沙亞人的口述歷史中，她們卻是被迫的。

一八二〇年代，一個叫歐丁那亭（Oadanalchen）的塔內那地區阿達巴斯肯人（Athabaskan）在羅斯堡工作了一段時間。他回到阿拉斯加的庫克灣（Cook Inlet）之後更名爲尼古拉．開立福斯基（Nikolai Kalifornsky），並在家附近建立了一個以自己姓氏爲名的村落（這姓氏的意思是「來自加州的」）。一九七九年的三月，他的曾曾孫彼得．開立福斯基（Peter Kalifornsky）造訪羅斯堡歷史公園，並以貴賓的身分在卡沙亞人的史都華峽保留區（Stewarts Point reservation）過夜。他爲東道主唱了一首他的祖先在羅斯堡工作時因思鄉之情而創作的歌曲。當年，歐丁那亭是一邊用從家鄉帶去羅斯堡的泥土摩擦自己腳底，一邊唱著這首歌（Kalifornsky 1991:253）。

Ki'quke sha nuntalghatl'.
Quint' a hk'u, qildu ki.
Shesht'qelani.
Shi k'u ki.

又一個黑夜籠罩著我。
也許我們永遠無法回到家。
但盡你的所能地活著吧。
那正是我所做的。

諸多歷史

我們對「羅斯堡／米丁尼」接觸區的經歷了解的非常不平均。到訪的俄國人和其他歐 311

洲人留下了豐富的紀錄。這些紀錄，加上各種公司文件，讓我得以勾勒出先前概述的歷史。訪客們讚揚遺世獨立的羅斯堡的好客和熱情，也提供了一些有關加州原住民和原生動植物的若干可靠資料。這些記述主要是代表了一種立基於城堡柵欄圍牆內或船甲板上的觀點。但羅斯堡的大部分生活是發生在柵欄圍牆的外面或四周。在這方面，不同的歷史痕跡——文獻上的、考古學上的和口述的——就比較零散了。來訪的康尼亞人、楚科奇人、阿留申人和阿達巴斯肯人等航海者的經驗是最爲模糊的。俄羅斯觀察者可能對這些來自阿拉斯加的族群過於熟悉，因此對他們在堡壘內的社交生活的紀錄微乎其微。

卡沙亞人的口述歷史包含著對羅斯堡經驗的第一手記述，這些故事反映出印地安人的觀點與批判性感情。這些口述歷史有些被收錄在《卡沙亞文本》（一九六四）中，它們被轉寫成卡沙亞文字後再由語言學家奧斯華翻譯成英文。兩位耆老——詹姆斯（Herman James）和派瑞許（Essie Parrish）——提供了大部分的神話、不尋常或超自然的故事、民間歷史，雜以歌曲、菜譜、預言和談話。奧斯華在一九五八年收集這些文本是爲了搶救一種垂死的語言，也是要爲民俗學和歷史學提供資料來源。今日，它們被卡沙亞人和其他部落視作地方傳統的基礎、新興的卡沙亞「文學」的靈感來源，爲更大範圍的觀衆提供自我民族誌式再現（autoethnographic representations），以及他們與白人人類學家及語言學家一種特殊接觸關係的產物。

奧斯華將那些符合西方歷史本體論的故事——在非循環時間中發生的事件和沒有超自然力介入的事件——歸類爲一個題爲「民俗歷史」的章節。（他指出卡沙亞人不會把這類故事和他歸爲「超自然類」的故事區分開來——「超自然類」包括一些不尋常事件，而不是神話。）在原則上（有時也在實際上），民俗歷史和西方的編年史是不相抵觸的。費里斯曾經主張，這些口述歷史不應被視爲次於書面紀錄（Farris 1989a）。爲了證明這一點，他把詹姆斯和派瑞許對一件事件的講述和同一事件的檔案記錄加以比較。一八三三年，哈德遜灣公司（Hudson's Bay Company）的一支大型獵捕遠征隊在沿著海岸北上時途經羅斯堡／米丁尼。這支遠征隊聲勢浩大：一百六十三位男人、女人和小孩帶著四百五十四馬和騾子，出現在山頂上，剛升起的太陽在他們背後，一行人行經卡沙亞人的村莊，彷彿無窮無盡。「他們連綿不斷……」派瑞許和詹姆斯敘述裡充滿驚奇、恐懼和好奇。他們談了許多這些陌生人說話、衣著和行爲舉止的細節，又指出當時有一位卡沙亞人在遠征隊附近釣魚，被遠征隊抓了起來扣留一天。詹姆斯還說：「就連海底人也感到害怕，他們還沒有開口要求就提供食物給他們」（Oswalt 1964:253）。我們有理由認爲這裡所說「海底人」是指堡壘中的阿拉斯加人和克里奧人，因爲俄羅斯人早知哈德遜灣公司的隊伍會經過這裡，也只好在不情不願的情況下批准他們通行。費里斯做出結論：「從『海底人』和卡沙亞人的類似反應可以看出，白種歐洲俄羅斯人的少數統治階級和一般民眾有多麼疏遠」（Farris 1989a:479）。

卡沙亞人的口述歷史比遠征隊高層的日記對遠征隊有更具體和更細緻的描述，後者對羅斯堡的聚落幾乎沒有著墨。因此，卡沙亞人的口述文本是「好的歷史」，提供了事實資訊並且讓人可以一窺印地安人對「早期接觸」事件的反應。「民俗歷史」傳統上被定義爲那些可以透過獨立資料來源（通常是文字記載）來驗證和確定歷史「眞實性」和日期的故事。派瑞許對有關第一次看見俄羅斯大帆船的故事（他說大帆船遠遠看來就像巨大的鳥靈）明顯是指涉一件眞實的「歷史」事件。詹姆斯對俄羅斯人是如何種植與碾磨穀物的描述非常特別。它們反映出願意仔細觀察和學習的心態也就是在這種情況下，學習如何食用麵粉製的食物。不過新習尚不會也不應該排斥舊習尚。詹姆斯這樣結束他的故事：「後來，當（俄羅斯人）住了一段時間之後，（印地安人）也開始吃麵粉了。他們也繼續照原來的方式吃玉米粉」（Oswalt 1964:269）。學習是雙向的。一個講述兩位「年輕海底人」在雨中被凍死的故事，以卡沙亞人的智慧傳達給新來乍到的俄國人，教導他們如何在沿海的潮濕氣候中保護他們的身體。

這些故事除了記錄下歷史事件，還具有教育目的。那些講述俄羅斯人嚴厲鞭打虐待自己妻子的男人的故事傳遞出明確的警告，另一個發生在俄羅斯人離開幾年後的一件事件也有同樣的效果（奧斯華把這個故事定名爲「私刑」）。話說兩位印地安年輕人殺死了一個白人，兩個人都以爲對方被抓了，所以都向白人自首，並立刻被吊死。故事的結尾指出，面對人數愈來愈多的屯墾者，印地安人的報復威脅愈來愈軟弱無力。（這裡所說的「白人」是指後來來到羅斯殖民地的美國屯墾者。印地安人總是把俄羅斯人、克里奧人和阿拉斯加原住民稱爲「海底人」。）在這些警示性故事中，殖民者的「正義」顯得壯觀而令人害怕——它們告訴印地安人，已經有了新的遊戲規則：不要有暴力行爲，尤其是不要傷害白人。

在奧斯華的「民俗歷史」這章節中，有個非常引人入勝的故事是關於卡沙亞人如何看待俄羅斯人的運作（不過其中提到的事件現在都已些許模糊）。編者把這個故事題爲「獵捕海獺和農耕」（Hunting Sea Otter and Farming）。以下我會把故事完整引述一遍，並探索它作爲卡沙亞人歷史的一些意涵。就像大部分和羅斯堡直接有關的記述一樣，它是來自詹姆斯的外婆盧卡莉亞（Lukaria）。

> 盧卡莉亞一輩子都在米丁尼的範圍內生活。羅斯堡建立時，她大約八歲。她的一生經歷了俄國人的占領、美國屯墾者的湧入，以及隨之而來許多舊有印地安人生活方式的消亡。詹姆斯主要是由盧卡莉亞帶大的，直接從她那裡學來神話的知識、超自然故事和民俗歷史。盧卡利亞在一九〇八年過世時，他已經是個二十來歲的成年人了。因為這兩個高壽的生命的幸運重疊，我們方能以二手方式轉寫對長達一百五十年的個人經驗的敘述。（Oswalt 1964:9）

雖然重述這段歷史的用意是表達一個普遍性、道德性的觀點，但它從未與個人經驗分離。詹姆斯在講述每個故事的最後，都堅稱這些故事是事實，因爲它們是他的外婆告訴他的，她對它們有第一手的知識。

詹姆斯的大部分故事都反映著女性的觀點。（《卡沙亞文本》中幾乎所有材料莫非如此。）其中一個故事聚焦在一位爲保護自己的孩子而對抗白人掠奪者的母親。那些關於毆妻的人受到懲罰的故事，也是將焦點放在剛強的婦女：她們其中一位以自殺來抗議遭到的毒打，另一個在丈夫公開悔過後照樣拒絕回到丈夫身邊。這個故事刻意拒絕透過男性懺悔而產生「快樂結局」。在以下的「獵捕海獺和農耕」的故事中，我們會感受到一種具有性別意識的道德感，同時它也反映出卡沙亞人對「海底人」的活動的普遍評價。故事的部分內容應該是來自盧卡莉亞在米丁尼的直接觀察，其他部分則必然是來自卡沙亞人和羅斯堡內阿拉斯加獵人的談話。

「獵捕海獺和農耕」（一九五八年九月，詹姆斯口述）

一、我準備要講述海底人做了什麼事。當他們一來到，他們住在米丁尼。他們在那裡住了很長一段時間。

二、過了一陣子後，我們才得知，他們曾經出海，在北方找到一塊土地。航行一段時間後，他們在我們說的發芽時期（初春）抵達：那片土地正開始變暖。他們航行了六個月，又從那裡改為向南航行。這樣航行著，他們已經逾期未歸很久。他們一定是找到我們稱為海獺的動物——海獺的皮很值錢。他們一張皮可以賣到很多錢。當他們回到這裡時，會談這些事情——談他們的人，也就是海底人——那時候我們印地安人還不知道這些事情。

三、過了一陣子，他們給一艘略為大一點的船裝滿一切：食物、槍枝、彈藥。萬事俱備後，他們在玉米收成期（夏天）起航。他們航行了一段時間——可能差不多一個月，他們朝那個方向去。那個時候，船隻只能完全靠船帆前進，當時還沒有馬達可以推動船隻。

四、接著，他們行駛到那個地方。那塊北方的土地是一個寒冷的地方。我們印地安人稱之為「冰凍之國」（即阿拉斯加）。在那裡待了一陣子後，他們往南行駛。他們將很多毛皮運到南方——很多都是海獺的皮。他們說這期間又隔了六個月了。

五、每過一段時間，他們會把食物吃光，日子便過得很不好。這種情況已發生多次，但他們沒有聽從（記取教訓）。他們出海很長一段時間，販售那些毛皮。他們把毛皮裝上船，將毛皮賣到其他地方。賣出（毛皮）後，他們賺了很多錢。他們不做太多其他事情，只專做這個。他們去北方採集（毛皮）。

六、有一次，許多年輕人乘兩艘船出海，有些人已經先出發了。兩艘船其中一艘跟著他們。那艘船找不到其他的船，但另一艘一直向北開到「冰凍之國」。今日，那地方已經成為一個大城鎮（錫特卡）。不過那個時候，仍是一個蠻荒之地，根本沒有人，只有許多野生動物。

七、另一艘船失蹤了好久，原來它迷途了：它稍微偏離了航道。他們派人出海尋找，沒想到真的找到了。（失蹤的船）現在緊隨著其他的船。當它們出海的時候，它一定會跟著。他們在那邊登陸。他們因為吃光了食物而餓肚子。有一陣子，大概是一星期左右，他們一直在挨餓。有些人變得非常虛弱，只有幾個比較強壯的還能四處走動。

八、這兩組船員在那裡登陸，休息了一會兒之後，變得強壯了一些，便出去打獵。他們發現了很多（海獺）。據說他們一天就能殺死好多——大約二十或三十隻。有些人負責剝皮，風乾，放入麻布袋，然後搬運上船。當他們回來的時候，帶回來大概兩三、百張毛皮。那就是他們做的事情。

九、他們做這種事做了很久。這些海底人帶著他們的錢住在這裡。他們不種任何東西，

315

他們甚至不養牛。他們只做那一件事，做這件事他們就賺到錢可以買東西吃、買衣服穿，也可以買食物餵飽妻子和孩子。他們做這種事做了很久。

十、過了一陣子，他們不能再開船北上，因為那裡太多冰了。他們說，在那裡，冰像房子一樣大，在海面上漂來漂去，天氣真的非常冷。就好像有高山在大海裡矗立起來一樣。偶爾會有一艘船撞上了大冰山，撞得支離破碎。遇到那樣的事時，船上的人不是溺死就是被凍僵。有一次有一艘船想必是發生了這種事，船上的人——大概有二十個海底人——全都溺死了。沒有人找到屍體。他們杳無音訊，再也沒有回來過。

十一、他們仍然未記取教訓，還是繼續出海獵捕並射殺更多（海瀨），裝滿船以後把船開回家——他們的家在米丁尼。曾經有一次，就像我之前說過的，他們習慣走的那條航道被像大山一樣的冰封閉了。他們過去走的路線被堵住了，天氣真的開始變冷了。他們回不了家，船隻完全沒有辦法向前航行。當這種情況發生，他們說：「我們回頭吧，要破開一條水路太困難了。」於是就往回開。當他們沿著原來的航道回去時，他們也吃光了食物。他們挨著餓，繼續航行。

十二、當他們沒有回到這裡時，住在米丁尼的其他海底人出發去尋找他們，知道他們一定發生了事情。現在他們又揚帆了。他們發現（失蹤的船）正在返航的途中。船上有些人已經死了（餓死的），只剩一些較強壯的在開船。救援船從米丁尼出發時裝了許多食物，因為他們知道等待救援的人一定挨著餓。他們給了他們非常多的食物。過了一陣子，其他人（去救援的人）接手開船，讓這些人可以休息吃食。他們由此變得較為強壯。他們一路航行。他們一無所獲地航行。他們在半路上便掉頭，所以沒有毛皮。他們連一隻海獺也沒有抓到。

十三、他們說最後一次航行發生了這件事。「我們不幹了。我們再也不要往北開到那裡了。」他們對指揮官說。指揮官起初不同意。但他們說：「我們是說真的。」其中一個人（遠征隊船長）說：「這些人餓到生病了。」表示自己將不再出航。然後指揮官說：「我們來找其他事情做。」

十四、然後他們賣掉毛皮，得到了很多錢。有了錢，他們買來可以種植的食物（種子），因為他們再也無法往北航行了。他們拿錢去買小麥來種，麥田在米丁尼四面延伸。整片土地都布滿麥田，成為了他們的事業。透過耕作，他們學會了種植食物，學會種植他們吃的所有東西。他們在那裡居住了很長時間。那是他們繁榮茁壯的唯一辦法。

十五、其他人沒有做他們發現的工作：收集貴價的海獺毛皮。他們把毛皮做成昂貴的外衣，到處拿去賣。然而窮人買不起：這種衣服太貴了。但後來他們給自己縫製外

> 衣，縫製給妻子和小孩穿的衣服。他們把毛皮縫起來在冬天穿。這就是他們說他們在做的事。因為他們意識到他們再也無法弄到毛皮，再也找不到海獺毛皮了。
>
> 十六、這個故事也是真的，也是我外婆親眼所見再告訴我的。她很記得他們做過的所有事情。然後她告訴了我。我把它們記住了很久。外婆是六十五年前告訴我這些事的。我依然記得，把它們忠實說了出來。她也說了他們最初登陸的情形、他們是怎樣賺錢買東西吃和怎樣做那些事都是真的。這就是所有我知道的。（Oswalt 1964:261-265）

盧卡莉亞的敍述，經由詹姆斯重新講述，其中談到了好幾次危險的狩獵和救援行動。它指出了俄國人的基本經濟形態是海獺貿易，並解釋了羅斯堡是如何從完全依賴商業狩獵轉型爲依賴農業生產。在這些部分，它都符合「史實」。

但這個歷史故事的眞實性還有其他面向。那就是它的敍事忠於卡沙亞人看待在「米丁尼」的海底人的方式（注意：是「米丁尼」而不是「羅斯堡」。「羅斯堡」一詞從沒有在敍述中出現）。舊有的卡沙亞人聚落變成了海底人的基地。俄國人往北到阿拉斯加的獵捕行動都是以米丁尼爲起點和終點。我們該如何理解這種歷史的再中心化（historical recentering）？故事的第二段說，俄國人在米丁尼住了很久以後「出海，在北方找到一塊土地」。奧斯華對此提供了一個說明性的注解：「詹姆斯以爲海底人是先到羅斯堡後才發現阿拉斯加，而不是先到阿拉斯加才到羅斯堡。後者才是眞實的情況。」在這一點上，故事偏離了「史實」。不過奧斯華的注解又引出了新的問題。

詹姆斯小心翼翼地重述外婆告訴他的故事。故事無論在口耳相傳和回憶的過程中發生了改變，以米丁尼爲中心這一點都不太可能是後來才加上去的。從這個角度來說，詹姆斯確實是重述了他聽來的故事。因此，如果奧斯華問他是否相信海底人是先到米丁尼然後才前往阿拉斯加，而詹姆斯的回答又是「相信」的話，那這意味著什麼？是意味著它在故事裡爲眞，還是意味著它獨立於故事爲眞？如果奧斯華問詹姆斯是否知道俄羅斯人和阿拉斯加人是在前往阿拉斯加之後才抵達米丁尼，而答案是「不知道」時，這是否意味著他外婆告訴他的故事在這個重要的點上不是眞的？在重述故事的過程中，詹姆斯主要是想忠於故事，還是忠於故事所指涉的獨立史實？如果是前者，那麼在另一個場合，在一種不同的關係脈絡中，這種相信會排除對後者的承認嗎？

無論詹姆斯對發現阿拉斯加的歷史事件採取何種看法，他所說的故事的眞實性都離不開一**種敘述（和評斷）歷史的方式**。這種眞實性取決於米丁尼這個特定的地點：它是卡沙亞人的中心，也是盧卡莉亞大半輩子生活的範圍。一開始，卡沙亞人對於海底人可以在完全不生產生活必需品的情況下衣食無缺，一定會感到迷惑。他們光只是獵捕海獺皮，這要如何維生？他們沒有任何東西——沒有土地、沒有植物、沒有動物——可以引爲生計之資。然而，不久之後，一個遙遠市場的運作方式變得清楚起來，故事中也交代了這一點。此外，和卡沙亞人有最實質接觸的外來者是阿拉斯加人。他們是從哪裡來的？他們在狩獵之旅中都做些什麼？他們爲什麼要離家在外如此遙遠？盧卡莉亞說的那些故事，肯定都是卡沙亞女性從枕邊人那裡聽到的。的確，這些故事可能有眞實成分，但因爲卡沙亞女性對阿拉斯加語了解有限，加上缺乏親眼所見事情的細節，這些故事總帶著模糊，朦朧朦朧的質感。

「冰凍之國」氣候嚴寒，漂浮著危險的冰山，而且總會讓人有挨餓的危險，使人望之卻步。怎麼會有人想要去那種地方？對此，詹姆斯重述的故事採取悲觀的觀點，認定可想像的理由只有一個：獵捕海獺以牟取高額利潤。受這種動機驅使的獵人們最後總是餓死或被大海吞噬。「他們沒有記取教訓。」敘事者反覆用這句教導小孩的語句指出。這個故事清楚贊成海底人最終從獵捕海獺的生活轉向農耕，從販賣窮人買不起的海獺皮衣服轉向自己縫製衣服。自給自足的價值被放在依賴遙遠的市場之上。海獺貿易危險得就像北方不斷漂移的浮冰，一旦出了差錯便會讓人陷於飢饉。這是一個警示性的故事。它的警告是：千萬不要讓自己脫離生產食物和衣服的生活，千萬不要受到市場的魅惑所蠱惑。

這是要批判重商資本主義嗎？還是僅僅是提醒人們最好是不要出遠們，不要切斷與土地的聯繫，以免遇上浮冰？這些說法都有過度詮釋的風險。不過由此不難看出卡沙亞人不斷奮鬥，要**停留**在原有的狀態，抗拒被納入一個流動的世界，抗拒被納入一個抽象商品和交換價值的世界。然則，在廿世紀的卡沙亞人在歷史上採取分離主義和對白人社會的警惕參與的情形下，這個故事如何繼續解釋著接觸史？當詹姆斯向奧斯華重述這些故事時，他已經改信摩門教，大部分時間都受到「波莫夢境教」（Bole Maru Dreaming Religion）影響。這是一個復興運動，其最有力的卡沙亞人先知安妮．賈維斯（Annie Jarvis）和派瑞許，鼓吹傳統價值和原鄉依繫。第二次世界大戰前，安妮．賈維斯積極抗拒聯邦政府把卡沙亞人重新安置到工作機會較多的地區的建議。當許多卡沙亞人離開原鄉前往其他地方工作時，「獵捕海獺與農耕」故事裡反覆出現的主題——救援、滋養、回到「家鄉」米丁尼等主題——可能意味著什麼？

在這個故事裡，積極停留在原有狀態意味著避免讓「米丁尼」（一個卡沙亞人的中心）成爲「羅斯堡」（外國帝國的一個前哨站）。在這段歷史中，索諾瑪海岸線是家鄉，是回返之地，而不是一個被發現的前沿之地。從這個角度看，將米丁尼設定爲接觸史的中心，便是一種敘事策略而非歷史錯誤，並且帶有道德和政治上的後果。奧斯華指出，卡沙亞的故事講述者總是會把故事場景設定在一個熟悉區域（Oswalt 1956:11）。像阿拉斯加這麼模糊的地區（更不用說俄羅斯）只有在被放在米丁尼這個敘事中心旁邊的時候才能變得具體。此外，把發現史重新定位也可以對故事的道德中心發揮加強效果，加強它對海獺貿易的批判。

卡沙亞人的歷史敘事把事實組織爲一些有意義的系列。它們在空間／時間「世界」中賦予故事眞實性，對於特定社群來說，這是具體的現實。在羅斯堡／米丁尼，存在哪些不同並置形式的「歷史」？線性時間中的非重複事件在這裡被憶起，從不同的觀點被重述。「事實」是否可能經過篩選和比較而從不同的紀錄中萃取出來？可以，但只能作爲在特定的時間和地點所知的「事實」，而這樣做的代價是排除了不同敘事**形式**的歷史**內容**——它們預設的不同中心的地圖／歷史。這些「事實」以具體的經驗和投射的編碼呈現給我們。我們能接受複雜接觸關係的歷史現實（historical reality）嗎？在這些事件被不同位置的人物以重疊但非相同的方式詮釋時，歷史現實是否可以獨立於這些有不同中心的觀點之外？此一歷史現實可能並非是這些不同中心觀點的獨立存在，不是它們的總和，也不會是獨立的專家們在「最終」對不同觀點進行批判性篩選後的結果。我們是否可以認爲歷史現實是衆多脈絡性故事的疊加，而由於產生它們的接觸關係是不一致且未完成的，所以它們的終極意義也是未定的？

在當前的原住民復興脈絡下，盧卡莉亞把米丁尼接觸史的重新定位有了新的意涵。近來，紀念哥倫布抵達「新大陸」的活動激起了不同原民族群對「發現」（discovery）觀念的強烈反對。因爲這一觀念在幾個世紀以來一直未經批判地重複，將歐洲作爲歷史動態和意識的唯一中心。美洲其根深蒂固的歷史願景在歐洲文化中是不可想像的——要說有什麼類似的，頂多也只是被視爲傳說或神話。這種情形已經發生改變。但這一切都在改變。原住民的接觸故事將熟悉的發現、衝突、涵化與抵抗等故事重新置於中心。神話與歷史之間的界線不再是沿著西方與非西方認識論之間的邊界劃界。隨著有關歷史敘事的文化與政治位置的爭論愈來愈激烈，要維持一個統一、包容的歷史意識，能夠對不同經歷進行分類和調和，變得愈來愈困難。黑格爾的綜合歷史現實主義被馬克思顛覆了，但未被去中心化。那是尼采的哲學方案，也是尚未完成的去殖民化的實際任務。

320

商品

我在重建的堡壘的四周走動，瞧見各個房間裡放滿貿易品：瓷盤和茶壺、數包茶葉、獵捕動物的陷阱、一捲捲的繩索。在一張桌子上有筆、墨水和會計帳本……在另一個房間，我觀察到動物頭骨、昆蟲、植物的樣本和一位博物學家的筆記本。樓下有幾十把毛瑟槍、火藥筒和裝火藥粉的木桶。堡內建築已經按當初的樣子重建過，盡可能採用厚重的紅杉木和以俄羅斯的建築工法呈現原貌。（現代化的屋頂、玻璃和滅火器也很顯眼。）我想起我在某處讀到過，興建羅斯堡的木匠是使用造船的接合技術。我不禁想像這堡壘就像一艘停在海灘上、重新整裝過的船舶。

唯一一棟仍然整合著俄羅斯物料的房子是羅斯堡最後一任總督羅賀夫爲妻子（一位王妃）和小孩所打造的。根據一位法國訪客的說法，這房子裡包含「一批精選的藏書、一台鋼琴和一本莫札特的樂譜。」現在這座房子裡顯得空蕩，只有一系列解說面板。門外，一名導覽員和一些遊客坐在蘋果樹的陰影下。她正在談論歷史細節。我小心翼翼地靠近，想聽聽她在說些什麼，但又爲自己的旅遊獨立性感到自豪，不願成爲觀光客的一員。當講解員展示某些物件讓觀光客傳著看時，我爲了可以好好一看，加入了觀光客的行列。

我們輪流拿起一個扁平的黑色方塊，厚度大約和一本普通的書差不多，上面壓印著中國字和中國式圖案。講解員告訴我們，這是壓縮過的茶葉，它以這種形式橫越太平洋、繞過合恩角後被送到新英格蘭和歐洲。我們聞了聞這塊乾燥的茶塊，看看能否聞出淡淡的茶香，甚至是同時混合了運送的牛血氣味。

接著我拿起自己一直很想觸摸的東西：海獺皮。講解員讓我們看一張加州海獺皮和一張阿拉斯加海獺皮，兩張皮都厚而柔軟。接著她告訴我們，十九世紀的消費者偏愛阿拉斯加海獺皮，因爲這種皮的黑色光澤特別亮而厚實。海獺皮每一平方英寸的毛的數量比其他任何生物都多。中國廣州的商人願意花一百美元買一張在美洲大陸沿岸獵取的海獺皮。一百美元在一八二〇年可是一位賓州農夫一整年的收入！當我的手指在「軟黃金」上摩挲時，這些事實在我的腦中浮現……講解員忙不迭地補充道：「這兩隻海獺是自然死亡的。」

我簡直無法置信，海獺毛皮竟然可以促成那麼多環環相扣的事件：俄國人不辭千里而來，並導致阿留申和康尼亞社會被激烈擾亂；新英格蘭重商經濟連同捕鯨業的大肆擴張；北太平洋變成了一個列強競爭的區域，並促使西班牙把上加州殖民化。如果不是爲了取得利潤極高的海獺，俄美公司絕不會耗費鉅資進入阿拉斯加作業。對早期的新英格蘭－中國貿易來說，海獺是關鍵的連結（牠們可以在美洲沿岸以低價買得而在廣州以高昂價格出售）。試問，除了海獺，北美洲和俄羅斯還能向中國的奢侈品市場提供哪些東西？還有哪些交換品項是可以換得滿船的茶葉、香料和瓷器，讓人得以敢於冒險航行於海圖標示極爲不清的海域？到中國貿易的挑戰在於找到可以在廣州賣到好價錢的物品。到了十九世紀晚期，能勝此任的是夏威夷的檀香和南太平洋的海參。不過，在羅斯堡屹立的那些年間，曾經促進俄羅斯帝國主義擴張的毛皮貿易已經走向沒落。

一個半世紀之後，在太平洋邊緣的這裡，一張海獺皮提醒了我關於中國對外來商品的需求所具有鋪天蓋地的影響力，和它在十八、十九世紀時的權勢，以及這權勢在今日的重現。許多事情已經改變，亞洲再次讓人覺得靠近。現在日本人開始到索諾瑪海岸購買黃金地段的房地產。中國的出口破壞了美國的貿易平衡。海獺皮攤軟在我的雙手中。對於一八〇〇年的滿清貴族來說，它是何種觸感？這些毛皮的價值爲什麼可以等同耕作一整年的收入？它現在價值爲何？這些死去動物的遺物爲什麼可以創造出如此可觀的財富，驅使人們去剝削、去送命和征服？

馬克思指出，商品「會顯得神祕，僅僅因爲在商品中，人的勞動的社會性質顯得具有了客觀性質；因爲生產者與他們的生產總和的關係，並不是他們彼此之間的社會關係，而是他們的勞動產物之間的社會關係」（Marx 1961:72）。在被視爲商品之後，海獺皮和一包包的茶葉便具有了等值關係，其價值是獨立於阿留申獵人或中國苦力的勞動。毛皮之所以有價值，是因爲它們可以在廣州進行交換。茶葉也值得大量生產，因爲外國人會用稀有奢侈品來購買它們。如同馬克思所認識到的那樣，交換價值決定了生產。一位阿留申人可能會爲了海獺的毛皮或肉而獵捕海獺（又也許只是爲了娛樂或挑戰），不過如果沒有市場的爆炸性驅策力及其所需的勞動紀律，他不會大老遠跑去獵補大量海獺。那樣的話，他的勞動產物的價值（與由此換來的任何薪資或由此引起的風險及社會擾亂都不成比例）將始終保持神祕。作爲商品，海獺毛皮有了一種獨立的、異化的存在，變成了是在廣州或蒙古城市恰克圖（Kiakhta）所貿易的物品之間的一種抽象關係。在盧卡莉亞透過詹姆斯說出的話中，我們聽到了這種抽象、這種距離：「他們出海很長時間，去販售那些毛皮。他們把毛皮裝上船，賣到其他地方。」

我撫摸著名貴的死海獺毛皮時，想起了馬克思，也想到了一八〇〇年前後的人類的活動（男性的狩獵技巧和女性的製革技術）：它把活生生的動物製成皮革，然後計算數目、綑綁成束和標價出售。這些「生產性」活動讓海獺幾乎滅絕。今日，隨著資本市場幾乎橫掃整個地球，隨著貧富差距愈來愈巨大，我認定馬克思所認識到的需要有其存在必要：在全球等式中需要加上一些倫理和政治的規範，以將其對地方的衝擊減低。在新自由主義不斷蔓延的此時，這是個迫切的問題。

一個例子是玉米。在當前《北美自由貿易協定》下，墨西哥恰帕斯州的玉米農民必須與美國堪薩斯州大規模生產的農業公司競爭。鄉村的玉米經濟儘管擁有豐富的文化象徵意涵和長期的傳統，卻備受國際市場擺布——這個市場有能力迅速且暴力地把它擊垮。另一個例子是咖啡。在恰帕斯州東部，赤腳的農夫和馬雅族印地安人在蘭卡東（Lancandon）森林辛勤地開墾農地。不過，只要全球咖啡價格下跌和政府改爲尊重「自由主義」而停止支持他們，他們的一切努力便會付諸流水了。薩帕塔民族解放軍（Zapatista）會出現在恰帕斯州而這叛亂又是與《自由貿易協定》同時出現，一點都不讓人意外。

在一九九五年，我手上拿著一張海獺皮，想著它在一八三〇年的力量。在廣州，這張毛皮的價值相當一個農夫耕作一年的所得……這個事實仍然讓人難以消化。它也不應該可以被消化——其不應該被消化的程度一如帕斯州一袋玉米的價值等於堪薩斯州的一袋玉米。用大型機具種植出來的玉米不可能等值於三餐吃玉米捲餅的人徒手在陡峭山坡上種植的玉米。

323

我竭力讓商品保持神祕，努力去理解它們的荒誕等值中的不一致性與暴力。如馬克思所期待的那樣，這神祕是不能在社會勞動中被化約爲眞正的等值尺度的。（隱藏在「社會的」這個字中的是一個多麼不同環境的世界啊！）毋寧是，固存在商品裡的神祕是可以被多樣性地挪用，它們有能力被歷史地製作和再製作。一袋玉米對一個馬雅族印地安人來說意味著什麼？一台傳眞機對薩巴塔民族解放軍副司令馬可仕（Marcos）來說意味著什麼？一張海獺皮對進行生態旅遊的觀光客來說意味著什麼？一台錄影機或一罐壓克力顏料對澳洲原住民藝術家來說意味著什麼？一瓶在薩泰里阿教（Santeria）祭壇上的蘭姆酒意味著什麼？那麼一張在夏威夷的巴布·馬利的唱片呢？一件在黎巴嫩的藍波T恤呢？越戰紀念館裡的一包香菸和一罐啤酒呢？又或者加州印地安人開回保留地參加祭典的汽車？

動物

第一個對美洲海獺的詳細科學說明是由德國博物學家史特勒所提出。在一七四一至四二年間，史特勒在《聖彼得號》（*St. Peter*）上伴隨白令，進行其災難性的最後航程。由於船隻整個冬天拋錨在勘察加半島外海，史特勒因此有充分的機會觀察各種奇特的生物。那六個月期間，海獺成爲這些倖存者的食物。好幾百隻海獺被獵殺，取下毛皮——以期在安全返回時獲利。同時一整個冬天，海獺也成爲男人不斷玩撲克牌時下注的籌碼。當時史特勒並不贊成這種過度捕殺海獺的行爲。

> （海獺）是一種非常漂亮且很討喜的動物，生活習慣非常有趣滑稽。牠們同時還很會調情，是很多情的動物。當海獺奔跑時，毛皮的光澤更勝最黑的絲絨。牠們會一整家人躺在一起：公海獺和牠的母海獺待在一起，旁邊是被稱為「科實洛奇」（*koshloki*）的半成年海獺和嗷嗷待哺的幼海獺。公海獺會像狗那樣用前肢愛撫母海獺，然後躺在牠身上，母海獺則常常故作姿態地推開公海獺。縱使是最愛子女的人類母親，也鮮少會像海獺那樣親膩地和自己的孩子玩耍。牠們愛孩子是如此之甚，乃至會讓自己暴露在明顯的死亡危險中。

324

史特勒的描述就像很多其他對海獺的保育主義描繪那樣，大量採用了擬人化。

> 牠們會像人類那樣直挺挺站在海中，隨著波浪起伏而跳耀，又用前肢遮住眼睛，就像是因為太陽過於刺眼想要擋住陽光。牠們會平躺著，用前肢抓鼻子，牠們會把孩子丟到水裡，然後又抓回來。當一隻海獺受到攻擊又看不見任何逃生路線時，牠會咆哮

> 和像被激怒的貓那樣發出嘶嘶聲。當牠受到致命一擊時，牠會用以下姿勢等待死亡：側躺著，後肢縮起來，用前肢遮住雙眼。海獺的死狀像一個死掉的人，因為牠的前肢會交叉放在胸前。（Stellar 1988:147-148）

自從史特勒的時代起，海獺這種最像人類的動物（牠們總是愛玩和會難過），在瀕危動物的萬神殿中贏得了一個顯著位置。它在十八世紀晚期和十九世紀早期遭到的摧毀是迅速而無情的。當里桑諾夫這位具有遠見的俄美公司建築師在一八〇六年抵達羅斯堡，開始談論保育海洋哺乳類動物的重要性時，傷害已經造成。

今日，灰鯨（牠們也因人類的獵捕而接近滅絕）在下加州和北極海之間遷徙時會途經羅斯堡。載滿遊客的船隻會尾隨牠們的行蹤。海獺的數量雖少，但受到密切監控，人們再次可以在卡梅爾（Carmel）附近的海域看見牠們，或是在「蒙特利灣水族館」中看到牠們擔綱演出。從瀕臨滅絕到良性的商品化，這種生物至少從十八世紀晚期加諸牠們的科技－資本主義歷史中活了下來。十九世紀捕鯨船的高效率殺戮和加工機器，以及備有快速魚叉的阿留申人獨木舟，具已消失，取而代之的是一個發自人類愛的安全區，一個發自同情心的泡泡。

在一八〇〇年代前後，一疊疊的毛皮和一桶桶的鯨脂受到不斷擴張的重商資本主義的讚賞。海獺、海豹和鯨魚的「生命」成爲一項必須克服的天然障礙，是在生產過程需要加以處理和棄置的。如今，這種「生命」受到商品化。它被印在T恤、被製成填充玩具、在禮品店和玩具店被消費，也在蒙特利灣水族館和聖塔克魯茲碼頭被消費（後者曾經是阿留申獨木舟獵捕海獺之處）。瀕危的海獺與鯨魚再次成爲歷史行動者（historical actor），某種程度上限制了在海岸環境中所能夠做的事。鯨魚和海獺 vs. 離岸鑽油平台。它們確實擁有若干力量。

歷史「行動者」？這種說法當然是誇大的。因爲我所說的，只意味著鯨魚和海獺成爲了人類挪用和商品化的新種類原料。只有被環保主義文化和政治動員爲有力的象徵後，牠們方能阻礙開發。所以，能動性（agency）歸根究底屬於人類所有。然而，如果環保主義曾教給我們什麼，那就是「我們」人類並不是在地球的不可逆過程的唯一能動者，而它也質疑那種把「歷史」獨置定在人類行動和人類意識的世界觀。且不管這類世界觀有著物種中心主義與種族中心主義的疊加（卡沙亞人口述歷史中的動物有時會是有意識的能動者），以人類爲中心的歷史主義看來已經愈來愈過時，是再也維持不住的十九世紀進步觀念與發展觀念的遺產。歷史能動性和歷史意識的性質由此陷入了新的不確定的處境。

這種不確定性的一個症狀大概是我殷切於提出一個荒謬的問題。在海瀨自己看來，自一七〇〇年以來環境改變的歷史（包括牠們的近幾滅絕、被商品化和消費）是什麼樣子的？

是新的掠食者的來臨嗎？是大屠殺嗎？是掠食者的消失嗎？是倖存下來嗎？我們是否可以想像有非人類的歷史意識這回事？這一類問題的擬人化色彩讓史特勒的擬人化相形失色。爲什麼我會有在非人類中尋找歷史意識和能動性的渴望？

是何種時間性定義了海獺的意識？是白天與夜晚的輪替？是潮汐？是季節與洋流？是海藻與其他食物的生命週期？是生育？是出生與死亡？甚至可能是世代嗎（即一種透過後代而活著的意識）？這些時間性（連同與它們相關的感覺、行動和技巧）無一與人類概念中的「歷史」有近似之處。儘管如此，加州海獺在一九九五年的生活仍然和一八〇〇年明顯不同。牠們的數量大量減少了，牠們的環境受到了更多的汙染，牠們周遭的植物和動物生態已經改變。海獺能否感覺得出來，牠們現在的生活環境已經不是牠們在演化過程中曾經經歷的那種環境？這種改變是突然發生的，其摧毀性近乎全面。兩百年在演化史中是非常短暫的時間。海獺能多少意識到演化時間性與歷史時間性的落差嗎？牠們會感覺自己身在一個不太對勁的世界嗎？如果會，那牠們是具備了對「歷史」變化的意識嗎？最低限度的歷史意識是一種對斷裂（rupture）的知覺，是對打斷循環時間流的一種「之前」和「之後」的知覺嗎？歷史意識的最起碼定義，可以說是意識到一個線性序列在性質上與其他序列（如秋冬之間或世代之間的交替）有所不同嗎？

我爲什麼要沉迷在這一類思辨呢？大概是爲了從一個被翻譯的動物差異之處去一窺我

正在游弋的水域，一窺我「生命」所展開的環境，一窺被稱之爲「歷史」的棲地。海獺已經成爲這個歷史的一部分。人類和海瀨儘管有著不同的意識，但都被歷史的改變、束縛和可能性所影響。我們擁有一個未來（大概是一起擁有）：共享一個主要是被人類破壞、轉化和保存的「自然」。海獺的生命一度因爲人類的野心、事業和貪婪而遭到摧毀，現在則被人類的環保願景維持下去。這種願景正在興起，也受到挑戰，它是由科學利益、浪漫主義和罪惡感構成，也是受到一種意識推動，根據這種意識，「歷史」和「自然」等概念在一個全球轉化的過程中並不是相互對立而是互爲連鎖，而這個過程的終點和甚至方向都不是確定可知。它不是一個單一「意識」所能完全掌握。

這大概可以解釋了我那些有關海獺的「歷史意識」的問題爲何如此粗陋。這是因爲當我們在廿世紀晚期掙扎著要表達出一種不再假定人類是命運的神似主體的歷史想像力時，難道我們不是仍然爲一種十九世紀的意識形態所縛，來獲得一種更充分、更完整的意識，以作爲歷史存有（being-in-history）的進步目標？然而，意識（一個預設了一個中心性、個別性主體的過程）一定就是歷史生命（life-in-history）的最終結晶嗎？「歷史意識」可能只是歷史想像力的其中一種形態——在十九世紀對知（knowing）這個「西方」自我的信仰的脈絡下，這種形態在黑格爾哲學中走向極致。那是一種對理性的肯定。雖然這種形態的歷史意識在全世界大行其道，又雖然它現在爲非西方的、廿世紀脈絡中的許多人定義何謂「現實」

（reality），但它已經無法滿足環境、連續性和改變的異質化經驗。這些經驗爭相要求承認爲是「歷史的」，是可以進入和超越現代性的不同途徑。或許正是「歷史意識」的這種分裂，讓我可以探問與人類歷史有交集、但不能化約爲人類歷史的非人類時間性。這是一個不可能的翻譯任務，因爲我賴以比較這些經驗的代碼，正是以對它們的排除爲前提。這是我在歷史本體論之內的困境，一種在得意洋洋西方的破損侷限性中變得可見的特定現實意識。

站在羅斯堡，我想到聖安地列斯斷層其隱晦而毀滅性的時間性，想到人類介入和管理大自然的時間何其短暫。爲何我仍然想要把整個不可控制的過程稱爲「歷史」呢？自然史，地球歷史、宇宙史——這些說法何以能夠成立？聽起來就像日期與線性時間可以統一所有的時間性，從而讓它們跟人類的能動性接棒。但我看來依然需要歷史的意義，情形就像海獺需要海藻林。我們都需要一個可以活下去的地方。

帝國

一七七八年春天，庫克船長在偶然發現三明治群島（夏威夷）之後前往溫哥華島的努特卡海峽（Nootka Sound）。他與當地的印地安人相處愉快，用一些金屬交換了一些海獺皮。然後他探索白令海域，推翻了西北航道的理論，又把許多島嶼和海岸線畫入地圖，在冬天回到夏威夷。與夏威夷人發生衝突之後（導致了庫克死亡），他的船隻繼續航向勘察加半島，接著往回家的方向航去。在澳門，得自努特卡海峽的毛皮賣得兩千英鎊。消息傳開後，加上三明治群島可以作爲基地和中繼站，英國和洋基的貿易商與捕鯨業者不久後便湧入了北太平洋。這個地區成爲了列強激烈競爭的場域。英國與美國船隻的到達打破了西班牙和俄羅斯的壟斷。在一八一〇至五〇年間，從夏威夷到阿拉斯加和下加州的權力態勢大致底定爲今日的樣子。

俄羅斯人到達上加州不久之後，《橫貫大陸條約》在一八一九年簽訂，以北緯四十二度（今日奧勒岡州和加州的界線）作爲西班牙可以擴張的極限。當時，美國和英國都聲稱擁有奧勒岡領地（北至錫特卡）的主權，俄羅斯偶爾也會如此主張。上加州雖然正式上屬於西班牙（不久後成爲墨西哥的一部分），但實際上受到帝國的控制甚少。西班牙帝國因爲擴張過度和受歐洲戰爭而力量分散，無法大量殖民。它的陸路補給線愈來愈薄弱，沿岸的海軍幾乎爲零。一八二一年的墨西哥革命後，加州人（他們領導人是神父、君主派和獨立的牧場主）與政治中心的連結愈來愈弱，驅逐了令他們不滿的墨西哥總督。他們跟美國和英國的船隻以及羅斯堡的俄國人進行貿易（儘管正式上堅持要求侵入者離開）。陸陸續續屯墾者從美國而來，其中包括瑞士裔美國人薩特，他建的沙加緬度堡（Sacramento fort）後來成爲了陸路移民來到美西的入口點。薩特在一八四九年發現黃金一事將會改變上加州的人口和經濟。墨屬加州很快便成了美國人的天下。接下來發生的事便是眾所周知的歷史了。

歷史也者，便是過去曾發生的事，必須發生的事。歷史就是從現在回頭看的事。我們有可能想像洛杉磯是墨西哥的一部分嗎？我們可以想像加州、新墨西哥州和亞利桑那州構成一個獨立和說西班牙語的國家嗎？現在看到一幅一八四五年的地圖仍然會讓人震驚。當時美國的西邊國界始自新奧爾良，然後折而向北再折而向西，到北緯四十二度（今日蒙大拿州境內）再直直延伸至太平洋。這條線以南的廣大地區標示著「墨西哥」字樣。這不是一張有著地理錯誤和空白空間而讓人發笑的古早地圖。它的歷史僅一百五十年。北美洲在其中輪廓分明，但美國的形狀卻非常古怪。我們每天在學校牆壁上看到的那個熟悉的美國——兩邊是大洋、南端以天然疆界格蘭德河（Rio Grande）爲界——在這張地圖完全看不見。

歷史有可能以不同的樣貌發展嗎？假如日本沒有鎖國幾世紀因而能夠幫助解決俄屬美洲的補給問題的話，情形會有什麼不同？如果沙皇們對向東擴張的態度更爲積極的話，情形會有什麼不同？在一八三〇年代，俄屬美洲總督蘭格爾曾力主將羅斯堡擴張至沙加緬度河谷，當時該地區還沒有被任何帝國控制。如果沙皇沒有拒絕《墨西哥協定》而承認墨西哥革命的話，情形會有什麼不同？未來何去何從。*

又如果英屬加拿大獲得奧勒岡地區的完全控制權的話，情形會有什麼不同？如果美國

329

一八四四年的選舉結果完全不同，制止了擴張主義政治呢？如果聖安納（Santa Ana）† 在德州有較好的戰術，情形會有什麼不同？如果他在英國的協助下成功說服德州人保持獨立，情形會有什麼不同？又如果此舉延緩了上加州被兼併的速度，那麼還會有一八四八年的《美墨和平條約》嗎？

未來何去何從。在回顧中，一切都顯得理所當然。墨西哥和俄羅斯得不到加州是當然的，因爲它們都過度擴張而導致鞭長莫及。英國可以控制海岸和貿易，但沒有能力派出大量人員去開墾一個地區。因此，美國在人口分布和經濟上的擴張是勢所必然。但如果南北戰爭的結果不同呢？任何人和歷史打牌當然都只能是輸家：牌局已定。

---

* 譯注：原文的說法爲「straws in the wind」意思爲「預測未來跡象」。此處作者有「回到過去測想未來可能不同的發展」之意。

† 譯注：這裡指的是一八三〇至五〇年代墨西哥總統兼獨裁者聖安納（Antonio López de Santa Anna）。墨西哥獨立戰爭（一八一五～一八二一）後，當時尚屬於墨西哥國土的德克薩斯地處偏遠，因而墨西哥政府開放移民，於是大量美國人湧入德克薩斯拓荒開墾並建立家園。聖安納於一八二九年抵抗西班牙重新占領墨西哥的戰鬥，並於一八三三年當選墨西哥總統，採取一系列獨裁政策。一九三五年休士頓（Sam Houston，他於一八二七年出任美國田納西州長，一八三二年來到德克薩斯）發表〈不自由，毋寧死〉宣言帶領德克薩斯獨立戰爭。一八三六年聖安納在平定德克薩斯叛亂時遭休士頓擊敗並俘虜。休士頓在贏得獨立戰爭後成爲了德克薩斯的第一任總統，並在他的主導下，於一八四五年併入美國版圖，成爲美國第廿八個州。見《維基百科》。

然而，這種回到過去以探尋不同未來的逆歷史思考，並不是要主張歷史是可能——或者應該——有所不同。那只是一個在現在歷史地思考的過程，是要打破不可避免性的魔咒。讓我們回頭再看看那張美國地圖和一八五〇年（地圖繪製之時）前的那關鍵十年。美墨在格蘭德河的邊界的「天然性」不是受到美加之間那條公然任意的國界取笑嗎？在學校念書時，我納悶著美加的國界怎麼會如此直。爲什麼偏偏是那條緯度呢？是誰選擇的？它是某些政治人物在某個時刻決定的這一點反映出它是權力態勢的產物。要把界線往上或往下推一點都太容易了。

加拿大的形狀會是永恆不變的嗎？一九九五年，魁北克在公投中僅以些微差距避免引發憲政危機，大概也避免了脫離聯邦獨立。北極圈地區已經有很大部分土地歸還給因紐特人。另外，加拿大與美國間的經濟與文化連結非常密切。在很多層次上，兩國的國界並不存在。不過在其他層次，這國界又被激烈捍衛著。確實，不管望向任何地方，國家和帝國看來都同時既強大又脆弱、既統一又分裂、既分離又是可滲透。複雜的權力平衡與利益的平衡同時維繫著、也動搖著它們。

英國一度統治海洋，美國如今統治天空。但統治得有多徹底？還可以再統治多久？大英帝國（昔日我的學校教室地圖上的非洲描繪出大片的紅色區域）在不到半個世紀之間便衰落了。現在縮小到只剩下幾個小島，英國包含著一些拒絕「英格蘭」民族、文化和種族等霸權的人口：加勒比海人、非洲人、南亞人。愛爾蘭、蘇格蘭和威爾斯的民族主義運動擾亂了英國的安寧。歐洲的盟友讓「英吉利」海峽（English Channel）成爲了一條非常可滲透的界線。

蘇聯（它在許多方面都是俄羅斯帝國的延續）正在一團亂。多個世紀以來在一個廣大大陸上的擴張行動突然顯得不是那麼無可避免，不是那般由歷史必然性所驅動。這個地緣政治上的事實（它在我的學校教室的地圖以另一種紅色出現）現在分裂爲不同的地區事實和歷史，而作爲反映的是亞塞拜然、喬治亞、烏茲別克和哈薩克這些名字的重新出現。蘇聯／俄羅斯帝國的解體快速得讓人心驚：甚至還不到五十年便已「衰亡」，與羅馬帝國或西班牙帝國慢慢消失的情況截然不同。

羅斯堡座落於美國的西海岸，不久前還是俄羅斯最東沿，如今已經被來自日本與香港的投資客買走了。美國帝國正在衰亡嗎？還是說它已經改頭換面？情況並不清楚。我們到目前還不能夠確認這些搖擺不定的矛盾是一個結束的開始（某些「歷史」可能會判定這結束是不可更改的）。目前，這些改變更像是重新排列，重新建立中心。「跨國資本主義」是歐美帝國主義的繼承者，「美國化」則是科技資本主義、市場和媒體在全球擴張的代名詞。與此同時，盎格魯加州（Anglo California）已經被太平洋美國（Pacific America）和拉丁美國（Latin America）甩在後頭。受到全球政治－經濟力量的驅使，人員、資本和商品不會在國界前卻步。「唯英語運動」（English Only）、移民限制、仇外的恐怖攻擊事件和「回到根本」倡議可能阻擋這波潮流嗎？已經生鏽的「美國」同化／排外機器能修復得好嗎？

如果美國竟然是因爲人口太多而被轉化，那眞是一大諷刺。因爲在一八四〇至六〇年那關鍵的幾十年（當時德州、加州和奧勒岡州被兼併，美國地圖基本成形），正是大量控制不了的移民移入了墨西哥和英國聲稱擁有的土地，才造成了既有事實，讓後來爲這事實認證的戰爭和條約得以出現。現在，新的事實又在全美國的跨國城市和移民飛地中被創造了出來，美國的同質性領土和歷史（「西進發展史」）受到來自拉丁美洲、亞洲和大洋洲的人口的複雜化和挑戰。這些新移民被貼上種族標籤，而這是從前的歐洲移民沒有、或只有暫時遇到的。在他們看來，這些新移民就像是從非洲來的奴隸，大熔爐的融化（或白化）效果並不平均，甚至毫無效果。規範性的移民同化經驗被跨越國界的關係和與「他方」的離散依繫給打斷了。

商品和市場釋出一種可以破壞國界和動搖帝國的力量，但它們同時會鞏固支配性的政體。由於經濟全球化同時有利與不利於民族依繫（national attachments），要斷言民族國家會走向終結或獲得鞏固爲時尚早。雖然資本主義權力的中心依然主要在歐洲與北美等「西方」國家，但這種情形正在改變中。亞洲的經濟實力是一個不可迴避的現實，無論是日本、韓國、印尼，還是最實力雄厚的華人圈和中國大陸。我們是否還能主張，全球化經濟因爲是一種資本主義經濟，所以本質上是一種「西方的」經濟？正如馬克思所理解的，資本主義具有革命性、破壞性**以及**生產性。隨著它的擴張，它並不會引領出統一的「布爾喬亞階級」或「西方」社會文化秩序。事實證明，資本主義靈活而有彈性，既可以反對區域差異又可以打通區域差異，能夠部分適應在地文化和政權，將其符號和實踐嫁接到任何對其邏輯做出文化移入的非西方形式中。它同時可以與君主制度、獨裁政權、寡頭官僚階級、民主政體、新儒家、印度教徒、正統猶太人和一系列的伊斯蘭社會做生意。

一八三〇年／一九九五年的羅斯堡：作為「歷史」的終結或前沿，「西方」的進步變得腳步踉蹌。為什麼是這兩個年份，為什麼是在這個地方？在〈歷史哲學論綱〉一文中，班雅明指出有其必要打斷歷史必然性的束縛，即打破「事情眞正樣子」的束縛。歷史現實（historical reality）永遠是勝利者的故事。班雅明認為，唯物主義者會迴避普遍性歷史，致力於在歷史連續體中「爆破出」一個滿滿灌注現在時間的過去。在當前的緊急情況中，過去被遺忘或被湮滅的元素會在意識中閃現，投射出不同的、不連續的諸多未來。這位唯物主義歷史學家努力「在一個充滿張力的構形中」、在「一個單子（monad）中」終止時間，打斷思考之流（Benjamin 1969:262-263）。

一八一二至四一年的羅斯堡正是我的單子。它有助於將加州解銜接，顯示出加州歷史上除了有歐洲的一面之外還有亞洲的一面，把加州重新置定在美洲變動不居的國界線，把它連接於島嶼太平洋（Island Pacific），連接於阿拉斯加／西伯利亞的十字路口。它同時也開啟了另一種接觸空間，其中的關係是不平等且經常是暴力性的，但並非奠基於滅絕與同化的鮮明對立面。在當前的緊急狀況中，它提供了一種供人歷史性思考的資源，將不同的過去和未來連結在一起。

牆

中國的萬里長城是由許多道牆構成，它們是過去近兩千多年來多個不同朝代修築和重修的邊界防禦工事。「中國」有時是透過築牆抵禦北方來自我界定，有時是透過商業和外交。牆起牆塌。它最後和最壯觀的一段是在十六和十七世紀由明朝修築，而這段長城在相當程度上是由秘魯的銀礦資助。新大陸的礦產多達五分之一會由大帆船運往馬尼拉，中國的商人會在那裡以奢侈物品換取礦產。國界有選擇性地關閉和打開。長城是一個敗筆：明朝無法在不斷變化的邊疆地區管理關係。兩千英里長的城牆無法保護他們，無法抵禦滿人大舉入侵。

高緒的小說《陰影線》描寫一個印度家庭，其成員跨越並反覆跨越兩條不同的地緣政治界線。一條界線連接並分隔加爾各答和倫敦，另一條則是加爾各答和達卡（Dhaka）。在全書的近尾聲處，敘事者老病的祖母準備重訪她在多年前——在印巴分治時——離開的城市：原屬於東巴基斯坦但如今屬於孟加拉的達卡。從加爾各答到達卡只需坐一趟短程飛機。這位年邁的婦人問兒子，她是否會從飛機上望見國界。她兒子告訴她，從飛機上往下看，不會看到地圖一樣的東西，不會有一條深色線而線的兩邊是不同顏色。老婦人堅持說：「但總會有些什麼的，例如壕溝和舉槍相向的士兵，又或者是一片荒地，即人們所謂的『無人區』（no-man's-land）*。不是嗎？」她兒子笑著回答說：「不，除了雲以外，妳什麼都不會看見。不過如果妳夠幸運，大概可以看見一些綠色的田畝。」她依然感到困惑：「可是如果沒有任何壕溝或之類的東西，人們如何知道哪裡是國界？我的意思是說，差別在哪裡？如果沒有差別，那兩邊就是一樣的。那樣的話就和從前沒兩樣。我們以前都是在達卡坐上火車，第二天在加爾各答下車，沒有人會阻擋我們。如果沒有任何東西在中間，那麼印巴分治和種種殺戮暴亂是所爲何來？」（Ghosh 1989:148）。

* 譯注：「No-man's land」指的是戰爭中雙方陣地之間未被占領的地帶，由於此處經常是兩軍交火的地點，因而成爲非常危險的爭奪地區。

✵

安札杜爾的寫作地點位於一九五〇英里長的美墨邊界和太平洋的交會處。在《邊境》的一開始，她穿過鐵絲網柵欄上的一個洞，用手指去摸鐵絲：「這些鐵絲因爲被充滿鹽分的海風吹拂了一百三十九年而生銹。」墨西哥孩童把一顆足球在洞的兩邊踢來踢去。她的顛覆性國界來自於沿著邊境的日常生活：使用兩種語言、符碼轉換、移民者的來來去去、獨特的敏銳洞察力、瓦解二元結構……然而，後來這個邊境縮小成爲一條細線，一個傷口：「這是我的家／這條狹窄的邊界／由鐵絲網構成」（Anzaldúa 1987:3）。

✵

「在柏林，盛行風是自西而來。因此，一個坐飛機而來的旅人有足夠時間可以從天空俯瞰這個城市。爲了要逆風降落，飛機必須先橫越這座城市和分隔東西柏林的圍牆三次：一開始機頭往東，進入西柏林的領空，接著靠左大轉彎經過城市的東部，再從東面飛到西面，待第三次飛過柏林圍牆後才能降落在泰格爾機場。從天空上看，這個城市完全同質。一位外地人不可能感受得到，他將要抵達的是一個有著兩塊政治板塊碰撞的地方」（Schneider 1983:3）。

史耐德於一九八〇年代早期寫作中，談到了一些漫不經心的跨越（像是「僅僅爲了好玩」去看場電影再回來）和顛覆性的跨越，但也談到被內化了的圍牆，那是最難跨越的。今日，柏林圍牆已成瓦礫堆，導致倒塌的其中一樣事物是電視（電視從不尊重這道分隔兩地的牆）。

⁂

羅斯堡的柵欄圍牆之內有大砲、火藥、補給品和貿易商品，還有供少數相對上等的俄羅斯人居住的宅邸。圍牆的外面則是一叢的村莊、社會階層和社會關係。圍牆內是一個安全和純淨之處，圍牆外是一個接觸和雜染之地。在一八三三年，這個殖民地有超過六十名混血的孩童。圍籬外有一條由歐洲風格房子、花園和果園構成的「俄羅斯村」。它是供較低階級的俄羅斯人、西伯利亞人和克里奧人居住。一個康尼亞風格的阿拉斯加人聚落位於海灣上的峭壁，面向大海。其中，俄羅斯風格的木板屋穿插著一些阿拉斯加人的半地下草皮屋——稱爲「巴拉巴拉」（*barabaras*）。住在這些房子裡有單身男性，有阿拉斯加人夫妻，有大量與本地波摩女性和米沃克女性共居的阿拉斯加男性，以及這些女人來此或長或短暫住的親戚。還有第三個「村落」（其實是堡壘後方山丘上數個零散分布的小村）是由波摩人和海岸米沃克人居住。這是米丁尼之所在。同時代的記述提到了紅杉木所蓋的錐形房子，而考古研究也找到了至少一個大型的圓形凹痕和一根中心支柱的遺物——可能是一間蒸汽浴室（sweat lodge）或某種舉行禮儀的聚會所。

揣想羅斯堡柵欄圍牆外面不同族群的混居互動情形是件有趣的事。同時代的記述、考古挖掘和卡沙亞人的口述歷史提供了許多線索。波摩女性和米沃克女性所扮演的跨文化中間人角色特別重要。她們在堡壘內構成了「永久性」加州原住民的大宗，以及愈來愈多被招募或脅迫來從事季節性農耕勞動的男性作爲補充。女性和她們的阿拉斯加伴侶一起生活、觀察新的生活方式、交換故事和技術、照顧小孩，以卡沙亞人／米沃克人的方式烹調不熟悉的食物（例如海獅肉，這是堡壘的主食），也將鹿肉和橡果粥介紹給獵捕海洋哺乳類的獵人們。她們與住在內陸和沿海的家人維持固定的聯繫。

爲什麼會有那麼多女人來到羅斯堡？理由可能是複雜的。她們是被脅迫的嗎？有可能，但如果她們想要逃回在內陸山區的卡沙亞人村落，並不太難。她們是想要尋求保護，不用受到西班牙人和墨西哥人的苛虐嗎？米沃克女性的情形斷然是這樣。而卡沙亞人雖然沒有受到神父和牧場主們的直接壓迫，也一定明白俄羅斯人會是一個有用的屏障。女性選擇住在羅斯堡，或許是爲了與海底人維持關係，觀察、了解和控制他們。在卡沙亞人眼中，羅斯堡仍然是米丁尼，也因此仍然是他們的家。在羅斯堡附近卡沙亞人村落找到的考古學證據，證實了卡沙亞人的接觸史的長期模式：謹慎並選擇性地與白人互動。他們看來不怎麼與西方進行商品貿易。

俄羅斯的殖民政策長期以來都鼓勵俄國人與原民族群通婚，其文化政策是寬容的。與西班牙帝國不同，羅斯堡的主事者很少強迫遷移和強迫改變信仰。俄羅斯統治的著眼點是毛皮和農業的利益，並不像後來的洋基殖民行動那般大量占領土地。在十九世紀早期，卡沙亞人可以在海岸線和內陸山區維持原有的生活方式。羅斯堡旁的米丁尼是卡沙亞人聚落和親屬關係鍊條的一個環扣，是個多重跨越的所在，從來都不是一個封閉的前沿或要塞。儘管工作環境惡劣而俄國人又偶爾會在收成季節強迫原住民勞動，卡沙亞人仍可以在羅斯堡四周的聚落自由來去，而這反映出原住民的能動性，也反映出其並未受到嚴格監控。

接觸。在十九世紀早期，一波傳染病橫掃卡沙亞人地區。一八二三年在羅斯堡有二十九名克里奧人和阿拉斯加人，還有爲數不明的印地安人死於痲疹。第二波痲疹在一八三三年來襲，在一八三六至三九年之間，包括天花、百日咳、痲疹和水痘在內的流行疾病從阿留申群島途經俄屬美洲蔓延至加州。如同其他地區一般，在這裡，流行病的侵襲（通常早於堡壘、教會和要塞的興建）是毀滅性的。印地安人社群在連番打擊下七零八落，但經過重組後仍堅持下去。身體上和文化上的存續意味著盡其所能克服逆境。與米沃克人和其他加州印地安人不同，卡沙亞人能夠將他們的語言和傳統文化中的許多元素保留至一九五〇年代，而這部分是靠相對放任的俄羅斯人在關鍵的幾十年所提供的保護。西班牙人與墨西哥人事事干涉的家長式作風和奴役措施得以受到延遲，傳統生活以調適方式適應了新的接觸處境。我們也不應低估看待「海底人」在一八四一年離開的重要性。即使有新的「白人」進住，一種對於**後**入侵時代的希望被重新燃起。

羅斯堡／米丁尼：帝國來了又走了；柵欄圍牆蓋了，毀壞了，後又重建。當各種與「鬼舞」（Ghost Dance）相關的印地安文化復興運動在十九世紀末期進入加州之後，它們在卡沙亞人地區站穩了腳跟。廿世紀的「波莫夢境教」具有強烈的傳統主義與地方主義色彩——在富於神授魅力的安妮・賈維斯和派瑞許的領導下尤其如此。一九三〇年代，儘管政府提議將卡沙亞人再次遷徙至較符合實際的俄羅斯河河谷一帶，但位於史都華灣最上方山脊的卡沙亞人保留區並沒有被拋棄。第二次世界大戰期間，由於就業謀生的需求和其他的擾亂性原因，大部分人遷離了保留區。當人們在一九四五年重返之時，他們的態度不再那麼抗拒外人。不久後，摩門教的傳教活動分裂了卡沙亞人社群。當派瑞許在一九七九年逝世後，卡沙亞人失去了一位大有影響力的精神領袖，直到現在尚未出現繼承人。

在一九九六年，不到一百名卡沙亞人住在保留區上。貧窮的跡象舉目皆是；修修補補的房子、爬滿野草的廢棄車輛、以木板覆蓋的坑洼車道。有些長者保持著傳統的生活方式，傳承著部落故事。在聖羅莎（Santa Rosa）或灣區（Bay Area）工作的部落成員會季節性地返回保留區團聚。有些人不再回來。「波莫」儀式屋被鎖上大門，等待一位新的夢者（dreamer）

出現。

在道路的盡頭，矗立著新建的大型藏傳佛教研究中心「烏迪亞」（Odiyan）。「烏迪亞」被一個護城河般的潟湖環繞，樓高八十英尺，其圓頂微微閃爍著銅光。由流亡海外的藏族人和北美日益增長的佛教運動的成員建造，「烏迪雅」是仿西藏第一間佛教桑耶寺院而建。

諸多過去

卡沙亞人參與「羅斯堡詮釋協會」（Fort Ross Interpretive Association, FRIA），該協會支持在州立歷史公園進行的詮釋與研究活動。派瑞許的女兒維爾莉特現在是協會的董事會成員。我在一九九五年十二月造訪羅斯堡時加入了這個協會。在他們的會訊中，我看到了一些新董事候選人的政見。以下是一些摘錄：

艾倫（社區大學亞洲與美洲史講師）：「我對歷史有著廣泛興趣，包括了拜占庭和俄羅斯的歷史與文化、西伯利亞人的擴張和環太平洋的發展。作爲一名阿拉斯加原住民和加州的長期居民，我對俄羅斯在北美洲的涉入特別感興趣。」

艾爾蕭（舊金山州立大學俄文教授）：「我陪同學生前往聖彼得堡，我的朋友和親戚讓我與俄羅斯人維持聯繫，他們對羅斯堡和俄屬美洲非常興奮。我對羅斯堡的主要興趣是在俄羅斯時期，如果我可以服務董事會，我將透過我在俄羅斯的人脈和在學術與文化圈的資源爲協會帶來幫助。」

派瑞許（曾經是鐘錶師傅和美國原住民聯盟奧克蘭州分部的顧問，目前就讀柏克萊大學人類學研究所）：「我是波摩人卡沙亞部落的一員，我們的傳統領域涵蓋羅斯堡州立公園的土地……我是卡沙亞人口傳故事的講述者。我一輩子的興趣是教育和利用教育來更加認識我們卡沙亞人的傳統生活方式。我感興趣的時間段是從未來到現在再到歷史時期，最重要的是卡沙亞人的史前史。在我看來，爲了更好地了解未來，我必須更了解曾經與卡沙亞人在其歷史時期接觸過的人……我相信卡沙亞人在歷史公園裡的角色可以被進一步加以發展，如此一來其他元素也會獲得強化。」

史派瑞（工程師、席耶拉學院教授物理學和數學）：「我來這裡之前在羅斯堡參與了『柯爾故居』（Call House）的修復工作——修復其地基、屋頂和爲此募款。我正計畫建造一艘『百達拉』（Baidara），並爲此尋求資金。每艘長三十英尺的「百達拉」是用海豹皮製成的船，在堡壘中是重要的貨物運輸工具。它們是阿留申人的製品。

湯亨（建築色彩顧問）：「作爲阿多比聯盟（Adobe Coalition）的共同創辦人和共同理事長，我與州政府及地方政府各部門不同層級的人共事十年，成功推廣、資助和監督『聖塔克魯茲州立歷史公園』的修復工作。作爲第一屆美麗家園（First Annual Home Sweet Home）導覽行程的共同主席，我們讓柯爾牧場（Call Ranch）獲得收益。我很享受社群參與的過程。」

惠勒：「我是羅斯堡地區的長期居民，也在過去兩年加入了『活躍歷史日』（Living History Day）活動，充當鐵匠，我知道我的天賦和技能可以強化羅斯堡的各項活動。」

羅斯堡州立公園呈現出三種重要的歷史（俄羅斯歷史、加州原住民歷史和加州牧場主歷史），這些歷史在某些方面交織在一起。此外，它們的成員結構也是複雜的。俄屬美州的歷史包括了西伯利亞人、阿留申人又特別是康尼亞人，以及俄羅斯人和克里奧人。卡沙亞人和一些海岸米沃克人，組成了加州原住民的部分。加州早期的歷史在牧場時期（一八四二至一九〇六年在羅斯堡）包括了盎格魯裔和其他歐洲來的拓荒者，還有墨西哥牛仔、伐木工、農場工人和一些充滿魅力的個人，例如智利籍的牧場主夫人梅賽德絲·柯爾。起初，重建羅斯堡和歷史公園被認爲主要是俄羅斯人的故事，而這一強調也繼續主導遺址與遊客中心的布置。但到了最近幾年，公園的官方詮釋政策改爲擁抱「歷史流」（flow-of-history）的方法。根據這種觀點，遺址的俄羅斯時期和牧場時期同樣具有重要性，其自然環境和卡沙亞人的前接觸史也同樣具有重要性。這些不同的重要性被串聯在單一條歷史流中。

這種政策形式上解決了一個經常困擾歷史博物館和歷史遺址的問題：這是誰的歷史，誰的遺產？「歷史流」的觀念形同回答了這個問題：它是每個人的歷史，每個人都會在重疊的序列中找到自己的適當位置。不過這個政策並未解決一個實務上和常常是政治上的難題：歷史各造的強調比重的問題。在俄羅斯人離開羅斯堡之後，它變成了一個牧場，然後又變成了一間伐木廠：這伐木廠包括一個舞廳、一些穀倉，以及把木材運到船上的複雜設備。對俄羅斯的柵欄圍牆、教堂和房子的重建基本上抹去了歷史流裡的的伐木廠時刻。牧場時期被濃縮在離柵欄圍牆不遠處的老舊而可愛的「柯爾故居」裡。那裡的重建計畫進展迅速，其中包括重建柯爾夫人那個俯瞰太平洋的花園。至於米丁尼的卡沙亞人聚落的樣子，還有康尼亞人村莊和俄羅斯人村莊的樣子，只能全憑遊人想像。羅斯堡的工作人員希望能更具體地重現這些歷史。然而，因爲州立公園的預算縮減，光要找到足夠資金維護既有的重建都已經十足困難。目前，柵欄圍牆一面倒塌的牆便因爲資金短缺而遲遲未能重建。

一位導覽員告訴我，「歷史流」的觀念很好，但很多人不明白。例如人們會問，俄羅斯人在牧場房子裡做些什麼？她說他們在尋找一種核心的經驗，一個中心時刻……有人說過，歷史只是一種安排，務求所有的事情不是發生在同一時間。如此一來，編年史（chronology）作爲歷史的有秩序之「流」，必然是最不直觀的手段之一。

考古研究一直在重建羅斯堡圍牆外的生活。這個社區的跨族群混合顯示在兩個團隊的挖掘成果，一個是高斯坦主持對俄羅斯人墓地的挖掘，一個是萊特福組織對康尼亞人村莊和卡沙亞人聚落的挖掘（後者仍持續進行中）。墓地和康尼亞人村莊的開挖計畫都需要與科迪亞克島上原住民組織進行磋商並獲得許可。在早期階段，對米丁尼的挖掘工作都只有在卡沙亞人積極支持下方能有所獲。如果這是即將發生的事，那麼，在我們取得細緻的知識之後，這些有關羅斯堡接觸區的原民面向將如何被公開呈現？誰可以控制要講述的故事？

目前，堡內的解說文字把不同族群的關係描繪得像是快樂的一家人。俄羅斯人和阿拉斯加人之間的關係被視爲是自願的和公平的。園方強調俄羅斯人與其他殖民者不同，會付錢給爲他們工作的原住民，也會提供食物和衣服。沒有隻字提及強迫性招募和脅持人質。有關俄國人和印地安人關係的記述強調通婚，沒有提及傳染病。不過，今日科迪亞克島原住民和許多波摩人及米沃克人都對俄羅斯人和他們的歷史遺產持不那麼正面的看法。歷史公園的工作人員承認，堡內的解說文字和遊客中心展示的介紹——客氣地說——是過時的。當有新的資料來源可以取代它們時，誰會負責執筆寫下新的敘事？不同的歷史元素要如何平衡？在謳歌加州牧場的歷史時，有可能不提及卡沙亞人被驅逐出米丁尼的事嗎（此事就發生在俄國人離去不久後）？有關牧場主動用私刑的故事，有關他們騷擾和保護原民女性的故事（這些事情被記載在《卡沙亞文本》裡），是否會與柯爾夫人的花園並列呢？

卡沙亞村莊周圍的描述該如何協調口述歷史和科學考古之間的任何差異呢？如果準備重建一個聚落，應該挑選哪個歷史時刻？一定要選擇俄羅斯人時期嗎？這些問題涉及相對歷史眞實的議題，也涉及了社群的重大利害關係。例如，發現有可能是祭典建築的巨大圓形凹痕時該如何處理？這種建築與十九世紀晚期復興運動期間大爲流行的半地下圓形舞蹈屋有何關係？許多學者認爲，這種舞蹈屋是「鬼舞」的衍生物。但卡沙亞人的記憶卻與這種歷史見解相矛盾，因爲它認定舞蹈屋具有更古早和本地的起源。這個差異性該如何解決？對遺址及其內容的科學定年，是否足以解決這件既是實務議題又是政治議題的事情？

如果考古挖掘完成了又被堡內的解說文字提及，或者如果米丁尼的一部分被重建起來，那麼，被講述的故事便會是一個卡沙亞人的故事。這是目前的挖掘政治（politics of excavation）和公共解說所要求的。但爲什麼原本不見得只有一種聲音的卡沙亞人會想要告訴外來者他們在這個地區的故事呢？如果他們眞的想要如此，他們說出來的故事將會是什麼樣子？我不確定。那將會是不同的部落權威、學者（含原民與非原民學者）、資金來源和歷史公園工作人員的協商結果。不過看來明顯的是，卡沙亞人將會且應該扮演一個決定性角色。他們的故事肯定會把米丁尼呈現爲不僅僅是羅斯堡的附錄而已。印地安人在此生活的歷史可以追溯到原初的土地、原初的動物和植物，還有郊狼和其他神話性或祖先性人物。它的歷史比俄羅斯人時期早得多，也持續到了這時期之後。因此，卡沙亞人的歷史並非只是俄羅斯人歷史和歐美人歷史的補充或補強，而更是與這些歷史的交織和交錯。在羅斯堡歷史公園的公共空間裡，這種敘事會有需要跟俄屬美洲或加州牧場主的歷史加以調和嗎？添加這些史料的主要目的，應該是以「完整地」呈現歷史眞實的一個「完整」切片爲主要目的嗎（哪怕只限於十九世紀早期與中期的歷史眞實）？我並不這麼認爲。它的主要目的和成就將會是爲講述一個卡沙亞人的故事創造空間——這是一段有不同中心的歷史，它倚重重疊的歷史傳統與考古傳統，但不受限於它們。這預設了卡沙亞人的活動在敘事和重建的過程中不只是提供諮詢和意見而已。這種公共對米丁尼的重新記憶不僅僅是一份「遺產」的表達，更是一個社群的歷史工作，以此表明自己是眾多的社群之一和銜接部落的過去、現在和未來。這個計畫的首要目標是用「我們的方式」訴說歷史。

在羅斯堡的遊客中心外頭寫著「羅斯堡」三個字的木板下面掛著一面小木板，上面寫著「米－丁－尼」（May-Tee-Nee）。這塊小木板讓我納悶卡沙亞人的歷史要如何呈現才不會淪爲俄屬美洲的附屬品。目前在羅斯堡四周增加「文化步道」的計畫並不會實際重建康尼亞人或卡沙亞人村落的一部分，但透過用玻璃櫃來展示挖掘出來的文物將可喚起人們對村落的想像。這種方法雖然開始對堡壘圍牆外的複雜生活做出許多補充，但重建後的壯觀堡壘和它體現的俄羅斯歷史仍然是公園的核心瑰寶。其他歷史將繼續是附屬性的（例如由「柯爾故居」代表的牧場時期），或實際上是破碎的（例如卡沙亞人／米沃克人和阿拉斯加人的聚落）。這或許是無可避免的。但是，在把一個經過重建的米丁尼和其他策略結合，也許可以抵消俄羅斯人的巨大身影。這些做法將透過修改遊客中心的展示來加強，共同幫助人們看見（和聽見？）柵欄圍牆外面有著複雜扎根和相互交錯的生活。

不管發生在羅斯堡／米丁尼的不同故事實質上是如何呈現，三個成員之間的困難對話

341

必須持續下去。在持續進行的接觸史中，訊息和感受力的適當「平衡」總是反映著開放性和政治性的關係。最後的共識也許是不可能的（也不應該是可能的）。從阿拉斯加原住民與加州原住民的觀點來看，俄屬美洲的故事可能是蒼涼的，是一則入侵和瘟疫的故事，其中的俄國人會被描繪爲剝削者。這種觀點是片面的嗎？來自俄羅斯社群對這樣負面的評價又會做何反應？加州原住民對牧場時期會有什麼反應（他們在這期間被驅離祖土）？在每年夏天在羅斯堡慶祝的「活躍歷史日」中，有容納死於痲疹的人的空間嗎？當歷史流實際上是彼此衝突的和持續進行中的不同故事的重疊，遺產的呈現有可能是平衡（即全體兼容並達成共識）的嗎？

諸多未來

要敍說一個故事，我們必須交代時間和地點，因爲故事的開端從來都不是理所當然的。羅斯堡的諸歷史各突顯出特定的過去，預示著不同的可能性。「俄屬上加州」（Russian Alta California）年代——一八一二至四一年——在這些歷史中占有核心地位。這個歷史時刻讓一個北太平洋貿易圈與探險圈成爲焦點，它把加州、莫斯科、新英格蘭、中國、拉丁美洲、夏威夷和倫敦串聯了起來。在那些年間，北美原住民接觸到毀滅性的殖民政權；在那些年間，列強逐鹿北美，最後由美國取得大陸的支配權。但是在這個相對近代的過去，我們也瞥見了另一些美洲，它們讓現在被視爲理所當然的結果不那麼確鑿。在諸如加州淘金熱或《美墨和平條約》這些十九世紀中葉的「決定性」事件發生之前，接觸關係、邊界和權力是以不同方式排列的。

在一八三〇年，「美利堅合衆國」依然是角逐索諾瑪海岸的三雄中最弱的。羅斯堡當時是龐大俄羅斯帝國最東邊的前哨站。今日，就連俄羅斯在大陸上的領土範圍也變得無法確定了。美國還能再統一一百年嗎？加州在未來依然會被視爲屬於一個源於歐洲的帝國嗎？在十九世紀早期，中國曾是轉化這片海岸的強有力經濟力量。那麼未來呢？到了二一〇〇年，作爲一個帝國的、商業的、旅行與住居的位址，北太平洋的形勢肯定會和現在大不相同。「西」岸有可能再度成爲一條「東邊」的國界嗎？

隨著廿世紀邁向尾聲，看上去勢不可擋的力量——全球資本主義、民族主義和當代傳播科技——既連結又分化著全世界各地的人們。這些力量對歐美工業社會的擴張與結構性支配的重要性是相當清楚的；比較不清楚的是全球化力量對西方文化制度究竟有多依賴。資本主義文化具有彈性與地方適應性，並非單一事物。民族主義（通常是一股去穩定化力量）可以出現在相互矛盾的情境中，有時作爲支配力量，有時則作爲抵抗支配的力量。先進的傳播科技被西方與非西方的宗教基本教義派使用、被爭取社會正義和部落權利的運動使用，也被可口可樂、豐田汽車和花旗銀行使用。但雖然承認資本主義、民族主義和傳播科技的力量龐大，我們無需認爲它們力量無窮。作爲在歷史上連鎖的過程，它們攜手合作，也互扯後腿。它們在在地的脈絡中被創造和拆毀。在當前的全球發展中——有人稱之爲「新世界秩序」（new world order），有人稱之爲「混亂帝國」（empire of chaos）——不平均、矛盾、不穩定和創新發明是不可分離的（Amin 1994）。

我從一些不預期的新聞中獲得了某種類似希望的東西，一個例子是教宗造訪新幾內亞和非洲的報導。天主教徒們裸露胸膛、穿著傳統服飾、跳著部落舞蹈歡迎這位盛裝的白人。是什麼樣的歷史變遷促使若望保祿二世高揚原住民文化的價值？我們要如何了解俄羅斯東正教已經在阿留申人、康尼亞人和尤皮克族愛斯基摩人中間成了**原民**身分標誌此一事實？這個過程中失去了什麼？什麼被保存了下來？在當代「諸多文化」有序混亂中，什麼被重新創造了出來？

但我有的只是某種類似希望的東西……不是預言或革命性遠見。或許是因爲它讓我認識到偶然性，認識到小型烏托邦的可能性。不過，在那麼多毀滅性事實的面前，難道這不是一種盲目甚至執拗的希望嗎？這些毀滅性事實包括了無情的環境惡化、新殖民主義、人口過剩，以及幾乎每個地方的強勢者和弱勢者之間日益擴大的差距——這些事實讓人無法避免地感到沮喪。然而悲觀主義是一條死胡同，只會經常讓人流於虛無，一種預料之中的

「堅忍」。這種誘惑如今已司空見慣。我們必然有可能拒絕悲觀，同時也拒絕它的對立面，即拒絕相信透過開發、科技、網路和新自由主義共識總是可以帶來進步。我們有可能維持一個更複雜和更不穩定的限制和可能性嗎？有可能對未來既感到悲觀又不失希望嗎？葛蘭西提出了一個問題，而不是一個解決方案：「知性上悲觀，意志上的樂觀。」但爲什麼「希望」總是偏向非知性的「意志」呢？

在羅斯堡，我感受到某種類似希望的東西……北太平洋是一個地緣政治空間，它受到資本與帝國所轉化的時間不足兩個世紀。有沒有可能，當我們思考這個地區的「俄羅斯時期」時，會在某個關鍵瞬間感覺到一切尚未塵埃落定？有沒有可能，當時被釋放出來的諸歷史過程——市場力量對廣闊土地的控制、政治疆界的劃定與消除、人口的大量死亡與移動——都是不完整的？「西岸」、「美利堅合眾國」……諸如此類的東西在一個半世紀以前並不存在。它們在一百年後還會存在嗎？

從得意洋洋（或說可悲兮兮）的美國歷史連續體中往外望，「羅斯堡」時刻提供了縷縷的歷史偶然性。在美國歷史彼此交纏的故事中，我瞥見了帝國的興起與衰落、美國霸權史的淺薄，原住民的堅忍不拔與復興、美洲大陸北方與南方的未完成關係，還有亞洲對北太平洋歷史的持續影響。我一直在得意洋洋的西方歷史中生活和思考，而芭芭拉．尚金（Barbara Shangin）這位康尼亞族阿留申人的耆老，也是羅斯堡海獺獵人的後代，所說的話讓我感到吃驚：

> 我們的族人幾千年來挺過無數的風暴和災難。俄國人帶來的種種困難有如一段漫長的惡劣天氣。然而，就像所有其他風暴，這場風暴有朝一日總會過去。（Pullar and Knecht 1995:15）

這是一種不同的視角。它是在翻譯嗎？我可以從尚金的話中得到什麼啟發？在「後現代」加州這裡，它可以在不被浪漫化的情況下被認眞看待嗎？歷史是在未完成的全球動態中，從不同的地點思考的。我們在這個過程中的位置在哪裡？現在才認識到「我們」是各以多樣路徑進入現代性是否爲時太晚？還是爲時過早？

羅斯堡的歷史把我吸引到阿拉斯加、白令海峽和阿留申群島：它們是亞洲與美洲的交會處。我在學童念書階段，我對那些恰好停在那裡的地圖非常著迷，但也感到困擾：一條由一些小點構成的線*標示著西方的結束，而東方在世界的另一邊重新展開。在阿留申群島，「東方」與「西方」之分不再有意義。

地圖上北方的另一條虛線同時讓我著迷和恐懼（也許這就是我在羅斯堡第一條想要跨越和擦掉的線）。這條線穿越北極圈以北的阿拉斯加，它正是「國防遠程預警警報線」（DEW line）。虛線上的點是一個個雷達前哨站，其設置目的是在世界末日前讓我們多幾分鐘的準備時間。當年演習時，我們跑到教室外面，坐在金屬樓梯上，把頭夾在雙膝之間。我家在紐約市住的公寓大樓外牆掛了一塊黃、黑兩色的民防告示牌，告訴路過的人這棟大樓的地下室有防空庇護所。（除了上面寫著「水」的桶子以外，我在地下室裡什麼也沒找到過。）我們形成一種模糊的想像，認爲俄國的飛彈會跨越白令海峽與北極海發射到此。接著便是警報器響起，大概是某種震耳欲聾的聲響……東方正在變爲西方。†

當年我每天都活在對核戰的恐懼裡，擔心眞的會被核彈轟炸，我和我認識的所有人皆無法倖免。那種面對生命隨時可能消失的恐懼持續超過三十年，直到後來才逐漸消退。我、我的家人和我的朋友極有可能活到下一個世紀。雖然到了那時也會有屬於那個時代的危險（已知和未知的危險），但至少不會受到即時被滅絕的威脅。突然間，千禧年讓人感覺是個新的開始。

在白令海峽中間，有兩個小島嶼可以互相看見彼此：大迪奧米德島（Big Diomede）和小迪奧米德島（Little Diomede）。多個世紀以來，使用尤皮克語（後來改說伊努皮克語）的愛斯

* 譯注：此處指的是阿留申群島。
† 譯注：這裡意指蘇聯在美國的西方。

基摩人住在這兩個島上。他們和住在阿拉斯加西沃爾半島（Seward peninsula）和俄羅斯楚科奇半島（Chukchi peninsula）的愛斯基摩人有著緊密而持續的接觸。然而，美俄國界卻是筆直地從兩個迪奧米德島中間穿過。就在白令海南邊的聖羅倫斯島（St. Lawrence Island），長期以來都是尤皮克愛斯基摩人的家，他們的語言和住在亞洲海岸的愛斯基摩人幾乎一模一樣（兩地划船需要二十四小時）。這種緊密的關係已經存在了好幾個世紀，到了一八六七年後繼續是如此。那一年，聖羅倫斯島（它在文化和地理上都是亞洲的延伸）因爲包含在購買阿拉斯加合約中而改爲依繫美國。

冷戰將這片邊陲地區變成了封死的前線。一九四八年，蘇聯把住在大迪奧米德島的居民——那些尚未搬至小迪奧米德的人——撤到蘇聯本土。十年後，住在白令海峽沿岸和聖羅倫斯島對岸的愛斯基摩人也都搬往蘇聯內陸，超過他們在阿拉斯加的親戚能夠探望的距離。有長達四十年，除了一些祕密的通行（部分可能是因情報系統的需要而安排的），這片邊陲地區被嚴格封閉。但隨著國際政治在一九八〇年代末期開始解凍，人民要求開放後來稱爲白令海峽的「十字路口」，對政府形成愈來愈大的壓力。一九八七年，美國人寇克斯獲得許可，從小迪奧米德島游泳到大迪奧米德島，有些迪奧米德人隨卽搭船前往大迪奧米德島，與從蘇聯海岸出發的納甘斯姬尤皮克人（Naukanski Yup'iks）相聚。

隨後的三年間，政治人物、記者、原住民、商人紛紛穿越這個地區。愛斯基摩人可以免簽證往來兩地的制度重新建立了起來。從一九九一年起，每年有數以萬計的人搭乘「俄羅斯航空」和「阿拉斯加航空」的固定航班，從安克拉治前往蘇聯不同地點旅遊。姊妹市之間互派代表。愛斯基摩人更新了他們過去的關係，柯曼多爾群島（Commander Islands）的阿留申人因爲見到他們在美國的親屬而情緒激動。郵輪觀光業也告興起。一九九一年七月，西伯利亞的楚科奇人和愛斯基摩人駕著無遮蓋的船穿越危險的海洋，四十年來第一次前往小迪奧米德島。

資料來源

這篇論文根據與對羅斯堡及其歷史富有知識的人的對話所寫成的。卡拉尼、慕利與華頓等歷史公園的工作人員慷慨付出時間與建議。考古學家高斯坦、萊特福和費里斯提供線索並糾正了錯誤。奧斯華針對我關於他所出版的卡沙亞文本的問題提供了詳盡回覆；派瑞許與我討論他對卡沙亞宇宙論和歷史觀點，與羅斯堡考古之間的關係的看法；薩利斯提出了卡沙亞與米沃克歷史的精闢見解。此外，羅斯堡的圖書館提供極大協助。慕利慷慨提供了他關於阿拉斯加海洋哺乳動物獵人和柵欄圍牆外跨族群等尚未發表的講座資料。

果園：我所提到的羅斯堡的繪畫，是烏夏諾夫在一八二八年的作品（根據杜華奇力的素描），以及沃斯涅斯基在一八四一年的作品。有關果園的歷史資料有：史坦布魯克的書（Stainbrook 1979）和在羅斯堡圖書館收集到的規畫圖、照片和紀念文物。

歷史：薩依德提供了「西方」奠基於相對「東方」的系譜（Said 1978），我在米穆拉正在進行的研究中，學到從亞洲與太平洋的角度看待「美國史」。有關將美國（America）重寫為美洲（Américas），見薩爾蒂瓦（Saldívar 1991）及其他作品。對於北太平洋史的複雜觀點，我參考了麥道格的作品（McDougall 1993）。

俄屬美洲：有關俄屬美洲的接觸史，我是以夏溫尼（Chevigny 1951, 1965）和狄克曼夫（Tikmenev 1978）的立論為基礎，同時參考吉柏森（Gibson1976, 1988）、布雷克（Black 1977）、史塔爾（Starr 1987）、費茲與克羅威爾（Fitzhugh and Crowell 1988）、費茲與夏松尼特（Fitzhugh and Chaussonnet 1994）、奧斯華（Oswalt 1988）、費里斯（Farris 1989b）、伊斯多名（Istomin 1993）、卡瑞（Kari 1983），以及一些當代紀錄，例如克里尼科夫（Khlebnikov 1990）、阿勒克瑟夫（Alekseev 1987），以及費里斯（Farris 1988）。

諸多歷史：除了奧斯華（Oswalt 1964）和費里斯（Farris 1989），我參考了薩利斯對加州原住民文本的對話式研究方法（Sarris 1993）。有關故事敘說（storytelling）前的空間化（spatialization）概念，參考林哈特（Leenhardt 1947）和巴赫金的「特定時空」（chronotope）概念（Bakhtin 1937）。關於波摩族的民族誌和「波莫夢境教」，我查閱了以下學者作品，包括杜博依斯（Du bois 1939）、甘迺迪（Kennedy 1955）、麥克藍登與奧斯華（McLendon and Oswalt 1978）和薩利斯（Sarris 1993, 1994）。

商品：對於在地／全球化商品體系的複雜感知，我受到米勒（Miller 1987,1994, 1995），以及陶席格（Taussig 1980, 1987）、薩林斯（Sahlins 1998），以及湯瑪斯（Thomas 1991）等作品的影響。

動物：有關「歷史」意識的多樣性和結構，見羅薩爾多（Rosaldo 1980）和懷特（White 1987）等許多最近的作品。我對「歷史中自然」（nature-in-history）的一般研究方法，來自康寧（Cronin 1995）的觀點。關於歷史作為一個「歐洲」現象，全球化銜接但卻可能產生地方化移轉概念，見查克拉伯提（Chakrabarty 1992）。這一章節最後幾個段落很大程度上得益於海利的評論。

帝國：參考麥道格（McDougall 1993）、薩林斯（Sahlins 1988）、班雅明（Benjamin 1968）。有關全球化進程的論述取向，來自霍爾（Hall 1991）和珍妮特・阿布－盧格霍德（Abu-Lughod 1991）以及翰納茲（Hannerz 1991）的研究。關於人類學最近發展的概況，見可爾尼（Kearney 1995）。關於現代國家的「地理－形體」（geo-body）的精彩評論，類似於我對美國地圖圖像的評論，見溫尼恰庫爾（Winichakul 1994）。

牆：參考史耐德（Schneider 1983）、安札杜爾（Anzaldúa 1987）。有關中國長城的描述，見華德倫（Waldron 1990）。有關以美墨邊界為核心的最近研究，見艾維茲（Alvarez 1995）。近期羅斯堡圍牆的考古學研究，主要依據萊特福、威克和史奇夫（Lightfoot, Wake and Schiff 1981），以及馬丁尼茲（Martinez 1995）的研究。

諸多過去：有關羅斯堡詮釋協會（FRIA）的活動，我從該協會近期的會訊取得資訊，同時也和羅斯堡的工作人員討論了計畫。有關「歷史流」的觀點，以及「文化步道」與柯爾故居的保存計畫，都在羅斯堡圖書館內即可查詢。書中提及堡壘公園可能要重建卡沙亞族歷史的計畫要感謝派瑞許的分享。有關博物館／歷史遺蹟作為「接觸區」的困境與可能性，見本書第七章。

諸多未來：有關葛蘭西學派的政治學理論如何運用於當代處境，我得益於霍爾（Hall 1985, 1988）。高登提供了對全球資本主義經濟的觀點，認為它是由相互矛盾的進程所組成，包括不同的創新領域和地區性移動（Gordon 1994）。費德曼引人入勝地探索了一個弔詭的「世界體系」，其所促進的不是霸權，而是一種系統性混亂，促使了文化與身分的生成（Friedman 1994）。阿敏認為，資本主義的全球規範長期以來無法控制民族主義的反抗和混亂（Amin 1994）。有關文化與民族國家的離散性解銜接與再銜接，見本書第十章，同時見古塔關於民族與跨國身分的不穩定性的相關討論（Gupta 1992）。有關俄羅斯東正教作為一種「本土」宗教的主張，見布雷克（Black 1977）和範納普－里歐丹（Fienup-Riordan 1990）。在提倡「某種希望」（a kind of hope）時，我經常發現自己會和戴維斯，以及阿薩德令人信服的**暗黑**（noir）視角對抗。有關白令海周邊的劃分與跨越的歷史，我尤其得益於克羅斯（Krauss 1994）、費茲與克羅威爾（Fitzhugh and Crowell 1988），以及夏松尼特（Chaussonnet 1995）等人的研究。

各章來源

本書收錄先前已發表的文章，其中部分未經調整，部分經過細微修改。

第一章　收錄於《文化研究》(*Cultural Studies*)，勞倫斯・格羅斯伯格、凱里・尼爾森和寶拉・特賴西勒編輯，一九九二年紐約羅德里奇出版社發行。本文經出版社惠允轉載。

第二章　收錄於《時代文學補編》(*Times Literary Supplement*)，一九八四年十一月十六日。經惠允轉載。

第三章　收錄於《人類學與「田野」：學科建構之界線、區域和基礎》(*Anthropology and "the Field": Boundaries, Areas, and Grounds in the Constitution of a Discipline*)，古塔和弗格森編輯，一九九七年柏克萊加州大學出版社發行。本文經出版社惠允轉載。

第四章　收錄於《硫磺》，一九九三年第三十二期，頁六四～七二。

第五章　收錄於《文化展示：博物館展覽的詩學與政治》(*Exhibiting Cultures: The Poetics and Politics of Museum Display*），伊凡．卡普和史提芬．拉芬編輯，一九九一年華盛頓特區史密森尼博物院出版社發行。本文經出版社惠允轉載。

第六章　收錄於《視覺人類學評論》，一九九五年第十一期第一卷，頁九二～一一七。本文經美國人類學學會惠允轉載。

第七章　於本書首次發表。

第八章　收錄於《博物館人類學》，一九九三年第十七期第三卷，頁五八～六六。本文經美國人類學學會惠允轉載。

第九章　收錄於《移轉：文化身分的質疑》（*Displacements:Cultural Identities in Question*），安潔莉卡．巴默爾編輯，一九九四年布魯明頓印第安納大學出版社發行。本文經出版社惠允轉載。

第十章　收錄於《文化人類學》，一九九四第九期第三卷，頁三〇二～三三八。本文經美國人類學學會惠允轉載。

第十一章　收錄於《硫磺》文藝雜誌，一九九五年第三十七期，頁三一～五二。

第十二章　於本書首次發表。

譯名對照

1畫

2畫

3畫

4畫

艾姆斯 Ames, Michael
艾倫 Allen, John
艾普斯 Apess, William
艾森 Aissen, Judith
艾登蕭 Edenshaw, Charles
艾爾蕭 Ershow, Ludmila
艾維茲 Alvarez, Albert
《西太平洋的航海者》 *Argonauts of the Western Pacific*
《西北岸的原住民藝術》 *Indian Art of the Northwest Coast*
《西北岸的傳統與變遷》 *Tradition and Change on the Northwest Coast*
西岸 Westcoast
《西城故事》 *West Side Story*

7畫

〈亨利派克斯汽車旅館〉 At Henry Parkes Motel
伯尼克 Bernick
伯克 Burke, Kenneth
伯恩斯 Burns, Robert
伯納斯，米娜 Bernays, Minna
伯靈翰，桃樂絲 Burlingham, Dorothy
佐登，瓊 Jordan, June
何利漢 Houlihan, Patrick
佛洛伊德，安娜 Freud, Anna
佛洛伊德，瑪莎 Freud, Martha
佛格爾 Vogel, Susan
克里人 Cree
克里尼科夫 Khlebnikov, Kirill
克里頌 Cllissant, Edouard
克拉梅爾 Crummell, Alexander
克提茲人 Cortez
克藍馬，丹恩 Cranmer, Dan
克藍馬，愛瑪 Cranmer, Emma
克藍馬，道格 Cranmer, Doug
克羅威爾 Crowell, Aron
克羅斯 Krauss, Michael
《判決錯誤》 *An Error in Judgment: The Politics of Medical Care in an Indian/White Community*
利希 Leahy, Joe
利希 Leahy, Mick
利希－泰勒巡邏隊 Leahy-Taylor patrol
努查努阿特族 Nuu-Cha-Nulth
《努爾人》 *The Nuer*
坎立尼 Canclini, Nestor Garcia
坎特威 Cantwell, Robert
宏姆 Holm, Bill
希克司 Hicks, Errol
希克斯 Hicks, Emily
希威酋長 Chief Willie Seaweed
〈我的小光〉 This Little Light of Mine
《我們祖先的手》 *Hands of Our Ancestors*
《我們從哪裡來？我們是誰？我們要往哪裡去？》 *D'où venonsnous? Que sommes-nous? Où allons-nous?*
李小平 Li, Xiaoping

洛司 Rus, Diana L.
洛伊 Lowie, Robert
洛威 Lowe, Lisa
洛蒂 Loti, Pierre
洪堡 Humboldt, Alexander von
派耶 Paiye, Kekanem
派特森 Patterson, Orlando
派瑞許 Parrish, Essie
派瑞許 Parrish, Otis
《為旅程製圖：黑人與第三世界婦女的書寫選集》 *Charting the Journey: Writings by Black and Third World Women*
《珊瑚花園及其巫術》 *Coral Gardens and Their Magic*
皇家卑詩博物館 Royal British Columbia Museum
科比 Corbey, Raymond
科申布拉特－吉姆利特 Kirshenblatt-Gimblett, Barbara
科亨 Cohen, Robin
科墨藍島 Cormorant Island
《科羅拉多河及其峽谷探勘》 *The Exploration of the Colorado River*
約克雕刻公園 Yorkshire Sculpture Park
約翰，瑪麗 John, Mary
《美洲豹》 *Jaguar*
《美國人類學家》 *American Anthropologists*
胡克斯，貝爾 hooks, bell
胡那區 Hoonah
胡帕部落博物館 Hoopa Tribal Museum
胡許 Rouch, Jean
《軍事占領的詩學》 *The Poetics of Military Occupation*
迦諾，馬格麗特 Garner, Margaret
迪亞康，巴納德 Deacon, Bernard
迪倫，巴布 Dylan, Bob
韋伯斯特 Webster, Gloria Cranmer

10畫

修森 Hewison, Robert
哥定 Gottein, Salamon D.
哥威迅族 Gwich'in
唐納 Turner, Christina
夏松尼特 Chaussonnet, Valérie
夏洛特皇后群島 Queen Charlotte Islands
夏普 Sharpe, Jenny
夏溫尼 Chevigny, Hector
夏農 Chagnon, Napoleon
娜拉楊 Narayan, Kirin
《島嶼與海灘》 *Islands and Beaches*
席克拉特 Schildkraut, Enid
席耶拉學院 Sierra College
席格 Seeger, Pete
席勒，蘇珊 Hiller, Susan
庫克里克 Kuklick, Henrika
庫克船長 Captain Cook
庫辛 Cushing, Frank Hamilton
庫林 Kurin, Richard
庫泊爾 Kupal, Yap

《馬拉庫拉上的足跡》*Footprints on Malekula*
馬拉庫拉島 Malekula Island
馬凌諾斯基 Malinowski, Bronislaw
馬庫斯 Marcus, George
馬格里布人 Maghrebi
馬斯斐德公園路 Marsfield Gardens
馬歇爾 Marshall, Paule
馬瑪歷歷庫拉人 Mamalillikulla
高夫曼 Goffman, Erving
高更 Gauguin, Paul
高特 Gault, Charlotte Townsend
高斯坦 Goldstein, Lynne
高登 Gordon, Deborah
高登 Gordon, Richard
《高等教育紀事報》*Chronicle of Higher Education*
高爾 Cole, Douglas
高緒 Ghosh, Amitav
高樂威 Galloway, Colin

11畫

參高利 Sangari, Kum Kum
國立人類學歷史研究中心 Instituto Nacional de Antropologia Historia, INAH
培里 Peary, Robert
基斯利克 Kisliuk, Michelle
基爾學 Kircher, Athanasius
《婦女之城》*The City of Women*
密爾頓 Milton
寇克斯 Coxe, Lynne
崔斯坦，佛蘿拉 Tristan, Flora
康尼亞人 Koniags
康布羅 Komblo
康奈爾 Cornell, Joseph
康拉德 Conrad, Joseph
康納利 Connolly, Bob
康納利 Connery, Chris(Christopher)
康寧 Cronin, William
張伯倫，安姬 Chanbram, Angie
張伯斯 Chambers, Iain
強尼雷 Johnny Ray
強生 Johnson
曼丁卡人 Mandinka
曼吉角村 Cape Mudge Village
曼翰 Mannheim, Bruce
梅拉圖斯山脈 Meratus Mountains
梅修 Mayhew
梅斯皮 Mashpee
梅森 Mason, Jim
梅瑟 Mercer, Kobena
〈現代社會的離散：故土與返鄉的迷思〉Diasporas in Modern Societies: Myths of Homeland and Return
理查 Richard, Nelly
畢巴底考古學與民族學博物館 Peabody Museum of Archaeology and Ethnology
畢格羅 Bigelow, Gordon
《異星兄弟》*Brother from Another Planet*

萊特 Wright, Patrick
萊特，理查 Wright, Richard
萊特，喬 Wright, Joe
萊特，隆納 Wright, Ronald
萊特福 Lightfood, Kent
萊特福 Lightfoot, Kent
《訴訟或迫害》 *Prosecution or Persecution*
費里斯 Farris, Glenn
費茲 Fitzhugh, William
費雪 Fischer, Michael
費斯克大學 Fisk University
費瑟斯通 Featherstone, Mike
費德曼 Friedman, Jonathan
賀思科維茲 Herskovitz, Melville
《超越死亡》 Más Allá de la Muerte
開立福斯基，尼古拉 Kalifornsky, Nikolai
開立福斯基，彼得 Kalifornsky, Peter
開普藍 Kaplan, Caren
雅樂賽 Alexei, Freddy
《黑木女士號》 *Lady Blackwood*
《黑色大西洋：現代性與雙重意識》 *The Black Atlantic: Modernity and Double Consciousness*
《黑暗之心》 *Heart of Darkness*
黑麋鹿 Black Elk

13畫

〈圓會破嗎？〉 Will the Circle Be Unbroken?
塔內那 Tanaina
塔安嘉 Ta'unga
塔斯德戈 Tashtego
塞尼卡 Seneca
塞克斯頓 Sexton, Mark
塞法迪猶太人 Separdim
塞澤爾 Césaire, Aimé
奧克萊 Alcalay, Ammiel
奧格拉拉 Oglala
奧堤茲 Ortiz, Fernando
奧斯華 Oswalt, Robert
奧蒂塔 Odetta
奧爾巴哈 Auerbach, Erich
〈媽媽不讓彈吉他〉 Mama Don't Allow No Guitar Playing
愛匹，考威儀 Aipe, Kauwiye
愛匹，嚴寶 Aipe, Yimbal
愛施爾 Ascher, Maria
愛勒特灣 Alert Bay
愛瑞克森 Erickson, Arthur
愛德華茲 Edwards, David
《新大洋洲》 *A New Oceania*
《新奴隸：國際勞動分工中的移民》 *The New Helots: Migrants in the International Division of Labor*
新赫布里地斯群島 New Hebrides
〈新興的西大西洋系統〉 The Emerging West Atlantic System
楚科奇族 Chugach
溫尼恰庫爾 Winichakul, Thongchai
溫尼賀 Weinreich, Max

福拉特 Flatt
福特斯 Fortes, Meyer
福塞爾 Fussell, Paul
維吉谷 Wahgi Valley
《維多利亞時代的仕女旅行者》 *Victorian Lady Travellers*
維安 Waiang
維克 Wik
維佳 Vega, Ana Lydia
維爾莉特 Violet Cahappelle
維樂茲 Vélez, Diana
蒙帕納斯區 Montparnasse
蒙特祖馬人 Montezuma
蒙塔古夫人 Lady Mary Montague
蓋伊 Gay, E. Jane
裴洛 Perot, H. Ross
《說故事者、聖徒和流氓》 *Storytellers, Saints, and Scoundrels*
赫南德茲 Hernandez, Graciela
赫茨爾 Hertzl
赫斯特博物館 Hearst Museum
赫斯基特族 Hesquiaht
赫斯頓 Hurston, Zora Neale
赫德 Herder
酷海克 Kool Herc

15畫

墨里斯 Morris, Jan
德・塞杜 de Certeau, Michel
德利斯 Deliss, Clémentine
德里克 Dirlik, Arif
德格蘭朵 Gérando
德菲 Defert, Daniel
德瑞蒙 Drummond, Lee
德雷克，聖克萊兒 Drake, St. Clair
德蘭尼 Delany, Martin
慕利 Murley, Dan
《憂鬱的熱帶》 *Tristes Tropiques*
《摩西與一神論》 *Moses and Monotheism*
摩漢提 Mohanty, Chandra
摩爾斯比港 Port Moresby
《摯愛》 *Beloved*
撒迦利雅 Zacharias
《樂一通》 Looney Tunes
《模擬者》 *Mimic Men*
歐丁那亨 Oadanalchen
《歐洲與沒有歷史的人》 *Europe and the People without History*
《歐洲霸權之前》 *Before European Hegemony*
歐馬拉卡納村 Omarakana
歐單 Odan
歐漢龍 O'Hanlon, Michael
潘翎 Pan, Lynn
範納普－里歐丹 Fienup-Riordan, Ann
《褐色女孩，褐色石屋》 *Brown Girl, Brownstones*
《論在古老的國度生活》 *On Living in an Old Country*
《論梅拉人的傳統民族誌》 *Essai*

16畫

17畫

18畫
織夢者合唱團 Weavers
薩夫蘭 Safran, William
薩利納斯 Salinas de Gortari, Carlos
薩利斯 Sarris, Greg
薩亞迪亞拉比 Rabbi Sa'adya
薩依德 Said, Edward
薩林斯 Sahlins, Marshall
薩泰里阿教 Santeria
薩特 Sutter, Johann August
《薩滿教、殖民主義與野人》 *Shamanism, Colonialism, and the Wild Man*
薩爾蒂瓦 Saldívar, José David
薩繆爾 Samuel, Raphael
《藍色童話書》 *The Blue Fairy Book*
藍迪 Landes, Ruth

19畫
《離散》 *Diaspora*
〈離散文化與對話想像〉 Diaspora Culture and the Dialogic Imagination
魏伍德 Wedgwood, Camilla
懷司威斯華倫，卡蜜拉 Visweswaran, Kamela
懷特 White, Hayden
瓊斯 Jones, Leroi
羅拉通加 Rarotongan
羅洛 Rollo, Jane
《羅馬尼亞的猶太少數民族》 *The Jewish Minority in Roumania*
羅斯堡 Fort Ross
羅斯堡詮釋協會 Fort Ross Interpretive Association, FRIA
羅森爾 Rosenthal, A. M.
羅賀夫 Rotchev, Alexander
羅滿加人 Romonga
羅德 Lorde, Audre
羅薩爾多 Rosaldo, Renato
《藝妓》 *Geisha*
《邊境》 *Borderlands / La Frontera*

20畫
蘇尼 Zuni
蘇利文 Sullivan
蘇利文 Sullivan, Kathleen
蘇威，詹姆斯 Sewid, James
蘇族 Sioux

21畫
蘭格爾 Wrangell, Ferdinand von
《辯論的穆斯林》 *Debating Muslims*

22畫
《權力的長袍：布上的圖騰柱》 *Robes of Power: Totem Poles on Cloth*

27畫
《鑽石女王的國度》 *In the Realm of the Diamond Queen*

注釋 Notes

第一章　在文化間旅行 Traveling Cultures

1 「空間實踐」一詞來自德・塞杜（de Certeau 1984）。我在此處的特別強調以及在第三章較深入探討田野工作時，將會在某種程度上使得這些必定是空間－**時間**在地化（spatio-*temporal* localizations）的事實更難以理解。里奇的說法是：「地圖上的一處也同樣在歷史上具有位置」（Rich 1986）。費邊對於本文忽略的時間面向有較完整的討論（Fabian 1983）；同時見 Clifford 1986。

2 關於帳篷門片的一瞥作為某些書寫實踐的開端的討論，請見 Clifford 1990:67。

3 當然，相關人口並不必然集中居住於村落裡。關於米德「定位」新幾內亞高地的山區阿拉佩斯人（Mountain Arapesh）所遭遇到的困難，見 Clifford 1988:230-233。

4 當然，田野工作者也會離開。他們的離開是銜接經驗研究和理論發展，以及田野筆記和書寫成章間兩個相異「地方」的關鍵時刻；見 Clifford 1990:63-66。古典民族誌通常側重抵達而鮮少探討離開。但若將田野工作看是一種旅行，一種多點空間實踐，便將「居住」的終點（以及尚未了結散亂的問題）帶入了討論。

5 霍米巴巴曾提醒我們關於那些不會組成同質的語言／時間／文化或民族的散落時間性和歷史（Bhabha 1990）。在文化、語言和民族的整體性概念間的連結，我們需要批判的系譜學。參見 Wolf 1982:387 和 Handler 1987，這些著作涉及了一些牽連人類學的議題。

6 關於支持這個結論的考古證據，請見 Rouse 1986。

7 在這個連結上，我忍不住要提到時代改變的詮釋徵兆。一篇最近的文章在標題上如此宣稱：〈古老的部落沒有消失，它們只是搬家了〉（Barringer

1990）。美國西南部的考古學家認為他們解開了長久的謎題：阿納薩齊族（Anasazi）去哪了？他們是峭壁的定居者，建造出令人讚嘆的永久聚落和複雜的道路系統，但在某個時刻（在恰克峽谷〔Chaco Canyon〕是1150年或在梅薩維德〔Mesa Verde〕是1300年），他們拋棄居住地，「消失」了。在有著濃厚演化論假設的農業和都市發展論述中，這些已發展聚落的結束只能被詮釋為終點，一個文化上的「消失」或「死亡」。因此，在阿納薩齊族（一個概括性名稱，其實源自納瓦霍〔Navajo〕語，意思是「古老的那個」）和與那個區域有著深厚連結的當代文化（霍皮〔Hopi〕、蘇尼〔Zuni〕、阿柯馬〔Acoma〕）之間，無法建立連續的連結。然而，在這個新的詮釋方法下，峭壁**定居者**同時也是峭壁**旅行者**。「累積的證據」顯示阿納薩齊族在該地區移動，直到歐洲殖民者入侵並用激烈的手段限制他們的移動之前，阿納薩齊族建立起不同複雜程度的聚落建設，然後又離開這些聚落。他們近期的名字是霍皮、蘇尼和阿柯馬。在過去消失的族群和現存的人口之間，沒有神祕的失蹤或死亡將他們區隔，只有一段定居**和**旅行的複雜歷史。我絕非這方面的專家，但我不禁想知道，專家認為「累積的新證據」是否能為這個新的結論提供恰當解釋。關於空間連續性和文化在地化的假定，正在不同領域裡受到挑戰。本章所論及的全球發展當然與這種整體觀點的變化有關。

8 在此感謝唐納提供建議。這裡呈現的僅是要點，就我所知的要點。

9 學術人類學／民族誌在文化研究（特別在英國）所扮演的有限角色值得更多的討論，其中包括特定領域和帝國歷史。我的看法是目前在美國互動的可能性比較高——雖然許多人類學系仍感受到文化研究此一領域的威脅，殖民主義（無法抹滅）的玷汙使得人類學在某些激進和「第三世界」環境裡變得不可觸碰。

10 弗萊徹（Alice Fletcher）以特殊政府幹員的身分，在1889年被派往納茲皮爾斯（Nez Perce）印地安人的土地從事調查和分派的工作是個相當罕見的經驗。她是探索隊的領袖，對於白種男性和印地安人握有真實的權力。她個人的權威可從她的綽號「維多利亞女皇」上看見端倪。關於在未完全開拓的領域中從事「男性工作」、具有代表性的女性，可見弗萊徹的友人蓋伊（E. Jane Gay）的信件（Gay 1982）。

11 布魯姆曾深入撰寫關於培里、漢森、愛斯基摩人及《國家地理雜誌》多次

嘗試要重新訴說這個充滿爭議的發現故事的努力（Bloom 1993）。

12 我很感謝葛洛義幾次在通勤列車上的討論，讓我認識瑞迪可與林鮑（例如1990年）的作品。關於《黑色大西洋》的討論，請見第十章。

13 見布朗（Karen McCarthy Brown）近期關於民族誌的實驗寫作《布魯克林的巫母蘿拉》（*Mama Lola: A Vodou Priestess in Brooklyn*；在第三章討論）。同時見葛斯穆克與佩薩的雙焦研究（Grasmuck and Pessar 1991）。

第三章　空間實踐：田野工作、旅行與人類學訓練
Spatial Practices: Fieldwork, Travel, and the Disciplining of Anthropology

1 關於田野工作的標準和其「魔法」的興起，請參見史塔金（Stocking 1992: Ch1）的經典說明。我在這裡的討論聚焦於歐美的趨勢。我跟古塔和弗格森（1997）一樣，承認我對非西方人類學的脈絡和實踐有著「被認可的無知」（Spivak 1998; John 1989）。即使在這個相當有力但備受爭議的「中心」，我的討論主要聚焦北美和某種程度上的英格蘭。如果議題延伸到這些脈絡之外，我都抱持尚無法系統化討論的保留態度。

2 1994年4月18日，羅薩爾多於史丹佛大學舉辦的「人類學及『田野』」研討會的發言。當時的脈絡是比較後異國人類學者和文化研究學者的民族誌。在缺乏長期共同居住（extended co-residence）的情況下，如何保證了互動的「深度」？

3 馬庫斯在他近期探究新興的「多點民族誌」的作品中提到此一問題（Marcus 1995:100）。他主張這些民族誌「不可避免地是各種強度和品質的知識基礎的產物」。他補充道：「或許正是人類學家對於在任何地點進行深入民族誌的困難，以及在過去從事這般田野工作時所獲得的滿足感，因而讓他們對民族誌研究者具備移動性，又同時聲稱完成好的田野工作時，產生了疑慮。」整體來說，馬庫斯試圖理解一個新興現象，並且迴避了**田野工作**的問題。他僅是將所有新的移動實踐稱為**民族誌**，但這顯然是一種跨學科的取向，儘管保留了一些可識別的人類學特徵：近距離的觀點、跨文化翻譯、語言學習、對日常實踐的關注等。

4 適切的田野工作標準往往透過默契的共識而非明確的規則來強制執行。這個專業文化對「好的」民族誌和民族誌研究者的定義，對外人來說可能顯

得模糊，甚至武斷。我在這裡關注的並不是如何區分各種不同品質的研究，或是展示特定的專業區別是如何運作的。這需要一個學科的歷史和社會學，而這不是我的能力可以提供的。

5 目前很難想像可以將生物人類學和考古學領域的研究整合成一個單一系所。大部分的系所都維持著獨立的方向，並希望或多或少可以相互滋養。

6 這是一個充滿爭議的界線，至少在美國是爭奪的場域。在人類學方面，對文化概念的誤用和膚淺的民族誌研究一再受到抱怨。此外，一些陷入困境的人類學家則將文化研究視為更時髦的「後現代主義」。此一現象反映在美國人類學會，由泰德洛克夫婦（Barbara and Dennis Tedlock）負責的旗艦期刊《美國人類學家》（*American Anthropologists*）所制定的新編輯政策中可見一斑。在美國人類學年會上，有人提出了譴責期刊的「後現代轉向」的動議（並遭到否決）。艾克爾曼（Dale Eickelman）對於這個充滿矛盾的界線提出更複雜的觀點，（《高等教育紀事報》〔*Chronicle of Higher Education*〕引述）他認為最近一篇「以開羅媚俗宗教的行銷為主題的照片文章在期刊上是『激進的新作』，『重新占領被文化研究挪用的領域』」（Zalewski 1995:16）。漢德勒從人類學角度提供了關於文化研究界線審慎的論述（Handler 1993）。

7 這令人聯想起芝加哥學派。貝克（Becker e. g., 1986）、凡滿南（Van Maanen 1988）、布瓦雷等人（Burawoy et al. 1991），以及威爾曼的近期著作明確探討了人類學關於民族誌職權的辯論（Wellman 1995）。人類學直到相對近期以來都是透過研究**對象**（原始的、部落的、偏遠及從屬的，尤其是在非西方和前現代）而與社會學有所區別。杜謝追溯了人類學特殊研究對象的出現（Duchet 1984），這可以追溯到十八世紀的人類學–社會學，該學科根據一系列熟悉的二元對立劃分了地球：有／無歷史、古老／現代、具文字紀錄／無文字紀錄、遙遠／附近。每一個對立如今在實證上都變得模糊、在政治上受到挑戰，並在理論上被解構。

8 此處的評論基礎來自於與哈丁的討論。事實上，哈丁的雜揉研究實踐是我重新思考人類學「田野」的起點。她所進行的研究可見於Harding 1987, 1990, 1993。

9 我的已故同事史奈德（David Schneider）經常提醒我，田野工作不是人類學的**必要條件**。他對於我的研究的觀點，以及對其他人的評論，收錄在

《史奈德論史奈德》(*Schneider on Schneider*, 1995，特別是第十章)——這是一本犀利、幽默且放肆的訪談集。史奈談認為著名的人類學家以思想和理論創新為卓越之處，而不是出色的田野調查。就他看來，民族誌是一個生產可靠事實的過程，而這些事實往往證實了先入之見，或是與研究最終結論無關。田野工作是一個有爭議的實證主義式的經驗證據。他拒絕接受田野工作具有某種獨特的互動學習之主張。然而，在他的對談者漢德勒的壓力下，史奈德收回了更極端的立場。例如，他承認好的民族誌和理論在聲譽的形成過程中並無法嚴格區分，並且認識到人類學家確實(錯誤地)對田野工作有特別和定義性的強調。他也勉強承認在田野工作可以生產新的想法並且挑戰預設立場。然而，他並未對受到肯定的民族誌在領域裡如何發揮規範性作用進行評論。史奈德獨特的激烈批評是對本章重點的一項糾正。他最終的立場似乎是，如果田野工作確實是社會文化人類學的一項獨特標誌，那麼它便不應被盲目崇拜。我同意此點。但我不同意人類學是(或應該是)「文化的研究」。那也會是一艘有問題的學科救生艇。我懷念史奈德真誠的指正，當然不會為這些觀點作結。

10 Malinowski 1961:11。洛伊的《民族學理論史》(*History of Ethnological Theory*, 1937)一書開場便明確區分了人類學民族誌與具有異國情調風格的「文學」旅行。關於這個論述轉向的評論，請見 Pratt 1986。

11 《紐約時報》週日旅行版的「精緻旅遊」副刊收錄知名作家的旅行文章，是該報廣告收入的主要來源。此副刊集結出版了一系列文集，在首部文集中，由《紐約時報》編輯羅森爾(A. M. Rosenthal)及吉柏(Arthur Gelb)撰寫的序文聲稱，敏感的新聞報導和旅行文學之間存在等同關係(Rosenthal and Gelb 1984)。

12 許多「好的」書店如今都維持著充足庫存為旅遊指南和旅行書籍**分別**設立專區，來強調遊客與旅行者之間的區別。

13 凡滿南(John Van Maanen)提供一份關於民族誌寫作新方法以及人類學和社會學的田野工作結果的平衡報導。他的書名叫《田野的故事》(*Tales of the Field*, 1988)，表明了我在這裡的主題：說故事的是旅行者，而非科學家。

14 馬庫斯將民族誌住居的形象替換為「跟隨」(Marcus 1995:105-110)。多點民族誌涉及的範圍廣闊，通常無法預先描繪其路徑。

15 這方面的文獻現在已經非常豐富。葛德（Golde 1986）；莫爾（Moore 1988）；卡普蘭與卡瑞（Caplan and Karim 1993）；貝哈與高登（Behar and Gordon 1995）表明了當代女性主義議題的範圍。

16 藍迪（Ruth Landes）被忽視的作品是一個特例。可爾（Sally Cole）富有啟發性的論述（1995），在本文撰寫過程時方才出版，因而無法完整納入，在我看來肯定了我的研究取徑。藍迪長期關注於「種族」議題，並且拒絕將種族討論納入在「文化」底下。她在一項以關係、個人化方式呈現的田野工作中，突顯了具身和性別議題。她指認了在田野裡透過性關係來建立聯繫的學科禁忌。根據可爾的說法，她在巴伊亞（Bahia）的坎頓布雷（Candomblé）的研究《婦女之城》（*The City of Women*, 1947），遭到強大的守門員以「遊記」之名而被忽視（同時也因與新聞學和民俗學等被貶低的文類有連帶關係而受到影響）。另外一個專業化受害者赫斯頓（Zora Neale Hurston）的作品，也因為過於主觀、文學化或民俗學等類似因素而被邊緣化。過去（迄今仍是）對於赫斯頓作品的對待，很大程度上是受到種族身分的本質主義觀念所影響，將她負面地視為受限的在地民族誌作者，或是正面地當作是黑人文化本真性的傳遞者。這種在學術上和非學術上的對待，忽略了她的作品在南方農村、哈林文藝復興（譯注：1920年代在紐約哈林區興起的文化、社會和藝術運動）和哥倫比亞大學的工作中，透過種族、性別和階級的協商所涉及的不同世界和聯繫。關於赫斯頓的文獻和爭論現今數量龐多。赫南德茲提供了很有價值的討論（Hernandez 1995）。

17 波恩提供了一個具有遠見的歷史探索（Boon 1977）。人類學家現在開始自覺地書寫這個邊界，同時也在這個邊界內書寫（Crick 1985; Boon 1992; Dubois 1995）。

18 關於福婁拜的性欲化東方旅行，請見Behdad 1994。同時，在1940年代之前，峇里島是同志性觀光的地點之一。

19 這種對實際性行為的禁忌，可能使得討論侷限於田野的「情色」。牛頓為此提供了一個解方（Newton 1993）。

20 我使用的「慣習」（habitus）一詞，在社會科學意義上通常是透過布赫迪厄而為人所熟知（Bourdieu 1977）。這個概念將社會刻畫在身體中：是一系列的實踐而非規則，一種參與社會場局（social game）的秉性。這使得社會和文化結構等概念更具過程化：具身且實踐。不同於德菲的用法，它預設

了現代社會和文化的概念。較早期的「慣習」概念，認為主體無關乎這些決定性結構（這些結構在19世紀末期方具支配性），而與具體的、有意義的舉動、外表、身體性情和外觀有關。

21 艾伯哈得的例子因性別和文化扮裝的巧合而複雜化。見貝達地的討論（Behdad 1994）。

22 在娜拉楊溫和並具有反身性的民族誌《說故事者、聖徒和流氓》（*Storytellers, Saints, and Scoundrels*, 1989）中，她提供了一張自己在田野裡的照片。她的研究重心在一位西印度古魯（Guru）說書人斯娃米基（Swamiji）的公寓，照片裡有幾位婦女坐在那公寓的地上。當中並沒有娜拉楊，雖說如果她坐在其中，她的莎麗（sari）和「印度」的特質，也會讓我們無法輕易在南亞婦女中辨識出她來。照片標示著：「在房內這一側的婦女聚精會神地傾聽。袋子和相機蓋證明我的在場。」她的裝備占據了民族誌研究者的獨立位置。的確，貫穿本書，娜拉楊的錄音機一直是斯娃米基與其追隨者討論的話題。

23 「外部」面貌具有強大影響力。近藤朵林（Dorrine Kondo, 1986:74）在她對田野工作遭逢中探究自我的崩解和重構過程進行了重要的探索。她用自己在為日本「家庭」採買時，見到自己駭人的形象顯現在東京的肉鋪展示櫥窗的故事開始了她的敘述。瞬間，她在各種細節上——衣著、身體、姿勢——無法區分自己與一般年輕家庭主婦之間的差別，「一個女人以典型日本膝蓋彎曲及滑步的方式走路。突然間，我因為感到一陣暈眩而抓緊著推車把手……對於自己無法脫離於此一沉浸的世界而感到恐懼，這個置入我心中並頑抗拒絕離開的世界。直到我決定搬進一間新的公寓，遠離我的日本家庭和我的日本生活。」在田野工作的邊界跨越，全貌的「經驗」是流動的也是存在危機的。近藤認為這個具身化的經驗需要在民族誌裡明確地呈現出來。

24 關於原住民、離散和後殖民定位的非同一性與交錯關係，見第十章。

25 當然，我在此指的是規範性的模式和壓力。很多田野工作實際上是在（轉喻意義上）「村落」或「田野地」之外完成的。只要這個工作被視為是對密集接觸的中心地點來說邊緣的，在人類學裡便被允許。在其他田野傳統裡——像是語言學的引導（elicitation）和謄寫（transcription）——飯店甚至大學，可以成為主要的「田野」場域。但這類做法在人類學曾經遭到強力

勸阻。

26 因此，類似於狄洛瑞（Deloria）在《卡斯特死於你的罪》（*Custer Died for Your Sins*, 1969）中提出的攻擊，讓很多人類學家感到刺中要害或是困惑。在他的描述中，具有掠奪性的訪客幾乎不比遊客好到那裡去，這看似有些誇張。人類學家正遭受敵意的「定位」，被粗暴地擺脫了一種自我確認的角色。

27 感謝蒂瓦。關於她本身非常複雜的「在地」定位，見joannemariembarker and Teaiwa 1994。

28 即使我的同事康納利（Chris Connery）對於索魯的評論為：「旅行限縮視野！」我仍保持此一立場。

第五章　西北岸的四間博物館：旅行反思

Four Northwest Coast Museums: Travel Reflections

1 在人類學文獻中所熟習的瓜求圖（Kwakiutl）這個名稱目前存在爭議，它被認為是一個模糊的「部落」總稱。語音上較為正確的「瓜基烏圖」（Kwagiulth）（或是夸古爾〔Kwagu'l〕）指的是北溫哥華島和附近小島以及水灣等處，曾被稱為南瓜基烏圖族群中的眾多村落社群之一。最近，愛勒特灣的烏米司塔文化協會（U'mista Cultural Society）提出用夸夸嘉夸（Kwakwaka'wakw）（指那些使用夸夸瓦拉語〔Kwak'wala〕的人）來稱呼較大的族群。目前的使用方式仍未固定。當我使用瓜基烏圖時，泛指位於曼吉角、愛勒特灣和魯伯特堡（Fort Rupert）的原住民。溫哥華島上正在發生名稱的變更和規範的調整：在這篇文章中多次提到的赫斯基特族（Hesquiaht）是一個曾被稱為奴特卡（Nootka），後來被稱為西岸（Westcoast），現在又稱為努查努阿特族（Nuu-Cha-Nulth）的「部落」。

2 近期有兩本書在當今文化振興脈絡下回顧了這段歷史：史佩克（Dara Culhane Speck）的歷史民族誌《判決錯誤：一個印地安／白人社區裡醫療照護的政治》（*An Error in Judgment: The Politics of Medical Care in an Indian/White Community*, 1987），是一部引人入勝的參與式分析作品，背景設定在愛勒特灣；以及海－布朗（Celia Haig-Brown）的《抵抗與復興：倖存於印地安寄宿學校》（*Resistance and Renewal: Surviving the Indian*

Residential School, 1988)。

3 關於時局的跡象，請見加拿大博物館協會的期刊《繆思》(*Muse*)，第6卷第3期(1988年秋季號)，期刊主題〈博物館與第一民族〉(Museums and the First Nations)。盧比剛(Lubicon)地區的克里人(Cree)杯葛在卡加利(Calgary)的葛倫伯博物館(Glenbow Museum)於1988年舉辦的展覽〈靈唱：加拿大第一民族的藝術傳統〉(The Spirit Sings: Artistic Traditions of Canada's First Peoples)。此舉剛在加拿大博物館界引起軒然大波。關於溫哥華周邊情況的報導，請見Kimmelman 1989。

4 關於這個複雜的「博物館世界」的討論，請見第七章。

5 有時我會強調部落博物館的對抗性紛擾，但並不是主張它們的**本質**是對抗性的。此外，我儘量不將它們稱為少數族群機構，儘管它們與其他基於地方或族群的文化中心有著共同特點。在任何多元文化國家存在之前(不管是「馬賽克」或「大熔爐」的爭奪或使其豐富)，原住民族聲稱「我們先到於此」，從而鞏固了部落地位。儘管現存的部落機構必須在具支配性的國家秩序內運作(和對抗)，他們同時也依靠傳統、權力和身分的自主來源。在我的比較中的反對派**多數／部落**，並不能被簡化為**多數派／少數派**。(特別感謝米契爾〔Nancy Marie Mitchell〕等人提醒我澄清這些議題。)

6 一個可作為對比的例子是紐約美國自然史博物館的太平洋民族廳的瑪格麗特．米德館(Margaret Mead Hall of Pacific Peoples)，見克里弗德的評論(Clifford 1988)。博物館中關於文化變遷的展示，請見第六章。

7 此一相對方法並沒有像紐約羅徹斯特博物館和科學中心在1991年展出的名為「在西方門前」(At the Western Door)的裝置藝術那般極致。這裡的指導原則是聚焦於塞內卡族(Seneca)與歐洲社會接觸至今的文化交流。每一個時刻都展示出白人和美國原住民兩者的歷史。感謝布雷克曼(Margaret Blackman)關於此展覽的投影簡報。

8 例如見傑參(Doreen Jensen)與沙傑特(Polly Sargent)的《權力的長袍：布上的圖騰柱》(*Robes of Power: Totem Poles on Cloth*, 1986)，其中涵括神話、書寫及口述歷史，設計及當代生產方式。這本圖錄多是毛毯製作者的自述，並且依據誇富宴的順序排列。

9 卑詩大學人類學博物館館長艾米斯(Michael Ames)坦率地闡明了該機構的發展——時而困難甚至衝突的立場。他在加拿大博物館機構內持續堅持

要求提升對原住民的關注之回應，並企圖在大型博物館的傳統角色和當今它們活動的政治化之間尋求妥協。見Ames 1986, 1987。艾米斯也在面對強烈的政治壓力時捍衛了博物館的策展自主權——如在〈靈唱〉展覽的爭議中。請見他在1988年《繆思》第6卷第3期中的調停。真正的合作應是博物館學預設實質的策展職權共享，而不僅僅是提供簡單的諮商和建議（見第七章）。1991年的〈酋長的盛宴〉（Chiefly Feasts）就是一個很好的例子，這是由喬奈提斯（Aldona Jonaitis）為美國自然史博物館規畫的一檔關於誇富宴的大型展覽，其中現代部分由韋伯斯特（Gloria Cranmer Webster）策展。

10 西方將部落文物視為「藝術」而加以珍惜的歷史，可以回溯到畢卡索那個世代的現代原始主義，請見Rubin 1984。儘管這種讚賞引起爭議，部落「藝術」的制度目前仍是原住民權力和收入的重要來源。

11 關於**藝術**作為一種翻譯工具，同時溝通、也隱藏了意義，見Clifford 1989。

12 關於克藍馬的誇富宴，見史密斯（Daisy [My-yah-nelth] Sewid Smith）的《訴訟或迫害》（*Prosecution or Persecution*, 1979）；高爾（Douglas Cole）的《俘虜的遺產》（*Captured Heritage*, 1985）。

13 烏米司塔文化中心可以取得推廣影片：《誇富宴……嚴格的法律吩咐我們跳舞和寶箱》（*Potlatch . . . A Strict Law Bids Us Dance and Box of Treasures*）。

14 敘述者為柯克（Ruth Kirk）；見Kirk 1986:15。關於類似與老照片相似遭逢的描述——特別是加州大學柏克萊分校的赫斯特博物館（Hearst Museum）的研究收藏，如何成為加州波莫（Pomo）印地安人家族歷史的情形，見Margolin 1989。

15 博物館已與瑪斯昆合作展示他們（近期復振）的編織。見《我們祖先的手》（*Hands of Our Ancestors*）（Johnson and Bernick 1986）。

16 關於「博物館布景」請見Baxandall 1991。烏米司塔文化中心將關於誇富宴收藏品的歸還影片（僅返還到愛勒特灣）取名為《寶箱》（*Box of Treasures*）——這是一位耆老對博物館的看法。「寶物」和「藝術品」兩者範疇重疊但不完全一致。傑克尼斯（Ira Jacknis）將他的論文題為〈傳統的儲物箱〉（The Storage Box of Tradition），副標題為〈一八八一至一九八一年的博物館、人類學及瓜求圖藝術〉（Museums, Anthropology and Kwakiutl Art, 1881-

1981)。傑克尼斯在摘要裡寫道:「以傳統的儲物箱來形容博物館是一個合適而有共鳴的瓜基烏圖慣用語。箱子在西北岸強調階級和財富累積上是很關鍵的,它們被視為傳承工藝品的實際容器,以及隱喻上祖先特權的傳遞者。箱子這個慣用語在誇富宴中用來強調習俗的保存,鮑亞士在試圖向瓜基烏圖人解釋他與杭特的研究時,使用了這個詞語,同時當代瓜基烏圖人指稱自己的文化中心時也使用這個詞語」(1988:3)。傑克尼斯這份重要論文深入探討了本文中許多問題的歷史背景。

17 見宏姆(Bill Holm)的重要研究《冒煙的屋頂:希威的藝術與時代》(*Smokytop: The Art and Times of Willie Seaweed*, 1983)。

18 我在展覽中唯一看到的另一個縫紉機在皇家卑詩區,在展示櫃裡還有兩個古董模型,展示誇富宴常見的各種財富:面具、樂器、銅器、陶器、咖啡壺、毛毯等。這些縫紉機在維多利亞地區追溯出的文化歷史,和愛勒特灣所訴說的政治和家族系譜,表達出不同的含義。

19 關於(加州)胡帕部落博物館(Hoopa Tribal Museum)細膩地呈現部落及主流(大學)博物館之間巨大的差異和可能的合作關係,見Davis 1989。

20 在西方博物館展示下,西北岸文物如何被在地(特林吉特族)耆老詮釋為強而有力的神話、歷史和政治故事及展演,見Clifford 1989;以及接下來的第七章。這些耆老擔任文物重新展示的顧問時所進行的展演,挑戰了傳統面具、樂器、鼓等「物件」(藝術或是工藝品的)的歸類。

21 例如她協助辨識和委託為皇家卑詩博物館製作的先驅展覽和目錄所需的當代藝術品(Macnair, Hoover, and Neary 1984)。

22 《烏米司塔文化中心快訊》,愛勒特灣,1987年4月。

23 同時見阿蘇與英格力斯提供的另一個省視曼吉角在歸還過程扮演角色的描述(Assu and Inglis 1989:104-109)。來自愛勒特灣的觀點與之相反,從歸還運動的起始,祭典物品的合法主張者希望博物館設在愛勒特灣。況且祭典物品所有者大多不是來自曼吉角的部落成員。愛勒特灣地區對於部分誇富宴收藏擁有合法要求的人,例如蘇威酋長(原本來自村莊島且是愛瑪·克藍馬的親戚),僅在近幾十年來才從愛勒特灣地區搬到溫哥華島中部。關於博物館設置在哪兒的爭議,涉及對所有權的反對主張、六十年來的通婚,以及前往部落和經濟權力新中心的遷徙等因素而變得複雜。

24 關於傳說中瓜基烏圖對於多樣性和爭論的傾向,瑞德(Susan Reid)曾寫

過：「人類學仍然將傳統社會描繪為建立在共識的基礎上。涂爾幹的機械化社會概念中描述每件事物和每個人共同致力於維持現狀，目前狀態仍是如此。更準確地說，瓜求圖社會是建立在共同的異議的基礎上。每位族人都受到謹慎的訓練，以便能夠為自己做出決定。族人被訓練成能『看透』他自兒時接受的象徵結構，從中找尋它們的意義。理會到這些結構並不是既定的而是人造的，他學會活用它們，在他的時代裡成為他人的製造者」（1981:250）。感謝史佩克指出本段引文。

第六章　天堂 Paradise

1 O'Hanlon 1993:80。後續篇幅裡對這本圖錄的引用將列在正文裡。我感謝歐漢龍與我討論這次展覽，慷慨地提供資料並在一些重要方面糾正了我的描述。當然，他未必完全贊同我所有的詮釋。

2 在撰寫此段落時，我對於自己是否能夠預測展覽的實際反應感到猶豫不定。我想到一位受過良好教育、熱愛博物館的朋友，他很可能最後會認為維吉人確實是沒落了，並會將口香糖包裝紙頭巾、波林屋中的十字架，以及啤酒標籤盾牌視為一種由幾個世界中最糟糕的元素組成的新野蠻主義的跡象。我也可以想像對這個展覽的快速評價：「喔，那些狂野而瘋狂的高地人！」過度的混雜圖像可能會引起截然相反的反應。

3 在過去十年中，有關博物館和收藏的批判性和歷史文獻迅速增長。歐漢龍引用了一些代表性的著作，其中包括一些我的作品（稍後會談到），還有兩本重要文集：Karp and Lavine 1991; Karp, Lavine and Kraemer 1992。在他的參考書目中，我建議添加一些由反思性博物館工作的先驅，佛格爾（Susan Vogel）在紐約非洲藝術中心進行的冒險實驗（Vogel 1987a, 1987b, 1988）。

4 「如同他人看見我們般地看自己！」伯恩斯（Robert Burns）如此說道。這確實是一份神一般的禮物！

5 歐漢龍，私人對話，1994年5月27日。關於「禁忌石」的照片，請見 O'Hanlon 1993:61。

6 關於美洲原住民對大型、遙遠都市博物館舉辦關於他們傳統的展覽的興趣和參與，請見 Jonaitis 1991:23, 27。這些議題在第七章有進一步的發展。

7 歐漢龍，私人對話，1994年5月27日。

8 有關高地社會關係的描繪，展現了這兩種意識形態之間模糊的緊張關係，見由安德森（Robin Anderson）和康納利（Bob Connolly）所執導和製作的電影《喬・利希的鄰居們》（*Joe Leahy's Neighbors*, 1988）。

9 歐漢龍，私人對話，1994年5月27日。

10 這個過程當然不僅僅侷限於藝術和美學。所有的跨文化理解實踐都可以從相同的歷史情境中看待。例如，民族誌必定從建立相同的領域開始——如宗教、親屬關係、性別、現代化、生產模式等比較性「主題」開始。這些支撐著比較性理解，直到它們的偏見和化約主義被這一話語／制度體系內外的批評所揭示出來。民族誌理解的歷史——非前進的、非負面的歷史——將是一個關於嚴肅而又失敗的翻譯的故事。

11 這是一種對「後殖民」投射愈來愈普遍的評論；例如見Shohat 1992，以及第十章注25。參高利在這方面留給我深刻的印象（Sangari 1987）。

第七章　博物館作為接觸區 Museums as Contact Zones

1 泰德洛克關於蘇尼（Zuni）對話式的故事敘說時寫道：「神話作者（在此指尋求諮商的策展人）的問題不僅在於他們必須將物品視為來自遙遠的地方及時間，並將神話作者視為某種狹隘單向的導管，藉以呈現和詮釋蘇尼神話，而是事件**同時在一個擁有長久跨越歷史的邊界上發生**」（強調為我所加）（Tedlock 1983:292）。薩利斯（Greg Sarris）連結泰德洛克的論點與加州原住民口述文本，強調對話者的存在將故事敘說者定位，如此一來故事是透過某種相對的脈絡來詮釋（Sarris 1993:39）。

2 關於另一個原住民耆老、傳統物件和策展人在博物館儲藏空間的相遇，請見Jonaitis 1991:66-69。

3 我追隨巴赫金的觀點，將這個空間化的時間結構稱為「特定時空」（chronotope）（Clifford 1988:236），這個結構愈來愈常受到「邊緣」藝術實踐的挑戰。在與智利藝術家狄德郭恩（Eugenio Dittborn）犀利的對話中，理查（Nelly Richard）探索藝術作品通往展覽中心協商時的不同距離和關卡，同時收錄並且去穩定化「中心／邊緣」間的地理政治關係之路徑（Richard 1993, 1994）。狄德郭恩透過將他的作品裝在信封裡郵寄到遙遠的博物館來標示作品的路線：折疊和之前旅行的證據都是這些作品的關鍵元

素，而它們明確地**穿越**博物館空間。狄德郭恩的藝術讓我們關注非共時空間和記憶的政治化距離（Dittborn 1993）。另見高特（Charlotte Townsend Gault）的討論，她探討了加拿大國家美術館首次展出原住民藝術家的作品時，如何在納入的同時，與博物館和國家保持了批判性的距離（Gault 1995:92）。

4 在土地所有權和遺產控制等策略領域中，主張這種終止的必要性是當代「主權」運動的目標。全然的經濟和文化獨立並不是符合現實的選項；我們尋求的是一個可以在持續互動中，掌握部分真正控制的權力基礎。

5 邁爾（Fred Meyers）論述紐約藝術場景中的澳洲原住民族時認為，新的「跨文化」是在與博物館展覽連結的展演中創造出來的——這些展演的參與者在互動裡有著不同的利害關係（Meyers 1994）。

6 透過類似的脈絡，鮑曼（Richard Bauman）和沙紋（Patricia Sawin）批評將民俗生活慶典的參與者當作展示物品的傾向。其中描述：「如具有反身性、適應力和批判性的仲介，精巧地刻畫出他們所參與的再現，努力找出他們在民俗生活節慶中應該以及可以做的事情，自權力和職權的結構中協商他們的路徑，並且在當他們提到自己的認同和價值受到他人打擊時，提供通常具有幽默感的堅定抵抗」（Bauman and Sawin 1991:312）。

7 曼翰（Bruce Mannheim）在一個關於傅斯柯和葛梅茲－潘納複雜的省思中，提醒我們綁架和強迫勞動的物質現實構成一個樹立已久的反應：原住民認為在拉丁美洲（和非洲）歐洲人是綁架者（Mannheim 1995）。

8 確實，西方展示「異國風俗」霸權的分析本身可能成為全概性而忽略重要的差異。在此，科比（Raymond Corbey）具有價值的討論涉及此種風險：他宣稱殖民展示和1984年紐約的「毛利展覽」現場有著毛利人時，兩者高度相似（Corbey 1993:359）。博物館參觀者對於毛利人在博物館內唱誦和禱告的反應，在許多（當然並非全部）案例裡，是延續較老的傳統。但毛利在展演裡的利害關係，以及圍繞展覽複雜的部落／政府／博物館政治，反映出與過去重要的斷裂。傅斯柯在將人類學博物館的伊許（Ishi）和「另一個較不為人知的例子」——被德州分離主義白人監禁，在公開場合裡關在籠子裡，並餓死的墨西哥人——之間來去自如時，冒了同樣的風險（Fusco 1995:41）。

9 特納－史強（Pauline Turner-Strong）將這些消失的敘事帶入銳利的焦點

（Turner-Strong 1992）。雖然她提出重要的議題，但她對於印地安人在歐洲經驗的證據注定是破碎的。她所引用的口述歷史，特別是萬帕諾格（Wampanoag）關於歐洲侵略者是食人鳥的傳說，是強烈誘人和關鍵的。現在有來自較近期「旅行者」更好的紀錄，雖然來自他們複雜視角的資訊是可疑的。科比力勸關注原住民在歐洲「民族誌式展示」經驗的重要性，但侷限於一系列的問題（Corbey 1993:348-352）。蘇族黑麋鹿（Black Elk）所說與水牛比爾的蠻荒西部秀到歐洲表演的故事是例外（Black Elk 1979）；另外同時見一位在德國的因紐特人的日記（Taylor 1981）。布萊德福特和布魯描寫一位在聖路易斯世界博覽會展出的侏儒班加（Ota Benga），其中某些部分相當有趣（或許部分是推測的），譬如侏儒如何感到自己所提供的娛樂被侵犯，以及他們如何運用諧擬和幽默在觀眾面前反轉情勢等（Bradford and Blume 1992）。

10 當代瓜求圖（瓜基烏圖）人如何運用柯蒂斯的浪漫化影像（重新利用作為家庭肖像），請見第五章。

11 泰納（Terrence Turner）提供在族群政治移動和防衛的脈絡下，一個部落族人（卡亞波〔Kayapo〕）給外人的文化自我再現的尖銳分析（Turner 1991）。

12 我從艾米斯於此一爭論立場中改寫這些議題（Ames 1991:9）。在「靈唱」和「進入非洲之心」的討論裡，他關注抗爭行動對展覽的偏頗，以及它們可能對策展獨立性和表現自由所帶來的「寒蟬效應」。雖然他對此二展覽的討論是為了策展辯護，但他自這些辯論中獲得的結論，以及他所提出的新興博物館實務的例子，似乎是在提倡策展和社群掌控的重新協商——朝向共享的策畫、權力和關於在博物館裡再現的多元知識更寬廣的概念（1991:13-14）。艾米斯不明確的立場反映出改革派博物館專業人士現下所處——在資源緊縮的時期和來自對立方向的政治施壓——的艱難處境。

13 當然，我的意思是比增加一個畫廊或是贊助一檔巡迴展覽更重要的事情——包括哈克（Hans Haacke）裝置或威爾森（Fred Wilson）的介入。

14 喬奈提斯敏感地提出這之間的差異。喬奈提斯與烏米司塔文化中心館長韋伯斯特（Gloria Cranmer Webster）以及其他瓜求圖耆老一同參與在美國自然史博物館展出的〈酋長的盛宴：持久的瓜求圖誇富宴〉（Chiefly Feasts: The Enduring Kwakiutl Potlatch）的工作（Jonaitis 1991:66-69）。

15 各種不同博物館和政府單位都持續進行有關歸還的激烈討論。關於這些

議題，請見National Museum of American Indian 1991; Sturtevant 1991; also Blundell and Grant 1989。

16 或許——如同厄瑞（John Urry, 1990:134）及海利（Chris Healy, 1994:35）所提議——現在被「博物館」這個詞所涵蓋的計畫過多以致無法連貫一致。將它翻譯到各種脈絡之下或許會讓它的本意模糊到無法辨識。然而，我認為我們依然可以說諸多博物館的世界（world of museums）（而不是全球的博物館世界〔museum world〕）的聯合，如果不是因為結構或作用的認同，也是因為重疊的相同性所致。

17 之前遭到排除的團體當然會將納入華盛頓國家廣場作為其政治目的。但這只是一個與其他策略連結的策略，去中心化或者透過不同方式中心化，而跳脫包容性的民族國家想像空間。從這個角度看來，關注在華盛頓特區及紐約的新美國印地安博物館是如何與不同部落機構合作因此變得很重要。我在這裡所描繪的「多中心多元文化主義」（polycentric multiculturalism）呼應了蕭哈特和史戴姆，他們將之與自由主義的多重主義（liberal pluralism）加以區別（Shohat and Stam 1994:46-49）。

18 博物館目前的商業競爭者和另一種現身是主題公園和購物商場。為了提供安全的聚會場所和教化中產階級的娛樂，眾多大型都會博物館發展自己的店家、高檔咖啡店和餐廳。隨著政府和地方經費縮減，很多大型博物館愈來愈趨近企業化和消費者胃口，如同許多大學現在的發展路線。關於當代機構趨向的尖銳分析，見Readings 1995。

19 大不列顛的「遺產辯論」持續進行。繼萊特（Patrick Wright）傑出的《論在古老的國度生活》（*On Living in an Old Country*, 1985），很快又出現修森的《遺產工業》（*The Heritage Industry*, 1987）以及其他許多批判將國家的過去浪漫化成是由堂皇的鄉村別墅、如畫的地景、技藝高超的工匠和努力的工人所組成。近期薩繆爾（Raphael Samuel）展開反擊，他宣稱保存主義計畫有著更長且更民主的歷史，並且指控批評者為勢利主義（Samuel 1994）。他自己的左派平民主義懷舊並非沒受到評論。截至目前為止，這個辯論的焦點仍只放在不列顛。華許——雖然他過度概括柴契爾脈絡——的長處是將遺產市場視為全球現象。然而，我震驚的是在「遺產」上的多重投入，如各種在地／全球情況下所描述的那樣。在費瑟斯通作品的精神下，我們應該意識到遺產辯論本身就是全球文化的一個元素，並且不該在

任一「邊」獲得堅定的解決。

20 「帕瓦」(pow-wow)是一個相對現代的原民機構，旨在展示「文化」，並且同時重視其不一致的功能、背景和受眾。帕瓦的基礎建立在傳統舞蹈和社交形式，與廿世紀美國和加拿大的泛印地安運動有關的新創建節慶，無論是對觀光客還是在地人來說都很受歡迎——即使是因為非常不同的原因。布蘭特提供一個複雜的描述(Blundell 1989)。另外同時見本書第六章，我對新幾內亞高地的厄格文化中心(Onga Cultural Centre)的反思。

第十章　離散 Diasporas

1 葛斯穆克與佩薩深入探討了將多明尼加共和國和紐約聯繫在一起的相似迴路(Grasmuck and Pessar 1991)。同時見 Brown 1991; Fischer and Abedi 1990; Marcus and Fisher 1986:94 關於多點民族誌的討論。

2 例如參見 Pan 1990; Chow 1992; Ong 1993; Li 1993。

3 本段落強調移民和離散經驗之間的差異，是為了在定義上更加明確，但不應被過度誇大。在古典同化主義歷史中，無論是早期或晚期都存在著離散的時刻，像是新移民維持與家園的聯繫，後代則重新建立與家鄉的連結。離散人口在主流文化中經常「失去」成員。

4 關於猶太反錫安主義，請參考督伯奈(Simon Dubnow)的「離散民族主義者」的文章(Dubnow 1931, 1958)，他非宗教性視角下的「自主主義」投射了一種文化／歷史／精神性的「民族」認同，超越了地域／政治性範疇。強納森・柏雅林與丹尼爾・柏雅林以(非)傳統角度認為，在歷史時間結束時「回歸」的嚴謹末世論，可以對錫安直譯主義的激進批判產生激進的批評(Boyarin and Boyarin 1993)。

5 在《一六〇〇－一八〇〇年佛蒙特州的西部阿本納齊：戰爭、移民和一個印地安族群的存活》(*The Western Abenakis of Vermont, 1600-1800: War, Migration, and the Survival of an Indian People*)裡，歷史學家高樂威(Colin Galloway)認為阿本納齊是透過「離散」實現其族群的存活(Galloway 1990)。團體生活的基本單位是具有高度移動能力的家族部族，而非定居的村落。為了回應占領，眾多阿本納齊部族搬遷到加拿大和美國東北地區，部分則堅守在佛蒙特州。當那麼多村落消失，從外人的角度**看來**這個

族群已經遭到致命的毀滅；但在高樂威看來，一如梅斯皮族的離散社群——失散的鱈魚角（Cape Cod）社群再度集結——並沒有那麼異常。

6 近期對**旅行的原住民**（traveling native）這個修辭矛盾角色的興趣，使得部落和離散主張正統性間的緊張關係變得更加複雜和歷史化，但並沒有因此將之排除。我在此援引蒂瓦（Teresia Teaiwa）具有洞察力的作品。她提出太平洋島民旅行的長期歷史（並與當代實踐連結）。這種移動性可以追溯到古老的交換路徑，例如「將新幾內亞大陸東邊半島與初步蘭島和路易西亞德群島（Louisiade Archipelago）連結起來的庫拉圈；在夏威夷、大溪地和奧特雅羅瓦／紐西蘭間史詩般的航行；在斐濟－東加－薩摩亞三角間持續地遷徙和交易；以及加羅林（Carolinian）和馬里亞納（Mariana）島民間航海知識的交流。這些當然只是太平洋島民再現／展演他們認同的迴路，他們的認同既是動態也是特定的——他們是透過連結來思考差異」（Teaiwa 1993:13）。

7 在美國學界，「少數族群」的論述被當作一種抵抗的實踐來討論（JanMohamed and Lloyd 1990）。它常交由族群／種族定義在各個系所予以機構化。離散的跨國主義複雜化（有時候甚至威脅）這個結構，特別是當「少數族群」將自己定義成族群絕對主義者或是民族主義者的時候。在英國，少數族群和離散的身分描述之間的張力發生在不同的脈絡：「少數族群論述」很大程度上是官方的論述。

8 新舊移民、歐洲與非歐洲移民間的差異雖然至關重要，但不應過度誇大。來自愛爾蘭和中歐、南歐和東歐的移民已經被賦予了種族特徵。反猶主義仍然是一種經常是潛在的，但有時明確的力量。但總體而言，歐洲移民在多元文化的美國已經隨著時間成為「白色」族群。同樣情況不能一體適用於有色人口——雖然出生區域、膚色、文化和階級有時會減弱因為種族主義而受到排斥的程度。

9 薩依德（Edward Said）曾用「對位」（contrapuntal）來描繪流亡狀態的一個正向層面：「將『整個世界視為陌生之地』形塑出創新視野的可能性。大部分的人主要察覺到的是一個文化、一個場景、一個家；流亡者則至少有兩個，而這種多元的視野帶出一種能察覺同時發生的不同維度的能力，這樣的察覺力——借用音樂術語——是對位的……對一位流亡者來說，生活的習慣、新環境中不可避免會出現的表達和活動，注定會與另一個環境中

關於這些事物的記憶對照。因此，新環境和舊環境兩者同時生動而真實在對位裡發生」(Said 1984:171-172；同時見1990:48-50)。這些關於流亡的反思可以運用在離散經驗的理解，但不同之處在於前者更加個體性和存在主義式的強調，而後者則通過社群網絡、移動式定居的集體實踐來調和這種關注。

10 在環太平洋論述和自由主義／新自由主義「自由貿易」意識形態的深遠歷史評論中，康納利(Christopher Connery)指出，主流概念範疇下的大洋如果想對抗霸權的跨越／世界主義場域是存在危險的，因為這是資本主義最愛的神話元素(Connery 1994)。他呼籲應該謹慎對待大洋論述的歷史化，這個顧慮也適用於葛洛義對於黑色大西洋的設想，見以下討論。

11 關於洛杉磯嘉年華的各種描述和評論，請見Getty Center 1991，特別是洛威(Lisa Lowe)關於後現代多重論／多元文化主義去政治化的影響的看法。

12 當然，男性也會根據自身的限制和特權進行選擇和策略規畫。性別離散困境之間的差異對一個新興的比較觀點來說是很重要的。岡烏利(Ganguly)1992年關於南亞裔美國男女離散族群的研究是很好的例子；巴頓利研究希臘移民作為文化過程中的性別與階級銜接提供了出色的論述(Bottomley 1992)。

13 布菈(Brah 1993)、摩漢提(Mohanty 1987)、霍爾(Hall 1988b, 1990)、梅瑟(Mercer 1988, 1990)、雷達克西南(Radakrishnan 1991)以及其他作品，討論了這種交織的離散空間。

14 有關加勒比海移民和非裔美國人口在紐約的緊張關係，見Foner 1987。維樂茲討論波多黎各作家維佳(Ana Lydia Vega)的故事「三位男人與一艘船」(Encanacaranublado; Vega 1987)，非常精準地提出區隔加勒比海移民的國家／文化／種族／語言差異，以及他們在美國種族秩序中共同被歸為一類(Velez 1994)。至於後者的重新定位是否會在離散鬥爭和匱乏的經濟裡帶出新的結盟或是衝突，尚未定論。

15 在此，可以發展出與邊界文化的平行比較，以便於突顯邊界的武斷和受監控的邊界所具有的構成性、反覆的暴力，以及隨之而來的絕望／烏托邦式的跨越行為。這種矛盾狀況讓人想起坎立尼(Nester Garcia Canclini)對跨國「邊界」文化矛盾且同時存在的形象：一個是機構化和受規訓的「機場」，另一個則是大眾化和即興的「跳蚤市場」(Canclini 1992)。跳蚤市場

的形象來自羅薩爾多的《文化與真實》(*Culture and Truth*)中對邊界文化的描繪(Rosaldo 1989:44)。

16 霍米巴巴傾向將「離散」和「後殖民」等同起來進行討論。這帶出一個我無法在此完整處理的有趣問題。後殖民性的理論化在多大程度上是特定移民群體的投射?蕭哈特(Ella Shohat)將「後殖民」狀態下的混雜性表達與主要在第一世界中心撰寫的第三世界離散知識分子聯繫起來(Shohat 1992),而德里克(Arif Dirlik)則將其與跨國資本主義的需求聯繫在一起,提出了一個功能主義的解釋(Dirlik 1994)。可以確定的是,南亞理論家在這方面非常突出,尤其是在英國和北美。我們很少在比如拉丁美洲和非洲這些地方聽到關於後殖民理論的聲音,這些地方的去殖民、反殖民,和新殖民主義歷史相當不同。如果將後殖民理論的歷史化與南亞離散聯繫起來,根據米西拉的說法,我們可以有效地將其區分為兩種類型(Mishra 1983, 1994):第一種離散發生在19世紀末期涉及主傭契約束縛的移動勞工到特立尼達島(Trinidad)、蓋亞那(Guyana)、蘇利南(Surinam)、斐濟(Fiji)、模里西斯(Mauritius)、南非和馬來西亞;第二種離散則是戰後「自由」遷徙到英國、美國、澳洲和加拿大。第一種離散的代表作家是奈波爾(V. S. Naipaul);第二種是魯西迪(Salman Rushdie)的「後殖民」願景時刻。米西拉持續的研究有助於釐清這個歷史化的細節。後殖民理論化的實質顯然不能被全然化約為某些南亞知識分子的歷史。例如,混雜(hybridity)這個關鍵概念,與拉丁美洲的**混絲絞股**(mestizaje)和加勒比海的**克里歐性**(créolité)有著相通的韻味。它們不是相等的概念,它們各自來自不同的歷史情況;但它們重疊並且共同代表受到殖民對立和階級所形成——有時是推翻——的複雜文化領域。

17 《黑色大西洋》更明確地防範了梅瑟在葛洛義的「大眾現代主義」所面臨的問題,後者涉及基於文化和階級本真性檢試。該書對現代性的批判性反傳統,涵蓋了地方語言、「大眾」形式和「高級」文化與啟蒙時代哲學的(明確和隱含)辯論。

18 《黑色大西洋》明顯是對非裔**美洲**人(African American)思想史與文化史傳統的干預。這裡所謂的「美洲黑人」嚴格來說是「美國黑人」,其範圍包括與英語國家美國直接相連的那些加勒比海地區。拉丁裔/墨西哥裔將美洲視為複雜的邊界區,對過度線性的離散敘事有所質疑。見(例如)薩

爾蒂瓦（José David Saldívar）從魔幻寫實主義和麥士蒂索人的角度對尚格（Ntozake Shange）作品的解讀（Saldívar 1991:87-104）。

19 見克里弗德的〈梅斯皮身分〉對於描繪互動文化／身分的類似嘗試，在其中，文化／身分被持續地呈現，但不是連續的（Clifford 1988:277-346）。當然，關於土地、口述傳統、旅行、種族化和身分的差異是顯著的。但對於那些在文化、政治和經濟權力關係過度決定的歷史中成功生存下來的民族，其整體方法是相似的。關於**改變相同**（衍生自瓊斯〔Leroi Jones〕／巴拉卡〔Amiri Baraka〕）的概念，請見Gilroy 1991, 1992b。就我看來，這個用詞並不能完全反映出他所追蹤的「傳統」中所包含的緊張關係和暴力的不連續性。他最新的構想挑戰各種有機主義的本質，同時主張一個複雜的混雜**歷史**連續性。葛洛義明確表達了不會優先考慮親屬關係或「家庭」特權（Gilroy 1992b）。漢姆瑞希（Stefan Helmreich）則持相反觀點，但並未討論《黑色大西洋》或是其他葛洛義近期作品（Helmreich 1993）。漢姆瑞希提出的對「離散」概念／隱喻中存在的男性系譜學偏見的啟發性詞源學解讀，更適用於葛洛義所質疑的那種強烈線性的離散系譜視野。雖然葛洛義大體來說（但非全然）強調男性，他的作品對於女性的經驗，或是性別、種族、階級和性的複雜交錯並沒有根本性的排除。詞源學並非一成不變的。我完全同意漢姆瑞希的「啟動**離散**的新意義」（Helmreich 1993:248）。

20 葛洛義關於歷史性「黑人」經驗相互連結的多元構想，並不能簡單歸納為德雷克（St. Clair Drake）提出的樹根、樹幹和枝葉的形象（Drake 1982:397）。這種差異使得他的離散概念與德雷克所描繪的「傳統」或「大陸式」形式有所不同。

21 見丹尼爾．柏雅林關於聖徒保羅基督教普世主義裡，「女人」和「猶太人」對稱論述建構的歷史敘事（Boyarin 1993a）。

22 他們近期關於割禮的分析，明確將其主題和觀點定位為男性（Boyarin and Boyarin 1995）。

23 我暫時尚未準備討論的另一個具體領域是：離散性別和／或性別化的離散論述。在布菈的「離散的空間」概念中有發展這樣分析的空間。梅瑟與桑科法電影集團（Sankofa Film Collective）的作品為此指明了方向。我在評論這篇文章草稿時，比迪克（Kathleen Biddick）提醒了桑科法的《往事的

激情》(*Passion of Remembrance*)「以及影片中回到的奇特場景,其中男人和女人破裂的聲音和身體,以相當有趣的方式在電影中穿插」(私人對話1993)。離散的歷史不見得是發展性別、性、種族和族群展演性視野的必要條件,但它們臨界的位置、錯置的相遇和有策略的聯合,提供了適當的背景。從這個角度來看,將羅德(Audre Lorde)《詹米:一個我新拼寫的名字》(*Zami: A New Spelling of My Name*, 1982)中,關注紐約市街坊作為離散空間,其中複雜的種族、性別和性描述歷史化,將是令人關注的。

24 在這個語境裡,革尼匝指的是位於埃及舊開羅(Fustat)猶太教堂的「儲藏室」,在那裡發現自10世紀保存到19世紀的豐富資料——包括商業、私人和宗教性質的紀錄。這些文件成為戈以庭對中古世紀跨區域互動的猶太生活所提出的非凡願景的基礎(見Goitein 1967-1993, vol. 1; Ghosh 1992; Cohen 1994)。

25 在很多方面,溫尼賀預見了當今對殖民地和新殖民地邊境地帶的接觸觀點,以及「文化轉移」和互動身分形成的過程。這可以與普拉特「接觸區」的定義進行比較,普拉特的定義也是源於民族語言學的「接觸」或「融合」(Pratt 1992)。同時見督伯奈,有關中東歐猶太人對互動猶太性的願景,這個願景預設了一種離散的永恆性(Dubnow 1931)。

26 近幾年來,「後殖民」和「後殖民性」這兩個常常混淆理論取徑和歷史時刻的語詞,受到徹底且經常是抱持懷疑態度的徵候式批判。特別是見杜茵(During 1987)、阿披亞(Appiah 1991)、蕭哈特(Shohat 1992)、周蕾(Chow 1992)、法蘭克伯格和曼尼(Frankenberg and Mani 1993)、美佳(Miyoshi 1993)、德里克(Dirlik 1994)以及在《社會文本》中出現的諸多論文(1992:31-32)。在此我無法參與這些論點引發的諸多未解決問題,但我認同法蘭克伯格和曼尼對於不同「後殖民」方式的堅持(Frankenberg and Mani 1993)。無論這個語詞的命運為何,它暫時命名的複雜歷史糾結和能動性空間,不能被化約為後現代破碎、新殖民跨國性或是全球資本主義的附帶現象。關於後殖民性與近期離散理論的連結,見Frankenberg and Mani 1993:302。我們目前的目的與周蕾(Rey Chow)談論字首「後」所連結的三種可能的時間性有關,特別是第三種:(一)「經歷過的」;(二)「之後」;(三)「一種非線性但持續,被技術上已經結束的事件標記,但只有在考慮到它們留下的破壞時,才能完全理解它們」(Chow 1992:152)。

參考書目 References

Abu-Lughod, Janet. 1989. *Before European Hegemony: The World System,* (A.D. 1250-1350.) Oxford: Oxford University Press.

——. 1991. "Going beyond Global Babble." In *Culture, Globalization and the World-System*, ed. Anthony King. Binghamton, N.Y.: Department of Art History, State University of New York. 131-138.

Abu-Lughod, Lila. 1991. "Writing against Culture." In *Recapturing Anthropology: Working in the Present*, ed. Richard Fox. Santa Fe: School of American Research.137-162.

Agar, Michael. 1985. *Independents Declared: The Dilemma of Independent Trucking.* Washington D.C.: Smithsonian Institute Press.

Akmajian, Adrian, et al. 1993. *Linguistics: An Introduction to Language, and Communication.* Cambridge, Mass.: MIT Press.

Alcalay, Ammiel. 1993. *After Jews and Arabs: Remaking Levantine Culture.* Minneapolis: University of Minnesota Press.

Alekseev, A. I. 1987. *The Odyssey of a Russian Scientist: I. G. Voznesenskii in Alaska, California and Siberia.* Kingston, Ontario: Limestone Press.

Alpers, Svetlana. 1991. "The Museum as a Way of Seeing." In *Exhibiting Cultures: The Poetics and Politics of Museum Display*, ed. Ivan Karp and Steven Lavine. Washington, D.C.: Smithsonian Institution Press. 25-32.

Alvarez, Robert. 1994. "*Un Chileroen la Academia*: Sifting, Shifting, and the Recruitment of Minorities in Anthropology." In *Race*, ed. Steven Gregory and Roger Sanjek. New Brunswick, N.J.: Rutgers University Press. 257-269.

——. 1995. "The Mexican-U.S. Border: The Making of an Anthropology of Borderlands." *Annual Review of Anthropology,* 24: 447-470.

Ames, Michael. 1986. *Museums, the Public, and Anthropology: A Study in the Anthropology of Anthropology*. Vancouver: University of British Columbia Press.

——. 1987. "Free Indians from their Ethnological Fate: The Emergence of the Indian Point of View in Exhibitions of Indians." *Muse*, 5 (2): 27-35.

——. 1988. "Boycott the Politics of Suppression." *Muse*, 6 (3): 15-16.

——. 1991. "Biculturalism in Exhibitions." *Museum Anthropology*, 15 (2): 7-15.

Amin, Samir. 1994. *Re-reading the Postwar Period: An Intellectual Itinerary*. New York. Monthly Review Press.

Amselle, Jean-Loup. 1989. *Logiquesmétisses Anthropologie de l'identitéen Afrique etailleurs*. Paris: Payot.

Anderson, Robin, and Bob Connolly. 1988. *Joe Leahy 's Neighbors*. Santa Monica: Direct Cinema.

Anzaldúa, Gloria. 1987. *Borderlands / La Frontera: The New Mestiza*. San Francisco: Spinsters / Aunt Lute.

Appadurai, Arjun. 1988a. "Putting Hierarchy in Its Place." *Cultural Anthropology*, 3 (1):36-49.

——. 1988b. "Introduction: Place and Voice in Anthropological Theory." *Cultural Anthropology*, 3 (1): 16-20.

——. 1990. "Disjuncture and Difference in the Global Cultural Economy." *Public Culture*, 2 (2): 1-24.

Appiah, Kwame Anthony. 1991. "Is the Post in Postmodern the Post in Postcolonial?" *Critical Inquiry*, 17 (Winter): 336-357.

Asad, Talal. 1982. "A Comment on the Idea of a Non Western Anthropology." In *Indigenous Anthropology in Non-Western Countries*, ed. Hussein Fahim. Durham: Carolina Academic Press. 284-288.

——. 1986. "The Concept of Cultural Translation in British Social Anthropology." In *Writing Culture: The Poetics and Politics of Ethnography*, ed. James Clifford and George Marcus. Berkeley: University of California Press. 141-164.

Assu, Harry. 1989. *Assu of Cape Mudge: Recollections of a Coastal Indian Chief*. Vancouver: University of British Columbia Press.

Bakhtin, Mikhail. 1937. "Forms of Time and the Chronotope in the Novel." In *The Dialogic Imagination*, ed. Michael Holquist. Austin: University of Texas Press,1981. 84-258.

Bammer, Angelika, ed. 1992. *The Question of 'Home.'* (Entire issue.) *New Formations* (17).

Barnaby, Joanne, and Nancy Hall. 1990. "The Dene Cultural Institute." *Muse*, 8 (1) 27-28.

Barringer, F. 1991. "Ancient Tribes That Didn't Vanish, They Just Moved." *New York Times* (October 23): C1, C6.

Barthes, Roland, 1981. *Camera Lucida*. New York: Hill and Wang.

Bauman, Richard, and Patricia Sawin. 1991. "The Politics of Participation in Folklife Festivals." In *Exhibiting Cultures: The Poetics and Politics of Museum Display*, ed. Ivan Karp and Steven Lavine. Washington, D.C.: Smithsonian Institution Press. 288-314.

Bauman, Zygmunt. 1989. *Moderniety and the Holocaust*. Ithaca, N.Y.: Cornell University Press.

Baxandall, Michael. 1991. "Exhibiting Intention: Some Preconditions of the Visual Display of Culturally Purposeful Objects." In *Exhibiting Cultures: The Poetics and Politics of Museum Display*, ed. Ivan Karp and Steven Lavine. Washington, D.C.: Smithsonian Institution Press. 33-41.

Becker, Howard. 1986. *Doing Things Together*, Evanston, Ill.: Northwestern University Press.

Behar, Ruth. 1993. *Translated Women: Crossing the Border with Esperanza's Story*. Boston Beacon Press.

—— and Deborah Gordon, eds. 1995. *Women Writing Culture*. Berkeley, University of California Press.

Behdad, Ali. 1994. *Belated Travelers: Orientalism in the Age of Colonial Dissolution*. Durham, N.C.: Duke University Press.

Bell, Diane, Pat Caplan, and Wazir Jahan Karim, eds. 1993. *Gendered Fields: Women, Men and Ethnography*. New York: Routledge.

Benjamin, Walter. 1969. "Theses on the Philosophy of History." In *Illuminations*, ed. Hannah Arendt. New York: Schocken. 253-265.

——. 1985. *The Origin of German Classic Drama*. London: Verso.

Benmayor, Rina. 1991. "Testimony, Action, Research, and Empowerment: Puerto Rican

Women and Popular Education." In *Women's Words: The Feminist Practice of Oral History*, ed. Shema Berger Gluck and Daphne Patai. New York: Routledge.

——, Ana Juarbe, Celia Alvarez, and Blanca Vasquez. 1987. *Stories to Live By: Continuity and Change in Three Genera Woes of Puerto Rican Women*. New York: Centro de Estudios Puertoriqueños, Hunter College.

Bennett, Tony. 1988. "Museums and 'the People.'" In *The Museum Time Machine: Putting Cultures on Display*, ed. Robert Lumley. London: Routledge.

Bhabha, Homi K. 1990. "Dissemi Nation: Time, Narrative, and the Margins of the Modern Nation." In *Nation and Narration*, ed. Homi K, Bhabha, London: Routledge 291-322.

Black, Lydia, 1977. "Aleuts and Russians." *Arctic Anthropology*, 14 (1): 94-107.

——. 1991. *Glory Remembered: Wooden Headgear of the Alaska Seahunters*. Seattle University of Washington Press.

Black Elk. 1979. *Black Elk Speaks*. As told through John G. Neihardt. Lincoln: University of Nebraska Press.

Blackstone, Sarah. 1986. *Buckskins, Bullets, and Business: A History of Buffalo Bill's Wild West*. New York: Greenwood Press.

Blake, William. 1971. *The Poems of William Blake*. Harlow, England: Longman.

Blaut, J. M. 1993. *The Colonizer's View of the World: Geographical Diffusionism and Eurocentric History*. New York: Guilford Press.

Bloom, Lisa. 1993. *Gender on Ice. American Ideologies of Polar Explorations*. Minneapolis University of Minnesota Press.

Blundell, Valda. 1989. "The Tourist and the Native." In *A Different Drummer: Readings in Anthropology with a Canadian Perspective*, ed. Bruce Cox, Jacques Chevalier, and Valda Blundell. Ottawa: Carleton University Anthropology Caucus, 49-58.

—— and Laurence Grant. 1989. " Preserving Our Heritage: Getting beyond Boycotts and Demonstrations." *Inuit Art Quarterly*, Winter, 12-16.

Boon, James. 1977. *The Anthropological Romance of Bali, 1597-1972: Dynamic Perspectives in Marriage and Caste, Politics and Religion*. New York: Cambridge University Press.

——. 1990. *Affinities and Extremes*, Chicago: University of Chicago Press.
——. 1992. "Cosmopolitan Moments: Echoey Confessions of an Ethnographer-Tourist."In *Crossing Cultures: Essays in the Displacement of Western Civilization,* ed. Daniel Segal. Tucson: University of Arizona Press. 226-253.
Bottomley, Gillian. 1992. *From Another Place: Migration and the Politics of Culture.* Cambridge: Cambridge University Press.
Bourdieu, Pierre. 1977. *Outline of a Theory of Practice.* Cambridge: Cambridge University Press.
——. 1984. *Distinction*, London: Routledge.
Bowen, Elenore Smith. 1954. *Return to Laughter.* New York: Harper and Row.
Boyarin, Daniel. 1993a. *Carnal Israel: Reading Sex in Talmudic Culture*, Berkeley: University of California Press.
——. 1993b. "Paul and the Genealogy of Gender." *Representations*, 41 (Winter): 1-33.
Boyarin, Daniel, and Jonathan Boyarin. 1993. "Diaspora: Generational Ground of Jewish Identity." *Critical Inquiry*, 19 (4): 693-725.
Boyarin, Daniel, and Jonathan Boyarin. 1995. "Self-Exposure as Theory: The Double Mark of the Male Jew." In *Rhetorics of Self-Making*, ed. Deborah Battaglia. Berkeley: University of California Press. 16-42.
Boyarin, Jonathan. 1992. *Storm from Paradise: The Politics of Jewish Memory.* Minneapolis: University of Minnesota Press.
Bradford, Phillips Verner, and Harvey Blume. 1992. *Ota Benga: The Pygmy in the Zoo.* New York: St. Martin's Press.
Brah, Avtar. 1992. "Difference, Diversity and Differentiation." In *"Race," Culture and Difference*, ed. James Donald and Ali Rattansi. London: Sage.
——. 1993. "Diasporas and Borders." Unpublished manuscript, University of California, Santa Cruz.
Brecher, Jeremy, John Brown Childs, and Jill Cutler, eds. 1993. *Global Visions: Beyond the New World Order.* Boston: South End Press.
Briggs, Jean. 1970. *Never in Anger.* Cambridge, Mass.: Harvard University Press.
Brody, Hugh. 1982. *Maps and Dreams.* New York: Pantheon.

Brown, Karen McCarthy. 1991. *Mama Lola: A Vodou Priestess in Brooklyn*. Berkeley: University of California Press.

Brown, Norman O. 1991. *Apocalypse and/or Metamorphosis*. Berkeley: University of California Press.

Burawoy, Michael, et al. 1991. *Ethnography Unbound: Power and Resistance in the Modem Metropolis*. Berkeley: University of California Press.

Buzard, James. 1993. *The Beaten Track: European Tourism, Literature, and the Ways to Culture*, 1800-1918. Oxford: Oxford University Press.

Calderón, Héctor, and José Saldivar, eds. 1991. *Criticism in the Borderlands: Studies in Chicano Literature, Culture, and Ideology*. Durham, N.C.: Duke University Press.

Canadian Museums Association. 1988. *Museums and the First Nations*. (Entire issue.) Muse, 6 (3).

——. 1990. *The Nature of Northern Museums*. (Entire issue.) *Muse*, 8 (1).

Canclini, Nestor Garcia. 1990. *Culturas híbridas: Estrategias para entrar y salir de la modernidad*. Mexico City: Editorial Grijalbo.

——. 1992. "Museos, aeropuertos y ventes de garage." Paper read at conference entitled "Borders/Diasporas." Center for Cultural Studies, University of California, Santa Cruz.

Cannizzo, Jeanne. 1989. *Into the Heart of Africa*. Ontario: Royal Ontario Museum.

——. 1991. "Exhibiting Cultures: 'Into the Heart of Africa.'" *Visual Anthropology Review*, 7 (1): 150-160.

Chabram, Angie C. 1990. "Chicana/o Studies as Oppositional Ethnography." *Cultural Studies*. 4 (3): 228-247.

Chakrabarty, Dipesh. 1992. "Postcoloniality and the Artifice of History: Who Speaks for the 'Indian' Pasts?" *Representations*, 37 (1): 1-26.

Chaussonnet, Valérie, ed. 1995. *Crossroads Alaska: Native Culture of Alaska and Siberia*. Washington, D.C.: Arctic Studies Center, Smithsonian Institution.

Chevigny, Hector. 1951. *Lord of Alaska: Baranov and the Russian Adventure*. Portland, Ore.: Binford and Mort,

——. 1965, *Russian America: The Great Alaskan Venture*, 1741-1867, Portland,

Ore.: Binford and Mort.

Chow, Rey. 1992. "Between Colonizers: Hong Kong's Postcolonial Self-Writing in the1900s." *Diaspora*, 2 (2): 151-170.

Clifford, James. 1982. *Person and Myth: Maurice Leenhardt in the Melanesian World*. Berkeley: University of California Press.

——. 1986. "On Ethnographic Allegory." In *Writing Culture: The Poetics and Politics of Ethnography*. ed. James Clifford and George Marcus. Berkeley: University of California Press. 98-121.

——. 1987. "Of Other Peoples: Beyond the 'Salvage' Paradigm." In *Discussions in Contemporary Culture*, ed. Hal Foster, Seattle: Bay Press. 121-130.

——. 1988. *The Predicament of Culture: Twentieth Century Ethnography; Literature, and Art*. Cambridge, Mass.: Harvard University Press.

——. 1989. "Interview with Brian Wallis." *Art in America*, 77 (7): 86-87, 152-153.

——. 1990. "Notes on (Field) Notes." In *Fieldnotes: The Makings of Anthropology*, ed. Roger Sanjek. Ithaca, N.Y.: Cornell University Press. 47-69.

——. 1991. "Four Northwest Coast Museums: Travel Reflections." In *Exhibiting Cultures: The Poetics and Politics of Museum Display*, ed. Ivan Karp and Steven Lavine. Washington, D.C.: Smithsonian Institution Press. 212-234.

——. 1992a. "Traveling Cultures." In *Cultural Studies*, ed. Lawrence Grossberg, Cary Nelson, and Paula Treichler. New York: Routledge. 96-116.

——. 1992b. " Museums in the Borderlands." In *Different Voices: A Social, Cultural and Historical Framework for Change in the American Ari Museum*, ed. Marcia Tucker. New York: Association of Art Museum Directors. 117-136.

——. 1995. "Paradise." *Visual Anthropology Review*, 11 (1): 92-117.

—— and George Marcus, eds. 1986. *Writing Culture: The Poetics and Politics of Ethnography*. Berkeley: University of California Press.

Cohen, Mark. 1994. *Under Cross and Crescent: The Jews in the Middle Ages*. Princeton: Princeton University Press.

Cohen, Robin. 1987. *The New Helots: Migrants in the International Division of Labor*. Aldershot, England: Gower.

Cole, Douglas. 1985. *Captured Heritage*. Vancouver: Douglas and McIntyre.

Cole, Sally. 1995. "Ruth Landes and the Early Anthropology of Race and Gender." In *Women Writing Culture*, ed. Ruth Behar and Deborah Gordon. Berkeley: University of California Press. 166-185.

Coles, Robert. 1992. *Anna Freud: The Dream of Psychoanalysis*. Reading, Mass. Addison-Wesley.

Connery, Christopher. 1994. "Pacific Rim Discourse: The U.S. Global Imaginary in the Late Cold War Years." *Boundary* 2, 21 (2): 30-56.

Conrad, Joseph. 1957. *Victory*. Garden City, N.Y.: Doubleday.

Coombes, Annie E. 1988. "Museums and the Formation of National and Cultural Identities." *Oxford Art Journal*, 11 (2): 57-68.

Counter, S. Allen. 1988. "The Henson Family." *National Geographic*, 147 (3): 422-429.

Crapanzano. Vincent. 1977 "The Writing of Ethnography." *Dialectical Anthropology*, 2 (1) 69-73.

Crick, Malcolm. 1985. "Tracing the Anthropological Self: Quizzical Reflections on Field Work, Tourism, and the Ludic." *Social Analysis*, 17 (August): 71-92.

Cronon, William, ed. 1995. *Uncommon Ground: Toward Reinventing Nature*. New York Norton.

Dalby, Lisa. 1983. *Geisha*. Berkeley: University of California Press.

D'Amico-Samuels, Deborah. 1991. "Undoing Fieldwork: Personal, Political, Theoretical and Methodological Implications." In *Decolonizing Anthropology: Moving Further toward an Anthropology of Liberation*. Washington, D.C.: Association of Black Anthropologists and American Anthropological Association. 68-85.

D'Andrade, Roy. 1995. "Moral Models in Anthropology." *Current Anthropology*. 36 (3):399-408.

Davies, W. D. 1992. *The Territorial Dimension of Judaism*. Minneapolis: University of Minnesota Press.

Davis, Lee. 1989. "Locating the Live Museum." *News From Native California*, 4 (1): 4-9.

Deacon, Bernard. 1934. *Malekula: A Vanishing People of the New Hebrides*. London: Routledge.

de Certeau, Michel. 1984. *The Practice of Everyday Life*. Berkeley: University of California Press.

Defert, Daniel. 1984. "Un genre ethnographique profane au XVle siècle: Les livres d'habits (essaid'ethno-iconographie)." In *Histoires de I'Anthropologie (XVle-XIXe siècles)*, ed. Britta Rupp-Eisenreich. Paris: Klincksieck. 25-42.

Deliss, Clémentine. 1995. "The Visual Programme." In *Africa95: A Season Celebrating the Arts of Africa*. London: Richard House.

Deloria, Vine, Jr. 1969. *Custer Died for your Sins*. New York: Macmillan.

Demallie, Raymond, ed. 1984. *The Sixth Grandfather: Black Elk's Teachings Given to John G. Neihardt*. Lincoln: University of Nebraska Press.

Dening, Greg. 1980. *Islands and Beaches: Discourse on a Silent Land: Marquases,1774-1880*. Honolulu: University Press of Hawaii.

Detremery, C., B. Sanguinetti, and H. Gibbs, eds. 1972. *Travels of Ibn Battouta, A.D.1325-1354*. Nendeln, Netherlands: Kraus Reprint.

Dhareshwar, Vivek. 1989a. "Toward a Narrative Epistemology of the Post-Colonial Predicament." *Inscriptions*, 5: 135-157.

——. 1989b. "Self-Fashioning, Colonial Habitus and Double Exclusion: V. S. Naipaul's The Mimic Men." *Criticism*, 31 (1): 75-102.

Dirlik, Arif. 1994. "The Postcolonial Aura: Third World Criticism in the Age of Global Capitalism." *Critical Inquiry*, 20 (2): 328-356.

Dittborn, Eugenio. 1993. *Mapa: The Airmail Paintings of Eugenio Dittborn, 1984-1992*. London: Institute of Contemporary Art.

Drake, St. Clair. 1982. "Diaspora Studies and Pan-Africanism." In *Global Dimensions of the African Diaspora*, ed. Joseph E. Harris. Washington, D.C.: Howard University Press. 341-404.

Drummond, Lee. 1981. "The Cultural Continuum: A Theory of Intersystems." *Man*, 15 (2): 352-374.

Dubnow, Simon. 1931. "Diaspora." In *Encyclopedia of the Social Sciences*. New York Macmillan, 126-130.

——. 1958. *Nationalism and History: Essays in Old and New Judaism*. Philadelphia Jewish Publication Society of America.

Dubois, Laurent. 1995. "'Man's Darkest Hours': Maleness, Travel, and Anthropology." In *Women Writing Culture*, ed. Ruth Behar and Deborah Gordon. Berkeley: University of California Press. 306-321.

Duchet, Michèle. 1984. *Le partage des savoirs: Discours historique et discours ethnologique*. Paris: La Découverte.

Duncan, Carol. 1991. "Art Museums and the Ritual of Citizenship." In *Exhibiting Cultures: The Poetics and Politics of Museum Display*, ed. Ivan Karp and Steven Lavine, Washington, D.C.: Smithsonian Institution Press. 88-103.

——. 1995. *Civilizing Rituals: Inside Public Art Museums*. London: Routledge.

During, Simon. 1987. "Postmodernism or Post-Colonialism Today." *Textual Practice*, 1 (1): 32-47.

Ebron, Paula. 1994. "Subjects in Difference." Paper read at conference entitled "Anthropology and 'the Field': Boundaries, Areas and Grounds in the Constitution of a Discipline." Stanford University and the University of California at Santa Cruz.

——. 1995. "Subjects in Difference: Where and When We Enter." Unpublished manuscript.

——. Forthcoming. "Traffic in Men." In *Cultural Encounters: Gender at the Intersection of the Local and the Global in Africa*, ed. Maria Grosz-Ngate and Omari Kokoli. London: Routledge.

Edwards, David. 1994. "Afghanistan, Ethnography, and the New World Order." *Cultural Anthropology*. 9 (3): 345-360.

Eickelman, Dale, and James Piscatori, eds. 1990. *Muslim Travelers: Pilgrimage, Migration and the Religious Imagination*. Berkeley: University of California Press.

Enloe, Cynthia. 1990. Bananas, Beaches, and Bases. Berkeley: University of California Press.

Evans-Pritchard, Edward. 1940. *The Nuer*. Oxford: Oxford University Press.

Fabian, Johannes. 1983. *Time and the Other*. New York: Columbia University Press.

——. 1986. *Language and Colonial Power*. New York: Cambridge University Press.

Fahim, Husein. 1982. *Indigenous Anthropology in Non-western Countries*. Durham, N.C.: Carolina Academic Press.

Farris, Glenn. 1988. "A French Visitor's Description of the Fort Ross Rancheria in 1839." *News from Native California*, 2 (3): 22-23.

——. 1989a. "Recognizing Indian Folk History as Real History: A Fort Ross Example." *American Indian Quarterly*, 13 (Fall): 471-480.

——. 1989b. "The Russian Imprint on the Colonization of California." In *Columbian Consequences*, ed. David Hurst Thomas. Washington, D.C.: Smithsonian Institution Press. 481-497.

Fienup-Riordan, Ann. 1990. *Eskimo Essays: Yup'ik Lives and How We See Them.* New Brunswick, N.J.: Rutgers University Press.

Finney, Ben. 1994. *Voyage of Rediscovery: A Cultural Odyssey through Polynesia.* Berkeley: University of California Press.

Fischer, Michael M. J., and Mehdi Abedi. 1990. *Debating Muslims: Cultural Dialogues in Postmodernity and Tradition.* Madison: University of Wisconsin Press.

Fitzhugh, William, and Valérie Chaussonnet, eds. 1994. *Anthropology of the North Pacific Rim.* Washington, D.C.: Smithsonian Institution Press.

Fitzhugh, William, and Aron Crowell, eds. 1988. *Crossroads of Continents: Cultures of Siberia and Alaska.* Washington, D.C.: Smithsonian Institution Press.

Flores, Juan, and George Yudice. 1990. "Living Borders / Buscando America." *Social Text*, 24: 57-84.

Fonte, Nanny. 1987. "West Indians in New York City and London: A Comparative Analysis." In *Caribbean Life in New York City Sociocultural Dimensions*, ed. Constance Sutton and Elsa Chaney. New York: Center for Migration Studies, 117-130.

Foster, George, ed. 1979. *Long-Term Field Research in Social Anthropology.* New York: Academic Press.

Frankenberg, Ruth, and Lata Mani. 1993. "Crosscurrents, Crosstalk: Race, "Postcoloniality." and the Politics of Location." *Cultural Studies*. 7 (2): 292-310.

Freud, Sigmund. 1939. *Moses and Monotheism.* New York: Vintage.

Friedman, Jonathan. 1994. *Cultural Identity and Global Process.* London: Sage.

Gallie, W. B. 1964. *Philosophy and the Historical Understanding.* London: Chatto

and Windus.

Galloway Colin. 1990. *The Western Abenakes of Vermont, 1600-1800: War, Migration, and the Survival of an Indian People*. Norman: University of Oklahoma Press.

Gandoulou, Justin-Daniel. 1984. *Entre Paris et Bacongo*. Paris: Centre Georges Pompidou.

Gangulay, Keya. 1992. "Migrant Identities: Personal Memory and the Construction of Selfhood." *Cultural Studies*, 6 (1): 27-50.

Gardner, Margaret. 1984. *Footprints on Malekula: A Memoir of Bernard Deacon*. Edinburgh: Salamander Press.

Gauguin, Paul. 1957. *Noa Noa*. New York: Noonday.

Gay, E. Jane. 1981. *With the Nez Perce: Alice Fletcher in the Field, 1889-1892*. Lincoln: University of Nebraska Press.

Getty Center. 1991. "New Geographies of Performance: Cultural Representation and Intercultural Exchange on the Edge of the Twenty-first Century: Summary Report." Getty Center for the History of Art and the Humanities, Los Angeles, Calif.

Ghosh, Amitav. 1986. "The Imam and the Indian." *Granta*, 20 (Winter): 135-146.

——. 1989a. *The Shadow Lines*. New York: Viking.

——. 1989b. "The Diaspora in Indian Culture." *Public Culture*, 2 (1): 73-78.

——. 1992. *In an Antique Land*. London: Granta Books.

Gibson, James. 1976. *Imperial Russia in Frontier America: The Changing Geography of Supply for Russian America, 1784-1867*. New York: Oxford University Press.

Gilroy, Paul. 1987. *There Ain't No Black in the Union Jack: The Cultural Politics of Race and Nation*, London: Hutchinson.

——. 1991."Sounds Authentic: Black, Music Ethnicity, and the Challenge of the Changing Same." *Black Music Research Journal*, 2 (2): 111-136.

——. 1992a. "Cultural Studies and Ethnic Absolutism." In *Cultural Studies*, ed. Lawrence Grossberg, Cary Nelson, and Paula Treichler. New York: Routledge.187-199.

——. 1992b. "It's a Family Affair." In *Black Popular Culture: A Project by Michele*

Wallace, ed. Gina Dent, Seattle: Bay Press. 303-316.

——. 1993a. *The Black Atlantic: Double Consciousness and Modernity*. Cambridge, Mass.: Harvard University Press.

——. 1993b. *Small Acts: Thoughts on the Politics of Black Cultures*. London: Serpents Tail.

Glissant, Edouard. 1981. *Le discours antillais*. Paris: Seuil.

Goitein, Solomon Dob Fritz. 1967-1993. *A Mediterranean Society: The Jewish Communities of the Arab World as Portrayed in the Documents of the Cairo Geniza*. 6 vols. Berkeley, University of California Press.

Golde, Peggy, ed. 1986. *Women in the Field: Anthropologieul Experiences*. Second edition, expanded and updated. Berkeley: University of California Press.

González, Alicia, and Edith Tonelli. 1992. "*Compañeros* and Partners: The CARA Project." In *Museums and Communities: The Politics of Public Culture, ed. Ivan Karp, Christine Mullen Kraemer, and Steven Lavine*. Washington, D.C.: Smithsonian Institution Press. 262-284.

Gordon, Deborah. 1993. "Worlds of Consequences Feminist Ethnography as Social Action." *Critique of Anthropology*, 13 (4): 429-443.

Gordon, Richard. 1994. "Internationalization, Multinationalization, Globalization: Contradictory World Economies and New Spatial Divisions of Labor." Working Paper 94-10, Center for the Study of Global Transformations, University of California, Santa Cruz.

Grasmuck, Sherri, and Patricia R. Pessar. 1991. *Between Two Islands: Dominican International Migration*. Berkeley: University of California Press.

Grewal, Shabnam, ed. 1988. *Charting the Journey: Writings by Black and Third World Women*. London: Sheba Feminist.

Gupta, Akhil. 1992. "The Song of the Nonaligned World: Transnational Identities and the Reinscription of Space in Late Capitalism." *Cultural Anthropology*, 9 (1): 63-79.

—— and James Ferguson. 1997. "Discipline and Practice: 'The Field' as Site, Method, and Location in Anthropology." In *Anthropol o gical Locati o ns: Boundaries and Grounds of a Field Science*, ed. Akhil Gupta and James Ferguson, Berkeley

University of California Press.

Gupta, Rahila. 1988. "Women and Communalism, a Tentative Inquiry." In *Charting the Journey: Writings by Black and Third World Women*, ed. Shabnam Grewal. London: Sheba Feminist. 23-29.

Haig-Brown, Celia. 1988. *Resistance and Renewal: Surviving the Indian Residential School*. Vancouver: Tillacum Library.

Hall, Stuart. 1986a. "Gramsci's Relevance for the Study of Race and Race and Ethnicity." *Journal of Communication Inquiry*, 10 (2): 5-27.

——. 1986b. "On Postmodernism and Articulation: An Interview with Stuart Hall." *Journal of Communication Inquiry*, 10 (2): 45-60.

——. 1988a. *The Hard Road to Renewal: Thatcherism and the Crisis of the Left*. London: Verso.

——. 1988b. "New Ethnicities." In *Black Film, British Cinema*, ed. Kobena Mercer. London: Institute of Contemporary Arts. 27-30.

——. 1990. "Cultural Identity and Diaspora." In *Identity: Community Culture, Difference*, ed. Jonathan Rutherford. London: Lawrence and Wishart. 222-237.

——. 1991. "The Local and the Global: Globalization and Ethnicity." In *Culture, Globalization and the World-System*, ed. Anthony King. Binghamton: Department of Art and Art History, State University of New York. 19-40.

Handler, Richard. 1985. "On Dialogue and Destructive Analysis: Problems in Narrating Nationalism and Ethnicity." *Journal of Anthropological Research*, 41 (2): 171-182.

——. 1985. "On Having a Culture: Nationalism and the Preservation of Quebec's Patrimoine." *History of Anthropology*, 3: 192-217.

——. 1987. *Nationalism and the Politics of Culture in Quebec*. Madison: University of Wisconsin Press.

——. 1993a. "An Anthropological Definition of the Museum and Its Purpose." *Museum Anthropology*, 17 (1): 33-36.

——. 1993b. "Anthropology Is Dead! Long Live Anthropology!" *American Anthropologist*, 95 (4): 991-999.

Hannerz, Ulf. 1991. "Scenarios for Peripheral Cultures." In *Culture, Globalization and*

the World-system, ed. Anthony King. Binghamton: Department of Art History, State University of New York. 107-128.

——. 1992. *Cultural Complexity: Studies in the Social Organization of Meaning*. New York: Columbia University Press.

Haraway, Donna. 1988. "Situated Knowledges: The Science Question in Feminism and the Privilege of Partial Perspective." *Feminist Studies*, 14: 575-599.

——. 1989. *Primate Visions: Gender, Race, and Nature in the World of Modem Science*. New York: Routledge.

——. 1992. "The Promises of Monsters: A Regenerative Politics for Inappropriate/d Others." In *Cultural Studies*, ed. Lawrence Grossberg, Cary Nelson, and Paula Treichler. New York: Routledge. 295-337.

Harding, Susan. 1987. "Convicted by the Holy Spirit: The Rhetoric of Fundamental Baptist Conversion." *American Ethnologist*, 14 (1): 167-181.

——. 1990. "If I Should Die Before I Wake: Jerry Falwell's Pro-Life Gospel." In *Uncertain Terms: Renegotiating Gender in American Culture*, ed. Faye Ginsburg and Anna Tsing, Boston: Beacon Press. 76-97.

——. 1993. "Born-Again Telescandals." In *Culture, Power, History*, ed. Nicholas Dirks, Geoffrey Eley, and Sherry Ortner, Princeton: Princeton University Press.539-556.

——. 1994. "Further Reflections." *Cultural Anthropology*, 9 (3): 276-278.

Harris, Neil. 1990. *Cultural Excursions: Marketing Appetites and Cultural Tastes in Modem America*. Chicago: University of Chicago Press.

Harrison, Faye. 1991."Anthropology as an Agent of Transformation: Introductory Comments and Queries." In *Decolonizing Anthropology: Moving Further toward an Anthropology for Liberation*. Washington, D.C.: Association of Black Anthropologists and American Anthropological Association. 1-14.

Harvey, David. 1989. *The Condition of Postmodernity: An Inquiry into the Origins of Cultural Change*. Oxford: Blackwell.

Hau'ofa, Epeli. 1982. "Anthropology at Home: A South Pacific Islands Experience." In *Indigenous Anthropology in Non-Western Countries*, ed. Hussein Fahim. Durham, N.C.: Carolina Academic Press. 213-222.

——, Vijay Naidu, and Eric Waddell, eds. 1993. *A New Oceania: Rediscovering Our Sea of Islands*. Suva, Fiji: School of Social and Economic Development, University of the South Pacific.

Healy, Chris. 1994. "Histories and Collecting: Museums, Objects and Memories." In *Memory and History in Twentieth-Century Australia*, ed. Kate Darian-Smith and Paula Hamilton. Melbourne: Oxford University Press. 33-54.

Helmreich, Stefan. 1993. "Kinship, Nation, and Paul Gilroy's Concept of Diaspora." *Diaspora*, 2 (2): 243-249,

Helms, Mary. 1988. *Ulysses' Sail: An Ethnographic Odyssey of Power, Knowledge, and Geographical Distance*. Princeton: Princeton University Press.

Hernandez, Graciela. 1995. "Multiple Subjectivities and Strategic Positionality: Zora Neale Hurston's Experimental Ethnographies." In *Women Writing Culture*, ed. Ruth Behar and Deborah Gordon. Berkeley: University of California Press. 148-165.

Hicks, Emily. 1991. *Border Writing: The Multidimensional Tex*t. Minneapolis: University of Minnesota Press.

Hill, Tom, and Trudy Nicks, eds. 1994. "Turning the Page: Forging New Partnerships between Museums and First Peoples." Report of the Task Force on Museums and First Peoples. Ottawa: Assembly of First Nations and Canadian Museums Association.

Hiller, Susan. 1995. *After the Freud Museum*, London: Bookworks.

——. Forthcoming. *Thinking about Arts*.

Hodgson, Marshall. 1993. *Rethinking World History*. Cambridge: Cambridge University Press.

Holm, Bill. 1983. *Smoky-Top: The Art and Times of Willie Seaweed*. Seattle: University of Washington Press.

—— and George Irving Quimby. 1980. *Edward S. Curtis in the Land of the War Canoes: A Pioneer Cinematographer in the pacific Northwest*. Seattle: University of Washington Press.

hooks, bell. 1989. "Critical Interrogation: Talking Race, Resisting Racism." *Inscriptions*, 2: 159-164.

——. 1990. *Yearning: Race, Gender, and Cultural Politics.* Boston: South End Press.

Horne, Donald. 1984. The Great Museum: The Re-presentation of History. London: Pluto Press.

Houlihan, Patrick. 1991. "The Poetic Image and Native American Art." In *Exhibiting Cultures: The Poetics and Politics of Museum Display*, ed. Ivan Karp and Steven Lavine. Washington, D.C.: Smithsonian Institution Press. 205-211.

Hulme, Peter. 1986. *Colonial Encounters: Europe and the Native Caribbean*, 1492-1797. London: Methuen,

Hutcheon, Linda. 1994. "The Post Always Rings Twice: The Postmodern and the Postcolonial." *Textual Practice* 8 (2): 205-238.

Irving, Sue, and Lynette Harper. 1988. "Not Another Fur Trade Exhibit? An Inside Look at *Trapline Lifeline*." Muse, 6 (3): 38-40.

Istomin, Alexei. 1992. *The Indians at the Fort Ross Settlement: According to the Censusesby Kuskov*, 1820-1821. Fort Ross, Calif.: Fort Ross Interpretive Association.

Ivy, Marilyn. 1995. *Discourses of the vanishing: Modernity Phantasm*, Japan. Chicago: University of Chicago Press.

Iyer, Pico. 1988. *Video Night in Kathmandu, and Other Reports from the Not-So-Far East*. New York: Vintage.

Jacknis, Ira. 1988. "Museums, Anthropology and Kwakiutl Art: 1881-1981." Diss., University of Chicago.

James, C. L. R. 1984. *Beyond a Boundary*. New York: Pantheon.

Jameson, Fredric. 1984. "Postmodernism, or the Cultural Logic of Late Capitalism." *New Left Review*, 146: 53-92.

JanMohamed, Abdu, and David Lloyd, eds. 1990. *The Nature and Context of Minority Discourse*. New York: Oxford University Press.

Jensen, Doreen, and Polly Sargent. 1986. *Robes of power: Totem Poles on Cloth.* Vancouver: University of British Columbia Press.

joannemariebarker, and Teresia Teaiwa. 1994. "Native Information." *Inscriptions*, 7: 16-41.

John, Mary E. 1996. *Discrepant Dislocations: Feminism, Theory, and Postcolonial*

Histories. Berkeley: University of California Press.

——. 1989. "Postcolonial Feminists in the Western Intellectual Field: Anthropologists and Native Informants." In *Traveling Theories, Traveling Theories: Inscriptions 5*, ed. James Clifford and Vivek Dhareshwar, Santa Cruz: Center for Cultural Studies, University of California at Santa Cruz. 49-74.

Johnson, Elizabeth Lominska, and Kathryn Bernick. 1986. *Hands of Our Ancestor.* Vancouver: University of British Columbia Museum of Anthropology.

Jonaitis, Aldona. 1991. "Chiefly Feasts: The Creation of an Exhibition." In *Chiefly Feasts: The Enduring Kwakiutl Potlatch*, ed. Aldona Jonaitis. Seattle: University of Washington Press. 21-69.

Jones, Ernest. 1953-1957. *The Life and Work of Sigmund Freud.* 3 vols. New York: Basic Books.

Jordan, June. 1985. "Report from the Bahamas." In *On Call: Political Essays*. Boston: South End Press. 39-49.

Kalifornsky, Peter. 1991. "A Dena'ina Legacy: K'tl'egh'i Sukdu." *The Collected Writings of Peter Kalifornsky*. Ed. James Kari and Alan Boraas, Fairbanks: Alaska Native Language Center, University of Alaska.

Kaplan, Caren. 1986. 'The Poetics of Displacement in Alicia Dujoune Ortiz's Buenos Aires." *Discourse*, 8: 84-100.

——.1994. "The Politics of Location as Transnational Feminist Practice." In *Scattered Hegemonies: Postmodernity and Transnational Feminist Practices*, ed. Inderpal Grewal and Caren Kaplan. Minneapolis: University of Minnesota Press. 137-151.

——. 1996. *Questions of Travel: Postmodern Discourses of Displacement.* Durham, N.C.: Duke University Press.

Kari, James. 1983. "Kalifornsky: The Californian from Cook Inlet." *Alaska in Perspective*, 5 (1): 1-11.

Karp, Ivan, and Steven Lavine, eds. 1991. *Exhibiting Cultures: The Poetics and Politics of Museum Display*. Washington, D.C.: Smithsonian Institution Press.

Karp, Ivan, Steven Lavine, and Christine Mullen Kraemer, eds. 1992. *Museums and Communities: The Politics of Public Culture*. Washington, D.C.: Smithsonian Institution Press.

Kearney, Michael. 1995. "The Local and the Global: The Anthropology of Globalization and Transnationalism." *Annual Review of Anthropology*, 24: 547-565.

Khlebnikov, K. T. 1990. *The Khlebnikov Archive: Unpublished Journal (1800-1837) and Travel Notes (1820, 1822, and 1824)*. Fairbanks: University of Alaska Press.

Kimmelman, Michael. 1989. "Erasing the Line between Art and Artifact." *New York Times* (May 1): B1.

Kincaid, Jamaica. 1988. *A Small Place*. New York: Farrer, Straus, Giroux.

Kingston, Maxine Hong. 1976. *The Woman Warrior: Memoirs of a Girlhood among Ghosts*. New York: Knopf.

Kirk, Ruth. 1986. *Tradition and Change on the Northwest Coas*t. Seattle: University of Washington Press.

Koh, Barbara. 1994. "In the Magic Grove." *San Jose Mercury News* (September 16): lB-2B.

Komes Peres, Maruch, and Diana Rus. 1991. *Ta Jlok'ta Chobtik Ta K'u'il (Récit d'une tisserande de Chamula)*. San Cristóbal de las Casas, Mexico: INAREMAC.

Kondo, Dorinne. 1986. "Dissolution and Reconstitution of Self: Implications for Anthropological Epistemology." *Cultural Anthropology*, 1 (1): 74-88.

——. 1990. *Crafting Selves: Power Gender and Discourses of Identity in a Japanese Workplace*. Chicago: University of Chicago Press.

Krauss, Michael. 1994. "Crossroads? A Twentieth-Century History of Contacts across the Bering Strait." ln *Anthropology of the North Pacific Rim*, ed. William Fitzhugh and Valérie Chaussonnet. Washington, D.C.: Smithsonian Institution Press. 365-379

Kuhn, Thomas. 1970. *The Structure of Scientific Revolutions*. Enlarged. second ed. Chicago: University of Chicago Press.

Kuklick, Henrika, 1997. "After Ishmael: The Fieldwork Tradition and Its Future." In *Anthropological Locations: Boundaries and Grounds of a Field Science*, ed. Akhil Gupta and James Ferguson. Berkeley: University of California Press.

Kurin, Richard. 1991. "Cultural Conservation through Representation: Festival of India Folklife Exhibitions at the Smithsonian Institution." In *Exhibiting Culture The Poetics and Politics of Museum Display,* ed. Ivan Karp and Steven Lavine.

Washington, D.C.: Smithsonian Institution Press. 315-343.
Landes, Ruth. 1947. *The City of Women*. New York: Macmillan.
Lave, Jean, Paul Duguid, Nadine Fernandez, and Eric Axel. 1992. "Coming of Age in Birmingham." *Annual Review of Anthropology*, 21: 257-282.
Lavie, Smadar. 1990. *The Poetics of Military Occupation: Mzeina Allegories of Bedouin Identity under Israeli and Egyptian Rule*. Berkeley: University of California Press.
——. 1992. "Blow-Ups in the Borderlands: Third World Israeli Authors' Gropingsfor Home." *New Formations*, 18: 84-106.
Leenhardt, Maurice. 1947. *Do kamo: La personne et le mythe dans le monde mélanésien*. Paris: Gallimard.
Leiris, Michel. 1934. *L'Afrique fntôme*. Paris: Gallimard.
Levine, Lawrence. 1988. *Highbrow/Lowbrow: The Emergence of Cultural Hierarchy in America*. Cambridge, Mass.: Harvard University Press.
Lévi-Strauss, Claude. 1977. *Tristes Tropiques*. New York: Washington Square Press. Orig. pub. 1955.
——. 1985. *The View from Ajar*. New York: Basic Books.
Lewin, Ellen. 1995. "Writing Lesbian Ethnography." In *Women Writing Culture*, ed. Ruth Behar and Deborah Gordon. Berkeley: University of California Press. 322-325.
Li, Xiaoping. 1993. "New Chinese Art in Exile." *Border/Lines*, 29-30: 40-44.
Lightfoot, Kent, Thomas Wake, and Ann Schiff. 1991. *The Archaeology and Ethnohistory of Fort Ross, California*. Vol, 1: *Contributions of the University of California Archaeological Research Facility, No. 49*. Berkeley: Archaeological Research Facility, University of California at Berkeley.
Limón, José. 1994. *Dancing with the Devil: Society and Cultural Poetics in Mexican-American South Texas*. Madison: University of Wisconsin Press.
Linebaugh, Peter, and Marcus Rediker. 1990. "The Many-Headed Hydra: Sailors, Slaves, and the Atlantic Working Class in the Eighteenth Century." *Journal of Historical Sociology*, 3 (3): 225-252.
Lorde, Audre. 1982. *Zami: A New Spelling of My Name*. Trumansburg, N. Y.: Crossing

Press.

Lowie, Robert. 1937. *The History of Ethnological Theory.*

Lutkehaus, Nancy. 1995. "Margaret Mead and the 'Rustling-of-the-Wind-in-the-Palm-Trees School' of Ethnographic Writing." In *Women Writing Culture*, ed. Ruth Behar and Deborah Gordon. Berkeley: University of California Press. 186-206.

Lyman, Christopher. 1982. *The Vanishing Race and Other Illusions: Photographs of Indians by Edward Curtis*. New York: Pantheon.

MacCannell, Dean. 1976. *The Tourist: A New Theory of the Leisure Class*. New York: Schocken.

Mackey, Eva. 1995. "Postmodernism and Cultural Politics in a Multicultural Nation: Contests over Truth in the Into the Heart of Africa Controversy." *Public Culture 7* (2) 403-432.

Macnair, Peter, Alan Hoover, and Kevin Neary. 1984. *The Legacy*. Vancouver: Douglas and McIntyre.

Malinowski, Bronislaw. 1922. *Argonauts of the Western Pacific*. New York: Dutton.

——. 1935. *Coral Gardens and Their Magic*. Bloomington: University of Indiana Press.

——. 1976. *A Diary in the Strict Sense of the Term*. New York: Harcourt, Brace and World.

Mannheim, Bruce. 1995. "On the Margins of 'The Couple in the Cage.'" *Visual Anthropology Review*, 11 (1): 121-127.

Marcus, George. 1995. "Ethnography in/of the World System: The Emergence of Multi-Sited Ethnography." *Annual Review of Anthropology*, 24: 95-117.

—— and Michael M. J. Fischer. 1986. *Anthropology as Cultural Critique: An Experimental Moment in the Human Sciences*. Chicago: University of Chicago Press.

Margolin, Malcolm. 1989. "California Indian Library Collections." *News of Native California*, 3 (3): 7-8.

Marshall, Paule. 1981. *Brown Girl*, Brownstones. New York: Feminist Press.

Martinez, Antoinette. 1995. "Excavation of a Kashaya Pomo Village Site in Northern California." *Berkeley Archaeology*, 3 (1): 1, 11.

Matthaeli, Julie, and Teresa Amott. 1990. "Race, Gender, Work: The History of Asian and Asian American Women." *Race and Class*, 31 (3): 61-80.

McDougall, Walter. 1993. *Let the Sea Make a Noise: Four Hundred Years of Cataclysm, Conquest, War and Folly in the North Pacific*. New York: Basic Books.

McEvilley, Thomas. 1993. *Fusion: West African Artists at the Venice Biennale*. New York. Museum for African Art.

McLendon, Sally, and Robert Oswalt. 1978. "Pomo: Introduction." In *Handbook of North American Indians California*, ed. Robert Heizer. Washington, D.C.: Smithsonian Institution Press. 274-288.

McLuhan, T. C. 1975. *Edward C. Curtis: The Shadow Catcher*. Phoenix, Ariz.: Mystic Fire Video.

Menocal, Maria Rosa. 1987. *The Arab Role in Medieval Literary History*. Philadelphia: University of Pennsylvania Press.

Mercer, Kobena. 1988. "Diaspora Culture and the Dialogic Imagination." In *Blackframes: Celebration of Black Cinema*, ed. Mbye Cham and Claire Andrade-Watkins Cambridge, Mass.: MIT Press. 50-61.

——. 1990. " Black Art and the Burden of Representation." *Third Text*, 10 (Spring) 61-78.

Meyer, Fred. 1994. "Culture-Making: Performing Aboriginally at the Asia Society Gallery." *American Ethnologist*, 21: 679-699.

Middleton, Dorothy. 1982. *Victorian Lady Travellers*. Chicago: Academy.

Miller, Daniel. 1987. *Material Culture and Mass Consumption*. Oxford: Blackwell.

——. 1994. *Modernity-An Ethnographic Approach: Dualism and Mess Consumption in Trinidad*. Oxford: Berg.

——. 1995. "Consumption and Commodities." *Annual Review of Anthropology*, 24: 141-161

Mills, Sara. 1990. "Discourses of Difference." *Cultural Studies*, 4 (2): 128-140.

——. 1991. *Discourses of Difference: An Analysis of Women's Travel Writing and Colonialism*. London: Routledge.

Mishra, Vijay. 1983. "The Girmit Ideology Reconsidered." In *Language and Literature*,

ed. Satendra Nandan. Suva, Fiji: University of the South Pacific.

——. 1994. "Theorizing the Literature of the Indian Diaspora: The Familiar Temporariness (V. S. Naipaul)." Paper read at the Center for Cultural Studies, University of California, Santa Cruz.

Mitter, Swasti. 1986. *Common Fate, Common Bond: Women in the Global Economy*. London: Pluto.

Miyoshi, Masao. 1993. "A Borderless World? From Colonialism to Transnationalism and the Decline of the Nation-State." *Critical Inquiry*, 19 (Summer): 726-751.

Mohanty, Chandra. 1987. "Feminist Encounters: Locating the Politics of Experience." *Copyright*, 1 (Fall): 30-44.

Moore, Henrietta. 1988. *Feminism and Anthropology*. Minneapolis: University of Minneapolis Press.

Morris, Meaghan. 1988. "At Henry Parkes Motel." *Cultural Studies*, 2 (1): 1-47.

Mudimbe, V. Y. 1988. *The Invention of Africa: Gnosis, Philosophy and the Order of Knowledge*. Bloomington: University of Indiana Press.

Nader, Laura. 1972. "Up the Anthropologist: Perspectives Gained from Studying Up." In *Reinventing Anthropology*, ed. Dell Hymes. New York: Pantheon, 284-311.

Naficy, Hamid. 1991."Exile Discourse and Televisual Fetishization." *Quarterly Review of Film and Video*, 13 (1-3): 85-116.

Naipaul, V. S. 1976. *The Mimic Men*. Harmondsworth: Penguin.

Narayan, Kirin. 1989. *Storytellers, Saints and Scoundrels: Folk Narrative in Hindu Religious Teaching*. Philadelphia: University of Pennsylvania Press.

——. 1993. "How Native Is a Native Anthropologist?" *American Anthropologist*, 95: 19-34.

National Museum of the American Indian. 1991. "National Museum of the American Indian Policy Statement on Native American Human Remains and Cultural. Materials." *Museum Anthropology*, 15 (2): 25-28.

Needham, Rodney. 1975. "Polythetic Classification." *Man*, 10: 349-369.

Newton, Esther. 1993a. *Cherry Grove, Fire Island: Sixty Years in America's First Gay and Lesbian Town*. Boston: Beacon Press.

——. 1993b. "My Best Informant's Dress." *Cultural Anthropology*, 8 (1): 3-23.

O'Hanlon, Michael. 1989. *Reading the Skin: Adornment, Display and Society among the Wahgi*. London: British Museum Publications.

——. 1993. *Paradise: Portraying the New Guinea Highlands*. London: British Museum.

Omi, Michael, and Howard Winant. 1986. *Racial Formation in the United States from the 1960s to the 1980s*. New York: Routledge.

Ong, Aihwa, 1993. " On the Edge of Empires: Flexible Citizenship among Chinese in Diaspora." *Positions*, 1 (3): 745-778.

——. 1995. "Women out of China: Traveling Tales and Traveling Theories in Postcolonial Feminism." In *Women Writing Culture*, ed. Ruth Behar and Deborah Gordon, Berkeley: University of California Press. 350-372.

Oswalt, Robert 1964. *Kashaya Texts*. University of California Publications in Linguistics,vol. 36. Berkeley: University of California Press.

——. 1988. "History through the Words Brought to California by the Fort Ross Colony." *News from Native California*, 2 (3): 20-22.

Ottenberg, Simon. 1991. "Into the Heart of Africa," *African Arts* 24 (3): 79-82.

Pan, Lynn. 1990. *Sons of the Yellow Emperor: A History of the Chinese Diaspora*. Boston Little, Brown.

Patterson, Orlando. 1987. "The Emerging West Atlantic System: Migration, Culture,and Underdevelopment in the United States and the Circum-Caribbean Region." In *Population in an Interacting World*, ed. W. Alonso, Cambridge, Mass.: Harvard University Press. 227-260.

Philip, Marlene Nourbese. 1992. *Frontiers: Essays and Writings on Racism and Culture*. Stratford, Ontario: Mercury Press.

——. 1993. "Black Jewish Relations." *Border/Lines*, 29-30: 64-69.

Porter, Dennis. 1991. *Haunted Journeys: Desire and Transgression in European Travel Writing*. Princeton: Princeton University Press.

Potts, Lydia. 1990. *The World Labour Market: A History of Migration*. London: Zed Books.

Pratt, Mary Louise. 1986. "Fieldwork in Common Places." In *Writing Culture: The Poetics and Politics of Ethnography*, ed. James Clifford and George Marcus.

Berkeley: University of California Press. 27-50.

——. 1992. *Imperial Eyes: Travel Writing and Transculturation*. London: Routledge.

Puller, Gordon, and Richard Knecht. 1995 "Alutiq." In *Crossroads Alaska: Native Cultures of Alaska and Siberia*, ed. Valérie Chaussonnet. Washington, D.C.: Smithsonian Institution, Arctic Studies Center. 14-15.

Rabinow, Paul. 1977. *Reflections on Fieldwork in Morocco*. Berkeley: University of California Press.

Radakrishnan, R. 1991. "Ethnicity in an Age of Diaspora." *Transition*, 54: 104-115.

Raine, Kathleen. 1970. *William Blake*. London: Thames and Hudson.

Readings, Bill. 1995. "The University without Culture?" *New Literary History* 26: 465-492.

Reagon, Bernice Johnson. 1983. "Coalition Politics: Turning the Century." In *Home Girls: A Black Feminist Anthology*, ed. Barbara Smith. New York: Kitchen Table, Women of Color Press. 356-368.

Rediker, Marcus. 1987. *Between the Devil and the Deep Blue Sea: Merchant Seamen*, Pirates, and the Anglo-American Maritime World, 1700-1750. Cambridge: Cambridge University Press.

Reid, Susan. 1981. "Four Kwakiutl Themes on Isolation." In *The World Is as Sharp as a Knife: An Anthology in Honor of Wilson Duff*, ed. Donald N. Abbot. Victoria: British Columbia Provincial Museum.

Rich, Adrienne. 1986. "Notes toward a Politics of Location." In *Blood, Bread and Poetry: Selected Prose*, 1979-1985. New York: Norton. 210-231.

Richard, Nelly. 1993. "Nosotros / The Others." In *Mapa: The Airmail Paintings of Eugenio Dittborn*, 1984-1992, ed. Eugenio Dittborn. London: Institute of Contemporary Arts. 47-65.

——.1994. "La problematica de la distancia en el contexto de lo translocal." Paper readat conference entitled "Sinais de Turbulencia." Encuentro da Rede Interamericade Estudor Culturais, Rio de Janeiro.

Riding, Alan. 1995. "African Creativity on Europe's Stage." *New York Times* (October4): B1, B4.

Rivière, Georges-Henri. 1985. "The Ecomuseum: An Evolutive Definition." *Museum* 148: 182-183.

Rosaldo, Renato. 1980. *Ilongot Headhunting, 1883-1974: A Study in Society and History*. Stanford: Stanford University Press.

——. 1989. *Culture and Truth: The Remaking of Social Analyses*. Boston: Beacon Press.

Rosenthal, A. M., and Arthur Gelb, 1984 "Introduction." In *The Sophisticated Traveler: Beloved Cities-Europe*, ed. A. M. Rosenthal and Arthur Gelb. New York: Penguin.

Ross, Andrew. 1992. "New Age Technoculture." In *Cultural Studies*, ed. Lawrence Grossberg, Cary Nelson, and Paula Treichler. New York: Routledge.

Rouse, Irving. 1986. *Migrations in Prehistory*. New Haven: Yale University Press.

Rouse, Roger. 1991. "Mexican Migration and the Social Space of Postmodernism." *Diaspora*, 1 (1) 8-23.

Rubin, William, ed. 1984. *"Primitivism" in Twentieth-Century Art: Affinity of the Tribal and the Modern*. 2 vols. New York: Museum of Modern Art.

Ruffins, Fath Davis. 1992. "Mythos, Memory, and History: African American Preservation Efforts, 1820-1990." In *Exhibiting Cultures The Poetics and Politics of Museum Display*. Ed. Ivan Karp and Steven Lavine. Washington, D.C.: Smithsonian Institution Press 506-611.

Rus, Diana. 1990. "La crisis economica y la mujerindigena: El caso de Chamula, Chiapas." In *Documento INAREMAC 038-VIII-90*, San Cristóbal de las Casas, Mexico: INAREMAC.

Rushdie, Salman. 1989. *The Satanic Verses*. New York: Viking.

Russell, Mary. 1986. *The Blessings of a Good Thick Skirt*. London: Collins.

Safran, William. 1991. "Diasporas in Modem Societies: Myths of Homeland and Return." *Diaspora*, 1 (1): 83-99.

Sahlins, Marshall. 1988. "Cosmologies of Capitalism: The Trans-Pacific Sector of the World-System." *proceedings of the British Academy*, 74: 1-51.

Said, Edward. 1978. *Orientalism*. New York: Pantheon.

——. 1984. "Reflections of Exile." *Granta*, 13: 159-172.

——. 1990. "Third World Intellectuals and Metropolitan Culture." *Raritan*, 9 (3): 27-50.

Saldivar, José David. 1991. *The Dialectics of Our America: Genealogy, Cultural Critique, and Literary History.* Durham, N.C.: Duke University Press.

Samuel, Raphael. 1994. *Theatres of Memory*. Vol, 1: *Past and Present in Contemporary Culture*. London: Verso.

Sanchez, Luis Rafael. 1984. "The Airbus." *Village Voice*, 39-43.

Sangari, Kum Kum. 1987. "The Politics of the Possible." *Cultural Critique*, 7: 157-186.

Sarris, Greg. 1993. *Keeping Slugwoman Alive: A Holistic Approach to Native American Texts*. Berkeley: University of California Press.

Sassen-Koob, Saskia. 1982. "Recomposition and Peripheralization at the Core." *Contemporary Marxism,* 5: 88-100.

Schepper-Hughes, Nancy. 1995. "The Primacy of the Ethical: Propositions for a Militant Anthropology." *Current Anthropology*, 36 (3): 409-420.

Schildkraut, Enid. 1991. "Ambiguous Messages and Ironic Twists: Into the Heart of Africa and The Other Museum." *Museum Anthropology*, 15 (2): 16-23.

——. 1996. "Kingdom of Gold: Ghana Recycles Its Heritage." *Natural History* (February): 36-47.

Schiller, Nina Glick, Linda Basch, and Cristina Blanc-Szanton. eds. 1992. *Towards a Transnational Perspective on Migration: Race, Class, Ethnicity, and Nationalism Reconsidered.* New York: New York Academy of Sciences.

Schneider, Peter. 1983. *The Wall Jumper*. New York: Random House.

Scott, David. 1989. "Locating the Anthropological Subject: Postcolonial Anthropologists in Other Places." *Inscriptions*, 5: 75-85.

Shaw, Rosalind, and Charles Stewart. 1994. "Introduction: Problematizing Syncretism." In *Syncretism/Anti-syncretism: The Politics of Religious Synthesis*, ed. Charles Stewart and Rosalind Shaw. London: Routledge. 1-26.

Shohat, Ella. 1988. "Sephardim in Israel: Zionism from the Standpoint of Its Jewish Victims." *Social Text*, 19 (20): 3-45.

——. 1989. *Israeli Cinema: East/West and the Politics of Representation*. Austin: University of Texas Press.

——. 1992. "Notes on the Post-Colonial." *Social Text*, 41-42; 99-113.

—— and Robert Stam. 1994. *Unthinking Eurocentrism: Multiculturalism and the Media*. London: Routledge.

Shyllon, Folarin. 1982. "Blacks in Britain: A Historcal and Analytical Overview." In *Global Dimensions of the African Diaspora*, ed. Joseph E. Harris., Washington, D.C.: Howard University Press.

Smith, Daisy (My-yah-nelth) Sewid. 1979. *Prosecution or Persecution*. Cape Mudge, British Columbia: Nuyumbalees Society.

Speck, Dara Culhane. 1987. *An Error in judgment: The Politics of Medical Care in an Indian / White Community*. Vancouver: Talonbooks.

Spivak, Gayatri Chakravorty. 1988. "Can the Subaltern Speak?" In *Marxism and the Interpretation of Culture*, ed. Lawrence Grossberg and Cary Nelson. Urbana: University of Illinois Press. 271-313.

——. 1989. "Who Claims Alterity?" In *Remaking History*, ed. Barbara Kruger and Phil Mariani, Seattle: Bay Press. 269-292.

Stainbrook, Lynda S. 1979. *Fort Ross Orchards: Historical Survey, Present Conditions and Restoration Recommendations*. Sacramento: California Department of Parks and Recreation.

Standing Bear, Luther. 1928. *My People the Sioux*. Lincoln: University of Nebraska Press.

Starr, Frederick, ed. 1987. *Russia's American Colony*. Durham, N.C.: Duke University Press.

Stellar, Georg Wilhelm. 1988. *Journal of a Voyage with Bering, 1741-1742*. Ed. O. W. Frost. Stanford: Stanford University Press.

Stevens, John L. 1969. *Incidents of Travel in Central America, Chiapas and Yucatan*. Vol. 1. New York: Dover.

Stewart, Charles, and Rosalind Shaw. 1994. *Syncretism/Anti-syncretism: The Politics of Religious Synthesis*. London: Routledge.

Stewart, Kathleen. 1988. "Nostalgia: A Polemic." *Cultural Anthropology*, 3 (3): 227-241.

——. 1996. *A Space on the Side of the Road: Cultural Poetics in an "Other"*

America. Princeton: Princeton University Press.

Stocking, George. 1992. "Philanthropoids and Vanishing Cultures: Rockefeller Funding and the End of the Museum Era in Anglo-American Anthropology." In *Stocking, The Ethnographer's Magic and Other Essays in the History of Anthropology*. Madison: University of Wisconsin Press. 178-211.

Sturtevant, William. 1991. "New National Museum of the American Indian Collections Policy Statement: A Critical Analysis." *Museum Anthropology*, 15 (2): 29-30.

Sutton, Constance, and Elsa Chaney, eds. 1987. *Caribbean Life in New York City: Sociocultural Dimensions*. New York: Center for Migration Studies.

Taussig, Michael. 1980. *The Devil and Commodity Fetishism in South America*. Chapel Hill, N.C.: University of North Carolina Press.

——. 1987. *Shamanism, Colonialism, and the Wild Man: A Study in Terror and Healing*. Chicago: University of Chicago Press.

Taylor, J. Garth. 1981. "An Eskimo Abroad, 1880: His Diary and Death." *Canadian Geographic*, October-November: 38-43.

Teaiwa, Teresia. 1993. "Between Traveler and Native: The Traveling Native as Performative/Informative Figure." Unpublished paper, University of California, Santa Cruz.

Tedlock, Dennis. 1983. *The Spoken Word and the Work of Interpretation*. Philadelphia: University of Pennsylvania Press.

Thomas, Nicholas. 1991. *Entangled Objects: Exchange, Material Culture and Colonialism in the Pacific*. Cambridge, Mass.: Harvard University Press.

Tikhmenev, P. A. 1978. *A History of the Russian-American Company*. Ed. Richard Price. Seattle: University of Washington Press.

Tölölian, Khachig. 1991. "The Nation State and Its Others: In Lieu of a Preface." *Diaspora*, 1 (1): 3-7.

Townsend-Gault, Charlotte. 1995. "Translation or Perversion? Showing First Nations Art in Canada." *Cultural Studies*, 9 (l) 91-105.

Tsing, Anna. 1993. *In the Realm of the Diamond Queen: Marginality in an Out-of-the-Way Place*. Princeton: Princeton University Press.

——. 1994. "Discussants Comments." Paper read at conference entitled "Anthropology

and 'the Field," Stanford University.

Turner, Terence. 1991. "Representing, Resisting, Rethinking: Historical Transformations of Kayapo Culture and Anthropological Consciousness." *History of Anthropology*, 7: 285-313.

Turner-Strong, Pauline. 1992. "Captivity in White and Red: Convergent Practice and Colonial Representation on the British-Amerindian Frontier." In *Crossing Cultures: Essays in the Displacement of Western Civilization*, ed. Daniel Segal. Tucson: University of Arizona Press.

Urbain, Jean-Didier. 1991. *L'idiot du voyage: Histoires de touristes*, Paris: Plon.

Urry, John. 1990. *The Tourist Gaze: Leisure and Travel in Contemporary Societies.* London: Sage.

Van Maanen, John. 1988. *Tales of the Field: On Writing Ethnography*. Chicago: University of Chicago Press.

Vega, Ana Lydia. 1987. "Encancaranublado." In *Encancaranublado y otros cuentos de naufragio*. Rio Piedras, Puerto Rico: Editorial Antillana. 73-79.

Velez, Diana L. 1994. "We Are (Not) in This Together: The Caribbean Imaginary in 'Encancaranublado' by Ana Lydia Vega." *Callaloo*, 826-833.

Visweswaran, Kamela. 1994. *Fictions of Feminist Ethnography*. Minneapolis: University of Minnesota Press.

Vogel, Susan. 1987a. *Perspectives: Angles on African Art*. New York: Center for African Art and Harry F. Abrams.

——. 1988. *The Art of Collecting African Art*. New York: Center for African Art.

Waldron, Arthur. 1990. *The Great Wall of China*. Cambridge: Cambridge University Press.

Wallis, Brian. 1989. "The Global Issue: A Symposium." *Art in America*, 77 (7): 86-87,152-153.

Walsh, Kevin. 1992. *The Representation of the Past: Museums and Heritage in the Post-Modern World*. London: Routledge.

Webster, Gloria Cranmer. 1988. "The 'R' Word." *Muse*, 6 (3): 43-46.

Weinreich, Max. 1967. "The Reality of Jewishness versus the Ghetto Myth: The Sociolinguistic Roots of Yiddish." In *To Honor Roman Jakobson*. The Hague:

Mouton.

Wellman, David. 1995. *The Union Makes Us Strong: Radical Unionism on the San Francisco Waterfront*. Cambridge: Cambridge University Press.

West, Cornel. 1993. *Race Matters*. Boston: Beacon Press.

Weston, Kath. 1997. "The Virtual Anthropologist." In *Anthropological Locations: Boundaries and Grounds of a Field Science*, ed. Akhil Gupta and James Ferguson Berkeley: University of California Press.

White, Hayden. 1987. *The Content of the Form: Narrative Discourse and Historical Representation*. Baltimore: Johns Hopkins University Press.

Williams, Raymond. 1966. *Culture and Society*, 1780-1950. New York: Harper and Row.

Willis, Paul. 1977. *Learning to Labour: How Working Class Kids Get Working Class Jobs*. Farnborough, England: Saxon House.

Winichakul, Thongchai. 1994. *Siam Mapped: A History of the Geo-Body of a Nation*. Honolulu: University of Hawai'i Press.

Wolf, Eric. 1964. *Anthropology*. New York: Norton.

——. 1982. *Europe and the People without History*. Berkeley: University of California Press.

Wolff, Janet. 1993. "On the Road Again: Metaphors of Travel in Cultural Criticism." *Cultural Studies*. 7 (2): 224-239.

Wright, Patrick. 1985. *On Living in an Old Country: The National Past in Contemporary Britain*. London: Verso.

Ybarra-Frausto, Tomas. 1992. "The Chicano Movement / The Movement of Chicano Art." In *Exhibiting Cultures: The Poetics and Politics of Museum Display*, ed. Ivan Karp and Steven Lavine. Washington, D.C.: Smithsonian Institution Press. 128-149.

Zalewski, Daniel. 1995. "Can This Journal Be Saved?" *Lingua Franca*, 5 (5): 15-16.

國家圖書館出版品預行編目(CIP)資料

路徑：20世紀晚期的旅行與翻譯
詹姆士．克里弗德（James Clifford）著；林徐達、梁永安譯.
-- 初版. -- 新北市：左岸文化出版：遠足文化事業有限公司發行，2024.05
640面；14.8×21公分. -- (左岸人類學；378)
譯自：Routes: travel and translation in the late twentieth century
ISBN 978-626-7462-05-8(平裝)

1. 民族學　2. 田野工作　3. 地理民族學　4. 跨文化傳播

535　113006494

左岸|人類學 378

路徑

20世紀晚期的旅行與翻譯

Routes: Travel and Translation in the Late Twentieth Century

作　　者　詹姆士．克里弗德 James Clifford
譯　　者　林徐達、梁永安

總 編 輯　黃秀如
責任編輯　孫德齡
企畫行銷　蔡竣宇
封面設計　陳恩安
內文排版　宸遠彩藝

出　　版　左岸文化／遠足文化事業股份有限公司
發　　行　遠足文化事業股份有限公司（讀書共和國出版集團）
　　　　　231新北市新店區民權路108-2號9樓
電　　話　（02）2218-1417
傳　　真　（02）2218-8057
客服專線　0800-221-029
E-Mail　rivegauche2002@gmail.com
左岸臉書　https://www.facebook.com/RiveGauchePublishingHouse/
團購專線　讀書共和國業務部　02-22181417分機1124

法律顧問　華洋法律事務所　蘇文生律師
印　　刷　成陽印刷股份有限公司
初　　版　2024年5月
定　　價　750元
I S B N　978-626-7462-05-8（平裝）
　　　　　978-626-7462-04-1（EPUB）
　　　　　978-626-7462-03-4（PDF）